基础教育语文教材语言研究丛书
主编：苏新春

民国时期
基础教育语文教材语言研究

苏新春　李娜 ◎ 著

图书在版编目（CIP）数据

民国时期基础教育语文教材语言研究/苏新春，李娜著．—广州：广东教育出版社，2017.12

（基础教育语文教材语言研究丛书/苏新春主编）

ISBN 978-7-5548-2105-3

Ⅰ．①民… Ⅱ．①苏…②李… Ⅲ．①基础教育—语文教材—研究 Ⅳ．①G633.302

中国版本图书馆CIP数据核字（2017）第317741号

责任编辑：唐娓娓　黄　倩
责任技编：佟长缨　刘莉敏
装帧设计：王　勇

MINGUO SHIQI JICHU JIAOYU YUWEN JIAOCAI YUYAN YANJIU
民国时期基础教育语文教材语言研究

广东教育出版社出版
（广州市环市东路472号12-15楼）
邮政编码：510075
网址：http://www.gjs.cn
广东新华发行集团股份有限公司经销
佛山市浩文彩色印刷有限公司印刷
（佛山市南海区狮山科技工业园A区）
787毫米×1092毫米　16开本　21.75印张　435 000字
2017年12月第1版　2017年12月第1次印刷
ISBN 978-7-5548-2105-3
定价：68.00元

质量监督电话：020-87613102　邮箱：gjs-quality@gdpg.com.cn
购书咨询电话：020-87615809

目录
CONTENTS

总序 ………………………………………… 苏新春　1

第一章　民国时期小学语文教育概况 …………………… 1
第一节　20世纪前期小学语文教材发展概况 …………… 1
第二节　小学学制的变化 …………………………………… 3
　一、"三段四级"制下的小学教育 ……………………… 3
　二、"六三三"制下的小学教育 ………………………… 5
第三节　小学语文课程标准的演变 ………………………… 8
　一、民国初年的《普通教育暂行办法及课程标准》 …… 8
　二、北洋政府的《新学制课程标准纲要》 ……………… 9
　三、南京国民政府的《幼稚园小学课程标准》 ………… 12
第四节　小学语文教科书的审定 …………………………… 14
　一、清末的审定制 ………………………………………… 15
　二、民国的审定制 ………………………………………… 15
　三、民国的国定制 ………………………………………… 18
第五节　教科书的编纂思想 ………………………………… 19
　一、刘树屏的《澄衷蒙学堂字课图说》 ………………… 20
　二、最新国文教科书 ……………………………………… 20
　三、《共和国教科书新国文》 …………………………… 21
　四、《新法国语教科书》 ………………………………… 22
　五、新学制小学教科书 …………………………………… 23
　六、国语新读本 …………………………………………… 25
　七、初小国语教科书 ……………………………………… 27
　八、小结 …………………………………………………… 28

第二章　民国小学语文教材样本与研究方法 ……… 30
第一节　教材样本的选取 ……… 30
一、民国小学语文教材概貌 ……… 30
二、教材样本遴选四原则 ……… 33
第二节　教材样本的基本状况 ……… 38
一、教材样本的数量 ……… 38
二、教材样本的版本与语料规模 ……… 39
三、教材样本的出版社与编者 ……… 40
第三节　三次课程标准的语言学习要求 ……… 42
一、《普通教育暂行办法及课程标准》（1912） ……… 42
二、《新学制课程标准纲要》（1923） ……… 43
三、《幼稚园小学课程标准》（1932） ……… 44
第四节　民国教材语言的目标与方法 ……… 51
一、研究目标 ……… 51
二、研究方法 ……… 52

第三章　课文文体分析 ……… 53
第一节　《小学课程标准》的文体要求 ……… 53
一、学习语体文的要求 ……… 53
二、学习应用文体的要求 ……… 55
第二节　文体类型与分布 ……… 56
一、文体类型与教材样本 ……… 56
二、普通文体 ……… 59
三、实用文体 ……… 66
四、诗歌 ……… 71
五、戏剧文体 ……… 74
六、教材的文体分布与特点 ……… 74

第四章　课文主题分析 ……… 82
第一节　课程标准中的主题要求 ……… 82
一、七个主题的分配比例 ……… 82
二、七个主题背后的"儿童优先"原则 ……… 84

第二节　课文主题类型与分布 ………………………………… 87
　　　一、七个主题的例释 …………………………………………… 87
　　　二、各类主题的分布特点 ……………………………………… 97
　　　三、课文主题设置的启思 ……………………………………… 104

第五章　教材词汇使用状况研究 ………………………………… 106
　　第一节　词汇使用概貌 …………………………………………… 106
　　　一、词频与词种 ………………………………………………… 106
　　　二、共用词与独用词 …………………………………………… 108
　　　三、词长与成语使用 …………………………………………… 111
　　第二节　频率使用与文本分布 …………………………………… 115
　　　一、高频词与低频词 …………………………………………… 115
　　　二、高分布词与低分布词 ……………………………………… 118
　　第三节　民国小学语文教材词汇特色 …………………………… 120
　　　一、口语性明显的通用词 ……………………………………… 121
　　　二、稳定性强的核心词 ………………………………………… 124
　　　三、时代性突出的特征词 ……………………………………… 125

第六章　教材词汇层级关系研究 ………………………………… 128
　　第一节　课文的词汇构成 ………………………………………… 128
　　　一、课文的词汇容量 …………………………………………… 128
　　　二、年级之间的教材变化 ……………………………………… 130
　　第二节　名词使用特点 …………………………………………… 137
　　　一、普通名词 …………………………………………………… 137
　　　二、国名 ………………………………………………………… 144
　　第三节　形容词使用特点 ………………………………………… 153
　　　一、形容词年级分布特点 ……………………………………… 153
　　　二、形容词义类分布特点 ……………………………………… 162

第七章　教材的汉字使用状况研究 ……………………………… 169
　　第一节　教材用字研究 …………………………………………… 170
　　　一、用字的字种与字频 ………………………………………… 170
　　　二、通用字 ……………………………………………………… 172

  三、年级用字 ……………………………………………… 175
 第二节 课文生字研究 ………………………………………… 180
  一、生字的字种 …………………………………………… 180
  二、生字与教材用字的比较 ……………………………… 181
  三、生字的字序 …………………………………………… 182
 第三节 若干类用字的分析 …………………………………… 185
  一、表语气义的汉字使用 ………………………………… 185
  二、表亲属义的汉字分析 ………………………………… 187
  三、表程度义的汉字使用 ………………………………… 190

第八章 口头交际能力的培养 ……………………………… 192
 第一节 课程目标要求 ………………………………………… 192
 第二节 口头交际能力训练的方式 …………………………… 193
  一、看图表述 ……………………………………………… 194
  二、日常用语 ……………………………………………… 197
  三、语言的有序表达练习 ………………………………… 200
  四、演说与戏剧 …………………………………………… 201
 第三节 口头交际能力的训练 ………………………………… 204
  一、在看图说话中观察 …………………………………… 204
  二、在表演中领悟 ………………………………………… 209
  三、在演说中训练 ………………………………………… 212

第九章 教材的作文教学体系 …………………………………… 216
 第一节 初小阶段的作文训练 ………………………………… 216
  一、一至二年级的训练 …………………………………… 217
  二、三至四年级的训练 …………………………………… 220
  三、素材的积累 …………………………………………… 224
  四、语法练习 ……………………………………………… 225
 第二节 高小阶段的作文训练 ………………………………… 227
  一、基础练习 ……………………………………………… 227
  二、系统性练习 …………………………………………… 232
 第三节 标点符号练习 ………………………………………… 248

第十章　练习分析 ………………………………………… 250

第一节　初小教材练习概况 ……………………………… 250
一、练习数量 …………………………………………… 250
二、练习题型 …………………………………………… 252

第二节　低学段练习分析 ………………………………… 253
一、第一学年的练习 …………………………………… 253
二、第二学年的练习 …………………………………… 261

第三节　中学段的练习 …………………………………… 265
一、字词句练习 ………………………………………… 265
二、语法知识讲解与训练 ……………………………… 268

第四节　高学段练习分析 ………………………………… 277
一、丰富多样的练习题型 ……………………………… 277
二、练习内容 …………………………………………… 279
三、课堂知识的延伸 …………………………………… 281

第五节　民国小学语文教材练习的特点 ………………… 285
一、练习内容的特点 …………………………………… 285
二、练习编排的特点 …………………………………… 287

第十一章　插图分析 …………………………………… 288

第一节　插图的作用 ……………………………………… 288

第二节　插图的数量分布 ………………………………… 289
一、插图与年级的关系 ………………………………… 289
二、插图与课文的关系 ………………………………… 294

第三节　插图的表现形式 ………………………………… 295
一、插图的边框 ………………………………………… 296
二、插图的图形 ………………………………………… 303

第四节　插图内容与课文内容 …………………………… 307
一、低学段的图文分析 ………………………………… 307
二、中学段的图文分析 ………………………………… 311
三、高学段的图文分析 ………………………………… 316

参考文献 ·· 320
附录
　1923 年新学制课程标准纲要小学国语课程纲要 ············ 323
　1932 年小学课程标准国语 ································ 326
后记 ·· 334

总　序

苏新春

在"国家语言资源监测与研究教育教材中心"成立十周年,《中国语言生活状况报告》连续发行十年之际,我们这套"基础教育语文教材语言研究丛书"也出版了。这是一个值得纪念的日子。

2005年"国家语言资源监测与研究教育教材中心"成立伊始,就以教育教材语言为自己的专攻方向。厦门大学与教育部语言文字信息管理司的共建书中这么写道:"教育教材中的语言状况是整个社会语言生活中的一个重要内容,它对整个民族的母语教学、第二语言教学乃至所有的知识教育体系,都会产生极为重要的作用。""国家语言资源监测与研究教育教材中心的成立,标志着可以对教育教材的语言现象进行实时的动态监测、分析和研究,可以最迅速、最广泛地了解语言现象的动态变化,为国家的语言政策、语言规划和语言教育等提供参考依据,从而更积极有效地促进和引导社会语言生活健康发展。"

在基础教育阶段,语文课从来都是所有课程的重中之重。它伴随着每一位孩童的成长,从小学一年级的启蒙学习开始,到初中,再到高中,就是进了大学,大一仍放不下语文课。语文课如此重要,到底是哪些因素在里面起着作用,对这些因素该作怎样的离析提取,是很值得探讨的。语言文字的学习掌握,核心在语言能力的获得。人们经常会说,语文课还承担着社会知识学习、人文情怀熏陶、道德价值观养成的任务。"文以载道""器以盈气",后者似乎显得更为重要。在语文课中,"文"与"道"、"器"与"气"是怎样的关系?谁起主要作用?如何梳理它们之间的关系?这种关系在基础教育阶段的语文学习与成人社会的作品学习是一样的吗?如不同,它们该如何呈现?再细究下去,不同年级的语文课又有着怎样的不同?凡此种种,都使得中小学语文学习变得复杂无比,褒言之则是丰富无比。原因当然是人们太看重语言文字能力的获得,太期待语文学习的良好效果,同时也是长期以来对语文课的教学内容混而不清、教学效果彰而不显的失望。

当我们希望从语文教材中把教材语言离析出来,加以科学化、层次化、序列化，让它变得可分解、可量化、可统计、可细析的时候，就会发现在"文"与"道"、"器"与"气"中，前者才应是语文课最重要的内容，是语文课文最重要的载体。没有这个载体，也就无所谓载荷之物。而且，这个载体本身也有着"体""用"之分。"体"就是语言文字知识，"用"就是语言文字功能。学习的关键就是如何将语言文字知识有效、迅速地转化为人的语言文字能力。当然，在学习、转化过程中，必定会受到社会政治、道德观念、文化习俗的影响，可这并不意味着后者会更重要。只要看一个事实就清楚了，就是语文学习古来有之，文字的"蒙求"、辞藻的"华达"，音韵的"抑扬顿挫"，文章的"起承转合"，其中总有恒定不变的东西。文道文气同样也是不可缺少的，可具体内容却代代有变，从君君臣臣到唯民为大，再到中华梦的实现。前之恒，恒的是其文其器，其本其体；后之异，异的是其道其气，其功其用。语文课追求的是人之所以为人的基本素质、基本能力，政治课、品德课、思想课追求的是时异世异、适时适世的知世治世之观。如此看来，从庞杂无比的语文课中分离出那些语言文字的知识、本体、功能，直到人的语言能力的培养与获得，至关重要。

教育教材语言研究的最大目的就是要揭示语言的性质、构成、分布及功能。所有的研究工作都建立在教材语言数据库的量化分析上。这些研究论述了教育教材语言具有的基础性与功能性、有限性与有序性、通用性与专业性，将对教育教材语言的探求概括为五个问题："教什么不教什么""先教什么后教什么""怎么教""效果怎样""如何评测"。在具体研究中，重点放在第一、二、四个问题上，研究成果主要刊于当年的《中国语言生活状况报告》，如《国内出版十二套对外汉语教材语言调查报告》（2006）、《基础教育新课标语文教材用字用词调查报告》（2007）、《基础教育新课标历史、地理教材用字用词调查报告》（2008）、《基础教育语文教材用字调查》（2009）、《海外汉语教材用字用词及语用调查》（2011）、《数理化新课标教材用字用词调查》（2012）、《大陆台湾中小学语文教材课文选文对比》（2013）、《民国时期小学语文教材与人教版教材的用字用词比较》（2014）等。这些专题涉及教育教材语言的方方面面，从使用到分布、字种到字序、频次到频率、词频到义频、文本到年级，对课文从文章体裁到内容题材、从时代传承到语言风格、从课文的自编到选编，在不同层面用不同方法进行过探讨，得到了一批批准确的字表词表、频率表分布表；既可以依大纲俯察教材与教学，也可以从课文仰观大纲与教材。在研究材料上，以大陆（内地）教材为主体，参之台港地区，观其状，辨其变，对不同地区间的教材语言分布与处理有了更多认知。

现在我们终于有机会通过本丛书对当前语文教材的研究往前作一延伸。对我国现代基础教育形成与发展百年间的语文教材语言作一通盘、纵向、流源式的考察，通流观变，其意义和结果都是令人兴奋而充满期待的。在本课题进行中，我们又得知人民教育出版社及兄弟单位分别承担了"20世纪语文课程研究"与"20世纪语文教材研究"的课题，得到国家社科等重要基金的支持，这让我有了"分兵合击""互为掎角"的感觉。相信"合围"之下，基础教育语文课能在大纲的设计与要求、教材的编纂与实施和教材语言的分布与教学中，看到更多的联系。

本丛书是对20世纪语文教材的语言状况进行研究，其本质属于历史的研究。20世纪是社会大变革时期，时过境迁，斗换星移，社会制度、社会文化、政治主张等都发生了极大变化。故本书首先希冀的是真实、全面、如实地反映那个时期的教材语言面貌。看看在那个时代，教材语言是如何体现教材的性质，完成教材任务，并影响着教学效果的，然后从中探讨教材语言的基本规律与特点。因历史研究而涉及历史语料，并不反映作者的现实价值观。

本丛书的作者主要为国家语言资源监测与研究教育教材中心的研究人员，他们的知识背景主要为语言学，本有专攻。郑泽芝教授专攻计算语言学，李焱副教授专于汉语史与台湾语文教材研究，赵怿怡副教授长于语义计算，罗树林博士倾力于应用语言学，他们都对教育教材语言领域观其宏、迷其奥，而决意投入这个崭新领域，分别承担了20世纪中某一时期的研究工作。作者中还有辽宁师范大学李娜博士，她从博士到博士后，一直浸润在民国时期语言演变中，现在又转入民国教材语言研究，对定性与定量研究充满热情。还有唐山的董兆杰先生，他对汉字教学有着长期思考，将思与辨、破与立作了有力结合。

本丛书的写作遵循着"一个中心、两个参照点"的原则。这个中心是教材语言。不管在哪个时期的教材研究中，都是以教材语言为中心。教材研究要全面地反映出教材语言中两个基本要素——汉字与词汇的构成情况，对教材分布、年级分布、课文分布，对其字（词）量、字（词）种、字（词）序的构成，对共现与独用、高频与低频、常用与偶用的种种使用状况都要有详尽的统计分析。可能的话还会对部分语法、语用、篇章的使用情况有所涉及。这个中心是本丛书的最大立足点。所有分析都将立足于语料统计的基础上，要对所分析的语言问题有量的准确呈现。由于人力、时间的限制，定量分析时只选取了一两种典型教材，只有民国时期选取的教材超过了十种。所有的教材语言分析都要从"教学"的角度加以思考，因为教材语言之所以不同于其他语料，就在于它有明显的教学功利性。在基础性、功能性上，有限性、有序性是教材语言最为显著的特征。这当然跟教学目标、教学内容、学制安排、年级差异是密切相关的，包括教材中的精读课文、阅读课文、练习、测验、复习，都是为了实现这样的目的而存在的。其核心就是要呈现教育教材语言的构成与面貌，要体现教育教材语言的有限性与有序性，要实现教育教材语言在语言文字能力的培养与获得中所起的作用。

"两个参照点"中的第一个是将教材语言分析与教材课文内容紧密相连。所有教材语言问题的分析都要尽量跟课文内容相参照。如果做不到这一点，则教材语言分析就成了纯形式的分析，跟一般的统计语言学别无二致了。另一个则是将教材语言分析与课程设计大纲紧密相连。具体教材总是为了体现教学大纲才存在的，教学大纲又是来源于课程的定位与设计。

作为具体问题出现的"教材语言"久已有之，作为独立研究领域出现的"教材语言"则为时尚新。这是一个尝试，它期望成功，而存在不足是必然的。因而另一个期待就是希望有更多同道一起在这个领域耕耘。

2016 年 12 月 7 日于厦门大学

第一章　民国时期小学语文教育概况

中国现代的基础教育形成于20世纪初期，即清末民初时期。随着整个社会向西方学习，向现代化追求，革命救亡，改良图存，实业救国，教育启蒙，整个社会进入了改革图变、人心思变的时期，而现代化的教育，特别是启蒙教育、基础教育，成为这个时代浪潮中走在最前面、走得最扎实的一个领域。一直到当代，民国时期的语文教育特别是小学语文教育，还在2005年因民国语文教材的翻印、重印而名噪一时。对这个时期的小学语文教育的总结，也成为人们普遍关注的问题。特别是近年，对那个时期的小学语文课程、小学语文教材的研究日益受到人们的关注。

本研究主要从"教材语言"的角度对那个时期的小学语文教材进行研究。因为，语文课的主要目的之一就是语言的学习，是语言文字能力的培养，不管它如何具有道德情操、思想素质、人文理念的熏陶作用，语文能力的培养无论何时都位于其根基，是其最重要的内核。那么，在民国时期，语文教材是如何处理语文能力培养这个"器"与人文素质的"道"之间的关系？那个时期的语文教材之"器"与今日之"器"有何不同？有何经验值得借鉴？本研究选取了那个时期的两套代表教材来进行深入的解剖，努力用定量方法对两套教材的主题、文体、语体、课文、用词、用字、语文知识、练习训练等专题进行深入分析。为了更好地了解教材语言的构成、分布与使用，本章将对那个时期的课程设置、课程标准、教材编纂等影响、制约着教材语言面貌的诸多重要问题先进行简略分析。

第一节　20世纪前期小学语文教材发展概况

自清末新式教育渐起，新式小学语文教科书也应运而生，逐渐取代行之已久的传统蒙学教材。从清末民初至20世纪40年代末，新式语文教材层出不穷，日渐成熟、规范。以下的一些教材在新式小学语文教科书的发展史上都具有重要的标志性作用。

1904年由张元济组织编制的《最新国文教科书》被称为我国新式教科书之滥觞，其编纂体例和编纂思想对后世教科书编写影响极大。

1906年清政府学部设立的编辑图书局编纂的《初等小学国文教科书》是我国第一套国定小学国文教科书，也是清政府的唯一一套"部编教材"。这套教材一方面坚持旧的教育宗旨，读经尊孔；另一方面也在尝试发展新教育，具有典型的新旧交替期的特点。

1912年中华书局成立，创始人陆费逵在《申报》上发表《中华书局宣言书》，阐述书局宗旨："国立根本，在乎教育，教育根本，实在教科书；教育不革命，国基终无由巩固；教科书不革命，教育目的终不能达到也。"提出"教科书革命"的口号。这一思想贯穿在同年出版的贯彻教育部教育宗旨的《新制初等小学国文教科书》中，即以适合共和体制、遵守教育部要求为前提，阐发共和及自由平等之旨义，提倡国粹，以启发学生爱国之心为目的。

1912年商务印书馆以原有的《最新国文教科书》为蓝本，于下半年推出依据教育部召开的临时教育会议颁布的各级学校修业年限新学制编制的《共和国新国文教科书》。这套教科书文字浅显，符合儿童学习程度，合乎教育心理，后来成为使用年限最长、重印次数最多的教材，产生了巨大影响。

随着清末民初白话文运动的发展，白话文从文学倡导发展到文学创作，从文学创作发展到语文教育，小学白话文教科书的编纂与发行也被提上议事日程。1920年，教育部训令全国各国民学校将"国文"改为"国语"，国语教科书陆续出炉。与白话文同步发展起来的"注音字母"也于1913年由读音统一会拟定，1918年由教育部正式公布，1930年改为"注音符号"，成为白话文运动普及的重要成果与推手。

1920年商务印书馆出版洪北平编的《中等学校用白话文范》，现代白话文第一次被编入教材，课文多是当时报章杂志上的时文，偶有旧白话小说、诗歌、语录等，充满了时代语言变革的新气息。

1922年，世界书局出版了秦同培编写的《新时代教科书国文读本》，标志着世界书局涉足中小学语文教科书的出版领域，1924年出版《新学制小学教科书国语读本》。由此逐渐形成了商务印书馆、中华书局、世界书局三家鼎立之势，大大推动了新式语文教科书和国语运动的发展。

1940年，新的课程标准颁布，国民政府改教科书的"审定制"为"部编制"，即"国定制"，统一筹划和组编各科"部编"教科书。于语文教科书的发展有重要作用的是开明书店1946年、1948年出版的文白分编的《开明新编国文读本》甲种本（白话读本）和乙种本（文言读本）。这两套教科书更加符合学生学习语文的规律和特点，内容观念倾向于进步，受到了教育界的广泛重视。

新式教科书经历了20世纪前半个世纪的发展，虽然发展过程有快有慢，但总的趋势是愈来愈趋于现代化科学化，与社会结合得愈来愈紧密，选文由只重传统名篇到名家名作与反映时代精神时代气息的时文并重，编写体例日趋完善，教科书的要素与特点愈来愈突出，符合教师和学生教与学的规律，基本形成比较完善的教材体系，为我国现代化的小学语文教育体系开创了一个很好的局面。

第二节　小学学制的变化

1904年，遵照清政府《奏定学堂章程》，"语文"独立设科。独立之初的语文，尤其是蒙学教科书，除了在语言文字上力求白话外，在内容上仍含"古今文学流别、文风盛衰要略"，尤其注重"文义""文法"及"作文"。在由传统向现代的转变中，语文课经历了"三段四级"与"六三三"两种不同学制下的演变过程。

一、"三段四级"制下的小学教育[①]

（一）"五育"观与《普通教育暂行课程标准》

南京临时政府成立之初，蔡元培任民国第一任教育总长，主持制定了《普通教育暂行课程标准》，其蕴含着全面发展、面向世界和儿童本位等教育理念。1912年1月19日，《普通教育暂行课程标准》由教育部正式颁发，这是民国初年教育改革的纲领性文件。1912年2月，蔡元培又发表《对于新教育之意见》，提出"五育并举"的教育方针，主张"世界观教育""公民道德教育""实利主义教育""军国民教育""美感教育"并存，奠定了民国教育方针的理论基础。同年9月，教育部颁发新教育宗旨，明确"注重道德教育，以实利主义教育、军国民教育辅之，更以美感教育完成其道德"。

对道德教育，蔡元培曾解释说："何谓公民道德？曰法兰西之革命也，所标揭者，曰自由、平等、亲爱。道德之要旨，尽于是矣。"

对实利主义教育，蔡元培解释说："实利主义之教育，以人民生计为普通教

---

① 主要内容参考舒新城编：《中国近代教育史资料》，北京：人民教育出版社1961年版。

育之中坚。其主张最力者，至以普通学术，悉寓于树艺、烹饪、裁缝及金、木、土工之中。"所以这种教育也就是智育，是指普通的知识技能训练，亦即学习适应近代生产的知识技能，既是社会国家发展的需要，也是个人生存和发展的需要。

军国民教育，亦即军事体育教育，目的在于养成健康的身体和自卫能力，后来蔡元培直接称之为体育。

美感教育，亦即美育，包括唱歌、图画、游戏、手工等方面的艺术教育，蔡元培认为它对人的道德熏陶起着重要作用，体现了资产阶级的政治原则和教育观。

以上的论述对"五育"的排位作了准确的说明。用现在的话来说就是强调德、智、体、美全面发展，以"德"为核心。蔡元培的见解无疑是具有时代先进意义的。他对此做了相当深刻而全面的论述。"教育者，养成人格之事业也。使仅仅为灌注知识、练习技能之作用，而不贯之以理想，则是机械之教育，非所以施于人类也。"① "教育者，则立足于现象世界，而有事于实体世界者也。"② "教育者，非为已往，非为现在，而为将来。"③ 蔡元培认为，世界观教育，就是关于人的全面发展、可持续性发展的教育。他所关注的不仅仅在于学校的教育，更在于培养个人的自由个性、追求宇宙人生的智慧。这体现了对教育本质的一种哲学思考与认识。新教育宗旨的公布，是中国资产阶级反对封建主义旧教育的一个重大胜利，它否定了清末公布的"忠君""尊礼""尚公""尚武""尚实"的旧宗旨，第一次完整地提出了德、智、体、美均衡发展的方针，体现了在教育上注重全面、和谐、发展的教育理念和教育思想。虽然"五育"在具体内涵上具有明显的时代色彩，但这种以人的全面发展为本的教育观具有超越时代的意义。

（二）"三段四级"学制

"五育"是教育理念，学制则是实现教育理念的具体安排与实施。1912—1913年间，民国政府颁布并实施了《壬子癸丑学制》，因1912年是"壬子年"、1913年是"癸丑年"而得名。这是我国正式实施的第一个现代学制，明确了"三段四级"的基本学程，即儿童从6岁入学到23或24岁大学毕业，整个学程为17年或18年，分三个阶段、四个层级。

---

① 高平叔：《1900年以来教育之进步》，《蔡元培教育论著选》，北京：人民教育出版社1991年版，第43页。

② 高平叔：《对于新教育之意见》，《蔡元培教育论著选》，北京：人民教育出版社1991年版，第3页。

③ 高平叔：《全国临时教育会议开会词》，《蔡元培教育论著选》，北京：人民教育出版社1991年版，第16页。

第一阶段为初等教育。分两级：初等小学四年，为义务教育，毕业后可入高等小学校或乙种实业学校；高等小学三年，毕业后可入中学校或师范学校、甲种实业学校。第二阶段为中等教育。设中学校，学制四年，毕业后可入大学、专门学校或高等师范学校。第三阶段为高等教育。设大学本科三年或四年，预科三年；专门学校本科三年毕业（医科四年），预科一年。与后来的学制相比，"三段四级"学制有这样几个特点：一是义务教育时间比较短；二是重视实业教育，进入实业教育的时间较早；三是实业教育的跨度长、门类多。

"三段四级"学制下的初等小学教育，注重儿童身心发育，注重培养国民道德，教授生活所必需的知识技能。初等小学开设了修身、国文、算术、手工、图画、唱歌、体操课程，女子加设缝纫。高等小学设修身、国文、算术、本国历史、地理、理科、手工、图画、唱歌、体操课程，男子加设农业，女子加设缝纫。英语或其他外国语的学习则视各地方不同情况可自由选择。与清末相比，高等小学取消了读经课，授课时数也略有减少。

二、"六三三"制下的小学教育[①]

（一）三民主义教育与《中华民国教育宗旨说明书》

1927年，蒋介石提出"以本党的三民主义来治中国"[②]，特别强调"要使全国人民对于三民主义不但接受而且实行，从政治上实现三民主义，便非有以实现三民主义为目的的教育不可"[③]。1928年5月，南京政府大学院召开全国教育会议，讨论并通过了《中华民国教育宗旨说明书》，明确三民主义教育为中华民国的教育宗旨。同年9月《教育宗旨修正案》明确："中华民国之教育，以根据三

[①] 苏维埃根据地将成人扫盲工作放在首位，提出《中华苏维埃共和国小学校制度暂行条例》，实行五年义务教育。抗战时期共产党根据地主要实行成人扫盲工作：冬学运动委员会、识字课本；1939年5月4日毛泽东讲话提出"实行生产劳动"的教育政策；1942年2月中共中央《关于在职干部教育的决定》提出"干部教育第一，国民教育第二"的政策；1944年4月陕甘宁边区政府在《提倡小学民办公助的指示信》中提出"民办公助"的政策。抗战后的解放区曾于1949年5—6月，由华北人民政府发布《小学教育暂行实施办法》《小学教师暂行服务规程》等。（转引自孙培青：《中国教育史》，上海：华东师范大学出版社2000年版，第496页）伪满政权：1932年伪总理《院令》，用"四书""五经"做教科书，废除党义；1937年颁布《学制纲要》，推行新学制"三段四级"，共13年。（转引自《东北沦陷十四年教育史料》第一辑《第一次满洲国文教年鉴》，长春：吉林教育出版社1989年版）这些政策对当时的教育影响有限，在本文中不作为主要研究对象。

[②] 李桂林主编：《中国教育史》，上海：上海教育出版社1989年版，第47页。

[③] 华东师范大学教育系教科所编：《中国现代教育史》，上海：华东师范大学出版社1985年版，第196页。

民主义、发扬民族精神、启发民权思想、增进民生幸福而臻于世界大同为宗旨。"① 1929年4月颁布《中华民国教育宗旨及其实施方针》，指出："中华民国之教育，根据三民主义：以充实人民生活，扶植社会生存，发展国民生计，延续民族生命为目的，务期民族独立，民权普遍，民生发展，以促进世界大同。""普通教育须根据总理遗教，以陶融儿童及青年'忠、孝、仁、爱、信、义、和、平'之国民道德，并养成国民之生活技能，增进国民生产能力为主要目的。"② 三民主义教育从此成为国民政府的教育宗旨，此后课程标准的制定与实施、教材的编纂等，均依托于此，直至1949年。

其后，在抗战时期及国共内战时期，略有改变，但宗旨基本未变。如：

1937年8月，国民政府提出"战时需作平时看"的教育方针，并颁布《总动员时督导教育工作办法纲领》，以"一切仍以维持正常教育"为主旨。

1938年4月，颁布《战时各级教育实施方案纲要》，指出："对于各级学校各科教材，应彻底加以整理，使之成为一贯之体系，而应抗战与建国之需要，尤其应尽先编辑中小学公民、国文、史地等教科书及各地乡土教材，以坚定爱国爱乡之观念。""对于中小学教学科目，应加以整理，毋使过于繁重，致损及学生身心健康。"③

1939年3月，蒋介石发表《今后教育的基本方针》，指出："在进行抗日战争的同时，要致力于民族改造和国家复兴。教育的着眼点不仅在战时，而且在战后。"④

三民主义教育是国民党党义教育在普通教育中的具体阐释和实施依据。在三民主义教育中，我们可以看到民国初年所制定的具有资产阶级共和国色彩的"民族独立、民权自由、民生幸福"的理想。三民主义的教育宗旨，是对清末民初新式教育宗旨的延续与发展，注重教育本质的认识与教育功能的定位，同时也突出了教育的定位，即为社会服务，为政治服务，为党义服务。"党的教育方针"在近代中国有着悠久的历史。⑤

---

① 孙培青、李国钧主编：《中国教育思想史（3）》，上海：华东师范大学出版社1995年版，第397页。
② 宋恩荣、章咸主编，中央教育科学研究所教育史研究室编：《中华民国教育法规选编》（修订版），南京：江苏教育出版社2005年版，第45~46页。
③ 转引自颜禾：《1941年的中学国文课程标准评析》，《教育评论》，2007年第1期。
④ 孙培青：《中国教育史》，上海：华东师范大学出版社2000年版，第431~432页。
⑤ 本书出现的"党义""党旗"之类，"党"指的都是"国民党"，在辛亥革命后领导了国民政府，信奉孙中山提出的"三民主义"。之后所用义皆同此。

（二）"六三三"学制

五四运动前后，西方教育思想大量传入中国。1919年，杜威来华讲学，他的实用主义哲学给国内思想界带来了极大的震动，他的教育思想被普遍吸收，并广泛应用到我国的教育理论建设与实践中；1920年，廖世承、舒新城等又引进了美国的"道尔顿"制，对旧学制形成了极大的冲击。在全国教育联合会的推动下，北洋政府于1922年11月1日以大总统令公布了《学校系统改革案》，根据实用主义教育无目的的观点，新学制没有提出教育宗旨，而是代之以七项标准："（一）适应社会进化之需要，（二）发挥平民教育精神，（三）谋个性之发展，（四）注意国民经济力，（五）注意生活教育，（六）使教育易于普及，（七）多留各地方伸缩余地。"并采用美国的"六三三"分段法，实行"六三三"学制。《学校系统改革案》因颁布年份为壬戌年，史称"壬戌学制"。

初等教育：小学校修业年限六年（依地方情形可延长一年），其中初小四年，高小二年，义务教育年限暂以四年为准。小学课程在高年级可视地方不同情况而增设为职业准备的相关教育。

中等教育：修业年限六年，其中初中三年，高中三年。初级中学施行普通教育，视地方需要可兼设各种职业科；高级中学分普通、农工、商、师范、家事等科。

高等教育：取消预科，大学校修业年限四年至六年，大学院为大学毕业及具有同等程度者研究之所，年限无定。[①]

与"三段四级"学制相比，"六三三"学制将小学由七年改为六年，中学由四年延长为六年，并分为初中、高中二级，形成六年小学、三年初中、三年高中的"六三三"学制。这一学制分段，遵循了儿童生理、心理的发展规律，形成了小学与中学两个有明显差异发展的学习阶段。在完成初级小学教育之后，部分学生可以进入职业教育，增强了学习的实用性，也提高了中学入学率，提高了国民的文化水平。"六三三"学制的颁布和实施，标志着中国近代以来的新学制体系建设的基本完成。"六三三"学制自此成为我国中小学校的基本学制，除个别时期、个别地区外，一直延续至今。[②]

[①] 中国第二历史档案馆：《中华民国史档案资料汇编·教育》，南京：江苏古籍出版社1994年版，第90~93页。

[②] 个别例外现象如《中华苏维埃共和国小学校制度暂行条例》实行五年义务教育；抗战时期共产党根据地主要实行成人扫盲工作；东北的伪满政权；1932年伪总理《院令》，用"四书""五经"做教科书；1937年颁布《学制纲要》，推行新学制"三段四级"，共13年；"文革"时期的若干地区实施的小学五年制；现在的山东威海，九年义务教育实行的是"五四"学制，小学五年，初中四年。这些政策对当时整体教育制度影响不大，故本文略之。

第三节　小学语文课程标准的演变

所谓"课程标准",是对学生在经过一段时间的学习后应该知道什么和能做什么的规定,它反映了国家对课程教学的要求以及对学生学习的期望。自清末兴办近代教育以来,各级学堂章程中都有类似"功课教法"的章节,列有课程门目表和课程分年表,这是课程标准的雏形。随着国外各种教育思潮的涌入,各级各类学校的兴办,政府机构和民间组织制定了一系列的课程标准,对语文教学的发展起到了很好的推动作用。其中不同时期的政府,无论是晚清政府、南京临时政府、北洋政府,还是南京国民政府,都对基础教育的改革比较重视,先后发布了多种教育课程标准。1912年1月,中华民国教育部公布《普通教育暂行办法及课程标准》,这是"课程标准"一词在中国课程史上第一次被正式使用,从此,"课程标准"在教育课程体系中成为一个独立的内容。下面选择民国初年、北洋政府新学制改革及南京政府时期的课程标准做一简要概述。①

一、民国初年的《普通教育暂行办法及课程标准》

教育部的《普通教育暂行办法及课程标准》中对国文课程的教学内容、课时安排等做了如下具体规定:初小国文约占总课时的50%,以正音、识字、写字、习语教学为主;高小国文约占总课时的30%,以读书、写字、作文为主;中学一、二年级国文占总课时的25%,以作文、文法为主要教学内容;中学三、四年级国文占总课时的14%,以作文和文学史、文字源流、文法要略等相关的语文知识的传授为主。要求达到能"自由发表思想""涵养文学之兴趣,兼以启发智德"的水平。②

依据这一标准,同年公布的《小学校教则及课程表》及《中学校令施行规则》分别对小学、中学语文要旨做了进一步说明:小学阶段,是要使儿童学习普通语言文字,养成发表思想之能力,兼以启发其智德。初等小学校首宜正其发音,使知简单文字之读法、书法、作法,渐授以日用文章,并使练习语言。高等小学校,首宜依前项教授渐及普通文之读法、书法、作法,并使练习语言。③中

---

① 这样选择还有一个原因就是这时的基础教育已经把白话文的学习作为主要内容来规定了。
② 陈学恂主编:《中国近代教育史教学参考资料》(中册),北京:人民教育出版社1987年版,第168~175页。
③ 中国第二历史档案馆:《中华民国史档案资料汇编·教育》,南京:江苏古籍出版社1994年版,第448页。

学阶段,要能通解普通语言文字,能自由发表思想,并使略解高深文字,涵养文学之兴趣,兼以启发智德。国文首宜授以近世文,渐及于近古文,并文字源流、文法要略,及文学史之大概,使作实用简易之文,兼课习字。①

  以上有关"国文要旨"的论述,显示出以下信息:(1)突出了语言文字的实用性,要学会日常生活中语言文字的使用,而不再是专习"代圣人立言"的经传。(2)注重养成"发表思想"的能力,加强对儿童自由发表观念的能力的训练和培养,提升其独立、自主、自由与自信。(3)小学强调"宜正其音",表明语文教学不仅局限于书面文字,还将口语教学引入课堂教学,注重全国统一"音"的传授与教授,具有明显的语言规范统一意识。(4)从初小和高小阶段,再到中学,由习"简单文字"到"日常文章",再到"略解高深文字",注重教与学的循序渐进;中学的书面语学习讲究"近世文""近古文"以至"文字源流""文法要略"等,注重传统文章的学习。(5)讲求语文教育"启发智德"的功能,把语文学习与人的逻辑思维、判断理事能力的锻炼做了紧密结合。

  《普通教育暂行办法及课程标准》对初等小学校、高等小学校、中等学校的学习科目及各学年每周授课课时等都做出了具体规定。该课程标准对语文教育的工具而非文道、重能力而非重知识的论述,是明确而清晰的。它在改革旧制,引导和维持新式教育的顺利展开,统一全国的教育教学工作,使各地教育在具体实施中有本可依、有章可循等方面发挥了重要作用。

二、北洋政府的《新学制课程标准纲要》

  1922年北洋政府以大总统令颁布《学校系统改革案》,1923年开始实施,即"壬戌学制"。为了配合"六三三"新学制的实施,全国教育联合会草拟了《新学制课程标准纲要》,做出了以下规定:小学及初中、高中国文一律定名为"国语科",语体文初一占3/4,初二占1/2,初三占1/4,高中"目的"第三项是"继续发展语体文的技术"。从此,重"国语"而非"国文",重"语体"而非"文体",表明白话文在语文教育中正式取得了合法地位。对"六三三"学制的小学、初中、高中三段的语文教学,提出了明确要求。三个学段的"国语课程纲要"皆由博学多才、名噪一时的大家领衔编修,其分别是吴研因、叶绍钧、胡适。

(一)小学国语课程

  目的:练习运用通常的语言文字,引起读者兴趣,养成发表能力,并涵养性

---

① 舒新城:《中国近代教育史资料》,北京:人民教育出版社1961年版,第522页。

情,启发想象力及思想力。

毕业最低限度的标准:[1]

初级
- 语言　能听国语的故事演讲,能用国语作简单的谈话。
- 读文　识最普通的文字二千个左右,并能使用注音字母。读语体的儿童文学等书八册(以每年两册计,每册平均四五千字)。能用字典看含生字百分之五的语体的儿童书报。试读、答问,准确数在百分之六十以上。
- 文字
  - 作文　能作语体的简单记叙文、实用文(包含书信日记等),而令人了解大意。
  - 写字　能速写楷书和行楷,方三四分的,每小时二百五十字;方寸许的,每小时七十字。

高级
- 语言　能听国语的通俗演讲,能用国语演讲。
- 读文　读字累计至三千五百个左右。读儿童文学等书累计至十二册以上。能用字典看与《儿童世界》或《小朋友》程度相当,生字不过百分之十的语体文,及与日报普通记事程度相当,生字不超过百分之十的文体文。标点及答问大意,准确数在百分之六十以上。
- 文字
  - 作文　能作语体的实用文、记叙文、说明文,而令人了解大意。
  - 写字　能写通行的行书字体。

(二) 初中国语课程

目的:(1)使学生有自由发表思想的能力。(2)使学生能看平易的古书。(3)引起学生研究中国文学的兴趣。

毕业最低限度的标准:(1)阅读普通参考书报,能了解大意。(2)作普通应用文,能清楚达意,文法上无重大错误。(3)能欣赏浅近文学作品。

并列出略读书目若干,如《西游记》、《三国志演义》、《上下古今谈》、《域外小说集》(周作人)、林纾译的小说若干种、《易卜生集》(潘家驹译)、元明清词曲、梁启超文选、《社会问题讨论集》等。[2]

(三) 高中国语课程

《新学制课程标准纲要》中的《高级中学公共必修的国语课程纲要》和《高

---

[1]　全国教育联合会、新学制课程标准起草委员会编:《新学制课程标准纲要》,上海:上海商务印书馆1925年版,第1~4页。

[2]　全国教育联合会、新学制课程标准起草委员会编:《新学制课程标准纲要》,上海:上海商务印书馆1925年版,第52~58页。

级中学第一组必修的特设国文课程纲要》对高中语文教学提出了不同要求：

《高级中学公共必修的国语课程纲要》的目的：（1）培养欣赏中国文学名著的能力。（2）增加使用古书的能力。（3）继续发展语体文的技术。（4）继续练习用文言作文。

毕业最低限度的标准：（1）精读指定的中国文学名著八种以上。（2）略读指定的中国文学名著八种以上。（3）能标点与唐宋八家古文程度相当的古书。（4）能自由运用语体文发表思想。①

《高级中学第一组必修的特设国文课程纲要》列有以下两个专题：

一是文字学引论。目的：（1）使学生略知中国文字变迁的历史。（2）使学生略具研究中国文字学（Philology）的必要知识。

内容包括：甲骨文字述略，金文述略，从诗经到楚辞，书同文以后的言文分歧，六书、辞书与韵书、反切，发音学（Phonetics）要旨，语音的转变，字义的转变，文法的演化，今日之古文、国语、方言，以及比较文字学（Comparative Philology）。②

二是中国文学史引论。目的：（1）使学生略知中国文学变迁沿革的历史。（2）使学生了解古文学与国语文学在历史上的相当位置。（3）引起学生研究文学的趣味。

历史分期为六个时期：分别是第一时期"从诗经到史记"，第二时期"从司马相如到初唐四杰"，第三时期"唐五代"，第四时期"两宋与金元"，第五时期"明与清"以及"革命与建设"时期。③

与之前的课程标准相比，新学制的课程标准更加细化，不仅列出了教学目的，还规定了"毕业最低限度的标准"，这也成为后来制定测试与练习内容的参考依据。尤其是在初级小学与高级小学阶段，对毕业的最低标准还有明确的量化考核要求。

该课程标准具有以下主要特点：

第一，在小学阶段，明确规定将国文改为国语，要求小学废止文言文教学，只选用儿童明白易懂易学的白话；对识字量和阅读量有了明确要求，注重儿童阅读能力的训练以及阅读习惯的培养；从语言、读文、作文、写字四方面对儿童的

---

① 全国教育联合会、新学制课程标准起草委员会编：《新学制课程标准纲要》，上海：上海商务印书馆1925年版，第82~85页。
② 全国教育联合会、新学制课程标准起草委员会编：《新学制课程标准纲要》，上海：上海商务印书馆1925年版，第102~103页。
③ 全国教育联合会、新学制课程标准起草委员会编：《新学制课程标准纲要》，上海：上海商务印书馆1925年版，第103~104页。

语言文字知识和能力的培养提出要求，强调了听说读写的综合训练；在课文选材上，以贴近儿童生活的儿童文学类创作为主，以白话组织语言、以规范的现代语法组织结构，选材灵活多样，强调文章内容与结构等的实用性和适用性；注重书写以及对注音符号的学习。

第二，初中阶段对学生的应用文、报刊等实用文体的阅读及学习有了更高要求。在基本的语体文学习中，除了原创或改编、节选的儿童文学作品等，逐渐引入浅近的文学作品的欣赏与鉴赏，提升学生的文学欣赏能力和水平；古文的学习引入课堂教学，既是对传统文化的承继，也是汉语学习的延展与深入。课外阅读参考书目不仅有中国古代的白话、文言作品，还有翻译的外国文学作品，视初中阶段为培养学生良好的阅读习惯、提高阅读鉴赏能力的重要阶段。

第三，高中阶段对学习内容有较大扩展，由浅近的文学作品到文学名著。在公共必修的"国语课程纲要"与必修的特设"国文课程纲要"中，后者的要求更显深入而系统。不过，即使是前者，也提出了要学习文言文创作。从现在来看，这个要求似乎过高，但在当时，由于整个社会有较好的文言文运用基础，也有一定的合理性。

《新学制课程标准纲要》对保证"壬戌学制"的实施起有重要作用。纲要内容详备，还包括有教学内容和方法等，一直以来被视为我国第一套比较完备的中小学课程标准。"以后历次修订，内容和间架都与第一次颁布的相差不远，没有全新的改造。"[①] 这一纲要的制定，标志着我国语文课程标准结构的基本形成，在中国近代教育史上具有里程碑的意义。[②]

三、南京国民政府的《幼稚园小学课程标准》

南京国民政府于1927年成立以来，从1929年到1949年先后颁布了五个中小学课程标准：1929年教育部颁布的《中小学课程暂行标准（幼稚园及小学之部）》；1932年教育部颁布的《幼稚园小学课程标准》[③]；1936年颁布的《幼稚园小学课程标准（修正颁行）》；为适应抗战建国的需要，1940年至1942年陆续公

[①] 叶圣陶：《论中学国文课程的改订》，《叶圣陶语文教育论集》，北京：教育科学出版社1980年版，第74~84页。

[②] 参见璩鑫圭、唐良炎：《中国近代教育史资料汇编·学制演变》，上海：上海教育出版社1991年版，第990~991页。

[③] 1932年的课程标准是官方公布颁行的第一部课程标准，也是本书所选样本教材的主要编纂依据。

布了重行修订的中小学课程标准；1948年初、1949年初分别二次修订小学课程标准和中学课程标准总纲。

下面是五个课程标准中关于小学语文课程要求的比较。

表1-1 小学课程标准国语科教学目的（1927—1949）①

年份	名称	目 标
1929	暂行标准	1. 练习运用本国的标准语，以为表情达意的工具，以期全国语言相通。2. 习练平易的语体文，以增长经验，养成透彻、迅速、扼要地阅读儿童图书的能力。3. 欣赏相当的儿童文学，以扩充想象，启发思想，涵养情感，并增长阅读儿童图书的兴趣。4. 运用平易的口语和语体文，以传达思想，表现感情而使别人了解。5. 练习书写，以达于正确、清楚、匀称和迅速的速度
1932	正式标准	1. 指导儿童练习运用国语，养成其正确的听力和发表力。2. 指导儿童学习平易的语体文，并欣赏儿童文学，以培养阅读能力和兴趣。3. 指导儿童练习作文，以养成发表情意的能力。4. 指导儿童练习写字，以养成正确、敏捷的书写能力
1936	修正标准	1. 指导儿童练习运用国语，熟谙国语的语气、语调和拟势作用，养成其正确的听力和发表力。2. 指导儿童由环境和当前的活动，认识基本文字，获得自动读书的基本能力，进而欣赏儿童文学，以开拓其阅读的能力和兴趣。3. 指导儿童从阅读有关国家民族等的文艺中，激发其救国求生存的意识和情绪。4. 指导儿童体会字句的用法、篇章的结构、实用文的格式，习作普通文和实用文，养成其发表情意的能力。5. 指导儿童习写规范字和应用文字，养成其正确、敏捷的书写能力
1942	重行修订标准	1. 教导儿童熟练国语，使发音正确，说话流畅。2. 教导儿童认识通常应用的文字，使能运用于日常生活，并养成其阅读能力和兴趣。3. 培养儿童修己、善群、爱护国家民族的意识和情绪。4. 教导儿童运用文字，养成其理解的能力和发表情意的能力。5. 教导儿童习写文字，养成其整齐、清洁、迅速、确实的习性和审美观念
1948	二次修订标准	1. 指导儿童熟练标准语，使他们发音正确，语调和谐而且流利。2. 指导儿童认识基本文字，欣赏儿童文学，培养他们阅读的态度、兴趣、习惯以及理解迅速的能力。3. 指导儿童运用语言文字，培养他们发表情意的能力。4. 指导儿童习写文字，养成他们书写正确、迅速、整洁的习惯

---

① 参见中华民国教育部编：《第二次中国教育年鉴》（第三编·初等教育），上海：商务印书馆1948年版，第33页。

上表显示虽然课程标准频繁修改，但基本都是参照了1923年《新学制课程标准纲要》，在此基础上略加改订，表现出很强的延续性，也说明了该课程标准的价值与影响力。在五次修订、完善中，也可以看到一些很有意义的坚守。在不同的历史时期，又体现出与时俱进的一些变化和发展，如突出了要掌握标准语及其发音，学习语体文，提高口语交际运用能力，培养良好的阅读习惯，养成良好的书写汉字的习惯等。另外，在抗战救亡的历史背景下，增强了救国求生存、修己爱国等意志与情操的培养，体现出课程标准与时事、与国情、与国家命运的息息相关。又如早期课程标准突出了良好的语言习惯和能力培养与目的的关系，如"以期全国语言相通""欣赏相当的儿童文学，以扩充想象，启发思想，涵养情感"。又如对语言文字的要求愈来愈精准，如汉字书写，从"正确、清楚、匀称和迅速"到"正确、敏捷的书写能力"，再到"整齐、清洁、迅速、确实的习性和审美观念"，再到"书写正确、迅速、整洁的习惯"，愈来愈趋于书写本身的能力。在1936年版的要求中，还首次出现了"写规范字和应用文字"的表达，与其他版本中的"练习书写""练习写字""习写文字"有明显的不同，因其预设语义是还有不规范字，有非应用于百姓大众的书法、美术、艺术类字体。对汉字的识读也有变化，如1929年版、1932年版只提到"习练平易的语体文"，1936年版明确提到"认识基本文字"，1942年版进一步提到"认识通常应用的文字"，1948年版是"认识基本文字"。如读音，1932年版、1936年版和1942年版提的是"国语"，1929年版与1948年版则为"标准语"。由名称的变化，可以看出教育界、学界对教学内容的不断思考和探究。不过反观之，尽管名称和表述总在变化，但是中心并没有改变——重视对学生基本功的训练和强化。

第四节 小学语文教科书的审定

世界各国对教科书的采用或认可，一般实行国定制、审定制和自由制。其中以审定制居多。所谓审定制，"就是国家教育行政部门根据正式颁布的中小学各科课程标准，通过自己设立的教材审定机构，对有关出版单位编辑的各种教材进行审查鉴定，审定通过后准予出版、发行、使用的一种教材编审制度"[1]。清末民国时期的教科书审查实行的主要是审定制，其次是国定制。

---

[1] 李杏保、顾黄初：《中国现代语文教育史》，成都：四川教育出版社2004年版。

一、清末的审定制

自清末开始尝试新式教育以来，主张教科书国定制的呼声就一直很高。光绪二十四年（1898），管学大臣孙家鼐即提出要实行教科书国定制，由朝廷开设编译局，编译中西学教科书，"勒为定本""请旨颁行各省学堂"，以"一趋向而广民智"。光绪二十八年（1902），管学大臣张百熙也提出了实行教科书国定制的设想："现各处学堂皆急待国家编定，方有教法"，"应请由臣慎选学问淹通、心术纯正之才，从事编辑，假以岁月，俾得成书。书成之后，请颁发各省府州县学堂应用，使学者因途径而可登堂奥，于详备而先得条流，事半功倍，莫切于此"。此时适张之洞在南京创办江楚编译馆书局，并有用该局发行的教科书作为审定之本通行各省的打算，故不同意张百熙的意见，认为学堂课本不能单由大学堂编定，应"准外省编书呈候核定行用"，"可随时增补修改"。张百熙、张之洞二人的意见在稍后颁行的《奏定学堂章程·学务纲要》中得以融合。光绪二十九年（1903）十一月二十六日，张之洞、张百熙等制定的《奏定学堂章程·学务纲要》正式颁行，一方面指出"京师现设编译局，专司编辑教科书"，另一方面由于官编教科书亦属草创，难以满足大量中小学堂对教科书的需求，又规定"官编教科书未经出版以前，各省中小学堂亟需应用，应准各学堂各科学员按照教授详细节目，自编讲义。每一学级终，即将所编讲义汇订成册，由各省咨送学务大臣审定，择其宗旨纯正，说理明显，繁简合法，善于措词，合于讲授之用者，即准作为暂时通行之本。其私家编纂学堂课本，呈由学务大臣鉴定，确合教科程度者，学堂暂时亦可采用，准著书人自行刊印售卖，予以版权"。这是国定制与审定制的结合，由于客观条件的限制，实际上主要实行的还是审定制，也可视为是国定制的一段过渡时期。①

二、民国的审定制

南京临时政府成立之初，便首先抓住教科书的政治倾向问题，强调民主共和，并于1912年2月19日批准了上海书业商会提请的《关于请将旧存教科书修正应用》的呈文，"现距开学日期迫近，为应急需，各书局已修改之教科书，如

---

① 以上内容转引自张运君：《晚清学部与近代教科书的审定》，《历史档案》，2011年第1期。

重印不及，则准许先印校勘记，随书附送或备各处索取，以免延误开学"①。同年5月，教育部通饬全国各书局，所有即将出版的教科书必须送教育部审查，审查通过后才可正式出版发行。

1912年7月，在全国临时教育会议上，讨论并原则上通过了《教科书审定办法案》；9月3日，教育部通令各书局，按章编订春秋两季入学儿童教科书并送教育部审查；9月15日，教育部颁布《审定教科用图书规程》，规定"初等小学校高等小学校中学校师范学校教科用书，任人自行编辑，惟须呈教育部门审核"②。这是我国明确实行教材审定制的第一份政府文件。国家通过审定来对教材的编纂、出版、发行实施监管与掌控。

教育部对教材进行审定，具体到学校实际选用教材的权利，1912年9月18日，教育部公布《各省图书审查会规程》令，明确由各省统一择用全省适用的教科书。其第一条就规定了"图书审查会直隶于省行政长官"。"各省统一择用"，把教科书审定权收归省一级，可视为有弹性的国审，或是高度统一的审定制。它有利于统一全省的教学内容、教学进度和教学标准，实现地方教科书使用上的自主性和科学化，也便于教育部对各地教科书质量的整体把控。但由于到省一级的统一审定有诸多困难，至1914年1月23日，时任教育部部长汪大燮签发教育部部令第七号，对教科书的选用权由"各省图书审查会选定之"，改为"由校长就教育部审定图书内择用之"。虽然教材的选择权进一步下放到了学校，但从教材的编纂、印刷、发行、使用各个环节都有着诸多的规定、要求，可以看到国家对学校教材的使用是特别重视的。

1915年2月，袁世凯政府又颁布《特定教育纲要》，其中专设"教科书"一节，对教科书的编纂宗旨、编纂要求、编纂说明等进行了系统的说明，以规范管理教科书。③

（1）中小学教科书于一定期限内编定颁发，国定制与审定制并行。

（2）中小学校均加读经一科，按照经书及学校程度分别讲读，由教育部编入课程，并妥拟讲读之法，通咨京外转饬施行。各学校应读之经如下。小学校：初等小学，《孟子》；高等小学，《论语》。中学校：《礼记》，节读，如《曲礼》《少仪》《大学》《中庸》《礼运》《檀弓》等篇，必须选读，余由教育部选定；《左氏

---

① 王建军：《中国近代教科书发展研究》，广州：广东教育出版社1996年版，第260页。
② 舒新城：《中国近代教育史资料》，北京：人民教育出版社1961年版，第355页。
③ 宋恩荣、章咸主编，中央教育科学研究所教育史研究室编：《中华民国教育法规选编》（修订版），南京：江苏教育出版社2005年版，第24~27页。

春秋》，节读，其读经时课多少，如上同一规定。

（3）中小学国文教科书除编定者外，应读《国语》《国策》，并选读《尚书》，以期养成政治共识。

此后虽然政权迭变，但教科书的审定制度基本没有发生大的变化，但要求是愈来愈细致。如1929年1月22日国民党中央民众训练部档案中所保存的《教育部订定审查教科图书共同标准》：①

〈甲〉关于教材之精神者：一、适合党义　二、适合国情　三、适合时代性

〈乙〉关于教材之实质者：四、内容充实　五、事理正确　六、切合实用

〈丙〉关于教材之组织者：七、全书分量适宜　八、程度深浅有序

九、各部轻重适度　十、条理分明

十一、标题醒目确切

十二、有相当之问题研究或举例说明

十三、有相当之注释插图索引等

十四、适合学习心理　十五、能顾及程度之衔接

十六、能顾及各科之连格

〈丁〉关于文字者：十七、适合程度　十八、流畅通达　十九、方言俚语摒弃不用

〈戊〉关于形式者：二十、字体大小适宜　二十一、纸质无碍目力

二十二、校对准确　二十三、印刷鲜明　二十四、装订坚固美观

再如1936年9月7日，南京政府教育部刊发《关于我国中小学教科图书编审情形》中，也有详细的规定：

一、教科书之编辑：我国自兴学以来，对中小学所采用之教科图书即采审定制；准由著作人或是书店编撰，由政府审定（专科以上学校无法定教科用书）。国民政府都南京以后，仍保持此制。惟为力谋中小学教科用书内容之整一起见，教育部曾选集专家，商订课程标准，经于十八年以后陆续颁布幼稚园、小学、初高中课程标准，于是著作者编辑中小学教科用书，乃有确切之范围，部中审定工作亦较有准绳可循。

二、教科书之审定：凡依据中小学课程标准编定之各科教科图书，依法须送部审查。教育部颁有教科图书审查规程，于送审手续及审定程序均有规定。在数年以前，各书店所编之教科图书，间有不甚妥善者，当满洲事变及一·二八事变

---

① 中国第二历史档案馆：《中华民国史档案资料汇编·教育》，南京：江苏古籍出版社1997年版，第92页。

陆续发生之时，言词间或不免偏激，审定之时亦或不及一一改删。近两三年来，审定之手续较前细密，凡出版书商或著述人将依据标准编定之中小学教科图书送部后，先交由主管司科为大体之审查，如无不合情形，始发交国立编译馆，由馆内外各科专家分别审查，待最后经部复核后始发给审定执照；鲜有初送即予审定者，大都先则指示如何修正，俟修正后续为审查，往往续送两三次至五六次始予审定，其意盖在力求妥善无疵也。数年以前，各地学校所用教本，或有未经部审定者，或有为审定本之已失时效者（经部审定之教本均有一定时效，中等学校为六学期，简易师范及小学为八学期，期满非依法重送审定，仍不得采用）。近一两年来，教育部考察日严，此类情形，已逐渐绝迹。全国各校所用教本率皆为本部最近拟精密审定之本，外人不察，往往觅取一两年未经审定之书，或审定已失时效之书，以为排外或排日之口实，实则此类教本原为部所禁制，亦已罕见采用。

三、教科图书中涉外之记载与言论：国难日趋严重，中小学教科用书（尤其国文、史地等教本）关于涉及外事之记载与言论，遂成极端繁难问题。本部迭集专家，深思熟虑，认为爱国思想之扶植，民族意识之培养，当侧重积极方法，不宜倾向于国际仇怨之鼓吹。①

三、民国的国定制

1937年抗日战争爆发后，国民政府颁布了《总动员时督导教育工作办法纲要》，这里虽然有应急措施，但主旨仍是"战时须作平时看"，"一切仍以维持正常教育"。但随着抗战深入，战乱频仍，时局不稳，教科书供应减少，普遍发生书荒，还有就是为了思想的统一，由教育部统一编纂、各书局统一印制发行中小学教科书的做法逐渐形成。1938年4月，陈立夫的《战时各级教育实施纲要》提出："对于各级学校各科教材应彻底加以整理，使成为一贯之体系，而应抗战与建国之需要，尤宜优先编辑中小学公民国文、史地等教科书，及各地乡土教材，以坚定爱国爱乡之观念。"

1942年始明确并严令"以后凡小学教科书应一律限期由部自编，并禁止各书局自由编订"②。并成立由正中书局、商务印书馆、中华书局、世界书局、大东书

---

① 中国第二历史档案馆：《中华民国史档案资料汇编·教育》，南京：江苏古籍出版社1997年版，第94~96页。

② 中国第二历史档案馆：《中华民国史档案资料汇编·教育》，南京：江苏古籍出版社1997年版，第45页。

局、开明书店、文通书局七家书局联合组成的"国定中小学教科书七家联合供应处",统一印制发行国定本教科用书。

抗日战争胜利后,"各级学校教科书,应与各大书店印刷所接洽印行国定本,并可采用战前审定本。对于收复区学生,予以正确思想之训练,并销毁敌伪教科书及一切宣传品,应保存留作史料者除外"①。并继续由七家书局印行教科书。

从上述各个时期的教科书审定制度的演变来看,无论是审定制还是国定制,是部审还是省审,是省内统一确定教材的使用还是校长自定,总的趋势是趋于严格的。尽管在制度上是限制多于放松,统辖多于自主,但由于社会动荡、战火蔓延、观念思潮的百花齐放、受教育人口的快速增长、学校教育的蓬勃发展,形成了教科书出版的庞大市场。庞大市场带来的就是巨大利润,快速发展带来自由宽松的环境,各出版机构竞相延聘、积聚精英们投身于教科书的编纂事业。"在20世纪20—40年代就形成了三大分别以商务印书馆、中华书局、开明书店为中心的著名语文教科书编辑专家群体。"②

第五节 教科书的编纂思想

凡社会,都有教育的存在;凡教育,都是一定社会的教育。教科书一方面是国家实现其统治利益的有力武器,是国家话语权力的表现形式。统治者以教科书为文化载体来塑造未来理想的国民,培养未来社会的精英阶层,完善国家的权力机制。而另一方面,教科书又是改造社会与变革文化的先锋与阵地,对改革成效的迫切需求又不断催生着适应新思想的教科书。③

20世纪上半叶,随着西方各种先进思潮涌入,中国正处于冲破旧的封建势力,求变图强、救亡图存的急剧动荡快速变化的时期,文化大众化、教育普及化、语言口语化与规范化、文字拼音化与汉字简化的变革一浪高过一浪。下面就从文化与教育、语言与文字变化的角度来看看这个时期若干代表性教科书编纂思想的变迁。

---

① 转引自贺金林:《国民政府时期中小学教科书供应体制的沿革》,《中山大学学报》(社会科学版),2006年第5期。
② 参见李娜:《推动国语传播的民国白话文教科书》,《课程·教材·教法》,2014年第8期。
③ 参见李娜:《推动国语传播的民国白话文教科书》,《课程·教材·教法》,2014年第8期。

一、刘树屏的《澄衷蒙学堂字课图说》

刘树屏的《澄衷蒙学堂字课图说》刊行于光绪二十七年（1901）。"凡例"言道："是书专为小学堂训蒙而作，故词尚浅近，一切深文奥义不及焉。""共选三千余字，皆世俗所通行，及书牍所习见者。""字义分详简二类，而识字之序，则分深浅二级。先浅后深，浅者定为初级，计选一千数百字，特于检字中加圈，以为识别；深者定为次级，概不加圈。"①

二、最新国文教科书

光绪三十年（1904），商务印书馆出版了经学部审定的"初等小学堂课本"，其中有三套"国文教科书"，分别为初等小学堂的不同学年而编纂。"最新国文十册为五年之用，简明国文八册为四年之用"，《简易国文教科书》六册"为三年之用"。

《简易国文教科书》"册数虽少，而国民应知之道德知识技能无不完备"，"包含各科材料，计历史、地理、格致各三十余课"，"书中详列书信、收条、账簿、日记、日报各种格式"，"选用之字二千八百有奇，足供应世之用"。对于这套教材，学部的评价是"词旨浅近，指事、象形，揆诸儿童心理尚易领悟，图画颇具神趣，文义由浅而深，章句由短而长，于渐进之程度，尚属相符"。②学部对其内容安排的循序渐进性非常认可。

十册本《初等小学最新国文教科书》由蒋维乔、庄俞编纂，高凤谦、张元济校订，光绪三十年（1904）十二月初版。至宣统二年（1910）十二月已出六十版，足见其受欢迎程度。该教材从第一册开始就遵循"发明之原则"，第一册教科书中采用之字，限定笔画，"规定五课以前，限定六画；十课以前限定九画；以后渐加至十五画为止"。"教科书采用之字，限于通常日用者，不取生僻字"，文字的长短都有严格限制。课文"选用事项涉于多方面，不偏于一隅。杂采各种材料，以有兴味之文字记述之"，内容广泛，提倡爱国、教育和科学。

下面是第二册的"编辑大意"：

一　本编为初等小学堂第一年后半年之用。

---

① 刘树屏：《澄衷蒙学堂字课图说》，北京：新星出版社（翻印）2014年版。
② 蒋维乔、庄俞：《初等小学最新国文教科书》，上海：商务印书馆1910年版。

一 本编均系成章文字，无从分节，而一课应教二日，教授之法，第一日只教生字，令之诵读，第二日更详为解释，俾得反复熟习；或一课可分为二者，日授半课亦可，在教习择便行之（东西各国读本两日教一课本为常事，且有以一课为四五日之用者）。

一 每课生字以十二字为限。

一 本编选用生字五百二十，其深僻者，仍不列入。

一 日用器物，童子已知其名，不可不识其字，惟欲一切分配各课，诸多困难，且俚俗之字，杂入文中，亦嫌不称，故本编特加附图四幅，将各物名注于其上，以补文中所不及。

一 本编既用成章文字，介字、连字、助字等，自不可省，然仍以易于讲解者为限。

一 本编杂用歌辞体例，便于儿童唱和，以取兴致。

一 本编所采故事，均择其有益于儿童者，惟古文深奥，不宜初学，故略加点窜，以归平易。

一 本编间仿古人寓言之例，假设事故，以为劝戒之用，惟既非实事，故不用姓名，或有姓无名，以别于故事。

一 本编所述德育事，仍以家庭伦理为主，间有旁及他事，亦皆为儿童所能行者（如戒贪得、戒诳语等）。

一 本编所述智育事，仍用眼前事物，但较第一册稍为详悉。

一 本编所述体育事，仍以尚武为主，而兼及卫生浅理（如饮食衣服居室等污秽之弊，为吾国社会之大害，本编于洁净之事，尤三致意）。

一 本编用头号大字印刷。

一 本编插图一百十幅，另加彩色图三幅。

一 本编每课必在一开之内，每句必在一行之内，以便诵习，惟成章之文，排比不易，故较第一册尤见苦心。

以上的编辑说明涉及德育、智育、体育等方方面面，对课文篇幅、教学时长、教学内容的选择、语言文字的表达、文章句式的递进、教材的编排、插图的设计等都有精心的考虑与设计，使教科书在形式和内容上都达到相当完善的程度，在我国现代教育史上导乎新式教科书之先路，其编写形式多为后来者沿用。

三、《共和国教科书新国文》

《共和国教科书新国文》由庄俞、沈颐编纂，高凤谦、张元济校订，是上海商务印书馆印制发行的第一套新式教科书。自 1912 年出版发行以来，直至 1926—1927 年间一直被诸多小学校选为国文教材，翻印达千余次，其中第一册发行 2600 余版，其影响之大可见一斑。该教材适用于小学初级阶段，编纂思想如下：

一　本书以养成共和国民之人格为目的。惟所有材料，必求合于儿童心理，不为好高骛远之论。

二　本书包含理科及天文地理历史等科之常识，按照程度分配。

三　本书注重立身居家处世以及重人道爱生物等，以扩国民之德量。

四　本书注重实业，以养成独立自营之能力，并付书信账簿票据各种文件。凡国民生活上必须之知识，无不详备。

五　本书注重国民科材料，如政治法律军事等，俱择要编入。

六　本书所述花草景物，预算就学时期，按照阳历顺序排列，使儿童可随时实验。

七　本书生字之多少，字句之长短，笔画之繁简，意义之深浅，按照程度，循序渐进以免躐等之弊。

八　本书文字力求活泼，以引起儿童之兴趣。

九　本书文法与语法期相吻合，力求浅显。

十　国民学校不分男女。本书兼收女子材料，以便男女共学之用。

十一　本书每册均有教授法及教案，以供教员之用。

由编纂思想中可以看出，本套教材注重在选文上侧重各学科知识的融会贯通，注重对学生人格的培养，以及生活能力的训练。我们尤为注意的是七、八、九处。七曰"生字之多少，字句之长短，笔画之繁简，意义之深浅"，讲的是语言文字的难易度要循序渐进；八曰"文字力求活泼"，讲的是文风的浅近，表现出对儿童心理规律的尊重；九曰"文法与语法期相吻合"，清楚地表明教材的编纂者们已经注意到写作之法与说话之法各有规律，且相辅相成，以此引导教师在教学过程中实现文法教学与语法教学的融贯。

四、《新法国语教科书》

戴杰等编校的《新法国语教科书》，由商务印书馆在民国九年（1920）出版。它对当时的白话文运动做了很好的回应，小学教材中大幅增加了白话文文章。对选文的体裁、各类体裁的比重、选文标准做了如下说明：

前四册纯是语体文，后二册语体文和文体文互用；但是文体文只占十分之三，有时将一种教材，语体文文体文并列，可以两两对照，互相比较。

应用的占十分之三；科学的占十分之二五；公民常识占十分之一五；其他占十分之三。

实质方面，凡是关于身心国家世界的地方，都十分注重；形式方面，务求明爽，活泼，有规律。词类显豁，语法有序。

一律用新标点，句读和人名地名等。……

这套教材适用于旧学制中的高小三年，其语体文与文言文的比例，以及各类体裁的配比和题材来源，均显示教材相当注重白话文的学习，重视传统文化及语言的实用性。新标点也进入了教材之中。

五、新学制小学教科书

这是上海世界书局在新学制出台之后编纂出版的小学教科书，其中《初级国文读本》八册，《高级国文读本》四册，适用于"四二制"的小学国文教学。

《初级国文读本》由魏冰心、朱翊新、范祥善编辑，民国十三年（1924）六月初版，民国十六年（1927）已发行62版。编辑大纲中突出了以下编纂思想：

课文选材包括"文学"和"语言"两种：文学材料重在能扩充想象、开发思想和陶冶优美情感，培养读书趣味；语言材料首推日常应用的动作语，次重会话、演讲等。

材料排列力求相互联络。低学年多为连续三四课成为一单元，如首册第一课到第四课为唱歌，第五课到第七课为游戏。

低年级注重韵文。首册韵文占百分之七十。课文材料排列活泼，除儿歌、谜语外，还把童话、游戏等编成韵文。

材料选择处处顾及儿童生活，低年级强调供给儿童想象生活的材料，高年级供给儿童现实生活的材料，内容适合表演，以助儿童兴趣。

日常应用文字，务使应有尽有。

生字排列，力求匀称。低学年生字平均每课五六个字，高学年平均七八个字，绝无过多或过少的弊病。

字句注重变化与间歇性反复，务使儿童有较多的复习机会。句法组织力求口语化。

插图活泼而有变化。低年级各册配彩色图，强调助于欣赏、引起想象、辅助记忆、增加兴味。

《高级国文读本》由秦同培、陈和祥编辑，于民国十四年（1925）四月初版，同年七月已发行第7版。在"编辑纲要"做了以下说明：

本书专供高级小学教科及自修之用。故于材料之选择、篇幅之繁简与前后之次序联络等等，均极加注意。务以适合读者程度为标准。其要点如下：

甲　本书分四册，每册三十六课，每年用两册。适合高级小学二学年之用。

乙　本书文字，第一册以百八十字为限，第二册以二百三十字为限，第三册以二百八十字为限，第四册以三百五十字为限。多寡分量，均与年程适应。

丙　本书文体之配合。第一、二册记叙文占十之七八，说明及议论文占十之二三；第三、四册记叙文占十之五六，说明及议论文占十之四五。与高级小学生吸受文艺之能力，无不相当。

丁　本书选材之标准，大要如下。（一）富有兴趣者。（二）行文活泼者。（三）段落分明者。（四）恰合儿童心理者。（五）不背现代思潮者。

戊　本书前后排列，以文字浅深为标准，不依时代之进程为阶梯。惟每两课必作一联络，俾适合于一周之教授。每十二课必作一循环，俾便于进修中带复习。如此配置，不独学者易得益，即教者亦极便利。此诚空前未有之编制，幸读者注意及之。

己　本书韵文占散文九之一，而韵文之中，诗歌与偶调谐叶之文又各占其半。所以引起学生文艺上之美感，兼为陶冶性情之用。

庚　书信最为文字有实用者，兹特就家常、酬应、答复、推荐、慰藉、报告等重要诸项，分别采录，散布各册中。每册各入书信文两课，便于学者揣摹、取则之用。

辛　全书文体略备，初学苟卒业是编，进求高深。基址已立，自必易于进取。

以上说明显示，编纂者极为重视教材的科学性和与教学对象的匹配性，对课文的长短、难易、递进、复习，语体的韵散骈偶，文体的实用与生活化，都极为讲究，力求安排稳妥停当。其关键在于教材编纂者心中有学生这个最根本的服务对象，用现在的话来说就是"心中有这根弦"。其言辞随处可见，如"适合高级小学二学年之用"，"多寡分量，均与年程适应"，"与高级小学生吸受文艺之能力，无不相当"，"恰合儿童心理者"，"引起学生文艺上之美感，兼为陶冶性情之用"。编纂者追求的最高目标就是"不独学者易得益，即教者亦极便利"。

六、国语新读本

世界书局在1931—1933年间出版了多套小学教材，显示其教材编纂团队众多、教材编辑包容性强、自由度大的特点。曾主笔起草《新学制课程标准纲要·小学国语课程纲要》的吴研因也编纂了《国语新读本》，将他的教育理念与教学设计实践于教科书中。"编辑纲要"中开篇即言："本书经教育部特准定名为国语新读本。教育部批有'该书允许目下小学模范之国语教科书。为避免各书坊摹仿起见，应准加一新字，称为国语新读本，以便识别'等语。"突出了此书对新课程标准的解读具有示范、模范作用。并做了详细阐述：

本书原稿遵照教育部《小学国语课程标准草案》而编辑；定稿遵照教育部二十一年十月正式颁布的《小学国语课程标准》而改编。全书八册，供初级小学儿童国语读书作业的"精读"之用。所有文体分类、分量支配、选材注意事项等，都详该项标准中，兹不复载。

本书内容方面极注意左列各点：

甲、具有理想目的。在现时的中国，应给儿童以怎样的观念和思想？准备造就如何的国民？这是本书极注重的问题。本书故事、诗歌，力求"言之有物"，和茫无理想目的的"……杂钞"不同。

乙、切合儿童生活。本书选材以儿童生活为中心，力求切合于中国一般儿童的习惯和需要。凡外国儿童和中国欧化家庭特殊阶级儿童所习惯的语言、动作、食物、玩具等，一概避免。

丙、注重文学趣味。本书选材以儿童文学为主体，描写也力求真切生动。凡平淡无奇、不合儿童心理、没有永隽趣味的材料，一概不取。

丁、增加活动材料。本书原稿，本有可以表演、可以吟唱……等的活动教材，改编时又加入许多可以绘画、可以游戏的活动材料，而且此类材料仍经别选剪裁，力求不繁冗而多趣味。

戊、富于创造精神。本书教材十分之九，都由著者自己创作，选集和翻译的材料，也往往仅取意思，另行编制，力避因袭苟同。

己、便于设计教学。本书教材都依时令，编排独于一年四季的自然现象、纪念日、节日等重要教材，无不应有尽有，极便于随时与各科教材组合成大单元而施行设计教学。

庚、结构严密条达。无论故事诗歌，全篇结构，必使条理清楚，曲折畅达，一洗因限制篇幅字数而发生的枯窘、笼统、生硬乏味诸弊。

辛、字句稳妥匀整。本书初稿用字造句，都经再三斟酌，所以教育部审订时，并未更改一字。改编时，又经刻意磨琢：语法务必确合活的标准国语；声韵务必根据"国音"常用字汇；生字务必先易后难，先少后多，各课均匀排列，而仍调和、生动，并不牵强、生硬。

壬、材料精警丰富。本书原稿材料力求精警丰富。改编时，更将全书材料加以甄别，前四册也各增加课文七八页至十多页不等，足够初小儿童精读之用。

本书形式方面极注意左列各点：

甲、封面图画精美。不但求合儿童心理，而且内容意义求与国语读本相符合。

乙、插图匀称适当。本书插图，不但前几册数量极多，后几册也不因多占篇幅而就减省图式，多变化而生动，务求主客地位分明，布景不粗陋也不繁琐。

丙、彩色图鲜明。本书第一册有彩图五幅，十分生动，且有意味；与他书任意着色的，完全不同。

丁、删汰附属物。凡与课文无关的边框线、书名、册目，以及生字等，一概取消。（少数游戏工作材料仍加极细的边框线，以便识别）不但清洁整齐，不混乱儿童视线，且可以不损害儿童的美感。

本书各册之末，附有生字表，将各课生字，依次排列，照《国音常用字汇》，加注国音，并附列简笔字等各种普通的别体字，以便检查。

另编教学法八册，详列小学国语教学方法，和本书各课教学方案、游戏工作材料、补充教材等，由实地研究者编辑而成，以供教员使用本书时之参考。其编辑大意，另详该教学法中。

这份编辑提要，对新课程标准既做了详细的读解，又有完善和补充，在书籍的编订、生字的选择、选文形式与来源等方面都做了非常周全而清晰的说明。特别值得教材语言研究者关注的是"辛"条，"用字造句，都经再三斟酌"、"刻意磨琢"，显示出教材语言的精练典范；"语法务必确合活的标准国语"，显示出教材语言的规范标准、文从字顺；"声韵务必根据'国音'常用字汇"，显示出教材语言的通俗浅近、字正腔圆；"生字务必先易后难，先少后多"，显示出教材语言的科学化、序列化。在教材语言研究中，常常说到的"教什么，不教什么"、"先教什么，后教什么"、"怎么教"，在民国时期的教材编纂中，在现代国民教育、现代基础教育的创始阶段，都是教材编纂者、教育家、教师们时时关注、刻刻牢记在胸的。

吴研因在扉页中还对教材成书过程中的诸多帮助者表示了感谢。其感谢的背后显示出一套优秀、规范教材所应该具有的品质，就是不但要有专家的研发、打磨、殚精竭虑，还要经过第一线教师的具体操作和反复实践。下面请看看有关工作环节：

本书经中央大学实验学校教员在该校小学中低年级实地教学，并由诸位专家研究修订，下列诸位先生、女士，助我长多，特志于此，以表谢忱。

助我选材集稿者：王味辛先生（国立编译馆编者），徐子长先生（苏州女中实验小学教员），江效唐先生（前江苏省立第三师范附属小学教员），张若男女士（中央大学实验小学教员）；

助我校正文字者：胡颜立先生（国立编译馆编者），薛天汉先生（教育部职员），蒋息岑先生（前教育部编翻）；

助我校正语言者：汪印侯先生（教育部科长，生长北平），冯书春先生（前教育部秘书，生长北平），王之申先生（教育部职员，生长北平）；

此外，江珊英、丁澄芳两女士和内人江晓因女士，为我选择西书；晓因并朝晚相与商酌，用力尤多，合并声明。

七、初小国语教科书

1938—1941年，教育部编审会陆续出版了自行编印的《初小国语教科书》。这套教材八册，专供小学初级国语科教学之用。该套教材具有以下特点：

本书要旨，在使儿童认识基本文字，获得自主读书的基本能力，进而欣赏儿童文学，以开拓其阅读的兴趣，并学习运用文字，获得表情达意的能力。

本书不单寓文学于识字，而且寓修身于文学。各课皆有意义有目的，从儿童文艺中激发社会生活的进取意识和情绪，并涵养国民道德，养成生活态度和作事能力。

本书内容，以儿童生活为中心。取材从儿童周围开始，从儿童实际生活出发，随着他们生活的进展，逐渐扩张到大的社会，与修身、常识、历史、地理、自然、艺术等科，尽量地取得联络。

本书采用单元制，以教材有联络关系之若干课组成一单元，数个单元又互相照顾，成为一大单元，适合儿童学习的心理。

本书于每个单元之后，附有练习课，对于内容的讨论，语法的整理，写作的练习等，均分别顾到，以期增进读书教学的效率。

本书各课生字，均有限制，生字分配，务求均匀，词类出现，亦严格依据儿童心理，以分先后。

本书每册之后附有"词汇"，列载新出现的语词，以供儿童翻检应用。此种"词汇"，以词为单位，优于生字表之以字为单位：可使文字与语言相近，并收生动和明显之效。

该套教材的突出优点是强调对儿童自学能力的重视与培养，实行单元教学，注重词汇的学习。

八、小结

以上对20世纪初至40年代的七套代表性教材的编纂理念进行了概述，可以看到各教材都充满了探索性，在这个时代大变革、社会大发展、民智大启思、教育大普及、观念大碰撞的时期，基础教育阶段的语文教育、语文教学、语文教材锐意进取，以满足社会民众的需求。其教材编纂表现出这样一些很有价值的特点。

第一，教育思想上，突出以儿童发展为中心，尊重儿童心理，尊重儿童主体的思想追求。儿童中心论、儿童本位的观念突出，时时关注到儿童的思想世界、语言世界与成年人之间的巨大差异。

第二，注重教材内容的生活化、实用化、现代化。突出内容的丰富性、多样性、历史性和地域特点，强化知识学习的有用性，把知识学习与对学生情操和道德的培养紧密结合在一起。

第三，突出了对"国语"的学习，突出现代白话文的学习，强调语言文字的标准性。第一部冠以"国语"之名的教科书《国语教科书》，开篇之言"本书之著，以国语为统一国家之基。……今吾国读方，只有国文而缺白话，其为国语料莫大之缺点"[1]。特别是在早期的国语教科书中，这一思想表现得更为充分。编纂者将语言学习与国家统一紧密联系在一起，表现出以现代的统一语言为国家根基的思想。这时的国语教科书是白话文运动的响应者、实践者，也是使白话文运动最终成为社会主流，完成整个社会语言改造的推动者、完成者。基础教育与社会变革，语文教材编纂与社会演化，有着如何密切的关系，这是在语文教育的功能与使命研究中值得深刻思考与总结的。

第四，重视语言文字运用能力的培养。写作教学中注重应用文体的应用，注

---

[1] 黄展云、林万里、王永炘：《国语教科书》（第1册），上海：商务印书馆1910年版。

重语法规范的学习，低年级重口语学习，中高年级逐渐转为重书面语教学。注重听、说、读、写四种能力的培养。

第五，重视语文学习与能力培养的科学性。强调对常用字词语的学习，特别重视语言文字教学上的适量、适度与渐进性，并把这种递进性严格地落实到年级、册、课文的编排中。有量、限量、定量，且关联、序列、往复，其科学性的思想表现是相当充分而彻底的。

第六，注重教材的编排艺术，强调满足学生"使用"功能的需求。如对插图的运用十分讲究，对插图所具有的丰富、补充、完善文字信息的符号功能，对它的活泼、生动、丰富的信息对儿童心理发展所具有的重要作用，都有着非常深刻的认识。

第二章　民国小学语文教材样本与研究方法

民国存在的时间并不长，只有短短的38年，但却是中国社会急剧、深刻变化的时期。"1911年到1949年是我国社会发生深刻变革的历史时期。许多图书表达了不同的观点乃至相互对立的立场，有革命的，进步的，也有反动的，落后的；作者的情况也很复杂。"① 这是一个各种文化思潮、文化事业极为活跃的时期，新旧并存，旧的顽强存在，新的极力生长。要对这一时期的语文教材语言进行深入真切的了解，掌握科学的方法，是否选取有代表性的教材来做定量分析，是决定整个课题研究工作成败的关键因素。

第一节　教材样本的选取

一、民国小学语文教材概貌

（一）小学语文教材异军突起

民国时期文化事业极为活跃的一个重要标志就是图书出版数量庞大。"前后三十八年，出版的书籍据说超过十万种。"② 据具有"国家书目的性质"的《民国时期总书目》记载，民国按学科来分有"哲学、宗教、社会、政治、法律、军事、经济、文化教育、语言文字、文学、艺术、史地、理、医、农工、总类等类"。而在《民国时期总书目（1911—1949）——中小学教材》卷，据"本册编辑说明"，所收图书"包括课程标准与教材书目、小学教材、中学教材、师范教材四类，共收书四千余种。附录清末中小学教材六百余种"。有编号的4055种加

---

① 《民国时期总书目（1911—1949）——中小学教材》，北京：书目文献出版社1995年版，"出版说明"，第V页。

② 《民国时期总书目（1911—1949）——中小学教材》，北京：书目文献出版社1995年版，"叶圣陶序"，第I页。

600余种，一共4600多种，分布在上面的四类加清末，一共五类，分布的数量是"课程标准与教材书目"的1~3页，"小学教材"是4~174页，"中学教材"是174~312页，"师范教材"是313~325页，"清末教材"是325~355页。在数量如此庞大的教材中，"小学教材"占了一半。

"小学教材"类下面再分有"综合教材""政治""语文""外语""历史""地理""数学""自然""理科""常识""卫生""农业""商业""音乐""美术""劳作""体育、游戏"十七类。每类下面再分出的小类一般是"课本""教学参考书""其他教材"三类。"政治"类下面分得最细，有"三民主义""党义""公民""修身""社会"五类。图书编号是从"096"~"0351"，有255种。

"语文"下面分有"课本、副课本""教学参考书""其他教材"三类，收录的教材达518种，是小学教材17个学科中最多的，占"小学教材"类所有教材1927种的四分之一略多，由此可见小学语文教材编纂、出版、使用、更新的活跃程度。

民国时期整个社会的知识体系在重新组建与铸形，而且这种重组与铸形就是从最基础的小学教育开始的。它又集中在语文课中体现出来。小学语文课不仅仅是语言文字的工具课，而且是人生观、社会观、道德观教育与熏陶的载体。更主要的是这个时期的语言文字也发生了"改朝换代"的变化。白话文以不可阻挡之势在全社会迅猛疾走。文字现代化表现为汉字简化与汉语拼音化，简化汉字还处在推进的过程中，汉语拼音化则取得了注音符号这一成果。而白话文则成为时代的潮流，"国语""国语统一""国语研究会""国音标准""国语周刊""国语运动"流行一时；《国音常用字汇》《国语辞典》《国音字典》《新著国语文法》层出不穷。白话文在文学创作、社会用语上一马当先，在小学语文教育中则是推动最力、普及最快、共识程度最高、贯彻效果最明显。在数百种小学语文教材中，近两百种教材含有"国语"字样。《国语》《国语读本》《国语课本》《国语教科书》成为教材名称的基本样式，在它们的基础上或是叠加不同学段，或是叠加"新""最新"，或是叠加"新学制""新教育""新体""新主义"的，都成为教材的命名方式。加学段的如"初小国语""初小国语课本""高小国语""高小国语课本"；加"新"字的如"新编初小国语读本""新编高小国语读本""新教材教科书国语读本"；加"新标准""新学制""新观念"等的如"新标准教科书国语标准读本""新法国语教科书""新课程标准小学国语读本""新教育教科书国语读本""新生活高级国语""新时代国语教科书""新中华国语读本""新国民国语教科书""新主义国语读本""复兴国语教科书""新中国教科书高级小学国语""国定教科书初小国语"等。

立足于"国语"之上的层出不穷的命名方式，正说明"国语"之起属人心所向，势不可挡。也说明新模式新范式新体制的到来太猛太快，应接不暇。人们都在新事物新观念新理想的引领下努力地开天辟地，人们等不及定型，等不及规范。当然，也说明新事物的力量太大，新事物的稳定性也不够，中央政府的管控力还不够。如此种种，都造就了在民国这一特定时期，小学语文教育、小学语文教材呈现百花齐放奋勇争春的局面，造就了如此丰富多样的教材同行于世的盛况。以至于《民国时期总书目（1911—1949）——中小学教材》的编纂者们都不得不采取了这样的采录方式："同一课程的教材，书名往往相同，为便于区别，书名前的说明文字与书名一起著录。如'新制''新编''新中华''开明''复兴'。"①

"国语"的兴盛，还可以从"国文"在当时小学语文教材中的大幅低频使用看出。长期以来，传统的学校语文教育强调的是文字，学的是"文字蒙求"。"国文"突出的是对传统经典文篇的学习，而"国语"突出的是对当代语言，是对口语的学习。小学语文教材名中使用"国文"的只有不到"国语"的三分之一，如"国文课本""新国文""高等小学国文选本""（中华民国）初等小学国文课本"。小学语文教材中以"国文"命名的教材，讲授的大多仍是白话文，少数是文言文。如《新法国语文教科书》（方宾观编纂，朱经农校订，上海商务印书馆，1926年2月出版），"内容包括现代文和文言文50篇，高级小学语文课本，第一册1925年重版达75次"，内容上新旧兼顾。《（订正）新撰国文教科书》（胡怀琛、庄适编纂，朱经农、王岫庐校订，上海商务印书馆，1925年出版），"本书是在全国推行白话文后，一些地区没有条件改用语体文教学的情况下编的，第一册1927年重版达105次"，因地域发展的不平衡，在内容上也是新旧兼顾。

而中学语文教材，主要是以"国文"来命名，以"国语"命名的很少。在以"国文"为名的教材中，大部分是传统经典文章，有少数是白话文文章。《新中学教科书初级国语读本》（沈星一编，黎锦熙、沈颐校，上海中华书局1924年出版），"供新学制初级中学国语教科书用。入选文章大都是较为典范的白话文"。像这样以白话文为主的初中国语教材，数量并不多。《开明国文读本》（王伯祥

---

① 《民国时期总书目（1911—1949）——中小学教材》，北京：书目文献出版社1995年版，"本册编辑说明"，第Ⅳ页。

编，上海开明书店 1932 年出版），"依照教育部新颁课程标准编辑，专供初级中学学生国文科精读用。每册选文 42 篇。第一、二册注重文章体裁，第三、四册注重文章的组织及风格，第五、六册偏重于历代名著"，可视为白话文与文言文并重。而《新学制高级中学教科书国文读本》（江恒源编，上海商务印书馆 1928 年出版，"教育部审定。本书选文以古文为主，收入少量近代名人的白话文，每课课文有注释、作者小传、引文出处"），则是以古文为主。

重视白话文的国语小学教材，一行天下。这是一个特定的社会急剧变革时期的真实而生动的写照。社会变革、教育变革、文化变革、语言变革，都能在这里得到鲜明的体现。

（二）小学语文教材的重心是通用教材

在 500 余种小学语文教材中，分"课本、副课本""教学参考书""其他教材"三类，它们具体分布如下：

"课本、副课本"，有 282 种，起于"0352"号，止于"0633"号。

"教学参考书"，有 127 种，起于"0634"号，止于"0760"号。

"其他教材"分五小类。"读音、识字"类有 17 种，起于"0761"号，止于"0777"号。"文法、说话"类有 14 种，起于"0778"号，止于"0791"号。"阅读"类有 11 种，起于"0792"号，止于"0802"号。"作文"类有 59 种，起于"0803"号，止于"0861"号。"习字"类有 8 种，起于"0862"号，止于"0869"号。

第一类是供学生使用的，属"普通教材"，也是正式的教科书，在所有小学语文教科书中占了一半。它们之所以显得特别重要，是因为它们完整体现了教学大纲的要求，教学目标、教学理念、学制学年等种种目标与实施，都会落实在供学生使用的课本中。"教学参考书"则主要是供教师使用的，主要功能是在教学方法、教学安排、教学资料上加以指导和辅助。"其他教材"则属专题教材，完成专门的教学任务即可。因此，下面的教材语言分析的语料，主要选的是用作"普通教材"的正式教科书。

二、教材样本遴选四原则

由于民国小学语文教材有如此众多的数量，且通用教材与专题教材并行，盛行于世与用于一隅的教材并存，国统区、汪伪区、解放区的教材并存，学制改革前后的教材并存，不同编纂理念的教材并存，社会快速变化前后的教材并存，因此，要从如此庞大数量的教材中选取一定量的有代表性的教材，也就显得特别重要了。要遵循的遴选原则大致说来有以下几项。

（一）教材样本的代表性原则

代表性原则是教材遴选中首个应当遵守的原则。其代表性主要体现在三个方面。一是在学制上的代表性，二是在编纂理念上的代表性，三是在语言学习上的代表性。

民国时期是现代教育体制建立并逐渐稳定、成熟起来的时期，所选教材当然应该是服务于这一教育体制的产物。民国时期推行的新学制主要有两个。一个是1912—1913年颁布实施的"壬子癸丑学制"，这是我国第一个正式实施的现代学制，主要标志是实施"三段四级制"，即4-3-4-3-4，"4+3"为小学阶段，"4"为中学阶段，"3-4"为大学阶段。另一个是1922年颁布实施的"壬戌制"，主要标志是实施"六三三"制，所管的是小学、初中、高中。前者所设的学制跨度时间更长，从小学一直管到大学；后者管的只是小学和中学。单从小学和中学来看，前一学制的时间要短于后者，稳定性也不如后者。当然两种学制之间也有一个共性很突出，就是对初小的划定都是小学四年级。在义务教育的性质，在所应掌握的知识体系、语言文字能力，及应完成的道德情操观念的培养上，共性也相当多。也正是在初小教材上，教材的数量更多，共识程度更为集中。

现代教育建立更重要的标志是现代教育观的形成。因此，教材编纂理念也应是教材样本选择的另一个重要参照点。本书第一章第五节的"教科书的编纂思想"曾概括了当代教材编纂理念变化的六大趋势，"以儿童发展为中心""注重教材内容的生活化、实用化、现代化""突出对'国语'的学习""重视语言文字运用能力的培养""重视语文学习与能力培养的科学性""注重教材的'编排'艺术"。这些变化特点与趋势是符合中国现代教育变化发展方向的，也是民国时期基础教育最有价值的地方，它当然也应该是选择教材样本时应该着重加以考虑的地方。

民国时期最重要的语言变化就是现代白话文的倡导、使用、推广。它成了时代变革的标志。"国语观""国语热""国语能力"，成为整个社会进步力量努力的方向，也是小学语文教育的最大推动力与追求目标。因此，所选择的教材样本教、学、用的当然都必须是现代白话文。虽然在初中或高中会有一些文言文，甚至高小也会有一些优秀的文言文，但其目的在于更好地传承和培养祖国语言文字的应用能力，进一步提高白话文水平，与只读圣贤之书只习孔孟之礼是完全不同的。

应该说，只有符合以上"学制""理念""白话文"三点要求的教材，才是那个时代具有代表性的教材。

（二）教材样本的完整性原则

所谓教材样本的完整性原则就是它应该是一套完整的教材。根据教材设计的目的、服务对象、学制、教学环节、教学资料，都应该备而不缺，这样的教材才能成为我们样本分析的合格对象。因此，选择教材时，首先需要考虑的就是它的教材编纂理念是不是清晰、是不是完整、是不是具有明确的自觉性。其次要看教材是否具有系统的教材设计，如学年与学年之间、上册与下册之间、前课文与后课文之间、前单元与后单元之间，是否考虑过衔接、串联、呼应、过渡、递进的关系。最后是看教材是否覆盖了各个教学环节，如精讲与泛读、识字与说话、词语与词句、篇章与写作、教与学、学与练，是否都有考虑到，是否有精当的结构、精心的设计。因此，观察是否有详细、完整、清晰的"编辑说明""凡例"，是否有完整、合理、科学的教材结构，是否有大处着眼、小处着手的布局，也就成为挑选教材样本的一道必做功课。

以上谈的完整性，主要体现在教材的编纂理念、内容与结构上。此外完整性还有一个外在的、直观的因素，即它还应是完整出版、发行、使用的教材。一套教材的完整使用，都要延续多年，一般不会一口气编成，当即更换替代所有年级。加上社会在急速变化，教育思想、理念、学制、教学内容等时新时异，一套编纂好的教材不能完整投入使用的情况，也属正常。如《女子国文教科书》（1、2、5、7册）（上海商务印书馆1913年出版，4册，240页，32开，教育部审定，中华民国初等小学用），这里只有错杂存留下来的四册，没有完整反映某个学段，故不适合选作教材样本。另外，因时过境迁而没有被完整地保存下来，这样只是"理论"上完整存在的也不适合。又如《民智新课程高级小学国语教科书》（上海民智书局1931年出版），"薛天汉编，吴研因校订，1931年初版，3册，248页，有图，32开，第2册未见书"。又如《中华民国国文教科书》（第1~8册）（上海新教育社1912年出版），"第1册1912年12月4版，56页；第3册1912年12月4版，54页；第4册1913年1月4版，56页；第5册1912年12月4版，52页；第6册1913年1月5版，50页；第7册1912年12月4版，60页；第8册1912年12月4版，70页。初等小学校用，第2册未见书"。这样残而不齐的教材不宜作为统计性研究的资料来源。

（三）教材样本的流通性原则

选取教材样本还要考虑它在流通上的代表性，属于流通层面的因素主要有"地区""时间"与"数量"等。

教材使用的空间主要是看使用于何种环境、地区、地域。从大的来说，有国民党领导的民国政府统治区，有中国共产党领导下的中央苏区、陕甘宁边区等红色政权区域、各抗日根据地、华侨学校，还有日伪、汪伪、伪满统治区。当然，以国民党统治区使用的教材为主，敌后区、解放区、汪伪区的教材则少得多。在通用教材库的300余种教材中，国民政府统治区的教材占了90%，其中又大部分编辑、出版于上海。敌后区和解放区的占6%~7%，日占与汪伪区占的只有2%~3%。本书对后两类地区的教材暂不涉及，因它们在教材的完整性与影响上都远逊于前者。如《国语课本》（第一册）（新华印刷所，1944年出版），"晋察鲁豫边区教育厅审定，高级小学第一学年第一学期适用"。又如《高级小学校国语教科书》（南京编者刊，1938年出版），"（伪）维新政府教育部编纂，1938年8月初版，4册，435页，有图，32开"。

教材使用的时间愈长，教材的版次愈多，印次愈多，影响也就愈大，时间、流通、数量与影响之间形成密切的互动关系。教材只要在使用，天下皆知；一旦不印不用，则很快静寂无声，自然淘汰的速度相当快。《民国时期总书目（1911—1949）——中小学教材》做了一项很有意义的工作，所有的书都经编者亲手接触，保留书籍信息时特别留下了"版次""印次"的数量，为了解教材的流通力提供了极有价值的信息。"版次"与"印次"的含义并不完全一样，但由于在印次时往往夹有少量的修订，可以说"版次"的变化大而著，"印次"的变化小而隐。这里对二者并未作严格的区分，只着重考察它们重印的分量。下面是版次、印次在75次以上的教材，这些教材显然有着更大的知名度。

表2–1　教材流通度较广的23种教材

教材名称	第一编者	出版者	年份	册次	适用对象	印次
中华初等小学国文教科书	华鸿年	上海中华书局	1912	8	初等小学	83
共和国教科书新国文	樊炳清	上海商务印书馆	1913	6	高等小学	82
共和国教科书新国文	庄俞	上海商务印书馆	1913	6	高等小学	257
新学制国语教科书	吴研因	上海商务印书馆	1923	8	初级小学	345
新法国语文教科书	庄适	上海商务印书馆	1923	4	高等小学	75
新法国语文教科书	方宾观	上海商务印书馆	1923	4	高级小学	75
新学制国语教科书	庄适	上海商务印书馆	1923	4	初级小学	215
新学制国语教科书	吴研因	上海商务印书馆	1924	4	高等小学	160
新撰国文教科书	缪天绶	上海商务印书馆	1924	4	高级小学	80
（订正）新撰国文教科书	胡怀琛	上海商务印书馆	1925	8	初级小学	105

(续表)

教材名称	第一编者	出版者	年份	册次	适用对象	印次
新时代国语教科书	胡贞惠	上海商务印书馆	1927	8	初级小学	555
新中华教科书国语读本	王祖廉	上海新国民图书社	1927	8	初级小学	143
新时代国语教科书	胡贞惠	上海商务印书馆	1927	4	高级小学	90
新主义教科书前期小学国语读本	魏冰心	上海世界书局	1928	8	初级小学	362
新时代国语教科书	胡贞惠	上海商务印书馆	1929	8	初级小学	710
国语读本	魏冰心	上海世界书局	1932	8	初级小学	152
小学国语读本	朱文叔	上海中华书局	1933	8	初级小学	342
复兴国语教科书	沈百英	上海商务印书馆	1933	8	初级小学	585
新生活教科书国语	蒋息岑	上海大东书局	1933	8	初级小学	185
复兴国语教科书	丁毅音	上海商务印书馆	1933	4	高等小学	124
新编初小国语读本	吕伯攸	上海中华书局	1937	8	初级小学	208
新编高小国语读本	吕伯攸	上海中华书局	1937	4	高等小学	116
高级小学国语	国立编译馆	上海国定中小学教科书七家联合供应处	1946	4	高等小学	150

表 2-1 显示流通度广的教材有这样几个特点：第一，初小教材多，达 13 种，高小教材 10 种。每套初小教材有 8 册，使用年级是小学一至四年级，高小的学制在 20 世纪 20 年代是三年，故每套为 6 册，30 年代起改为两年，故为 4 册。第二，多为 1923 年至 1937 年出版，占大多数，达 19 套。主要是受到两次学制改革的影响，出台了两个有深远影响的课程标准。第三，出版社都集中在上海，上海商务印书馆 14 套，上海中华书局 4 套，上海世界书局 2 套，其他 3 家出版社各一套。在我们建立的含 300 余种民国中小学语文普通教材的教材库中，各出版社的出版量分别是：上海商务印书馆 70 套，上海中华书局 50 套，上海世界书局 22 套，上海中国图书公司 8 套，上海民智书局 6 套，上海儿童书局 6 套，上海开明书店 6 套，上海大东书局 5 套，正中书局 4 套，济南华东新华书店 4 套，上海土山湾印书馆 4 套。其他教材分由 90 余家单位出版。

（四）教材样本的可比性原则

选取教材样本时还有一个因素必须要考虑的，就是教材的可比性。所谓可比性，就是在学制相同、学段相同、册数相同、教材性质大体相同的情况下，观察发现教材理念与教材内容的差异，从而为研究教材语言的构成、分布、性质、特点打下基础。当然，任何一套教材只要有认真的态度、科学的理念与完整的教材结构，都是会有很好的比较价值的。如上海书局于1937年出版的朱翙新编撰的《高小国语读本》，它是1934年的《国语读本》的修订版，大部分篇目相同，只有8篇课文有变动。那么这8篇是怎样的课文，为何删，为何增，是文本方面的原因，还是教学上的原因？抑或是时代的变化？这都是值得探讨的。版本之间的比较是观察教材及教材背后世界变化很好的角度，当然它也很专业、细微。而本书希望观察整个民国及不同发展阶段的语文教材语言的变化，因此，考虑教材的系列化、相互之间的可比性也就处于比较重要的位置上。

第二节 教材样本的基本状况

一、教材样本的数量

遵循以上教材样本的遴选原则，同时考虑到计量研究的需要，经多方比对，选择了以下10套教材作为教材样本语料。

表2-2　10套教材样本简况

编号	教材中文全称	第一编者	出版者	年份	学段	册次	教材简称
1	新学制小学教科书初级国语读本	魏冰心	世界书局	1925	初小	8	世界新学制初小
2	新学制小学教科书高级国文读本	秦同培	世界书局	1925	高小	4	世界新学制高小
3	国语读本	魏冰心	世界书局	1934	初小	8	世界初小
4	国语读本	朱翙新	世界书局出版社	1934	高小	4	世界高小
5	小学国语读本	朱文叔	中华书局	1933	初小	8	中华初小
6	小学国语读本	朱文叔	中华书局	1934	高小	4	中华高小
7	复兴国语教科书	丁毅音	商务印书馆	1933	高小	4	商务国语高小
8	复兴说话教科书	齐铁恨	商务印书馆	1933	高小	4	商务说话高小
9	开明国语课本	叶圣陶	开明书店	1932	初小	8	开明初小
10	开明国语课本	叶圣陶	开明书店	1932	高小	4	开明高小

10套教材样本形成了几个系列。第1、2种为世界书局20世纪20年代的小学系列，第3、4种为世界书局30年代的小学系列，第5、6种为中华书局30年代的小学系列，第7、8种为商务印书馆的高小系列，第9、10种为开明书店的小学系列。这样的语料取样，可以进行四个层面的比较：20年代与30年代在两个不

同的课程标准下的教材语言对比；在同一个系列中作初小与高小的对比；所有的初小与高小之间进行对比；第 7、8 种之间则可进行不同功能的教材之间的对比。

二、教材样本的版本与语料规模

10 套教材要开发成语料库，对语料构成与来源要求比较高，表 2 - 3 是它们入库的版本情况。

表 2 - 3　10 套教材样本的版本信息

编号	教材名称	教材简称	册数与版本
1	新学制小学教科书初级国语读本	世界新学制初小	第 1 册 1927 年 5 月 62 版，第 2 册 1926 年 1 月 26 版，第 3 册 1927 年 5 月 44 版，第 4 册 1925 年 5 月 24 版，第 5 册 1926 年 12 月 44 版，第 6 册 1925 年 6 月 26 版，第 7 册 1926 年 6 月 34 版，第 8 册 1924 年 12 月 12 版
2	新学制小学教科书高级国文读本	世界新学制高小	第 1 册 1926 年 4 月 75 版，第 2 册 1925 年 7 月 7 版，第 3 册 1925 年 7 月 9 版，第 4 册 1925 年 7 月 6 版
3	国语读本	世界初小	第 1 册 1934 年 4 月 91 版，第 2 册 1934 年 3 月 69 版，第 3 册 1934 年 3 月 72 版，第 4 册 1934 年 3 月 64 版，第 5 册 1934 年 3 月 55 版，第 6 册 1934 年 5 月 50 版，第 7 册 1934 年 1 月 37 版，第 8 册 1934 年 1 月 33 版
4	国语读本	世界高小	第 1 册 1933 年 8 月 9 版，第 2 册 1933 年 11 月 16 版，第 3 册 1933 年 9 月 14 版，第 4 册 1933 年 7 月 3 版
5	小学国语读本	中华初小	第 1 册 1934 年 1 月 3 版，第 2 册 1934 年 1 月再版，第 3 册 1934 年 11 月再版，第 4 册 1934 年 11 月 3 版，第 5 册、第 6 册 1934 年 11 月再版，第 7 册 1934 年 11 月 3 版，第 8 册 1935 年 1 月初版
6	小学国语读本	中华高小	第 1 册 1934 年 1 月 50 版，第 2 册 1933 年 5 月 10 版，第 3 册 1934 年 1 月 27 版，第 4 册 1933 年 6 月 7 版
7	复兴国语教科书	商务国语高小	第 1 册 1933 年 8 月 40 版，第 2 册 1933 年 8 月 20 版，第 3 册 1933 年 11 月 75 版，第 4 册 1933 年 7 月 20 版
8	复兴说话教科书	商务说话高小	第 1 册 1933 年 6 月 8 版，第 2 册 1933 年 8 月 28 版，第 3 册 1933 年 8 月 28 版，第 4 册 1933 年 8 月 24 版
9	开明国语课本	开明初小	8 册，1932 年版
10	开明国语课本	开明高小	4 册，1934 年版

表2-4是10套教材样本的内部构成及语料规模。

表2-4 10套教材样本的构成与语料规模

编号	教材简称	册次	课文数/篇	总词次/篇	词种/个
1	世界新学制初小	8	374	37 327	5898
2	世界新学制高小	4	144	41 297	6606
3	世界初小	8	376	39 485	5860
4	世界高小	4	144	61 257	9762
5	中华初小	8	329	39 943	7250
6	中华高小	4	136	44 758	8324
7	商务国语高小	4	80	51 273	8782
8	商务说话高小	4	144	15 049	3091
9	开明初小	8	326	56 404	5313
10	开明高小	4	136	68 430	7725
合计		56	2189	455 223	30 674①

表2-4显示，本书使用的民国小学语文教材语料库的语料构成情况如下：

（1）共10套教材。分4套初小教材，6套高小教材。其中含初小与高小的完整小学教材有4个系列。另两套为同属一个出版社的两种性质不同的高小教材。

（2）共56册书。初小教材均为8册，高小教材均为4册。

（3）共2189篇课文。每套初小教材的课文为326～376篇，每套高小教材的课文为80～144篇。

（4）共使用词语数455 223个。

（5）共有词种30 674个。

三、教材样本的出版社与编者

清朝末年，随着新式学制的颁行，新的教育体制逐渐建立起来，新式教育也得到了快速发展。新式教育不再是古代的八股取士、精英教育，而是趋向于国民教育、大众教育。这一教育受众的变化，催生出一个庞大的教科书出版市场。在《民国时期总书目（1911—1949）——中小学教材》的记录中，民国38年时间内，有近百家出版机构在不同时期、不同程度地参与过教科书的出版与发行工作。10套教材样本来自四家出版社。

1. 商务印书馆

商务印书馆是教科书出版历史最悠久的出版机构，由张元济、夏瑞芳等于

---

① 10套教材各册词种数相加是68 611个，10套教材所有词语的总词种数是30 674个，后一数字更有意义，能反映10套教材整体的用词情况。后面将主要使用这个统计数字。

1897年创立。1904年，出版第一部初等小学用《最新国文教科书》，紧跟当时清政府学部颁布的新学制标准和新学堂章程，从而奠定了新式教科书出版市场的主体地位，号称"在白话文教科书未提倡之前，凡各书局所编之教科书及学部国定之教科书，大率皆模仿此书之体裁"。商务印书馆在民国国语教材编纂出版中起到了极为重要的作用，出版的数量与品种在众多出版社中独占鳌头。出版的教材如"国文教科书"系列、"共和国教科书"系列、"复兴国语"系列、"新法国文教科书"系列、"新学制国语教科书"系列，都产生了广泛影响。拥有一批有影响的教材出版家、编辑家、作家和学者，如庄俞、庄适、吴研因、胡怀琛、沈百英、齐铁恨、黎锦熙、陈伯吹等。

2. 中华书局

辛亥革命胜利后，陆费逵等人于民国元年（1912）创办了中华书局，率先推出《中华小学教科书》，成为中华民国成立后出版的第一套民国新学制教科书。当时各地小学都面临着新学年教科书的选用问题，可供1912年春季用教材选用的语文教材有三类：一类是从清末1904年"癸卯学制"起一直在发行使用的教材；一类是对现存教材稍加修正的教材；还有一类是根据共和精神组织编制的教材。前两类是以商务印书馆为代表的各种老牌教科书，后一类就是伴随着中华民国的成立而问世的中华书局教科书。在出版数量、时间跨度和重版次数上，中华书局和商务印书馆都占据绝对优势。在我们所搜集到的300余种民国小学语文教科书中，有50种小学语文教科书由中华书局出版。中华书局也拥有一批知名的出版家、编辑家、教育家，如黎锦晖、李步青、吕思勉、吕伯攸、沈颐、朱文叔等。

3. 世界书局

1917年，世界书局于上海创立，1921年陆费逵与沈知方共同将世界书局发展为股份制公司，在全国各地设立了30余处编辑所、发行所和印刷厂。1923年新学制公布之后，于1924年出版了《新课程标准教科书》系列，产生了广泛影响。在此后的十余年间，世界书局与商务印书馆、中华书局成为民国教科书市场上鼎立的三强。它拥有一批知名的出版家和教材编纂家，如沈知方、陆高谊、吴研因、魏冰心、秦同培、朱翙新等。陆高谊"主持世界书局达11年之久，既有守成之功，也有开创之功"。"执掌世界书局期间，陆高谊不仅抓经营管理，也是重要的组稿人，并亲自参与编辑业务。"[①]吴研因主编了《新法教科书》（1920）、《新

[①] 李富春：《陆高谊与民国世界书局》，《山东图书馆学刊》，2013年第10期。

学制教科书》（1923）、《小学国语新读本》、《基本教育》等，负责起草了《新学制课程标准纲要小学国语课程纲要》（1923）；1947年任国民政府教育部国民教育司司长；中华人民共和国成立后，历任教育部初等教育司司长、中学教育司司长。朱翊新著有《小学教学法纲要》《国音白话注学生词典》等；1924年夏始，先后担任世界书局编辑所教科书部编辑和主任，中华人民共和国成立后任职于人民教育出版社；他和魏冰心负责的《新课程标准教科书国语读本》依1923年的课程标准编纂，后又根据官方正式公布的1932年课程标准做了修订，为《国语读本》全8册，1934年初版，当年即印至91次，后来还陆续有修订。

4．开明书局

1926年成立于上海，创办人为章锡琛。相较其他三家出版社属后起之秀，但拥有一批知名学者如夏丏尊、叶圣陶、顾均正、赵景深、丰子恺、王伯祥、贾祖璋、郭绍虞、王统照、陈乃乾、周振甫等担任编辑工作。所出教材注重质量，编辑、装帧讲究，迅速产生了影响。叶圣陶是现代著名作家、教育家、文学出版家和社会活动家，是20世纪初期新文学运动的代表人物之一，1921年与周作人、沈雁冰、郑振铎等人发起成立"文学研究会"，创作著名白话文长篇小说《倪焕之》。1949年后，先后出任教育部副部长、人民教育出版社社长和总编辑。丰子恺是散文家、教育家，尤以漫画创作著称于世。1932年由叶圣陶编纂、丰子恺书画的《开明国语课本》，产生了持续而深远的影响。1949年改名为《幼童国语读本》，21世纪得到翻印而再度行世，成为"民国老教材热"的代表作。

第二节　三次课程标准的语言学习要求

一、《普通教育暂行办法及课程标准》（1912）

《普通教育暂行办法及课程标准》于1912年1月19日由南京民国政府教育总长蔡元培主持制定。该标准含《初等小学暂行课程标准》《高等小学暂行课程标准》《中学校暂行课程标准》。这是我国现代教育史上第一个课程标准，规定了学制与学习时限、课程开设门类与课时、学习内容与要求。明确废除了读经的内容，奠定了现代普通学校的学制和基本的教育教学理念，为现代中小学校的办学提供了统一的标准和要求，在中国现代教育史上具有里程碑意义。"此项暂行课程标准蕴含着全面发展、面向世界和儿童本位等教育理念。"①

《小学校教则及课程表》中提出，"国文要旨，在使儿童学习普通语言文字，养成发表思想之能力，兼以启发其智德"。有关语言文字的具体要求是"初等小学校首宜正其发音，使知简单文字之读法、书法、作法，渐授以日用文章，并使练习语言"。"读本文章，宜取平易切用可为模范者，其材料就修身、历史、地理、理科及其他生活必需事项择其富有趣味者用之"，"国文读法，宜就读本及他科目已授事项，或儿童日常闻见与处世所必需者，令记述之，其行文务求简易明了"。"教授国文，务求意义明了，并使默写短句短文，或就成句改作，俾读法书法作法联络一致，以资熟习"。对汉字的书写要求"书法所用字体，为楷书及行书"，"遇书写文字，务使端正，不宜潦草"，"凡语言文字，在教授他科时亦宜注意练习"。以上要求涉及语言的发音、读法、作法、书法，反映出对语言文字使用的全面要求，用后来的话说就是要在"说话""阅读""作文""写字"等方面全面发展。而在课文上则要求反映日常生活处世，简易、易读、浅近，并在其他科目的学习中融入语言文字的学习。这里提出的要求奠定了现代语文教育的原则与要求。当然，正因为是奠基、发轫之作，对要求的表述显得概括、扼要，这也是必然的。

二、《新学制课程标准纲要》（1923）

《新学制课程标准纲要》于 1923 年公布，为配合 1922 年北洋政府颁布的"壬癸学制"而行。制定单位为全国教育联合会。"壬癸学制"解决了学制问题，奠定了我国现代基础教育"六三三"学制的基本架构。但当时的学者认为更重要的是课程改革，朱经农认为"改革学制，非改革学程不可"，"第一要紧的事体就是讨论中小学校课程的标准"。胡适认为"新学制既确定，则对于学校课程似不能不加讨论"。② 经全国教育联合会组织、协调，请专家分别主持小学、初级中学、高级中学三个阶段的课程标准拟定，其中的《小学国语课程纲要》由吴研因起草。"较之清末民初的课程标准，《新学制课程标准纲要》深受实用主义教育思想及其课程论的影响，集当时国内外课程发展研究之大成，有明显的进步。……

---

① 王玉生：《〈普通教育暂行课程标准〉制定的基础及蕴含的教育理念》，《课程·教材·教法》，2010 年第 5 期。

② 见教育家朱经农给胡适的信，引自梁尔铭、李小菲：《论 1922 年新学制课程标准的制定》，《教育与职业》，2012 年第 14 期。

为各科制定系统而详尽的课程标准,并对各科的目的、内容和方法作了明确的规定。"《小学国语课程纲要》对语言的学习提出了更为明确的要求。分"目的""程序""方法""毕业最低限度的标准"四大部分。在"程序"中,按六个学年,对每一学年的语言学习都有要求,各分五点进行论述,形成了由浅而深、循序渐进的学习要求。比如"说话",第一年是"1. 简单会话,童话讲演;2. 童话故事,并儿歌、谜语等的诵习"。第二年是"1. 同第一学年。注重会话和童话讲演;2. 字句多反复的童话故事和儿歌、谜语的诵习"。第三年是"1. 童话、史话、小说等的演讲;2. 童话、传记、剧本、儿歌、谜语、故事、诗、杂歌等的诵习"。第四年是"1. 同第三学年。加普通的演说;2. 传记、剧本、小说、儿歌、民歌、谜语、故事、诗等的诵习"。第五年是"1. 同第四学年。加辩论会的设计、练习;2. 同第四学年。注重传记、小说的诵习"。第六年是"1. 同第五学年。注重演说的练习;2. 同第五学年。可酌加浅易文言的诗、文的诵习"。"说话"是六年都一以贯之的学习,其他项则视年级不同而增加。如第二学年"加指导阅读浅易图书";第三学年"可加授检查字典的方法";第四学年"加行楷和简便行书的练习";第五学年"加行书的练习,可临帖";第六学年"注重行书的练习。加通行草书的认识"。可以看到特别注重在教学中分层分级、逐步提升、持之以恒、循环往复的做法。也可以看出,《小学国语课程纲要》对国语的学习主要集中在对"听""说""读""写"能力的掌握上。在教材的文本与教学环节中,主要还表现为应用文体的学习与写作。

三、《幼稚园小学课程标准》(1932)

1932年版《幼稚园小学课程标准》①[以下简称为《课程标准》(1932)]是民国政府教育部颁发的具有官方意义的第一个正式课程标准,对20世纪30年代教科书的编纂有重要的引领作用。

《课程标准》(1932)是由教育部聘请专家、组织委员会制定的,从民国十七年(1928)十月开始,直至民国二十一年(1932)十月,历经五年完成。这一课程标准从起草到完成、颁布,经历了四个阶段:

民国十七年(1928)十月至民国十八年(1929)八月,起草整理形成暂行草案,由各省市试验推行;截至民国二十年(1931)六月,各试验单位陆续向教育

---

① 小学课程标准与幼稚园课程标准是一个版本,里面含两套系统。

部呈具试验意见；教育部组织的编订委员会根据试验意见修订各学段课程标准，历时两个月完成（因"九一八"事变，课程标准的颁布暂行搁置）；后重启整理编订工作，于十月完成审定工作，并于民国二十一年（1932）十月二十日正式颁行。该课程标准影响深远，后面十余年间经历多次修订，都是小订小补，基本遵守了正式公布版标准的基本原则和内容。①

《课程标准》（1932）明确提出"小学应根据三民主义，遵照中华民国教育宗旨及其实施方针，发展儿童身心，培养国民道德基础及生活所必需的基本知识和技能，以养成知礼知义爱国爱群的国民"，具体为：

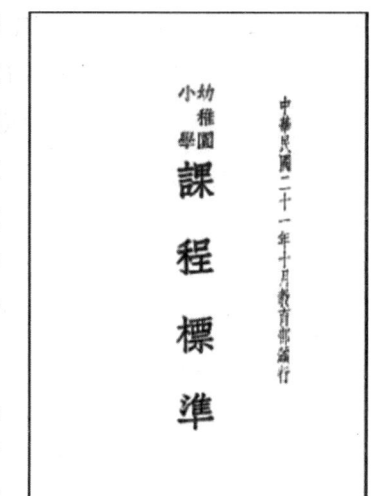

（一）培育儿童健康的体格　　（二）陶冶儿童良好的品性

（三）发展儿童审美的兴趣　　（四）增进儿童生活的知能

（五）训练儿童劳动的习惯　　（六）启发儿童科学的思想

（七）培养儿童互助团结的精神　（八）养成儿童爱国爱群的观念②

其中特别强调了团体观念的培养，这是该标准的一大特点。是"九一八"国难后，对民族团结意识培养的时代呼唤。

在教学语言方面，《课程标准》（1932）提出"文字的教材，应一律用语体文叙述，不得用文言文"，"教学时的说话和读文，均应用标准语或近乎标准语的口语"。③

这样就在《课程标准》（1932）中正式确立了白话文为语文教材的正式语言的地位，要求教师的课堂语言也是"口语"，以白话口语进行教学。

《课程标准》（1932）还对小学国语的学习目标做出了明确的要求：

1. 指导儿童练习运用国语，养成其正确的听力和发表力。

2. 指导儿童学习平易的语体文并欣赏儿童文学，以培养其阅读的能力和

---

① 教育部中小学课程及设备标准编订委员会编订：《幼稚园小学课程标准》，上海：中华书局1932年版，第1~32页。

② 教育部中小学课程及设备标准编订委员会编订：《幼稚园小学课程标准》，上海：中华书局1932年版，第33~34页。

③ 教育部中小学课程及设备标准编订委员会编订：《幼稚园小学课程标准》，上海：中华书局1932年版，第36~37页。

3. 指导儿童练习作文，以养成其发表情意的能力。

4. 指导儿童练习写字，以养成其正确、敏捷的书写能力。①

并对说话、读书、作文、写字分别提出了具体要求：

（一）说话

1. 日常谈话的耳听口说。

2. 演说、辩论、报告和讲述故事等的练习。

（二）读书

1. 精读——选取适当的教材指导儿童阅读深究或熟读，使儿童欣赏理解，或由理解而记忆。重在质的精审。

2. 略读——选取适当的教材或补充读物，限定时间，指导儿童阅读，再由教员分别考查，并和儿童互相讨论。重在量的增加。

（三）作文

1. 利用环境随机设计，使儿童口述或笔述，练习叙事、说理、达意。

2. 使儿童对于普通文实用文的格式、结构、文法、修辞、标点等，能理解和运用。

（四）写字

1. 练习——规定时间练习正书行书，并随机设计习写应用的书信、公告等。

2. 认识——通用的行书、草书及俗体的认识。②

在以上的要求下，又分学年确定了每学年的学习重点：

（一）说话

一、二学年

1. 看图讲述

2. 日常用语的练习

3. 有组织的语言材料的演习

4. 简易有趣味的日常会话

5. 故事等的讲述练习

三、四学年

---

① 教育部中小学课程及设备标准编订委员会编订：《幼稚园小学课程标准》，上海：中华书局1932年版，第84页。

② 教育部中小学课程及设备标准编订委员会编订：《幼稚园小学课程标准》，上海：中华书局1932年版，第84~85页。

1. 有组织的语言材料的练习

2. 有趣味的日常会话

3. 故事等的讲述练习

4. 简短的演说练习

5. 国音注音符号的熟习

五、六学年

1. 日常会话

2. 故事等的讲述练习

3. 普通演说的练习

4. 辩论的练习

5. 国音注音符号的熟习运用

(二) 读书

一、二学年

1. 故事图的讲述和欣赏

2. 生活故事、童话、自然故事、笑话等的欣赏表演

3. 儿歌、杂歌、谜语的欣赏吟咏和表演

4. 上两项教材中重要词句的熟习和运用

5. 各种浅易儿童图书的阅读

6. 简易标点符号的认识

三、四学年

1. 自然故事、历史故事、生活故事、传说、寓言、笑话、剧本、杂记、游记、书信等的欣赏或表演

2. 儿歌、杂歌、民歌、短歌剧、短诗等的欣赏吟咏表演

3. 上两项教材中重要词句的熟习和运用

4. 简易普通文实用文的阅读

5. 各种浅易儿童图书的阅读

6. 普通标点符号的熟习

7. 检查字典词书的练习及国音注音符号的熟习和运用

五、六学年

1. 历史故事、生活故事、自然故事、寓言、传说、笑话、剧本、游记、杂记、书信的欣赏或表演

2. 诗歌、歌曲的欣赏吟咏或表演

3. 上两项教材中重要词句的熟习和运用

4. 普通文实用文的阅读和法式的理解

5. 各种儿童图书及浅易日报小说等的阅读

6. 选择课外读物的练习

7. 继续标点符号的熟习

8. 检查字典词书的熟习

（三）作文

一、二学年

1. 图书故事的说明

2. 故事和日常事项的口述或笔述（包括日记）

3. 简易普通文实用文的练习

4. 其他作文的设计练习

三、四学年

1. 图画、模型、实物等的笔述说明

2. 故事和日常事项偶发事项的记述

3. 读书报告

4. 儿童刊物拟稿

5. 普通文实用文（注重日常书信的练习）

6. 普通标点符号的运用练习

五、六学年

1. 日常事项和偶发事项的笔述和讨论

2. 读书笔记

3. 儿童刊物和校报或学校新闻的拟稿

4. 演说辩论的拟稿

5. 诗歌、故事、剧本等的试作

6. 普通文实用文（注重书信和报告等）的练习

7. 标点符号的运用练习

（四）写字

一、二学年

1. 简易熟字的书写练习

2. 布告标识的习写

3. 其他写字的设计练习

三、四学年

1. 布告、标识、书信、柬帖等的习写
2. 正书中小字的习写
3. 行书的认识
4. 俗体破体字等的认识

五、六学年

1. 正书中小字的习写
2. 实用文（注重书信格式）的习写
3. 简便行书的习写
4. 通用字行书草书的认识
5. 俗体破体帖体字等的认识①

《课程标准》（1932）的以上规定，已经显示出它较之前的课程标准又有了明确的要求。有总的人才培养目标，又有总的国语学习要求，还对四种语言能力分别提出了单项要求，以及每种语言能力培养的分段实施方案。尽管将每年的实施合并为每学段的实施，却将每种语言能力的培养都单独提出来，详细描绘了每个学段的要求。粗之所当粗，更能显示学段在教学上的优势；细之所当细，把混而杂之的语言能力分化在对每种能力的单项描述上，显然增强了语文课程的科学性与可操作性。

分析其对小学语文课程的要求，也是颇有启发的。

首先，"说话""阅读""作文""写字"四项能力的培养是小学语文教学的核心任务。语言文字的"能力"被放在最重要的位置，成为小学语文课程的全部目标。这四项也就是人的语言文字使用能力的最突出的表示。在这里，基本没有语言文字"知识"的位置。这是极为重要的一个思想，也是抓住了小学语文教育的最为核心和基础的东西。课程标准对它们的重视和强调几乎到了不厌其烦的地步，对每一种有助于达到语言文字能力的练习形式都做了列举性的说明，如"看图讲述""日常用语""组织语言材料""日常会话""讲故事""演说""辩论"等。

稍做细致分析，也会发现这里还很少涉及"听"的内容。也没有用"语用"上听音听调的要求来对听力提出更高的要求。这与母语教育中的学生已经基本具备了正常听的能力，与第二语言学习不同有关。这种重说轻听，重表达性输出性

---

① 教育部中小学课程及设备标准编订委员会编订：《幼稚园小学课程标准》，上海：中华书局1932年版，第86~88页。

能力、轻接收性输入性能力的做法对后代影响很大。我们在对当代中小学语文教材的练习系统的调查中，发现中小学9个学年的所有练习题中，"听"的习题只占0.2%。①

其次，四项任务在小学不同年级有着不同的侧重点，既有阶梯性的递进和发展，又讲求穿插交叉混同进行。在一、二年级，"说话""读书""作文"和"写字"可以穿插融合进行，也可单独训练，时间控制是"说话"每周60分钟，"读书""作文"和"写字"每周330分钟；三到六年级，四项可结合展开，也可分别练习，其中"说话"的练习时间缩短一半，降为30分钟，"读书"单项为210分钟，"作文"90分钟，"写字"60分钟。从时间的分配上可以看到，"说话"训练是一、二年级的重点，从三年级开始，"写字"训练被提到重要的教学内容中来，由最初的会写熟字，到掌握楷书、行书、行草，并鉴赏各种书法字体，提升儿童的书法鉴赏能力。"读书"和"作文"的训练始终贯穿一到六年级，但在不同的标准要求中可以看到训练的连续。从看图到给定语言材料，从"有趣味"到"普通"，从"简短"到"熟练"，都显示出了既一以贯之、又循序渐进的要求。

《课程标准》（1932）对阅读也提出了更明确的要求。与之前的课程标准相比，最突出的变化是删除了"毕业最低限度"，增加了读书教材分量支配②。

根据选文的内容及文体③，对各学段各类文体各类主题的文章确立了一个客观的分配比例。

从文体来看，普通文是小学六年三学段学习的重点，始终维持在70%，低年段教材文章除了普通文就是诗歌，诗歌占30%；到了中年段，诗歌降到15%，分给了实用文10%、剧本5%；到了高年级，诗歌只有10%，实用文升至15%，剧本仍为5%。这表明小学学段中侧重叙事文体的学习，实用文体的学习逐渐增强，诗歌的分量在逐渐下降。

从课文内容来看，公民主题在各学段的教材中大体都占30%的分量。另70%在三个阶段的分量变化比较明显：自然主题的课文在一、二年级占35%，到三、

---

① 苏新春等：《对四套中小学语文教材练习部分的四维分析研究》，《江西职业师范大学学报》，2010年第4期。

② 教育部中小学课程及设备标准编订委员会编订：《幼稚园小学课程标准》，上海：中华书局1932年版，第90页。

③ 其中甲类关于文体的四大类普通文、实用文、诗歌和剧本具体所含分别是：普通文，主要指记叙文、说明文和议论文三大类，其中记叙文中包括生活故事、自然故事、历史故事、童话、传说、寓言、笑话、日记、游记等以叙事为主的文章；实用文，主要指书信、布告等类文体的侧重应用性的文章；诗歌，包括儿歌、民歌、杂歌、谜语以及近代人所创作的白话新诗和古人所作的白话诗；剧本，主要是话剧和歌剧的脚本。

四年级减少至20%，到五、六年级仅占10%。低年段儿童更乐于亲近自然，从三、四年级起增加了社会、常识、自然等学科。历史和地理主题的课文在一、二年级为0，三、四年级逐渐增加，分别增至历史10%、地理5%，到五、六年级则是历史25%、地理10%。随着学识的增长，逐渐给儿童引入历史和地理的知识，拓展读书的眼界，顺应了儿童心理的发展规律。有关政治主题的课文在各学段中所占分量都不大，主要是有关对伟人、国旗、国家的认识，帮助儿童建立国家意识、国家观念，逐渐形成爱国的意识和思想。这在当时有很好的进步意义。那时的中国正是在封建社会的崩溃、解体的基础上，在"民族""民权""民生"的基础上建立起现代国家，国家意识的培养是极为重要的一环。

课程标准对课程目标、课程内容的要求，会直接影响到教材的构成，从而影响到文本的载体与形式，并最终影响到教材语言的形成。反过来，教材语言又是影响到课程目标与功能实现的最为直观而实际的客体。这就是为什么要在研究教材语言之前，首先要展开对教材与课文的构成的分析，并上溯至"课程标准""课程大纲"的原因。

第四节　民国教材语言的目标与方法

一、研究目标

教材语言研究最基本的任务就是了解教材语言的构成、分布、性质与特点。所有有关教材语言的研究问题都立足于这个基础上来完成。但教材语言研究的内容远不止于此，它关注更多的首先是教材语言的状况与教材内容的安排。我们通常会用"教什么不教什么""先教什么后教什么""怎么教"来概括教材语言研究的任务，它们就是在教学内容的安排之内的。从了解教材语言现状，到教材语言的安排，这里有一个极大的跨越，它完成了从静态到动态的变化，完成了从知识存在到知识传递的转化。这种转化中有许多问题，有许多的教学规律与奥秘、教学功能与特点，都是值得挖掘的。这是属于第二层次的东西。但教学语言研究的最主要的目的也是最终目的，是了解教材语言的学习与语言能力的培养、锻炼、提升有何关系，有何影响。可以说，语文教学的最终目标正在于此。了解语文学习的奥秘，探索它是如何实现"知识"向"能力"、"文本"向"素质"、

"教师"向"学生"、"教材"向"效果"转变与转化的规律与特点，这就是教材语言研究的奥秘与难点所在。

在民国语文教材的研究中，我们会循着这样的思路来开展。从教材样本的语言构成入手，了解语言文字的分布与存在状况，将之与教材文本的存在形式、教材内容的安排、教学方式的设计结合，并把这些内容与教学设计中所规定的教学目标和要求相关照。

这样的研究是非常有意义的。它可以帮助我们了解教材本身，了解语文教学这一在中小学中延续时间最长、花费力气最多的教学形态。由于民国时期语文教育特有的背景、探索、经验与效果，从对民国教材语言的研究入手讨论当今的语文教学研究，将是一个独具魅力的角度。通过民国的教材语言研究，也能清楚地了解到教材语言是如何从19世纪的文言，经历20世纪初现代白话的萌芽、成长、壮大，逐渐走向成熟的演化过程。

二、研究方法

本研究中要使用到的方法主要有以下几种。

一是定量分析法。定量分析是教材语言研究最重要的方法。它首先要把纸本教材转成电子版，经分词与词性标注，再导入数据库。然后借助数据库的功能及利用各种统计分析软件来了解教材语言的状况。从了解最基本的文字与词语入手，结合对文本的分析，全面了解教材语言的构成、分布与演变。定量分析法将涉及字量、字种、字序、字频，涉及词量、词种、词性、词长、词义及词的频率与分布。

二是对比分析法。民国语文教材是一个特定时期的产物，在中国基础教育现代化进程中起着重要的奠基、定型的作用。民国时期，各种教育理念、教育理想、语文教学模式都处在探索、实践甚至碰撞的过程中，因此，无论是在语文教育教学史的历史纵向，还是教材本身修订完善的纵向，或是不同教学理念、不同教学模式之间的横向，都是值得比较的。因此，对比分析也是本研究的另一种重要方法。

三是语言学与教育学的若干传统研究方法。教材语言研究是一个跨领域的研究，它立足于语言学，因此语言学的语言结构学、语言风格学、文章学的各种理论与方法，都会被借鉴、使用。同时，它又从来不是纯语言学的研究，而是立足于教育学与教学法的，对语文教学的理论，心理学、社会学的有关理论和方法也都有所涉及。

第三章　课文文体分析

　　语文教材的基本材料是课文，除了低年级的字、词语等不成篇的学习内容外，材料一般都是由语篇的文本构成的，这就有了文体的因素。文体是语篇构成的基本条件。不同的语篇，不同的文体，所使用的语言形式也是不同的。因此，教材语言分析就离不开对课文文体的分析。本章将对民国语文教材的课文文体的构成及与教材语言的关系进行分析。

第一节　《小学课程标准》的文体要求

一、学习语体文的要求

　　在民国时期的三次大的语文课程标准变革中，最为完善，也是影响最为深远的是1932年由教育部正式颁布的《小学课程标准》[1]，本章以它为主要分析对象，未加另外标注的课程标准的内容，都来自这一课程标准。该课程标准十分重视对文体的区分，开宗明义地提出要学习的是"语体文"。

　　语体文通俗地说就是白话文，是白话口语在书面语中的反映。语体文的对立面是文言文。文言文远离口语，形成了脱离实际口语的一套固化下来的书面语言。由文言文到白话文，是清末民初整个社会文化运动，特别是语言文字革新运动的核心。依据实际口语而成的书面语篇就是语体文。因此，这里所说的"文体"实际上首先具有"语体"的意义，其次还有文章"体裁"的意义。

　　在1912年的《小学校教则及课程表》中，对文体的要求还相当简单，所提也较为含混，如"国文要旨，在使儿童学习普通语言文字"。这里使用的表述是

---

[1] 教育部中小学课程及设备标准编订委员会编订：《幼稚园小学课程标准》，上海：中华书局1932年版，第84页。

"普通语言文字"。故那个时期依据这一课程标准编纂的大都是浅近文言的教材，完全用白话文的教材还不多见。1923年的《新学制课程标准·小学国语课程纲要》在第一部分"（一）目的"中提到的也只是"练习运用通常的语言文字"。而到了1932年的《小学课程标准》，"第一　目标"中指出以下两点，第一点是"指导儿童练习运用国语，养成其正确的听力和发表力"，第二点是"指导儿童学习平易的语体文，并欣赏儿童文学，以培养其阅读的能力和兴趣"。前者使用了"国语"，后者使用了"语体文"，比起之前的"普通""通常"的用词，这显然是专门术语，其学科内涵要清晰、明确得多。"目标"是整个课程标准中至关重要的内容，它对整个课程标准的内容和实施起到了高屋建瓴的全局指导作用。如果说这两处的后半句说的是语文课程的目标与目的，那么前半句说的就是学习的对象、内容，是要达到目标的手段与渠道。而对"国语""语体文"的限定与强调，正是教材语言要研究的内容。民国时期的小学国语教育到了这个时候，才真正形成了清楚、完整、科学的理论指导体系。正因为此，课程标准中有关国语教学的实施与要求才能做到形而下、具体而微、一以贯之、相互照顾。

　　课程标准对"说话""读书""作文""写字"都做出了详细的说明，并依学年的递进，对每一阶段的学习内容与要求都做出了详细的说明。除了"写字"是注重于书面语的"形"，在其他的三个方面，其"语体文"的要求都是非常明确的。下面首先来看看有关"说话"的要求。

　　"说话"是语文课程的首要学习任务。在"说话"中首先提出的要求就是要做到"日常谈话的耳听口说"，还需要"演说、辩论、报告和讲述故事等的练习"。课程标准在这里还专门有一个附注："这项作业，应用标准语教学，以期全国语言相通。倘师资缺乏，不能用标准语时，亦应充分用近于标准语的口语教学。"用通行的、浅近的白话文的标准语来教学，当时还只是在学术界、知识界、传播界的倡导、力行之事，在学校，特别是普通教学的各地基层学校，还远未能普及与通行。这一个附注既体现出标准制定者考虑到了国土辽阔、基础薄弱、差异明显的现实，提供了很好的弹性与实用性对策，也表现出了这一新式教育的进步性与社会引领作用。这种明确的认识落实到了课程标准有关的具体实施中，如：

　　第一、二学年，所提出的五点要求皆与口语学习有关："看图讲述""日常用语的练习""有组织的语言材料的演习""简易有趣味的日常会话""故事等的讲述练习"。

　　第三、四学年，在五点要求中有四点与口语学习有关："有组织的语言材料的练习""有趣味的日常会话""故事等的讲述练习""简短的演说练习"。

第五、六学年，也是五点要求中有四点与口语学习有关："日常会话""故事的讲述练习""普通演说的练习""辩论的练习"。

自古以来的小学蒙求只有对经文的学习，口语训练也只限于对经文的"诵读"，民国时期却如此重视说话训练，把"说话"置于四种语文能力的首位，而且一以贯之，落实到整个小学阶段，这对当今的语文学习仍是很有借鉴意义的。

二、学习应用文体的要求

在《小学课程标准》（1932）中，对应用文体的学习也被放在了极其重要的位置。文体的学习主要表现为四项语文学习任务中的"读书"与"作文"。下面来看看对"读书"的要求：

在第一、二学年，要学习"故事图的讲述与欣赏""生活故事、童话、自然故事、笑话等的欣赏、表演""儿歌、杂歌、谜语的欣赏、吟咏和表演""各种浅易儿童图书的阅览"。

在第三、四学年，要学习"自然故事、历史故事、生活故事、传说、寓言、笑话、剧本、杂记、游记、书信等的欣赏或表演""儿歌、杂歌、民歌、短歌剧、短诗等的欣赏、吟咏、表演""简易普通文、实用文的阅读"。

在第五、六学年，要学习"历史故事、生活故事、自然故事、寓言、传说、笑话、剧本、游记、杂记、书信等的欣赏、研究或表演""诗歌、歌曲的欣赏、吟咏或表演""普通文、实用文的阅读和法式的理解""各种儿童图书及浅易日报、小说等的阅览"。

在课程标准中，"读书"不仅是占学时最多的内容，而且也是国语教学最重要的教学方式。通过培养儿童的阅读习惯，提升阅读理解能力，对儿童的话语表达和书面表达等，都会起到融会贯通的作用。随着对应用性文体的学习，对工具书的使用，对新式标点符号的运用、注音符号的运用等，也都随着年级的升高阶梯式地进入到教学当中。

课程标准所强调、罗列的"读书"对象，都是应用性强、口语味浓郁的文体，这样就在实践上做到了"吾笔写吾口""言文一致"，这正是当时整个社会推行白话文运动的最大追求。对应用性文体的追求，也与当时整个教育追求实用性的环境有关，是实用主义思潮的体现，是对两千年来读经、申论、对策的应试、循旧式教育的颠覆。

第二节　文体类型与分布

一、文体类型与教材样本

（一）文体类型

课程标准不仅在理论上对语体文的学习做出了清晰说明，还对语体文的各种具体文本和类型做出了详细说明。下面是课程标准对文体的分类体系，还规定了每类文体要学习的分量与时长。

（甲）普通文

（一）记叙文：（1）生活故事；（2）自然故事；（3）历史故事；（4）童话；（5）传说；（6）寓言；（7）笑话；（8）日记；（9）游记；（10）杂记。（二）说明文。（三）议论文。

（乙）实用文

（一）书信。（二）布告。（三）其他。

（丙）诗歌

（一）儿歌。（二）民歌。（三）杂歌。（四）谜语。（五）今诗。

（丁）剧本

（一）话剧。（二）歌剧。[①]

上面的"普通文""实用文""诗歌""剧本"的四分法，奠定了现代文体划分的基本框架，与后来的"散文""小说""诗歌""戏剧"相比，更接近于生活应用实际；与"记叙文""应用文""说明文""抒情文""议论文"相比，又有更大的弹性空间。虽然"普通文"的内涵在确指上还不够明晰，但对小学阶段的学习、对文本的类别还是有较好概括力的。

（二）教材样本

本章的文体专题，从 10 套教材样本中选择了"世界初小"与"世界高小"来做样例分析。

1932 年官方第一个课程标准正式颁布后，世界书局出版了按照新课程标准重

[①] 教育部中小学课程及设备标准编订委员会编订：《幼稚园小学课程标准》，上海：中华书局 1932 年版，第 88~91 页。

新编纂的新国语读本。《国语读本》是在魏冰心、苏兆骧编辑的1925年版初级小学《国语读本》的基础上，由朱翊新改编，薛天汉、范祥善校订而成。①

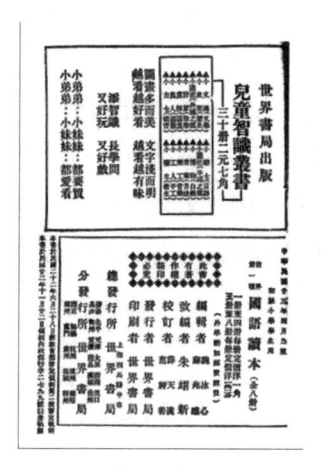

《国语读本》的编纂理念与方法如下：

——本书教材的编选：

（一）依据儿童心理，尽量使教材切于儿童的生活。

（二）阐扬本党的主义，尽量使教材富有牺牲及互助的精神。

（三）想象性的教材和现实的教材，竭力使它调和而平均。

（四）富有艺术的兴味，使儿童增进阅读的兴趣。至其内容，包涵公民、自然、历史、文艺、党义、卫生、地理各类，分量支配，见各册目次及内容分配表。

——本书教材的形式：

（一）体裁分普通文、实用文、诗歌、戏剧四类，每类又分若干细目。其类别及分量支配，具见各册目次及文体分配表。（一课课文，也许不止属于一种文体，表内只就侧重之点，列入某类，并不复见。）

（二）教材的排列，依照儿童的生活、程度，及教材的内容、性质，循序渐进，体裁务使错综，前后力求联络。

（三）各课教材，完全用语体文字，语法以标准语法为准。诗歌音韵，均用标准音韵。

（四）插图力求美化。

——本书各课教材的后面，附有思考问题及工作项目。前者供整理、思索之

---

① 新课程标准教科书《国语读本》，魏冰心编纂，初级小学应用，8册，世界书局1934年版。简称"世界初小"，为"民国小学语文教材语料库"第3种。

用，后者供发表、练习之用，以助长儿童对于课文内容的吸取、理解，及课文形式的摹制、探究。

——本书各册，均附有补充课三篇，创作前后衔接的故事，指示文法的大要，使儿童在欣赏趣味浓郁的故事中间，研究文法，渐渐增进阅读和发表的能力。

这套教材强调对儿童心理的重视，在编辑教材选文的时候，从儿童本位出发。不仅内容丰富、形式多样，以白话为教学语言，而且注重对文章内容的整理、思考与延伸，侧重文法教学的集中与总结。

供高小年级使用的《高小国语读本》由朱翊新编辑、范祥善校订。① 它的编纂理念与方法如下：

（一）根据儿童心理，尽量使教材切于儿童的生活。

（二）阐扬本党的主义，尽量使教材富有牺牲互助奋发图强的精神。

（三）想象性的教材和现实的教材，竭力使它调和而平均。

（四）适合时代环境，富有道德教训，唤起民族意识。

本书教材的形式：

（一）体裁分普通文，实用文，诗歌，戏剧四类。

（二）教材的排列，依照儿童的生活、程度，及教材的内容、性质，循序渐进，体裁务使错综，前后力求联络。

（三）各课教材，完全用语体文字，语法以标准语法为准，诗歌音韵，均用标准音韵。

---

① 新课程标准世界教科书《高小国语读本》，朱翊新编辑、范祥善校订，高级小学应用，4册，世界书局1936年版。本书简称"世界高小"，为"民国小学语文教材语料库"第4种。

（四）插图力求美化。

本书遵照民国二十五年四月部颁修正促进注音汉字推行办法第三条的规定，完全用注音汉字。

本书各课教材的后面，附有思考问题及工作项目。前者供整理、思索之用，后者供发表、练习之用，以助长儿童对于课文内容的吸收、理解，及课文形式的摹制、探究。

本书各册，均附有补充课三篇，创作前后衔接的故事，指示国语文法的大要，使儿童在欣赏趣味浓郁的故事中间，研究国语文法，渐渐增进阅读和发表的能力。

这两套教材都是由朱翙新依据新课程标准而编，时间与编辑团队有着较好的连续性和一贯性。教材是严格按照课程标准的要求来编纂的。在课程标准中所要求的教学的文体，这两套教材中都有体现。下面是教材的文体构成具体情况。

二、普通文体

（一）记叙文

以记人叙事，表达人物言语、行动，表达事情经过等为主的为记叙文。

1. 生活故事

生活故事就是以儿童或和儿童切近的人物为主角，记叙有趣味的现实生活的故事。如：

小弟弟　小妹妹　来来来（1－5①）

这是"世界初小"的第一篇有文字的课文，文字位置突出、醒目，引导儿童

---

① 括号内的数字为课文的教材出处，"1－5"表示第1册第5课，下同。

学习汉字的意味浓烈。结合插图，可以引导儿童展开丰富的想象，营造和描绘情境，从学习表达儿童身边最常见的人和事开始。这类拓展生活空间、营造语言生活的课文在前四册中占主导地位，教材所使用的课文基本是围绕儿童生活展开的。再如：

老师很欢喜我

弟弟放学回来。
母亲问他说，老师欢喜你吗？
弟弟说，老师很欢喜我，
他搀了我的手，叫我小朋友。（2-8）

以放学归来母子之间的对话，将家庭生活的空间与学校生活的空间联系在一起，将家庭生活与学校生活有机联系在一起，话题由单一向多元发展，展现家庭生活的画面、校园生活的画面。

在低年段的国语课文中，主人公有时候是由孩子们喜欢的小动物来充任。如：

猴子滚铁环

小猴子跌了一交
跌痛了头
大猴子扶他起来（1-45）

通过大猴子扶起小猴子，引导儿童认识到生活中与小朋友相处要团结友爱，互帮互助，尤其是大孩子要学会照顾小孩子，要学会和谐相处等。

到了中高年级，生活故事的数量明显减少，内容更加丰富，如《装哑子的马夫》（9-8）通过对客人之前言语的交代与面对警察盘问时的沉默不语，以及断案之后的陈述，说明一件事情的是非曲直，必须把事情的经过调查清楚才可做出正确的判断。

到了高年级，生活故事中所传递的思想，其深度已不仅仅是基本的生活常识，而是进入到思想、哲理的思考了。如《路旁的捐助》（12-21），讲的是孩子们高高兴兴地放学的时候，看到一个泥水匠的学徒在墙角哭泣，原来他的钱丢失了，他可能要被师傅毒打。孩子们很善良，纷纷拿出自己的零花钱帮助他，校长目睹了全过程，并慷慨地解决了最后的余额。孩子们的爱心捐助不仅帮助了一个陷于窘境的孩子，也培养了儿童慈善、帮助他人的爱心。虽然这种情况儿童在生活中未必能遇到，但课文传达了一种生活态度，教给儿童一种正确的处理方式。类似这种以生活中看似微不足道的小事作为文章主题的生活故事，在低年段所占的比例更大。

2. 自然故事

自然故事叙述的是自然界生物的生活、形态及特征。主要分布在初级小学教科书中。讲述自然故事符合孩子们喜爱大自然的习性，读起来也是饶有风味的。如：

蚂蚁上天

一只蜻蜓，睡在草地上。许多小蚂蚁看见了，爬在蜻蜓的身上，想把他搬进洞里去。蜻蜓醒来，飞到天空里，许多小蚂蚁，也带到天空里去了。(2-47)

这类用拟人化手法创作的自然故事在初小教材中非常常见。再如《常绿树》(5-42)，课文借冬天里小鸟寻求树木的保护，仁慈有爱心的松柏杉树接纳了小鸟的故事，客观地传递给儿童一个自然知识：冬天里，松树、柏树、杉树是不落叶的，桑树、榆树是落叶的。《小雨点》(2-14)通过小雨点游历的故事，介绍云、雨的形成以及水的循环。《害虫和益虫》(10-29)一课是小学教材中最后一篇关于自然故事的课文，介绍的是害虫与益虫的知识，如何分别、如何对待害虫与益虫等。故事内容已经不像初小阶段那样仅仅是讲故事，还介绍了昆虫的形态、特征、生活特性等等，逐渐带领儿童进入到科学研究的领域里。

3. 历史故事

历史故事取材于历史人物或历史事件，距儿童日常生活稍远，因此在低年段没有安排，从三年级开始逐渐增多。这些历史故事不仅涉及古今中外，而且关涉的主题也很丰富，如：

木兰代父从军

古时候，有一个勇敢的女子，名叫木兰。有一年，国王要征兵去打仗；木兰的父亲，也在被征之列。木兰想父亲已经衰老，不能上战场去打仗。他就扮做男子，代替父亲，跨马执戟，加入出征的军队。军队开到了北方的边界，抵抗敌兵。过了十二年，才把敌兵打退；得胜回来。可是，领兵的将官，同伍的军人，谁也没有觉察木兰是个女子。国王见木兰立了大功劳，就赏他许多财物，他不受；封他做官，他也不要。国王说："你要甚么东西呢？"木兰说："我离家已久，很想念爷娘。如能赐一匹骆驼，送我回家，就感谢不尽了。"国王随即赐他一匹骆驼，派几个兵，送他回家。木兰到了家里，脱去战袍，穿上女装，恢复他的本来面目。送他回家的兵士瞧见了，很诧异，说道："我们和他同在军队里过了十二年，竟没有觉察他是个女子。"(8-3)

木兰从军的故事在中国历史上流传极广，这里既宣传了木兰对父亲的孝，也展现了对国家的忠。教材就是这样通过一个个具体的人和事，传递了一种积极的人生观与值得弘扬的精神。

4. 童话

童话充满幻想，构建了一个美丽的天堂，与儿童好想象的心理相吻合，并往往通过动物的言语教给孩子，动物尚且如此，何况作为万物之灵的人类呢？如：

猫 捉 鸟

猫要捉鸟，鸟说，猫小姐，我不是老鼠，你不要捉我。(1-16)

又如《老虎与乌龟》(2-46)、《老马请客》(4-8)，都讲述了有趣的故事，传递了人生的道理。这种拟人化手法所塑造的一个个童话形象，顺应了儿童早期混淆动物与人的区别，亲近动物的天性。随着年龄增大，阅历增多，中高年级教材中童话逐渐淡出。

5. 传说

传说是民间自古流传的故事，更多的是与历史人物联系在一起，旨在突出人物非凡的才能和品质，或彰显他们的传奇经历。传说有荒诞、虚幻的色彩，引人入胜，故事性强，有助于陶冶儿童的审美情操、涵养善恶情感。如：

服从父亲命令的牧童

惠灵吞和两个朋友，骑了马出去打猎。他们经过一个农家的田庄，看见田边有一条路，直通山野，便想由那里前进。

路口，有一扇栅门紧紧地闭着。门内，立着一个蓬头赤足的牧童。他听见马蹄的声音，连忙向他们张望。

惠灵吞的一个朋友首先对牧童说："喂！快些开门，让我们走过去。"牧童说："不能！"

另一个朋友恼了，用打马的鞭子指着牧童，说："哼！你有什么胆量敢阻挡我们！如果再不开门，我便用鞭子打你！"牧童却毫不畏惧，仍然说："不能！"

惠灵吞在后面，见牧童的态度很镇静。心里暗暗称奇，他就跳下马来，很和善地对牧童说："我是惠灵吞将军，全国的人，都不敢违背我的话。现在我要走过这栅门，我看，你还是快开罢。"牧童笑了一笑，说道："我的父亲因为田里的禾稼快要成熟，怕被人马践踏，才叫我关这栅门。将军的话本来不该违背，可是我怎能不服从父亲的命令呢？"

惠灵吞听了，无话可说，便叫朋友们一同去寻别的路径。(9-23)

面对有权势的将军，牧童坚守父亲的命令，这虽然可能是一个杜撰的小故事，但是融入了惠灵顿（旧译作"惠灵吞"）将军的角色，从牧童的坚持、将军的改道，传递的是守信、不畏权势的品质。

6. 寓言

寓言多是含教训意味的短小精悍的故事。如"叶公好龙""狐假虎威""滥竽充数"等，都是大家耳熟能详的故事，经常被用于小学教材。进入新式教科书发展时期，随着书面语言的变化，寓言所要传达的训诫信息也在逐渐发生改变。如：

舌 头

桑塞士要请客，叫伊索办一桌最好的菜。客人入席后，伊索送上一盘红烧猪舌头；接着，又送上一盘清炖羊舌头；隔了一会，又送上一盘油炸牛舌头。他陆续送上了六盘菜，都是各种舌头，别的一样也没有。

桑塞士说："我叫你办最好的菜，你怎么烧了许多舌头呢？"

伊索说："舌头，是世界上最好的东西。我们有了舌头，可以说话，可以尝味，又可以传达知识学问。"

桑塞士笑道："那么，你明天可以再办一桌你以为最坏的菜，给大家尝尝。"

到了明天，伊索办的菜和昨天一样，又是六盘舌头。桑塞士责问伊索说："昨天，你说最好的菜是舌头，怎么今天又把舌头当做最坏的菜呢？"

伊索说："舌头，又是世界上最坏的东西。人类的虚伪、诈欺、阴私……一切罪恶，都是舌头搅拌出来的。"（7-25）

这则故事告诉我们的是这个道理：舌头能传达知识、传授学问，但是也能制造出许多的罪恶。

7. 笑话

笑话是篇幅短小的幽默故事，它语言鲜活，生活气息浓郁，具有较强的趣味性；同时又是真实的生活话语，无处不浸透、凝练着文化的信息。如：

我没有胡须

朋友说，你的脸儿，像你的爸爸。小弟弟说，不像不像，我没有胡须。（1-34）

寥寥数笔，充满了童真，而且这种幽默毫无做作之感，反而能引起儿童的思考：为什么爸爸有胡须，弟弟没有呢？

还有如《灯还点着吗》（2-41）、《保护鼻子的妙计》（9-4）。到了高年级教材，笑话逐渐减少。

8. 日记

日记记述的是个人每日的生活经过，并往往能够引起兴趣，富含意义。日记体课文是应用性很强的文体，带有明显的示范性。它在教材中数量不多，也只是出现在中高年级。如：

二月二十六日，星期日，晴。

早饭后，仁忠和我到城外的山上去玩。我们从山脚，踏着石级，慢慢向上跑。到了山腰，很酸，就坐在石上休息。我向四面瞧瞧，有苍翠的森林，鲜艳的野花，奇怪的岩石，流动的涧水，景致很好。仁忠说："到了山顶，景致更好哩。"我就用力再向上跑。仁忠唱着上山歌，我随口和着。不多时，已跑到山顶。远望城内，屋子像鸡棚，行人像蚂蚁。仁忠指着有钟楼的一所屋子说："这是我们的学校。"我们在山上玩了好久，才回家吃午饭。

午后，我把审山鼠的故事，讲给妹妹听。妹妹很快乐。

晚上，温了一点钟课，就上床睡眠。(6－2)

再如《猎狗的日记》(11－6)，借猎狗之口而记录的三则日记，记下了帝国主义的血腥与残暴，点明了"九一八"国难纪念日的由来，提醒毋忘国耻，奋勇抗争。

9. 游记

游记记述了游历地方的风景名胜，往往含有人生哲理和感慨。这类课文为儿童打开了看中国、看世界的一扇窗户，拓展了儿童的视野，丰富了儿童的生活。如：

到中山陵

父亲和我乘了火车，到南京。南京是我国的首都，有高山、有深水、有平原。的确是好地方。

我们吃完饭，去游中山陵。到了陵下，看见门上写着"天下为公"四字。进了陵门，有三道宽平的石级，仿佛就是中山先生指示我们前进的自由、平等、博爱三条大路。

我们从石级慢慢上去，走到祭堂前面，有三个门。中间上面写着"民生"二字；左右两门分写"民族"、"民权"；在正面还有一块直匾，写着"天地正气"四字。穿过了祭堂，便是我们的国父永远长眠的地方。我们对遗像行了鞠躬礼，又把遗嘱读了一遍，不由得想到，要完成中山先生建设三民主义国家的计划，我们应该加紧努力啊！(7－16)

本文记叙小朋友随父亲游中山陵的情况，引出中山先生的"天下为公"及三民主义的精髓，通篇流露出对建国伟人的敬仰之情。

还有如《游西湖》(8－19)、《老残游记》(11－32)等，分别记叙了西湖的美景以及黄河上冻之后的雪夜景色。

（二）说明文

说明文相对来说，没有故事的情节那么丰富，没有歌谣那样朗朗上口，但是往往是知识性比较强的文章。在小学阶段，说明文主要分布在高小教材中。如：

一定能够到火星上去

天色晚了。明净的天空里，露出无数的星光。海岸旁的沙滩上，坐着两个少年，正在谈天。

志成："进明，你看繁星满天，多么美丽！"

进明："我常从望远镜里窥探它们哩。"

志成："你父亲是研究天文的专家，你家是有望远镜的。从望远镜里看星，究竟怎样？"

进明："从我家的望远镜里面看星，不过比肉眼看见的略多一些罢了。"

志成："你曾看见过更好的望远镜吗？"

进明："去年，我跟父亲到美国，曾参观嘉利福尼亚州的天文台。那里有一架望远镜，它的重量有一百吨；镜片的直径有一百吋。我父亲的身长是六呎，那架望远镜足有他十二倍高。"

志成："这么大的望远镜，观察天象的人，能移动它吗？"

进明："这架望远镜是装置在一个架子上，有许多轮盘，可以使镜筒移动自如。架子下面的平台，也能用电力转移方向。"

志成："那里的天文家研究些什么？"

进明："那里的天文家都注意火星，据说是为了它和地球相近的缘故。它和地球的距离只有三千五百万哩啊！"……（11-30）

这是两个少年的一段对话，对话中介绍了望远镜的规格、特点，我们所观察到的火星的情形等。

还有如《南北极的奇观》（12-2），其运用多种说明方法介绍南极与北极。在介绍两极知识的同时，儿童探索自然、冒险的精神也一点点被激发。

（三）议论文

议论文往往具有鲜明的观点，因此在小学教材中出现得也比较少，只在中年段和高年段出现了几课。如：

学问的趣味

梁启超

我是个主张趣味主义的人，倘若用化学化分："梁启超"这件东西，把里头所含一种原素名叫："趣味"的抽出来，只怕所剩下的仅有个零了。我以为凡人必常常生活于趣味之中，生活才有价值；若哭丧着脸，挨过几十年，那么生命便成沙漠，要它何用！中国人见面，最欢喜用的一句话："近来作何消遣？"这句话，我听着便讨厌。话里的意思，好像生活不耐烦了，几十年日子没有法子过，勉强找些事情来消他，遣他。一个人若生活于这种状况之下，我劝他不如早日投海。我觉得天下万事万物都有趣味，我只嫌二十四点钟，不能扩充到四十八点，不彀我享用。我一年到头不肯歇息。问我做什么，忙的是我的趣味。我以为这便是人生最合理的生活。我常想运动别人，也学我这样生活。

凡属趣味，我一概都承认他是好的。但怎么样才算："趣味"，不能不下一个注解。我说：……（12-16）

儿童马上就要结束小学的学习了，有的孩子会继续升入中学，有的将步入职场。无论是继续求学还是工作，学习都将是一生的事业。这里放入《学问的趣味》一文，意在引导儿童做有趣味的人，研究有趣味的学问，体会学问的趣味。

还有如《中山先生的演讲》（8-43、8-44）。这两篇演讲，具有鲜明的民族色彩和慷慨激昂的、饱满的情感，对于逐渐长大的儿童，是很好的激励奋斗意志的教材文本。

三、实用文体

实用文指的是具有实际应用功能的文章，如书信、布告、契约、柬帖、广告等等。在课程标准中只分出了"书信""布告""其他"三类。

（一）书信

教材中书信的内容既有对历史事件的记录，又有对学习方法的介绍，还有谈对某个事件的观点，以及介绍信封的写法等。如：

九一八纪念日给朋友的信

溪峰同学：

自从你跟了你的爸爸、妈妈回南以后，长久不同你通信了，想念得很！

今夜的月亮，黯淡得不像样子，大概是他怕见这个悲惨的纪念日啊！

我记得那年的今夜，月光也是这样的黯淡，敌人的铁蹄，竟闯进我们的城市，国旗便换了颜色。

过了几天，我上学校去。那知学校已换了一个样子，几个面目狰狞的敌人，代替了我们和善的教师。他们发新课本，叫我们读。我们都不愿意学他们的文字，那敌人就举起竹鞭乱打。我耐不住说："你是谁？敢这样的欺侮我们吗？"那敌人听了我的话，态度异常凶恶，厉声说："我是你们的教师，你们该遵守我的命令！"这时全体的同学都站起来喊："不承认！不承认！"大家就散了。从此我们的学校，就做了敌人的警厅。

溪峰！九一八的可纪念的事正多；但是你看了这段事实，其余的也可以想象得到了。溪峰，我们难道永远忍受吗？我们难道不想自救吗？

祝你为国珍重！

茅季霞　九·一八
上海 大吉路四号

晏溪峰先生启　　　沈阳茅寄（7－13）

这是一封记录"九一八"国难日的信件，通过叙述"九一八"之后学校的大变化，揭示了人们对入侵者的痛恨，对国土被占的痛恨，激励大家救国、自救。

并附上信封及邮票粘贴示图。

再如《由恰克图寄来的信》（10－5）、《谈演说要诀的一封信》（11－28），分别介绍了西部风情和演讲的注意事项等。

（二）布告

布告的语言较正式，形式上也有一定的格式，在生活中经常会用到。如：

周报上的广告

六年级学生陈蜀雯，忽在星期三那天，失去了她心爱的一块手帕；费了许多工夫，没有找到。她没法想，觉得还是撰了一个广告，去登在周报乐园的广告栏中，或者有归还原物的希望。

她思索了半晌，就拟定了下面的一张广告：

寻找手帕

上星期三，我在校里遗失手帕一块，那手帕是白色的麻纱做的，六寸见方，四缘缀着深红色的花边，在一角上绣着一朵绿色的梅花。无论那一位同学，如果拾得这块手帕来还我，我愿以价值一角的书籍酬谢。

陈蜀雯。五月十日。

写好了，她就交给周报社长，请他在乐园上登载出来。

星期一，那广告揭载出来了。多事的高志芳对陈蜀雯讲："五年级同学陆素因有块手帕，和你相仿呢！"蜀雯虽不相信，却也有点疑惑。

不料志芳的话传出以后，全校哄动起来，很有些同学疑心陆素因做了不道德的事情。

陆素因听见了这个风声，知道自己已遭到不白之冤，非声明不可；但是她不能向全校去一一辨明，所以也撰了一张广告，交给周报社长，请他在下期乐园里登载出来。

陆素因声明

听说有人疑心陈蜀雯遗失的手帕是我拾得的，这是一种误会。因为我的手帕，虽和陈君的相仿；可是有两点不同：一是我的花边是桃红色；二是我的绣花是荷花。同学们如果不信，请到第九教室来参观，以明真相。

五月十七日

这广告登了出来，有好些人去参观陆素因的手帕，确和陈蜀雯的不同。同学们的谣言既然息，陈蜀雯的疑团也释。同时高志芳深悟失言之非，也写了一封信，向陆素因郑重道歉。(12-22)

这篇文章中，登了两则应用文，一是寻物启事，一是声明。在这则生活故事中，两则布告的刊登，一方面说明它们在生活中的实用性很强，另一方面也增强了故事情节的曲折性。

还有如《小人国游记》(10-27)，运用书坊广告的形式，介绍新书及其相关信息。

（三）其他

教材还通过课文介绍了"标语""电报""通告"等内容的实用文体，也都是通过各种生活故事情景予以展示。

1. 标语

写 标 语

开成绩展览会的前一天，小朋友们商量写标语。

王优生提议说："来宾不认识路，从大门到成绩室，从成绩室出大门，这些过路的壁上，我主张贴几张'由此进''由此出'的标语。并且画上箭形，指示方向。"

韩剑雄提议说："只怕来宾不肯批评，我主张在成绩室里，多贴几张'欢迎批评'的标语。"

张民视提议说："也许来宾要随意吐痰罢，我主张在廊下，多贴几张'请勿随意吐痰'的标语。"

大家都赞成，就分工去写。写好了，再分工去贴。(5-34)

2. 电报

一个报告失火的电报

陆云光接到一个电报，检查电码，译出字来，才知他经营的大游戏场，幸

免于火。电文如下"庚晚火　即熄　客安　损失微　慎　佳。"(9-21)

3. 通告

一张通告

求知小学的王老师，在放学的时候，把下面一张通告，发给学生，叫学生带回家去。春阳也拿着一份。

径启者：本校为预防儿童传染天花起见，请马敦和医生到校布种牛痘。各级的布种日期如下：

仁级，十日上午。爱级，十日下午。

和级，十一日上午。平级，十一日下午。

种痘以后，请留心下列事项，保护你的孩子：

1. 平常吃惯的东西，不必禁忌。

2. 防身体受寒。

3. 住的地方，空气要清洁。

4. 臂上发痒，不可搔动。

5. 如果身体发热，周身不舒，应该静养。

此致

贵家长鉴！

求知小学启　四月九日 (6-12)

4. 请帖

中国注重礼尚往来，尤其是在年节之时，经常会有"请帖"发出，因此熟习"请帖"有更强的实用性。

鸣初拟请帖

狮吼学级园里种的菊花盛开了，大家商量开个小菊花会，请别级的小朋友们来参观。

鸣初提议："我们先发请帖，好吗？"大家说："好！"就推举鸣初拟稿。鸣初提起笔来写：

某某级的小朋友们：

本级定于某月某某日，开小菊花会。到了那天，请你们到我们这里来参观。

狮吼学级会谨订

岳军说："你拟的很好。但是我想改得客气些，'本级'改'敝级'。'请你们到我们这里来参观'改成'恭请光临指教'。"

民魂说："我主张把'到了那天'改为'届时'，意思是一样，比较简括些。"

召鹤说:"我主张删去第一行的'某某级的小朋友们',另外用一个封套,封面上写明'某某学级会公启'。"

5. 传单

传单里的育婴常识

昨天,我的姊姊写一封信来。说她的小孩感冒风寒,发了几天寒热。

母亲看了这信,对于那很胖很活泼的外甥,很是忧虑。她正想写封复信,把看护小孩的常识,指示我的姊姊;恰巧慈幼会里发来一张传单,就暂时停止。传单上面写着:

育婴常识

(一)关于寒暖的——小孩的衣服不宜过厚,也不宜过薄。一般人大都以为小孩的皮肤薄弱,容易感冒,应当穿较厚一些的衣服;实则小孩的感冒,从穿衣过厚而起的,比穿衣过薄而起的还要多。因为穿了厚的衣服,小孩必要出汗;在汗液蒸发的时候,必从皮肤上吸收热度;以致皮肤立刻感觉寒冷,便要感冒。减少小孩感冒的根本办法,当锻炼皮肤的抵抗力。试看,贫苦人家的小孩,时常裸体,反而健康,可见身体上的抵抗力,确由锻炼而增加。但是要注意,锻炼的方法,须渐渐进行,否则反受害处。

(二)关于饮食的——小孩除了感冒而起的疾病以外,最易酿成肠胃病的,便是由于饮食。如小孩哭了,成人往往不问原因,给他吮乳或食物,以为止哭的最好方法。不知小孩的哭,除了饥饿以外,或因束缚,或因痛痒,或因冷热,原因很多。成人当计算时间,测定是否由于饥饿;再检查小孩全身,有无钮扣的压痛。或虫虱的咬痒。倘使这些都替小孩设法解决,哭仍不止,便有疾病,应即延医诊治。初生小孩,约二三小时哺乳一次;三四月后,每四小时一次,每次均以二十分钟为度。八个月以后,可以稍食一些米粉或薄粥,亦须按时进食,宁少而不可过多。一年以后,食物渐渐加多,便可断乳了。

俗话说:"小孩要常带三分饥寒。"这句话是至理名言。(11-10)

6. 宣言

毕 业 忙

....

斯美小学毕业同学会宣言

亲爱的各级同学:

我们总算徼幸,全体毕业了。现在快要和诸位可爱的同伴,作长久的分别了;就是我们自己的一级里,有的要升学,有的要习业,也不免东西分散,彼此不能常常聚首：想到今后，智识无从交换，感情不易联络，谁都不免有点别离之感罢！

现在，不用愁了。我们承师长的指导，已获得一个最好的办法，就是组织毕业同学会。

毕业同学会，设在母校。它的主要工作是：1. 毕业同学的行踪，要随时报告给会中登记；2. 母校的现状，随时由会中通讯给毕业同学；3. 会中常常把毕业同学的消息登载在校刊上。

有了这个组织，在校同学与毕业同学间，毕业同学与毕业同学间，形式上尽管是分离，精神上依旧可以交换智识，联络感情，岂不是一举两得吗？况且，每学期有定期的集会，借此更可以团叙。

我们的筹备会，快要结束；斯美小学毕业同学会正式成立的时期，也很近了。我们趁这机会，陈述一点意见，希望诸位同学指教，并予以充分赞助的力量！敬此宣言。

斯美小学毕业同学会筹备会启　七月一日（12－33）

实用文涉及日常生活及公务活动中的方方面面，高年级学生即将步入社会，教材中安排这样的课文对学生是很有实用价值的。

四、诗歌

课程标准在"诗歌"文体下分出了"儿歌""民歌""杂歌""谜语""新诗"五类。

（一）儿歌

儿歌的语言简洁明快，内容生动活泼，韵律朗朗上口，是儿童喜爱的文本样式。如：

好朋友　好朋友　手拉手　慢慢走（1－15）

摇摇摇　摇到外婆桥　外婆对我笑　叫我好宝宝（1－24）

孩子们一边玩，一边自言自语或一起吟唱，实现动作与语言的协调与一致。

我有十个小朋友

我有十个小朋友，五个在左，五个在右。

会打鼓，会拍球。这十个小朋友，就是我的一双手。（2－1）

这首训练儿童数学能力的儿歌，将数字、数理概念包融到有趣的故事情节中，不仅押韵上口，而且便于诵记，帮助儿童掌握基本的数字、数序和运算能力等。

（二）民歌

民歌是在民间广为传唱的，带有民族生活记忆的文学样式，有渔歌、樵歌、农歌等，有明显的地域性、行业性。教材中只收录了一首"采茶"歌。如：

采 茶

三月里采茶茶发芽，姊妹提篮到山崖。

东山茶多西山少，不论多少采回家。

四月里采茶正当春，娘在房中绣手巾。

两边绣出茶花朵，中央绣出采茶人。

五月里采茶人更忙，蚕桑未了又插秧。

采得茶来蚕不饱，喂得蚕来秧又黄。（6-24）

（三）杂歌

一切写景、抒情、叙述故事等的歌词统称为杂歌。黄遵宪曾提出："报中有韵之文自不可少。然吾以为不必仿白香山之《新乐府》、尤西堂之《明史乐府》。当斟酌于弹词粤讴之间，或三、或九、或七、或五，或长短句，或壮如陇上陈安，或丽如河中莫愁，或浓至如焦仲卿妻，或古如成相篇，或徘如徘技辞。易乐府之名而曰杂歌谣，弃史籍而采近事。"[①] 这些取材于身边生活、韵律灵活的杂歌形式逐渐兴起，在20世纪30年代的小学教科书中也有收录。如：

风 呀

一阵阵的轻风，吹着柳条。

树上的小鸟说："风呀！你为什么吹着柳条，使他不住的动摇？"

风说："我见他身体细小，教他练习舞蹈。"

一阵阵的狂风，打着波涛。

水里的大鱼说："风呀！你为什么打着波涛，使他不住的奔跳？"

风说："我见他身体活泼，教他练习赛跑。"（5-10）

借风与小鸟、大鱼的对话，写出了变幻多姿的风。

还有如《蒲叶书》（6-37）以杂歌的形式记叙路温舒用蒲叶抄书诵读的故事。《兴学的乞丐》（9-28）记的是武状元苏乞儿捐资义学的故事，以歌谣的形式创作出来，既便于传唱，更便于颂扬。

[①] 黄遵宪：《致梁启超函（光绪二十八年八月二十二日，1902年9月23日）》，参见陈铮编：《黄遵宪全集（上）》，北京：中华书局2005年版，第432页。

（四）谜语

谜语一般是用歌谣的形式叙说某种现象或事物的特征，既有一定的悬念，吸引儿童开动脑筋进行推理、想象和判断；又在潜移默化之中对儿童进行了知识的传授和教育。如：

五种小动物

南阳诸葛亮，独坐中军帐。排起八阵图，要捉飞来将。
长脚小儿郎，嗡嗡飞进房。红酒喝醉后，一拍便收场。
头戴红纱帽，身穿黑外套。登台做手艺，走路唱徽调。
身着电光衣，常在草上嬉。孩子捉到了，藏在小瓶里。
小将武功好，能飞还能跳。住在墙脚坳，夜夜瞿瞿叫。(8-38)

猜谜语是一种充满趣味、有益的智力游戏，它既可以对幼儿进行知识的教育，又以准确生动的语言、形象有趣的描述，促进儿童语言能力的发展与提高。周作人特别强调谜语在开发儿童心智方面的作用。"皆体物入微，惟思奇巧。幼儿知识初启，索隐推寻，足以开发其心思，且所述皆习见事物，象形疏状，深切著明，在幼稚时代，不啻一部于物志疏，言其效益，殆可双于近世所提倡之自然研究欤。"[1]

（五）新诗

新诗即现代的白话诗，相对于古诗，特别是格律诗而言，是20世纪初文化革命、文学革命的主要表现形式之一。新诗用现代白话，主张以口语入诗，格式自由。

一、我是少年

我是少年！我是少年！
我的希望，好像朝阳升上地平线。
——光芒万丈，前程辽远。

我是少年！我是少年！
我的思想，好像瀑布奔下高山巅。
——一泻千仞，银花飞溅！

我是少年！我是少年！

---

[1] 黄维东：《论周作人的民间童话、儿歌与儿童教育观》，《广西大学学报》（哲学社会科学版），2002年第4期。

我的意志，好像巨炮迸出火药弹。
——不挠不屈，勇往直前！

我是少年！我是少年！
我的志愿，好像水手摇着救生船。
——救人苦难，不怕艰险！（9-1）

《我是少年》就以现代语言入诗，很好地表现了少年的气魄与追求，展示了中华民族要抗争、要奋起的理想与追求。

五、戏剧文体

戏剧是综合性的舞台艺术，课程标准里说的是戏剧的文学文本——剧本，下分"话剧""歌剧"两类。在这两套小学国语教科书中，一出戏往往是由几幕组成，分别排成不同的课文。

（一）话剧

话剧是用故事、小说、传记等编成的可以表演的白话剧。如《刺恩铭》（11-8）是取材于1907年徐锡麟刺杀巡抚恩铭的现实故事而编创的一出有强烈时代气息的话剧。《审山鼠》（5-38）是根据故事编创的。

（二）歌剧

歌剧是用故事、小说、传记等编成的可以在舞台吟唱表演的艺术。如改编自英国作家王尔德的同名童话《巨人的花园》（8-21），编者在选择同样主题进入课文的时候，作了文体上的再创作，并没有沿用故事、童话的叙述方式，而是以叶韵的方式进行创作。再如《吴绛雪》（12-31），全文用歌词说白，不用记叙散文，人物形象清晰呈现。

学生在小学阶段就接触话剧、歌剧，对于了解文学形式的多样性，对提高文学审美、创作能力都是很有好处的。虽然戏剧文体的课文数量并不多，但这已表明教材编纂者的文学欣赏能力及对培育儿童文学能力认识的自觉性，这也是严格遵守《小学课程标准》（1932）的体现。

六、教材的文体分布与特点

（一）文体的总体分布状况

依据《小学课程标准》（1932）的文体分类体系和标准，我们对"世界初小"与"世界高小"的所有课文进行了文体分析，表 3-1 是调查的结果。

表 3-1 "世界初小"与"世界高小"课文文体调查

（单位：篇）

文体	世界初小										世界高小					总计
	低学段					中学段					高学段					
	第1册	第2册	第3册	第4册	小计	第5册	第6册	第7册	第8册	小计	合计	第9册	第10册	第11册	第12册	小计	合计	
普通文	36	35	36	35	142	31	32	31	31	125	267	23	23	22	23	91	358
实用文	0	0	0	0	0	4	3	4	4	15	15	5	5	5	5	20	35
诗歌	14	15	14	15	58	7	6	7	7	27	85	3	3	4	3	13	98
戏剧	0	0	0	0	0	2	3	2	2	9	9	2	2	2	2	8	17
总计	50	50	50	50	200	44	44	44	44	176	376	33	33	33	33	132	508①

表 3-1 是所有课文的文体统计情况。第二行是 6 个年级 3 个学段共 12 册教材。第三行以下的数字表示"课文"的数量②。左起第一列是 4 种文体。以上数据，无论是对观察四类文体的分布，还是对观察年级的增减变化，都提供了许多很有意义的信息：①低学段的课文只有普通文和诗歌两类，普通文占 71%，诗歌占 29%。②中学段的课文四种文体都有出现，普通文占 71%。诗歌排第 2 位，但占比已经下降为 15%。实用文与戏剧两种文体首次出现。③高学段的课文普通文占 68.9%，实用文的比例上升，由 9.7% 升至 15.1%。诗歌和戏剧数量稳定。④从课文整体来看，无论是低学段还是中高学段，普通文始终是小学语文教材中最主要的文体；诗歌在三个学段所占比例逐渐下降，实用文和戏剧的数量从中学段开始则逐步增多。

把表 3-1 的数据用图表显示，四种文体的分布走势会展示得更加清楚。

---

① 第二章表 2-4 中统计的"世界初小"与"世界高小"的课文总数是 520 篇（376+144）。在做文体标注和统计时，"世界高小"每册后面有 3 篇附录课文不在调查的范围，少了 12 篇，故这里显示的总数为 508 篇。

② 本章的"表 3-2""表 3-3""表 3-4""表 3-5"，及后面类似表格使用的统计单位皆类此。

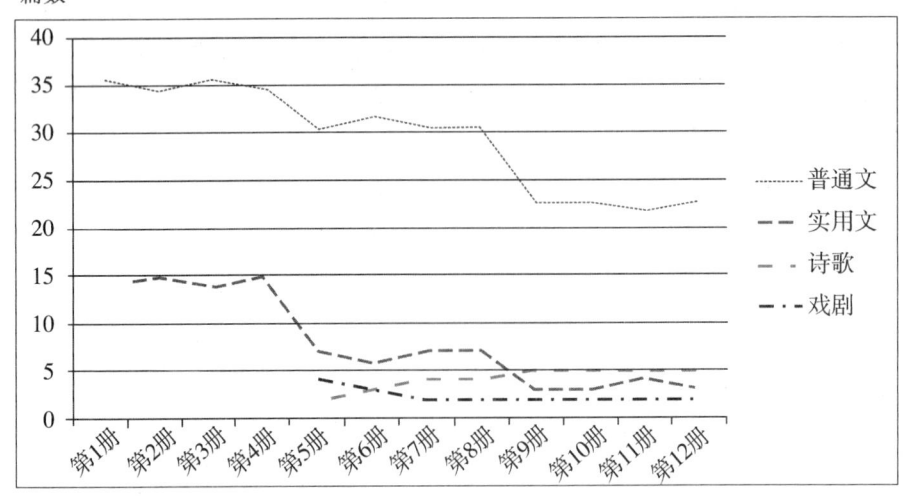

图 3-1 "世界初小"与"世界高小"课文文体分布

图 3-1 横轴的数量单位是"第×册",纵轴的数量单位是"篇数"。统计结果表示"普通文"的线段高高在上;表示"诗歌"的线段居于第二高度,从第二学段起急速下降;表示"实用文"的线段与表示"戏剧"的线段,从第二学段才"半路出家",相互之间略有高低差异,但都处于低频状态,其中"实用文"稍多。

(二) 普通文的下位文体分布情况

普通文在教材中占据如此重要的分量,那么它的下位文体分布情况如何?普通文的下位文体有着较明显的难易、深浅、繁简、雅俗的差别,了解了这些,不仅对了解小学语文教材的课文构成有好处,对了解教材语言的性质与特点也是很有参考价值的。

表 3-2 中的数据可分三个层面来解读。第一个层面是最右边字段的数据,它显示在"记叙文""说明文""议论文"三类文体中,记叙文的数量最多,在总数 358 篇中占 347 篇,超过了 90%。说明文、议论文只出现在中高学段,数量合起来只有 11 篇。

第二个层面是在"记叙文"的 10 种下位文体中,随着学段的不同而在数量分布上有明显的不同。①在册中持续出现的只有"生活故事"类,数量也最多,达到 109 篇;在册数中分布较广,数量较多的是"自然故事"类。②只在中高学段出现的是"历史故事""传说""寓言""游记""笑话""日记",其中以"历史故事"类占的分量最重,其次是"传说"类,数量最少的是"日记"类,中学段高学段各只有 1 篇。③只在低学段出现的是"故事图"和"童话"。特别是"故事图",只出现于第 1 册。这 10 种记叙文的下位文体如此的分布状况,与这些文体的特点是相吻合的。它们有着各不相同的语篇构成要素，会呈现出各不相同的教材语言面貌，有着不同的"人群亲和度"。这样的编排表现出教材编写中所表现出的系统性与科学精神，还有那种殚精竭虑和专精考究的工作态度。

表3-2 "世界初小"与"世界高小"普通文的下位文体分布情况

（单位：篇）

文体			世界初小									世界高小				总计
			低学段				中学段				合计	高学段				合计
			第1册	第2册	第3册	第4册	小计	第5册	第6册	第7册	第8册	小计		第9册	第10册	第11册	第12册	小计	
普通文	记叙文	故事图	4				4						4						4	
		生活故事	16	12	18	13	59	10	10	6	11	37	96	3	4	2	4	13	109
		自然故事	6	3	5	6	20	5	7	7	2	21	41	3	3			6	47
		历史故事						11	10	10	9	40	40	9	6	13	12	40	80
		童话	9	18	11	13	51						51						51
		传说						2		4	3	11	11	2	4	2	1	9	20
		寓言						2	1	2		5	5	2	3	1		6	11
		笑话	1	2	2	3	8	1		1	5	13	2				2	15
		日记							1		1	1		1		1	2
		游记							1	2	3	2	1		2	5	8
	说明文													2	1	3		6	6
	议论文							2	2	2				3	3	5
	总计		36	35	36	35	142	31	32	31	31	125	267	23	23	22	23	91	358

总计：347

说明文与议论文虽然数量不多，但在课文的编写上却很讲究，课文要说明和议论的对象多是通过故事情节来展开。这样的课文形式很有利于培养儿童的学习兴趣。整体来看，小学教材中，无论是记叙文、说明文还是议论文，都特别注意以有情节的故事作为课文的主体，给学生提供一个有趣味的语言学习环境。

（三）诗歌的下位文体分布情况

诗歌在教材中的文体数量占第二位，一共有98篇课文。下分"儿歌""民歌""杂歌""短诗""谜语"五类。下面是98篇诗歌的分布情况。

表 3-3　"世界初小"与"世界高小"诗歌的下位文体分布情况

(单位：篇)

<table>
<tr><th colspan="2" rowspan="3">文体</th><th colspan="6">世界初小</th><th rowspan="3">合计</th><th colspan="4">世界高小</th><th rowspan="3">总计</th></tr>
<tr><th colspan="5">低学段</th><th colspan="4">中学段</th><th colspan="3">高学段</th><th rowspan="2">合计</th></tr>
<tr><th>第1册</th><th>第2册</th><th>第3册</th><th>第4册</th><th>小计</th><th>第5册</th><th>第6册</th><th>第7册</th><th>第8册</th><th>小计</th><th>第9册</th><th>第10册</th><th>第11册</th><th>第12册</th></tr>
<tr><td rowspan="5">诗歌</td><td>儿歌</td><td>11</td><td>6</td><td>4</td><td>2</td><td>23</td><td></td><td></td><td></td><td></td><td></td><td>23</td><td></td><td></td><td></td><td></td><td></td><td>23</td></tr>
<tr><td>民歌</td><td></td><td></td><td></td><td></td><td></td><td></td><td>1</td><td></td><td></td><td>1</td><td>1</td><td></td><td></td><td></td><td></td><td></td><td>1</td></tr>
<tr><td>杂歌</td><td></td><td>7</td><td>7</td><td>8</td><td>22</td><td>6</td><td>4</td><td>4</td><td>6</td><td>20</td><td>42</td><td>2</td><td>1</td><td>2</td><td>2</td><td>7</td><td>49</td></tr>
<tr><td>短诗</td><td></td><td></td><td></td><td></td><td></td><td></td><td>1</td><td></td><td>2</td><td>3</td><td>3</td><td>1</td><td>2</td><td>1</td><td>1</td><td>5</td><td>8</td></tr>
<tr><td>谜语</td><td>3</td><td>2</td><td>3</td><td>5</td><td>13</td><td>1</td><td>1</td><td>1</td><td></td><td>3</td><td>16</td><td></td><td></td><td>1</td><td></td><td>1</td><td>17</td></tr>
<tr><td colspan="2">总计</td><td>14</td><td>15</td><td>14</td><td>15</td><td>58</td><td>7</td><td>7</td><td>6</td><td>7</td><td>27</td><td>85</td><td>3</td><td>3</td><td>6</td><td>3</td><td>13</td><td>98</td></tr>
</table>

表 3-3 中的数据显示：①诗歌体课文主要出现在低学段与中学段；②在下位文体中，"杂歌"最多，其次是"儿歌"。

诗歌被称为"文学中的文学"。"这种艺术形式特征不同于小说和散文，在客观特征和主观特征在想象中结合、变异的时候，情感是占优势的。"① 因此，诗歌的学习不仅在于丰富儿童文学生活的内容，还有利于培养和提升儿童的审美能力、审美情感。诗歌类课文在所有课文中排在第二位。在诗歌的下位文体中，"杂歌"因内容和形式都比较丰富，所以数量最多，占诗歌总数的半壁江山，分布上也是贯穿于小学 6 个年级。"儿歌"由于语言相对低龄化，内容以日常生活、习惯培养等居多，所以集中分布在一、二年级。这样的分布特点是很符合儿童学习心理的。这里的五种诗歌下位文体基本都属白话诗，浅白易懂，便于儿童诵读和把握。这里也透露出一个信息，就是民国小学教材中没有中国历史上久负盛名的古典诗歌出现。古典诗歌中也有许多是浅显易懂、朗朗上口的，但在追求白话文的时代风潮中，因其古典，因其历史，因其格律，因其平仄，而被屏蔽在通俗浅近之列。这大概也有矫枉过正之嫌吧。

（四）实用文的下位文体分布情况

实用文在教材中占的份额不大，中学段有 15 篇，占课文总数的 8.5%，高学段略多一些，有 20 篇，占课文总数的 14.7%，一共有 35 篇。实用文体是一个很宽的类。下表是 35 篇实用文体课文在教材中的分布情况。

---

① 孙绍振：《文学性讲演录》，桂林：广西师范大学出版社 2006 年版，第 226 页。

表3-4 "世界初小"与"世界高小"实用文的下位文体分布情况

（单位：篇）

文体		世界初小										世界高小					总计
		低学段				中学段					合计	高学段				合计	
		第1册	第2册	第3册	第4册 小计	第5册	第6册	第7册	第8册	小计		第9册	第10册	第11册	第12册		
实用文	书信					3	2	3	3	11	11	3	3	2	2	10	21
	布告						1	1		2	2	1	1	1		3	5
	柬帖							1	1	2	2	1				1	3
	电报											1				1	1
	广告												1	1	1	3	3
	传单													1		1	1
	宣言														1	1	1
总计						4	3	4	4	15	15	5	5	5	5	20	35

表3-4的数据显示了这样几个有意义的信息。①实用文的课文始于中学段。之后在每册课文中皆有出现，数量为3至5篇，兼顾了各种文体，显示出教材对文体安排的匠心。②"书信"类数量最多，有21篇，排第1位，占总数的近三分之一。③"布告""柬帖"和"广告"类排第2至4位，分别是5、3、3篇，数量较"书信"类有明显下降。在后来的文体演变中，"布告"类的所指有狭义的趋势，逐渐固定于机构、单位的公示。在当代的文体归类中可归于"广告"类。

书信文体是人们在日常的生活、学习和工作中，经常会用到的一种实用性很高的文体。不同的实用文大都有约定俗成的固定模式。如何运用实用文体是小学中高年级的一个重要学习内容。"世界初小"与"世界高小"在安排书信、布告、柬帖、电报、广告、传单、宣言等内容的教学时，努力与故事融为一体，把故事情节编入教材。实用文体的教学始于三年级，第一篇实用文体的课文是《苍蝇给蚊子的信》(5-2)，以苍蝇给蚊子写信，说明它是如何传播疾病的；接着是《蚊子复苍蝇的信》(5-3)，蚊子回信告诉苍蝇，自己是如何传播疾病的。一来一回，既展示了信件的功能，也显示了书信的格式。在内容上，以苍蝇和蚊子在信件中对自己"丰功伟绩"的颂扬，向儿童介绍了疾病传播途径的知识，引导儿童养成良好的卫生习惯；在文体上，又将信件的书写形式与功能显示出形象逼真、栩栩如生。书信类课文传递的内容还有自然知识、时事国情、思想教育等。书信类课文的编纂，在内容与形式的结合上达到很高水平。

布告类的实用文，如通告、启事、声明等，以及广告、宣言、电报这类通告性的文体，和书信类一样，都是穿插在故事中，在叙事中出现的，使儿童不知不觉地就学到一种新的文体写作模式。这几类文体的内容各不相同，有寻物启事，有个人免责的声明，有新书广告，有育婴知识宣传的传单，还有组织同学会的宣言等，都与儿童日常的家庭生活、校园生活关系密切，实用性很强。

此外还有请柬、请帖，这也是儿童生活中经常会遇到的。发请柬既是必须要掌握的一种技能，也是一种礼仪。

（五）戏剧实用文的下位文体分布情况

戏剧类下分"话剧"与"歌剧"两类，一共有17篇。分布情况如下表。

表3-5　"世界初小"与"世界高小"戏剧的下位文体分布情况

（单位：篇）

文体		世界初小								世界高小					总计
		低学段				中学段				高学段					
		第1册	第2册	第3册	第4册	小计	第5册	第6册	第7册	第8册	小计	合计	第9册	第10册	第11册	第12册	合计	
戏剧	话剧						2	3	2		7	7	2	2			4	11
	歌剧									2	2	2			2	2	4	6
总计		0	0	0	0	0	2	3	2	2	9	9	2	2	2	2	8	17

戏剧是一种舞台表演艺术，也是综合艺术，一、二年级的儿童在欣赏和理解中会存在一定的局限，故从三年级才开始逐渐接触这种文学形式。学习的是剧本。话剧有11篇，占了三分之二。话剧清末时才传入中国，主要是对白。话剧语言是戏剧语言中最接近当代语言的，以白话文为基本表达形式，又称为文明戏，与传统戏剧的念唱做打是很不一样的。故在戏剧这一重要文学样式的学习中，主要选用话剧也就好理解了。不过由于戏剧的表演性以及对戏剧冲突、戏剧主题的理解有很高的要求，故小学教材中收录很少也是很好理解的。

上面对"世界初小""世界高小"的所有课文文体的构成与分布进行了调查与分析，从文体这个角度，让我们真切地接触、了解、感受到了民国小学语文教材的真实状况。民国小学语文教材在诸多方面，包括课文选取、课文呈现形式、课文内容与形式的结合，及6个年级12分册的分布与顺序安排，还有各种文体的难易、深浅的安排处置上，都表现出很高的编辑水平及匠心，在理论来源、编纂原则的正确性、科学性、系统性上，给人留下深刻的印象。

我们下面仅从一例即可感受到。《小学课程标准国语》在"读书教材分量支配"表中,对"文体"的要求是这样的:

表3-6 各文体所用教学时数

文体	一、二年级	三、四年级	五、六年级
普通文	70%	70%	70%
实用文	0	10%	15%
诗歌	30%	15%	10%
戏剧	0	5%	5%

而教材的课文文体实际构成是下面这样的:

表3-7 各文体所用教学时数与课文篇数

文体	一、二年级 篇数/篇	一、二年级 百分比/%	三、四年级 篇数/篇	三、四年级 百分比/%	五、六年级 篇数/篇	五、六年级 百分比/%
普通文	142	71	125	71.02	91	68.94
实用文	0	0	15	8.52	20	15.15
诗歌	58	29	27	15.34	13	9.85
戏剧	0	0	9	5.11	8	6.06
合计	200	100	176	100	132	100

"世界初小""世界高小"是严格按照新的部颁标准来编纂的国语教材,教材在如此严格的课文文体构成上,还能表现出课文的体系性、科学性,则是水平与能力的体现。

第四章　课文主题分析

课文主题直接决定着课文的内容，并在很大程度上影响着课文的形式与语言面貌。由于语文课程独特的功能与定位，它在对学生传授知识、培养能力的同时，还会深深影响着学生的思想、情操、观念与素质。因此，课文的主题也就成为语文课程的重要构成因素之一。

第一节　课程标准中的主题要求

一、七个主题的分配比例

国民政府教育部1932年正式公布了《幼稚园小学课程标准》。课程标准在附件"读书教材分量支配"中对每个主题在各年级中的比重做出了明确的规定要求，具体如表4-1。

表4-1　课程标准中的主题分配比例

类别	一、二年级	三、四年级	五、六年级
公民	30%	30%	30%
自然	35%	20%	10%
历史	0	20%	25%
文艺	20%	10%	5%
党义	10%	10%	15%
卫生	5%	5%	5%
地理	0	5%	10%

排在第一位的是"公民"，这是最主要也是最重要的主题，在三个学段均占30%，它承担着"公民"素质的教育。"自然"与"历史"从低学段到高学段呈现正好相反的走向，一个由多到少，一个由少到多。与"历史"由少到多的走势

相同的还有"地理"。"党义"与"卫生"都是在三个学段皆有分布，但分量不多。"文艺"则是着眼于对人的文学修养的培育，在三个学段皆有分布。

《幼稚园小学课程标准》在附件三"教材编选应注意下列各点"中对此做出了详细阐述。一共包括五点：

（一）依据本党的主义，尽量使教材富有牺牲及互助的精神。（二）依据增长儿童阅读能力的原则，想象性的教材（如语言物语等），和现实的教材（如自然故事、生活故事、历史故事等），应调和而平均。（三）依据增长儿童阅读趣味的原则，尽量使教材富有艺术兴趣。（四）依据儿童心理，尽量使教材切于儿童生活。（五）依据运用标准语学习语体文的原则，文字组织等，以标准语法为准，诗歌押韵等，以标准音韵为准。

（二）（三）（四）是有关儿童心理与特点的，（五）是对白话文学习的强调，这四点强调其实还是与特点有关，而（一）则完全是跟主题有关的，即"依据本党的主义"。在以上的"公民""自然""历史""文艺""党义""卫生""地理"七个主题中，最有时代内涵的是"党义"主题，用现在的话来说就是"政治"。突出党义、坚守党义，就是突出政治、政治挂帅。

那么"党义"的准确含义是什么？在课程标准中对它的定义和内涵都做了详细说明。下面是对"党义"的阐述。

（一）依据本党的主义，尽量使教材富有牺牲及互助的精神。凡含有自私、自利、掠夺、斗争、消极、退缩、悲观、束缚、封建思想、贵族化、资本主义化等的教材，一律避免。关于如下列的党义教材，尤须积极采用：

(1) 关于孙中山先生的故事诗歌：

（甲）幼年生活；（乙）学生生活；（丙）革命大事；（丁）生辰和忌辰；（戊）其他。

(2) 关于国民革命的故事诗歌：

（甲）国旗和党旗；（乙）各个重要的革命纪念日（如黄花岗之役，武昌首义等）；（丙）其他。

(3) 关于奋发民族精神的故事诗歌：

（甲）爱国兴国和有关民族革命的事实；（乙）和中华民族的构成及文化有关的；（丙）重要的国耻纪念；（丁）关于帝国主义者侮辱我国民和侨胞的；（戊）其他。

(4) 关于启发民权思想的故事诗歌：

（甲）破除神权的迷信的；（乙）打破君权的信仰和封建思想封建残余势力

的；（丙）倡导平等、互助、规律等的；（丁）关于民权运动的；（戊）其他。

（5）关于养成民生观念的故事诗歌：

（甲）劳动节和有关农工运动的；（乙）有关造林运动、改良农业、工业运动的；（丙）有关提倡国货的；（丁）有关合作生产、合作消费的；（戊）其他。

"党义"包括六个方面：孙中山、国民革命、民族精神、国耻纪念、破除迷信、民生观念。本质上就是"三民主义"，即民族、民权、民生。排在第一位的是国民党的领袖、"三民主义"的倡导人孙中山。可见，民国小学国语教材是相当讲政治的，课程标准也是相当讲政治的，就是要贯彻民国革命时期的主义、主张和追求。

沿1932年版的课程标准往前追溯，民国时期革命教育的主张在辛亥革命之后、民国建立之初就已经成为国民教育的基本原则。国民政府第一任教育总长蔡元培提出"五育并举"的思想，影响深远。"军国民教育""实利主义教育""公民道德教育""世界观教育""美感教育"并存的思想，奠定了民国教育方针的理论基础。并确定了"五育"的关系，即"注重道德教育，以实利主义教育、军国民教育辅之，更以美感教育完成其道德"。但这时的教育革命的主张尚是原则性的，在教材中的实施也是尝试性的。经过20年的发展，到20世纪30年代初对民国教育的内涵，对早期的"五育"加以现代化、科学化的理解，在小学阶段就发展出了具体为七大主题的认识。七大主题中，"自然""历史""文艺""卫生""地理"是关于现代知识的学习，而"公民"与"党义"则是最具时代性、最具政治意味的人文素质要求，也是当时的国民教育革命中最彻底的主张。"教育者，养成人格之事业也。使仅仅为灌注知识、练习技能之作用，而不贯之以理想，则是机械之教育，非所以施于人类也。"[①]

二、七个主题背后的"儿童优先"原则

如果说七大主题仍是有具体实在之物的学习内容与重点，那么在它背后是还有更基础的原则来做指导的。那就是在附件三"教材编选应注意下列各点"中提到的另外三个要点："（二）依据增长儿童阅读能力的原则，想象性的教材（如语言物语等），和现实的教材（如自然故事、生活故事、历史故事等），应调和而平

---

① 高平叔：《1900年以来教育之进步》，《蔡元培教育论著选》，北京：人民教育出版社1991年版，第43页。

均。""（三）依据增长儿童阅读趣味的原则，尽量使教材富有艺术兴趣。""（四）依据儿童心理，尽量使教材切于儿童生活。"这里提到的"儿童阅读能力""儿童阅读趣味""儿童心理"，就是根本原则。一切从"儿童"出发，不论是在学习对象、学习内容，还是在学习方式、学习环境、学习条件上；不论是在阅读训练，还是在说话、作文、写字训练上；不论是在国语，还是在其他各科的学习中，一切都要围绕着儿童的需求、儿童的心理、儿童的特点、儿童的能力来展开。

特别是语文教材的课文选择，它们不仅在语言、文学方面具有示范作用，也对儿童的价值观、人文观的形成有着潜移默化的影响。这时的儿童，正是想象力、求知欲最旺盛的时期，同时对社会、对人生的认知还是一片空白，学校教育不仅要传授知识，还要启发其心智，帮助建立起正确的世界观，并通过逻辑训练，逐渐养成正确、缜密、精细的思维方式，开拓思维空间，发展想象力。对儿童优先原则的追求反映在教育、教材的方方面面，成为国语教材编纂最根本的一个指导原则。"指导儿童学习平易的语体文，并欣赏儿童文学以培养其阅读的能力和兴趣"①，这是小学课程标准中放在指导原则的地位来要求的。

下面以第三章中表3-2"'世界初小''世界高中'普通文的下位文体分布情况"的数据为例，来观察10种普通文体在小学从第1到第12册中的分布情况。先看由多到少的四种文体分布（见图4-1）。

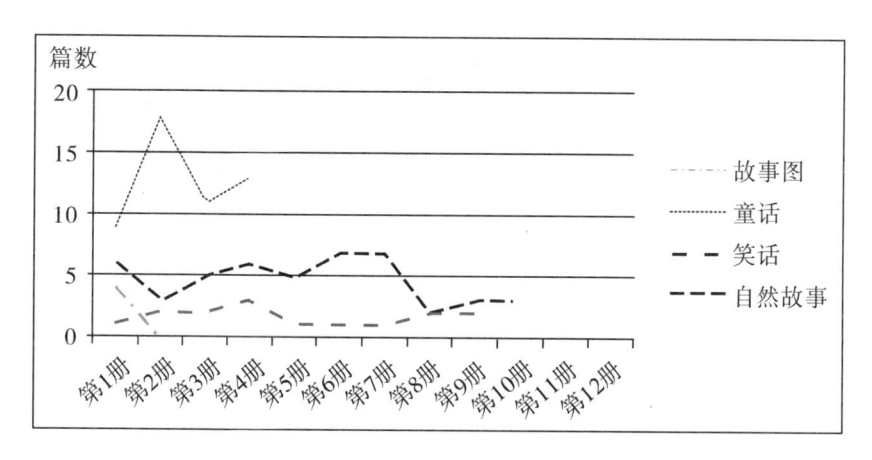

图4-1 小学第1至12册教材中由多到少的四种文体的分布状况

图4-1中横轴的数量单位是"第×册"，纵轴的数量单位是"篇数"。统计结果显示，四种文体都是从小学第1册就开始出现的。"自然故事"延续时间最

---

① 教育部中小学课程及设备标准编订委员会编订：《幼稚园小学课程标准》，上海：中华书局1932年版，第84页。

长，从第1册至第10册，第1册是6篇，第10册是3篇。"笑话"延续时间排第二，但数量都不多，第1册1篇，之后一直是1至2篇，只有第3册是3篇，延续到第9册。"童话"只出现在第1至4册。"故事图"只出现于第1册。这四种文体的存续状况与文体和儿童的适合程度是相吻合的。

下面是由少到多的五种文体的分布（见图4-2）：

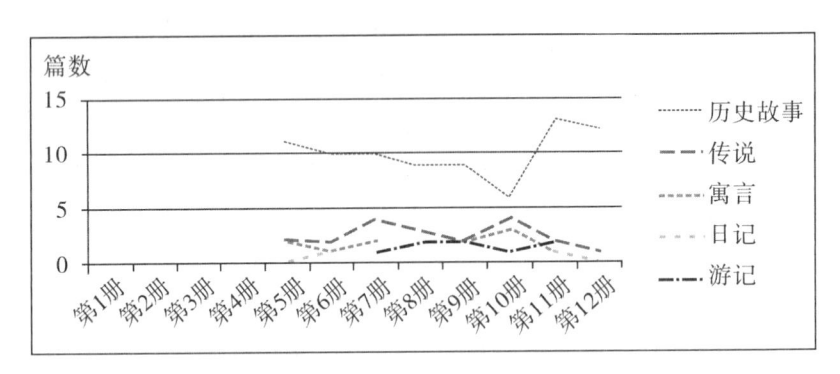

图4-2 小学第1至12册教材中由少到多的五种文体的分布状况

这五种文体显然要难于前面的四种，故都是从第二学段才开始出现。最突出的是"历史故事"，一直处于较高频，说明该文体在形式与内容上都与儿童逐渐成熟的心智是相吻合的。"生活故事"类在12册中都有出现，且数量较多，这里略去。

叶圣陶先生对此有过非常深刻的论述："给孩子们编写语文课本，当然要着眼于培养他们的阅读能力和写作能力，因而教材必须符合语文训练的规律和程序。但是这还不够，小学生既是儿童，他们的语文课本必是儿童文学，才能引起他们的兴趣，使他们乐于阅读，从而发展他们多方面的智慧。"[①] 儿童读物，一定要有儿童的语言，有儿童的思维，这样才能更好地认识、进入成人世界。上海科学技术文献出版社2005年重印的"民国老课本"，从《商务国语教科书》《世界书局国语读本》《开明国语课本》中遴选了优秀课文重新编辑出版。《世界书局国语读本》（上）选了182篇课文，只有原教材的一半左右。所选课文均为十分优秀的儿童文学作品，特别适合低中年级学生的阅读。其实，即使是在一些政治性很强的课文中，当时的国语教材也是十分注意"儿童优先"这个根本原则的。在当时，"儿童优先""儿童至上"的风气是那么浓，是那么为时人所看重，以至当今学者甚至小学语文教材编写者都因此受到极大的震动而感慨不已："一个是大

---

① 《世界书局国语读本》（上），"上海图书馆馆藏拂尘·老课本"，见"扉页"。上海科学技术文献出版社2005年版。

作家，一个是大画家，他们能为小学教材倾注这么大的精力，这在中外教材编写史上不说是绝无仅有，也恐怕是很少见的。"①

第二节　课文主题类型与分布

"世界初小""世界高小"在"编纂提要"中明确指出："本书教材，都建筑在儿童心理上。重在增长经验，扩充想象，启发思想，涵养情感，以养成儿童阅读的能力，增长儿童阅读的兴趣。内容包涵公民、自然、历史、文艺、党义、卫生、地理各类，而阐扬本党主义，灌输忠孝、仁爱、信义、和平、合作、互助、勇敢、劳动等思想，尤为注重。"② 下面是对七类主题分布情况的调查。

一、七个主题的例释

（一）公民主题

1. 仁爱

仁爱是一个人最基础的品格。在家庭或师生关系中，它表现为尊师敬长。如："太阳红　天气好　我上学校　老师说我早　我说老师早"，教导儿童与老师见面时主动问好的礼仪。"姐姐敲门　妹妹开门　妹妹说　客人来了　请坐请坐"，通过姐妹二人表演如何招待客人，教导儿童养成有礼貌的好习惯。

仁爱还包括对众人的博爱，如《工人不是贱人》就通过拿破仑的语言宣传了人人平等的思想，培养儿童对劳工的敬重之情。

工人不是贱人

拿破仑和他的皇后，到海边去散步，刚走到一条狭窄的路上，忽见一个面容憔悴，衣衫褴褛的工人，掮着很重的东西，慢慢走过来。皇后大声呵喝道："穷人，你难道没有看见我们吗？怎么不避开去，让我们走呢？"

拿破仑忙止住他道："同是一个人，为什么叫他让我们呢？况且他掮着很重的东西，行动比我们不便利，应该我们让他才是。"说罢，就拉着皇后走到一边，让那个工人走过去。工人走后，拿破仑又对皇后说："工人用劳力做工，并不是贱人。以后你如果遇到这种人，应该怜恤他，敬重他，切不可轻视他。"（7－40）

---

① 徐根荣：《表现和培育儿童的探索精神》，《世界书局国语读本》（上），"上海图书馆藏拂尘・老课本"，"序言"。上海科学技术文献出版社2005年版。
② 朱翔新、魏冰心、苏兆骥：《国语读本》（第一册），上海：世界书局1934年版，第1页。

《刘宽的宽恕》（7-41）中，刘宽即使被别人误解了，也能够宽恕对方；新衣裳被婢女泼了汤，也很宽厚地对待紧张的婢女。这是要儿童养成宽厚待人的美德。

仁爱不仅仅是爱人，还包括对其他物种的生命的尊重。"北风冷　雪花飞　小鸟叫　吱吱吱　我拿了米　给小鸟吃"中，两个孩子看见小鸟在雪地里寻不到食物，送米给它们吃，这是要儿童养成爱护生物的德行。《小麻雀的痛苦》（4-33），通过麻雀在笼子里看不见妈妈和弟弟，哀叫不食的情景的展现，向儿童提出问题：养鸟是对鸟类的爱护还是伤害呢？希望孩子们学会关爱动物，避免盲目饲养宠物。还有《纸鹞跟麻雀》（2-20）、《小鸭救母鸡》（2-30）等，都传递了这种倡导爱人爱物的博爱情怀。

2. 勤劳

勤劳是中华民族的传统美德。《老麻雀和小麻雀》一文先后从正反两面教育孩子学会勤劳：

老麻雀，勤工作，找到食物许许多。水喝喝，米啄啄，飞来飞去真快乐。

小麻雀，惯懒惰，一天到晚窠里躲。肚子饿，嘴里渴，哭哭啼啼不快乐。（3-23）

3. 谦逊

谦虚谨慎、不骄不躁，是学习、生活和工作中的良好习惯、品德。教材教育儿童从小培养谦逊认真的品格，如：

老虎怕蚊子

老虎说，我的力气很大，谁都不怕。蚊子听见了，钻进他的耳朵，吸他的血。老虎痛得大叫。蚊子说，你怕我吗？老虎说，你真厉害，我怕你了。（2-45）

蚊子钻进老虎的耳朵吸血，以惩戒它的骄傲。弱小的蚊子都能战胜百兽之王，可见骄傲是万万要不得的。

4. 诚信与正直

诚实守信是我们民族的优良美德，立身立事，应以诚为本。课文非常重视对学生诚实守信品格的培养。《对屋柱说话》讲述的是一个关于爱国的例子，在这样的极端例子中，主人公依然保持了守信的一面。如：

对屋柱说话

几百年前，奥国压迫瑞士的时候，有一个瑞士的孩子，偶然走过奥国的兵营，听得里面正在计议攻打那孩子住的城池。他想跑回去报告，忽然营里蹿出一个奥兵，将他捉住。奥兵见他年纪很小，不忍杀他，便叫他立一个誓，永远不把听得的话，告诉别人。那孩子在强权胁迫下面，只得答应了。

　　孩子逃出了奥国的兵营，他想我如果把这事告诉别人，自然是失了信；可是，如果不宣布，我的家乡便要被奥兵糟蹋了。他想了一会，急忙到市政厅去。

　　这时，市政委员正在开会，他便对屋柱说："屋柱呀，奥兵快要打来了，我们赶紧预备罢！——因为我立过誓，不告诉别人，所以只好对你下个警告。"市政委员得了这个消息，立刻去调了一队兵，预先防御。(8-4)

　　再如《林绩还珠》(11-13)，通过林绩"路不拾遗""拾金不昧"，说明他具有诚实的品质；《正直的法官》(5-40)则讲述了法官拒贿，公正判决的事。

5. 齐心互助

　　"三个臭皮匠，顶个诸葛亮""一个篱笆三个桩，一个好汉三个帮"这类团结力量大，做事要有合作互助精神的主题，在教材中表现得非常突出。如：

老鼠搬鸡蛋

　　小老鼠想把一个鸡蛋，搬到洞里。鸡蛋很重，小老鼠搬不动。

　　大老鼠说，你抱着鸡蛋，我来拖你的尾巴。

　　小老鼠说，好，好。大老鼠用力拖，就把鸡蛋拖到洞里了。(2-38)

　　小老鼠仅靠一己的力量搬不动鸡蛋，有了大老鼠的帮助，才把鸡蛋搬进了洞里，宣扬了合作互助的精神。又如：

网内的鸟

　　捕鸟的人，在山上张了网。许多大鸟，飞进了网，不能出去，就带着网飞。捕鸟的人在后面追。

　　樵夫说："鸟在网内飞，你那里追的着呢？"捕鸟的人说："假使网内只有一只鸟，我就不追了。现在，网内的鸟很多，一定可以追着的。"

　　到了傍晚，网内的鸟，有的要回到山上，有的要回到水边。乱飞了一阵，大家不齐心，网就落在地上。网内的鸟，果然被捕鸟的人捉住。(4-18)

　　众鸟齐心，罗网不能缚之；心不齐则不能聚力，最终被捉住，向儿童传达了齐心协力的重要性。

6. 持之以恒

　　教材鼓励儿童培养吃苦耐劳，要有恒心、毅力的优秀品质。如：

上　山

　　用力呀！用力呀！大家跑上高山。

　　石级险，脚步慢。荆棘多，手难攀。

还要用力，用力向前！快乐呀！快乐呀！大家已到山巅。

树苍翠，草芊芊。看飞鸟，听流泉。

真是快乐，快乐无限！（6-1）

表明只要持之以恒地克服困难，终会苦尽甘来。再如《铁杵磨成针》（6-4），鼓励儿童要有不畏难的精神，只要坚持，一定会有收获。

7. 其他优良品质

除了以上这些主题，还有引导儿童进行细致观察、简单逻辑思维，以及忠于职守等内涵的课文。如《你怎么知道的》（7-44），通过兆麟观察乡下人的生活细节，判断出他的姓氏、住处、进城时间等，鼓励儿童进行细致观察和合理推测。《尽职的巡察员》（6-28）通过写巡察员徐明要求客人遵守学校"靠左走"规定的故事，表扬了尽职尽守的品格。《时辰钟》（4-3）通过描写指针的不停跳动，唤起儿童珍惜时间的观念。《能够收回来吗》（5-11）中，父亲用旷野里撒出的鸡毛来象征说出口的话，以此教育儿子要慎于言语。《巴黎的油画》（9-6）讲述的是法国人通过普法交战的败军图得到不忘国耻的警示，借以警醒国人。对儿童进行这种"知耻近乎勇""知耻而后勇"的精神教育，在当时的中国尤为宝贵。

从以上的分析可以看到，教材非常重视学生优良品格的培养，处处都注意给学生以"正能量"的影响。这种期许与引导就直接体现在对"好学生"的诠释上。怎样才是好学生呢？好学生的标准是什么呢？课文用师生问答的形式做了解释：

怎样才算好学生

老师问学生说："怎样才算好学生？"

黄中说："做事起劲，读书认真，才算好学生。"

张正说："身体强健，衣服洁净，才算好学生。"

许静生说："待人和气，说话公正，才算好学生。"

谢赞公说："孝顺父母，敬爱先生，才算好学生。"

老师说："你们都说得很对。我希望你们都能够做到。"

如此的公开与一致的教育与引导，自然会对学生的成长产生很好的影响。

（二）自然主题

1. 动物

自然界中的动物各有不同的生活习性和特点，教材常以动物作为课文的对象介绍给儿童，使儿童通过动物世界来认识人类社会。

如《小白兔》，让儿童明了小兔子喜欢吃青菜：

黄老师问两个女孩子，

你们去拿些白菜来好吗？

姐姐同了妹妹，

去拿白菜的叶，

给小白兔吃。(2-10)

再如《猴子抢帽子》(2-39)通过猴子抢了孩子的帽子，樵夫把自己的帽子丢在地上，猴子也把帽子丢在地上的故事，使儿童了解到猴子非常聪明、顽皮，且模仿力强。《怎么没有猫蛋》(4-11)通过女孩子与嫂子的问答，使儿童了解到动物的繁殖有卵生和胎生之别。《松鼠的冬粮》(5-11)通过猴子在山里的泥土里挖出几颗栗子的故事，使儿童得知松鼠有储蓄冬粮的习性。《小青虫》(6-15)通过蜜蜂、玫瑰嫌弃小青虫丑，而喜欢小青虫变成的蝴蝶的故事，使儿童了解到自然界中的生物在成长过程中会经历形态变化。《动物游艺会》(7-33)则通过夏天花园里举行的游艺大会展示了猴、猫、狗、牛、羊、黄莺等各种动物的生活习性和性格特性。

下面两篇课文对萤火虫的描写，由浅入深，完成了由形及神，由自然天性到文化赋性的文化定形。

萤 火 虫

萤火虫，尾巴上面光闪闪，

照到窗子前，照到屋檐边，

夜里不怕天黑暗，

萤火虫呀，你家好开灯笼店。(2-48)

微弱的光

黄昏时候，路旁一盏电灯，发出光芒，一只天蛾，飞到电灯旁边说："你的光很微弱，不及太阳，有甚么用呢？"电说："夜里，路上很黑暗，要是没有我照着，行人怎能辨别方向呢？"

天蛾离开了大路，又飞到一条小路上去，见一个人提着一盏灯笼，灯笼里点着一只蜡烛，天蛾飞到灯笼旁边，对蜡烛说："你的光很微弱，远不及电灯，有甚么用呢？"蜡烛说："这里，没有电灯，要是没有我照着，行人便要相撞了。"

正说着，天蛾瞥见一只尾巴上发光的萤火虫，他又飞到萤火虫旁边说："你的光很微弱，更比不上蜡烛，有甚么用呢？"萤火虫说："路上如果没有灯，我也

可以照着人们走路的。"（6-34）

教材通过描绘大量的动物形象，赋以情感，加以简单浅显的故事情节，把儿童引入动物世界，也让他们触类旁通地认识了人类社会。

2. 植物

教材还有大量以植物为主题的课文。自然界的植物状貌各异，如：

喇 叭 花

小白花，小红花，

早上开在竹篱笆。

朵朵花儿像喇叭，

我们叫他喇叭花。

弟弟呀，妹妹呀，

要看喇叭花，快快起来罢！（2-16）

这里介绍了喇叭花的颜色、花开的时间和地点、花名的来由，兼有使儿童养成早起好习惯的训导。又如：

梧 桐 叶

梧桐叶落在池里。金鱼说："这是我的伞。"他就躲在叶子底下。

梧桐叶落在河里。小虾说："这是我的船。"他就站在叶子上面。

梧桐叶落在园里。燕子说："这是家里寄来的信，叫我回去啦。"（3-11）

梧桐树的落叶形成一个丰富的想象空间，使儿童知道了梧桐树会落叶，也让孩子们了解了不同动物的生活习性，特别是燕子的反应，点明了季节的更换，充满了情趣。

还有如《他呀》（4-19），描写春天到来，孩子在野地里游玩看到的各种春天景象，引起儿童观察自然的兴趣。《常绿树》（5-42）写冬天到来，一只小鸟想找一个安稳的住处的经历，把各种落叶树、常青树的差异写得生动活泼。《这样冷的清早》（5-43）通过小鸟与蔷薇、海棠的对话，使儿童了解植物的四时变化。《害人的罂粟花》（5-25）通过植物在园子里的闲聊，使儿童了解不同植物的不同功用。

3. 环境

大自然中除了有动物和植物，还有四季变化、风云雷电、光影声响的形成原因等自然现象，也是小学课文的经典题材。如《月亮》（1-35）写道，"月亮弯弯，像一只船。月亮圆圆，像一只盘"，形象地介绍了月亮形状的变化。《和暖暖的春风》（4-19）描写春风来了，带来了春天的变化，介绍了季节的变化。《回声》(4-47)通过一个孩子在山上大喊听到的回声,使儿童明了回声的原理。《影子是胆大的还是胆小的》(5-12)通过月光下两个孩子散步时对影子胆大还是胆小的讨论,使儿童了解了影子形成的原理、影子与光的关系。

教材中还收录了几篇课文,介绍科学家利用自然现象的特点和规律,发明创造出造福于人类的东西,使儿童在学习语文的同时又懂得了科学知识。如:

瓦特利用水汽

壶公公不息的发着泡沫,水汽掀开他的帽子,陆续飞跳出来,普啰普啰的叫着。

瓦特诧异的问道:"水汽,你怎么这样性急的冲撞?"

水汽回答道:"我热得不可耐啊,所以要用力挣扎。"

瓦特道:"你的力倒不小,壶公公的帽子,几乎要被你掀起来。"

水汽道:"是的,我的力隐藏在些微的水里,一经烧煮,蒸发起来,便要冲撞了。"

瓦特沉思了一回,说:"水汽!你这样无目的的冲撞,太无意思,我想利用你的力,做成蒸汽机关,去转动机器,你愿意吗?"水汽听了很快活,回答道:"愿意,愿意。"

从此,水汽就在瓦特造的蒸汽机关里做工。后来斯梯芬孙把这机关装在火车的前面拖车,福尔敦把机关装进船肚里行船。坐船、趁车的人,得到许多便利。都感谢水汽的本领高强,瓦特等的善于利用。(7-36)

文章用拟人的修辞手法,形象逼真而引人入胜,也使儿童开始接触简单的科学。又如:

我的名字叫电

我的名字叫电,住在空中,本来是很自由自在的。在许多年前,被一位少年叫做富兰克林的,从天空中引导我下来,便和人们相识。人们很知道我的性情:我喜欢躲在铜片、铁片、金属的细丝和湿空气中,流连不去。像竹片、木片和橡皮、玻璃等,我一见了,就要避开。

我的身体,附在别的东西上,便能毂发光、发热、发大力,替人们做工。人们也投我所好,把我在机器中摩擦出来,通到各种东西上。计算我自从到人间以来,做了许多大事,像电话、电灯、电扇、电灶、电车等,都是我的成绩。

我的同伴,也有在空中打架的。打架时候,往往发出强烈的光,和隆隆的声。小朋友恐怕他们跌到地下来,都吓得掩耳逃走。其实只要在屋子上装只避雷针,让地面的同伴跑到针头上,同他们和解,就没有危险了。(7-37)

这篇课文排在《瓦特利用水汽》之后，写了电的特征和功能以及避电方法。第一人称的使用，让电的自白更具气势和力量。

这类课文不仅有助于儿童了解自然界的万物，还可以引发其发现自然、亲近自然、热爱自然、保护自然，以及利用自然的欲望。

（三）历史主题

历史给我们留下了无尽的宝藏。古今中外的历史故事，不仅可以丰富阅历，增长见识，还可以培养良好品格、铸造健全人格。

1. 中国历史故事

（1）古代历史故事

我国历史上有许多优秀人物，为我们留下了具有教育意义、典范作用的经典故事，这些具有教育功能的优质素材是教科书所关注的。如：《司马光不再说谎话》（5-7），以司马光因谎称胡桃皮是自己剥去而遭父亲呵责，从此发誓不再说谎话的故事，告诫儿童不要说谎。《小孩吃小梨》（5-16），以孔融让梨的故事，教育儿童养成谦让的品质和尊长的美德。《卞庄子刺虎》（6-5）用卞庄子用计刺虎的故事，教育儿童善于听取别人的意见以及巧用智谋的重要性。《四个苦学生》（6-35）通过匡衡凿壁偷光、江泌随月读书、车胤囊萤照读、孙康映雪读书的故事，鼓励儿童战胜艰难困苦、勤奋学习。《黄道婆》（8-23）记述黄道婆的引棉种棉历史，引导儿童认识科学发展的历史，感念先贤。类似伟人少年时代的故事和急智、勇敢等主题的文章还有很多，如《司马光急智救朋友》（5-8）、《树洞里的球》（5-9）、《勇敢的孩子》（5-37）、《荀灌讨救兵》（6-23）、《好学的承宫》（6-36）等。还有如甘茂、张良的故事，武生何先生的故事，冯谖客孟尝君、赵氏孤儿的故事，诸葛亮草船借箭的故事等。

（2）当代历史故事

教材里还收录了反映当代社会生活的故事。当代故事已经融入了深深的政治与主义的教育。如《两盏红灯》（5-18）通过双十节前准备红灯的故事，使儿童明了庆祝双十节的意义和庆祝的方式。《九一八纪念日给朋友的信》（7-13）是一位沈阳的孩子，在"九一八"纪念日写给他在上海的同学的一封信，信中记述了日本人占领东三省之后对学校的镇压，表达了儿童的痛恨和愤怒，使儿童明白了"九一八"国难的纪念意义。当代故事大都与近代史有密切关系，目的在于使儿童了解中华民国的历史，尤其是帝国主义的侵略史实，勿忘国耻，勿忘国难，激起儿童的爱国热情。

2. 外国历史故事

教材中还有反映外国历史人物的故事。如《不受侮辱的孩子》（6-21）讲的是在美国抗英独立战争中，13岁的席克生抗击强暴的敌人军官的故事。《开凿巴拿马运河的乔达尔》（12-8）讲述的是乔达尔历尽艰辛终于成功开凿巴拿马运河的历史，既显示了开凿巴拿马运河的意义，更赞颂了乔达尔用坚强的毅力征服自然的勇气。还有如《凯末尔将军复兴土耳其》（12-34）、《黑奴的救星林肯》（12-25）、《南丁格尔的仁慈》（10-3）、《四两茶叶》（6-25）、《专心的诗人》（8-8）等，从爱国、独立、自由、仁爱、诚信、专心等角度，对儿童进行教育。

（四）文艺主题

在儿童的生活中，游戏占有重要的分量。它强健了儿童的体魄，培养其团结精神和开朗活泼的性格，也是一种有效的学习方式。有关游戏的课文，展示了丰富多彩的儿童生活，使儿童在欢乐中进行学习。如"弟弟做老鼠，哥哥做小猫，哥哥叫，弟弟逃"（1-9）；"摇摇摇，摇到外婆桥，外婆对我笑，叫我好宝宝"（1-20）。《两种点心》（7-20）中，菊仙请林鹤吃点心，先说馄饨的谜语给林鹤猜，林鹤也说粽子的谜语给菊仙猜，引导儿童发现身边事物的特点，培养猜谜的想象力。《四个谜语》（11-7）通过猜谜，使儿童了解风、雨、雷、电的特点，拓展想象的空间。《小人国游记》（10-27）以书坊广告上介绍的《小人国游记》的内容，使儿童感受无穷的想象力带来的美妙空间。《保护鼻子的妙计》（9-6）、《大人国游记》（10-28）、《义勇的狗》（9-12）、《马儿跑》（1-24）、《捉迷藏》（1-32）、《打鼓敲锣》（1-33）等有关游戏的课文，都是丰富孩子们生活内容的好文本。

（五）党义主题

"党义"的主题主要是围绕孙中山先生及三民主义这个中心。中华民国建立后，强调了党义教育，体现出时代的进步意义，突出了教育为政治为国家服务的功能，体现了国家意志。孙中山带领一批革命志士历尽艰辛推翻了清帝国，建立了中华民国，因此教科书中关于中山先生其人其事的课文数量不少，光在"世界初小"8册教材中就有15篇。孙中山先生留下的最重要的政治遗产就是三民主义，民族、民权、民生深深烙印在每一个人的心中，教材的编纂者也通过各种形式的课文，向儿童渗透、传递这种思想。如《老车夫》（2-22）写两个孩子因坐车而想到了车夫的苦痛，由孩子们的所见所想引起儿童关注老车夫等劳动人民的生活状况，培养爱民亲民的观念。《我要本国布》（4-48）通过弟弟买本国布做衣服的故事，提倡儿童思考国货的意义并养成爱用国货的观念。再如《河边村》（10-9）、《农夫李三》（10-10）、《三枚银币的慷慨》（10-2）、《入超》（11-10）等课文，分别是关于农村合作事业、改良农业、提倡国货以及反映经济压迫等民生观念的课文。

（六）卫生主题

蔡元培在所倡导的"五育"中提到要有健康的体魄。健康的身体不仅在于锻炼，还在于洁净的卫生环境，因此卫生教育、卫生主题也是教材的重要内容。如《小泥人》（1-40）："小泥人跌了一交，跌破了头，跌断了腰，不倒翁说，我肯学体操，我的身体比你好"，通过不倒翁和小泥人的对话，说明锻炼能强身健体的道理。《我要身体好》（2-2）、《约暑期中练习游泳的信》（10-33）介绍了游泳的益处，培养儿童养成爱运动的良好生活习惯。《传单里的育婴知识》（11-11）、《小学生参加卫生运动》（12-19）、《饼儿糕儿莫吃饱》（3-26）等课都是介绍卫生常识的。

课文除了这种正面教育外，还采取曲折的方式，以害虫的口吻宣传不讲卫生的害处。如《苍蝇给蚊子的信》（5-2）、《蚊子复苍蝇的信》（5-3）告诫儿童不卫生的环境是细菌与疾病的温床。《口的不平》（7-27）一文则讲述了"病从口入"的道理。

（七）地理主题

教材选取了部分介绍地理风土人情的课文，既开拓了儿童的视野，也有利于树立儿童的远大志向。如：

我飞上天空

我飞上天空，俯瞰着长城驰骋。

从东面的山海关起飞，到西面的嘉峪关停顿。

在五千四百里的行程中，只见那巍然矗立的高墙，竖立着像一座广阔的屏风。

是我国伟大的工程。是我国建国古远的象征。

我飞上天空，俯瞰着运河驰骋。

从北面的通州起飞，到南面的杭州停顿。

在二千五百里的行程中，只见那肥沃的平原中间，衣袋般铺一幅狭长的素缯。

是我国伟大的工程。是我国开化古远的象征。（7-38）

描述飞机在天空中俯瞰长城和运河的情景，增进儿童对祖国大好河山的了解。

还有如《我站在海边》（5-24）通过孩子观察晴天早晨和阴天黄昏时海上的景色，赞美美丽的大海；《由恰克图寄来的信》（10-34）介绍了沙漠的景色；《游西湖》（8-19）、《在太湖上》（9-17）分别介绍了西湖与太湖的美景；《从莲花谷到白鹿洞》（10-32）介绍了庐山的风景；《鲁滨逊漂流荒岛》（11-21）

介绍了孤岛上的生活；《南北极的奇观》（12-2）介绍了南北极的奇异景象；《在寒带上写给朋友的信》（12-6）与《在热带上写给朋友的信》（4-7）分别介绍了寒带与热带人的生活情形等。

二、各类主题的分布特点

"世界初小""世界高小"在"编纂提要"明确提到是按"公民、自然、历史、文艺、党义、卫生、地理"七个主题来编写课文的。下面是对所有508篇课文主题的调查。调查结果见表4-2。

表4-2 "世界初小"与"世界高小"各类主题的分布数量

（单位：篇）

主题	初级国语读本									高级国语读本					总计
	第1册	第2册	第3册	第4册	小计	第5册	第6册	第7册	第8册	小计	合计	第9册	第10册	第11册	第12册	合计	总计
公民	15	15	15	15	60	13	18	15	13	59	119	9	11	10	10	40	159
自然	17	18	17	19	71	9	7	10	8	34	105	4	4	3	2	13	118
历史						8	9	7	9	33	33	8	7	10	8	33	66
文艺	10	10	10	10	40	5	3	5	4	17	57	3	3	2	3	11	68
党义	5	5	5	5	20	4	4	4	5	17	37	5	5	5	5	20	57
卫生	3	2	3	1	9	2	2	5	7	16	25	2	1	1	1	5	21
地理						3	1	3	2	9	9	2	2	2	4	10	19
总计	50	50	50	50	200	44	44	44	44	176	376	33	33	33	33	132	508①

由于三个学段中每册教材的课文总数不同，低学段是50篇，中学段是44篇，高学段是33篇，因此表4-2中不同学段中的各主题的篇数不容易进行比较。现把表4-2中的具体数量换算成百分比，用表4-3来显示，使数据的对比更加明晰。

---

① 与第三章"表3-1"的注释同。即第二章表2-4中统计的"世界初小"与"世界高小"的课文总数是520篇（376+144）。由于"世界高小"每册有3篇附录课文不在调查的范围，在做文体标注和统计时，课文总数少了12篇，故这里显示的总数为508篇。

表4-3 "世界初小"与"世界高小"各类主题的分布比例

(单位:%)

主题	世界初小 低学段 第1册	第2册	第3册	第4册	小计	中学段 第5册	第6册	第7册	第8册	小计	世界高小 高学段 第9册	第10册	第11册	第12册	小计	总计
公民	30	30	30	30	30	29.5	40.9	34.1	29.5	33.5	27.3	33.3	30.2	30.3	30.3	31.3
自然	34	36	34	38	35.5	20.5	15.9	22.7	18.2	19.3	12	12.1	9.1	6.1	9.8	23.2
历史						18.2	20.5	15.9	20.5	18.8	24.2	21.2	30.3	24.2	25	13
文艺	20	20	20	20	20	11.4	6.8	11.4	9.1	9.7	9.1	9.1	6.1	9.1	8.3	13.4
党义	10	10	10	10	10	9.1	9.1	9.1	11.4	9.7	15.2	15.2	15.2	15.2	15.2	11.2
卫生	6	4	6	2	4.5	4.5	4.5	0.0	6.8	3.9	6.1	3	3	3	3.8	4.1
地理						6.8	2.3	6.8	4.5	5.1	6.1	6.1	6.1	12.1	7.6	3.7
总计	100	100	100	100	100	100	100	100	100	100	100	100	100	100	100	100

表4-2与4-3的统计结果清楚显示,教材对课程标准中的规定执行是相当严格的。

下面对主题的具体内涵与构成略加分析。

1. "公民"主题的课文

根据"小学公民训练标准",公民教育的主要目标是"发扬中国民族固有的道德,以忠、孝、仁、爱、信、义、和平为中心,并采取其他各民族的美德……训练儿童,以养成健全公民"①。具体包括的内容有:

关于公民的体格训练:养成整洁卫生的习惯、快乐活泼的精神;

关于公民的德性训练:养成礼义廉耻的观念、亲爱精诚的德性;

关于公民的经济训练:养成节俭劳动的习惯、生产合作的知能;

关于公民的政治训练:养成奉公守法的观念、爱国爱群的思想。②

整个小学阶段国语课程中"公民"主题的文章总计有159篇,占课文总数的31.3%;在各学段中,"公民"主题的课文低学段60篇,中学段59篇,高学段40篇,分别占各学段课文总数的30%、33.5%、30.3%。可见,语文课程教育是相当重视对学生健全人格培养的。"公民"教育贯穿教育的始终,贯穿教育的各个学科,而在语文课程中也排在最重要的位置。

2. "自然"主题的课文

"自然"主题的课文指导儿童理解自然界的现象,并养成其科学研究和实验

---

① 教育部中小学课程及设备标准编订委员会编订:《幼稚园小学课程标准》,上海:中华书局1932年版,第43页。

② 教育部中小学课程及设备标准编订委员会编订:《幼稚园小学课程标准》,上海:中华书局1932年版,第43页。

的精神；指导儿童利用自然以解决人类生活问题的知能；培养儿童欣赏自然、爱护自然的兴趣和道德。①

这是课程标准中对"自然"主题课程的目标规定。"自然"主题的文章主要是对自然界的介绍，在接触自然、认识自然、亲近自然的过程中，培养儿童热爱自然、保护自然的意识。

小学阶段"自然"类课文共计 118 篇，占课文总数的 23.2%，将近四分之一。不过各年段的分布并不均衡：低学段 71 篇，占低学段总数的 35.5%；中学段共计 105 篇，占中学段总数的 19.3%；高年段共计 13 篇，占高年段总数的 9.8%。整体呈现减少的趋势，高学段减少的幅度非常明显。

3. "历史""文艺""党义"主题的课文

"历史"类知识的学习，有助于我们了解社会的变迁、生活的发展、世界趋势的发展等，在历史事件和历史人物的身上，探索世界发展的规律，从中探索人生的意义和价值。

"文艺"类知识的学习与研究，则有助于启发儿童艺术的天性，增进其对美的事物的欣赏和鉴别能力，陶冶美的情操，并逐渐在发现美的过程中，学习创造美的能力，涵养丰富的情感，引起生活的乐趣。因此，历史与艺术实际是对儿童的品格进行熏陶与塑造。

"党义"主题的课文主要是根据孙中山先生的史实、学说、主义及《民权初步》《建国方略》等编辑而成的。其内容侧重在介绍国家的建立、国民党的中心思想，以建立儿童爱国、爱党、爱领袖的意志。

"历史""文艺""党义"类课文分别有 66 篇、68 篇、57 篇，各占课文总数的 13%、13.4% 和 11.2%。其中"历史"类课文在低学段没有安排，只在中学段与高学段课文中有安排，均收录 33 篇课文，各占本学段总数的 18.8% 和 25%，呈上升趋势。"文艺"类课文在三个学段均有分布，但分布不均衡，其中低学段 40 篇课文，中学段有 57 篇，高学段有 11 篇，分别占各学段总数的 20%、32.4%、8.3%，呈先升后降的"谷峰谷"形态。"党义"类课文在三个学段都有安排，数量变化不大，分别是 20 篇、17 篇、20 篇，分别占各学段总数的 10%、9.7%、15.2%。随着年级的升高，党义、政治、时事的内容所占比重也有明显增加。

4. "卫生""地理"主题的课文

小学课程标准对卫生主题做出了这样的规定：

---

① 教育部中小学课程及设备标准编订委员会编订：《幼稚园小学课程标准》，上海：中华书局 1932 年版，第 109 页。

养成儿童卫生的习惯，以增进其身心的健康；

发展儿童卫生的知能，以使其能保障本身和公众的健康；

培养儿童对于卫生的兴趣和信心，以期由个人的努力而促成家庭、学校、社会等环境的健康。①

"卫生"主题的课文使儿童知道要养成良好的卫生习惯，并学会基本的防治疾病、避免疾病传染的方法。

"地理"类课文的教学目的在于使儿童了解个人与地理的关系、本国与世界各国的关系，形成世界的观念，养成对自然环境与社会环境进行观察、思考、探索、研究的兴趣和习惯。

小学教材共有"卫生"主题课文21篇，占课文总数的4.1%，其中低学段9篇，中学段16篇，高学段5篇。"地理"类课文共计19篇，占课文总数的3.74%，分布于中学段与高学段。

整体而言，随着年级的升高，课文内容逐渐丰富，呈现多样化发展。教材在课文中给儿童展现的世界逐渐在时空层面扩展，由家庭、学校到社会，由本乡本土到国内国际，由当代到久远的过去。

下面用折线图来展现七个主题在各册中分布的变化趋势。贯穿12册教材的有"公民""自然""文艺""党义""卫生"五个主题，具体分布见下图4-3。

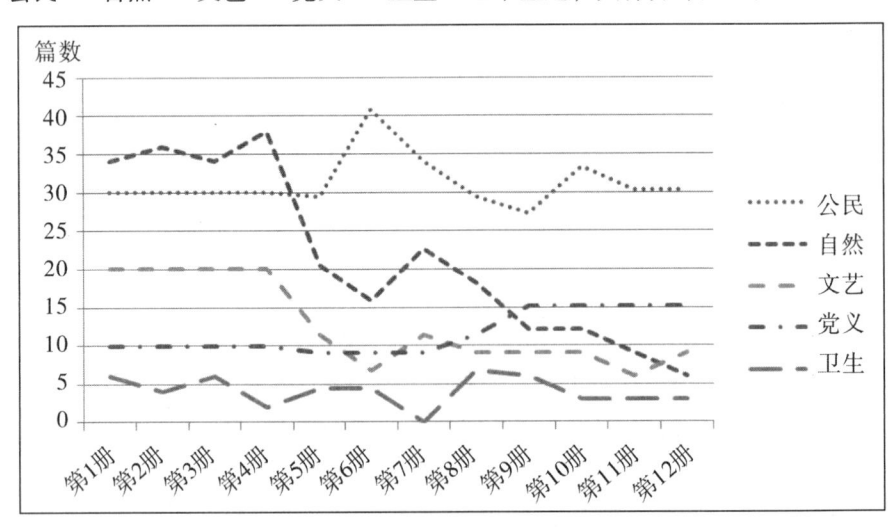

图4-3 "公民""自然""文艺""党义""卫生"主题的分布

---

① 教育部中小学课程及设备标准编订委员会编订：《幼稚园小学课程标准》，上海：中华书局1932年版，第69页。

图 4-3 显示，五个主题在数量的分布上差别还是很明显的。"公民"的课文篇数一直都较多，每册有 30 篇左右。数量少而连续稳定的是"卫生"主题。由多至少变化明显的是"自然"与"文艺"；"党义"则由少到多。主题侧重的变化与小学生的成长变化相吻合。

没有覆盖所有的 12 册教材，只在中、高学段出现的是"历史"和"地理"两个主题，具体分布见下图 4-4。

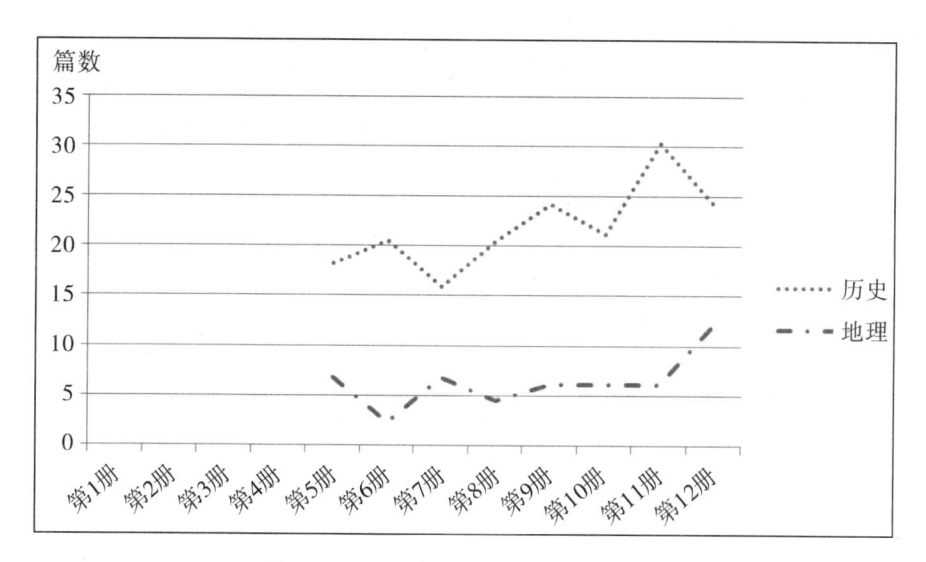

图 4-4 "历史""地理"主题的分布

"历史""地理"主题都始于中学段而逐步增多。这两个主题在儿童的认知中难度较大，需要一定的知识积累。

下面对"党义"主题的课文略加分析，以更清楚地显示出教材编纂的理念与对教材内容安排的匠心。"党义"是小学课程标准中规定必备的一个主题，它是关于国民革命与理想教育的一个重要内容。"党义"的核心是孙中山领导的民国革命及他所倡导的三民主义。课程标准对教材编纂提出的要特别注意的要点中，将"党义"放在了第一位，并具体列举了五方面的内容：（1）关于孙中山先生的故事诗歌；（2）关于国民革命的故事诗歌；（3）关于奋发民族精神的故事诗歌；（4）关于启发民权思想的故事诗歌；（5）关于养成民生观念的故事诗歌。而在"关于孙中山先生的故事诗歌"中包括以下五个方面的内容："（甲）幼年生活；（乙）学生生活；（丙）革命大事；（丁）生辰和忌辰；（戊）其他。"

这些规定在教材中都有具体落实。在 6 个年级的 12 册教材中，以孙中山为主旨或有所涉及的一共有 29 篇课文，它们是：

1. 《他是谁》(1-31)
2. 《你不该欺侮他》(3-42)
3. 《孙中山》(3-43)
4. 《坏风俗，要改造》（一）(3-44)
5. 《坏风俗，要改造》（二）(3-45)
6. 《我要本国布》(4-48)
7. 《孙中山住在海边》(5-28)
8. 《慎三给之梅的信》(5-33)
9. 《寿彭给若愚的信》(6-7)
10. 《若愚复寿彭的信》(6-8)
11. 《孙中山小时候的故事》(6-33)
12. 《孙中山小时候的好问》(7-14)
13. 《修自来水管》(7-15)
14. 《到中山陵》(7-16)
15. 《保护党旗的童子》(8-6)
16. 《孙中山的演讲（一）》(8-43)
17. 《孙中山的演讲（二）》(8-44)
18. 《国庆节的来历》(9-13)
19. 《伦敦被难（一）——被拘》(9-14)
20. 《伦敦被难（二）——脱险》(9-15)
21. 《少年乘客》(9-16)
22. 《海外侨胞》(10-26)
23. 《国父孙中山先生（一）》(11-26)
24. 《国父孙中山先生（二）》(11-27)
25. 《读课外书节》(11-29)
26. 《中华民国国旗的光荣史（一）》(12-8)
27. 《中华民国国旗的光荣史（二）》(12-9)
28. 《黄花岗七十二烈士》(12-10)
29. 《怎样恢复民族地位（一）　孙中山演讲》(12-12)

小学一年级的第1册第31课只有3句话11个字："他是谁，他是谁，他叫孙中山"，孩子们看着墙上的画像，认识了国父的相貌。《孙中山》记录的是孙中山先生幼年时代的衣食住，使儿童了解孙中山幼年生活的简朴。《少年乘客》《伦敦被难》等是对中山先生生平故事的介绍。中山先生去世后，逢其生辰、忌日等也有各种形式的纪念活动，如《慎三给之梅的信》，信中提到为纪念孙中山先生的生辰而举行成就展览会，发起对先生生辰的纪念活动。《到中山陵》一文记叙游谒中山陵的情况，抒发了对中山先生的景仰之情。《要买本国布》中涉及中山装，《修自来水管》则引出孙中山"知易行难"的思想。可见教材对孙中山是多角度、全方位记叙的。教材中与国民革命历史和人物有关的课文数量还不少。如写辛亥革命前的反清英雄徐锡麟的《刺恩铭》（11-9），写反袁领袖蔡松坡的《蔡松坡先生是怎样的一个人》（9-30），写党旗的《保护党旗的童子》（8-6），写军歌的《军歌》（11-7）。其实，民国时期的小学语文教材也是典型的政治教材。它是在新的时代、新的理论指导下所奠定、建构、塑造的小学生语言文学文化的人文知识体系。它在教育学、语文学，在政治性、思想性、社会性等方面，都有全新的突破，并完成了内容与形式的完美结合。它是优秀的语文教材，又是饱含政治色彩、充满政治追求的政治教材，是充满时代特征的教育产物。

教材中最有时代进步意义的，是那些反映了积贫积弱的近代中国社会中，不甘被侮、奋发图强的民族精神的课文。第10册第1课的《可爱的中华》就是这种精神的写照。

可爱的中华

可爱的中华！　　　　　　　　河山秀丽世无匹，
物博，地大，　　　　　　　　民族淳诚蔑以加，
四百兆人合一家。　　　　　　可爱的中华！
遍地深藏多矿产，
大宗出口有丝茶。　　　　　　可爱的中华！
可爱的中华！　　　　　　　　民智，文化，
　　　　　　　　　　　　　　一日千里进无涯。
可爱的中华！　　　　　　　　热血换来平等福，
"神州"，"大夏"，　　　　　同心种得自由花。
五千年文明堪夸。　　　　　　可爱的中华！

21世纪的中国正在追求"中国梦"的实现。在从鸦片战争算起的一百多年中，民国革命时期只是中华民族伟大复兴中的一个阶段。

三、课文主题设置的启思

通过上面对教材课文主题的分析，可以看到这一时期的教材主题具有这样一些特点：

第一，以儿童为主体的特点得到高度的强调和突出。一切的知识传授、知识学习、能力培养，都强调要符合儿童的认知习惯与认识规律。自古以来，《三字经》《百家姓》《千字文》《千家诗》《幼学琼林》都讲究要突出"幼""小""童"的特点。但如此全面、深入、彻底地从儿童心理学、教育学的角度来强调儿童特点，莫过于此时。美国实用主义哲学家杜威的教育思想对当时的中国产生了广泛影响，从儿童天性出发、促进儿童个性发展的理论得到广泛的认同。民国小学语文教材就是这一理论产物的最好写照。民国小学语文课本，是语文教育史上"成人化"痕迹最低的教材。

第二，大部分课文都是自创作品。小学语文教材的课文来源一般分"选编""改编""自创"。能入选小学语文教材的都应是经典、范文。愈是强调经典与范文，"选编"的比例就愈高。而在民国小学语文教材中，"自创"的比例特别高。这当然与教材编者中有许多自身就是大学者、大文人有关，他们才华横溢，社会启蒙责任感强，甘愿为了儿童启蒙和社会民智的开启从编著最基本的读物做起。而更深层的原因在于，这是一个社会深刻变革的时代，社会制度、政治制度、思想观念都发生了颠覆性的变化。旧制度已经崩塌，新制度要建未建；旧观念尚未完全退场，新观念层层涌入。要图强，要变革，不甘沉沦，不甘欺侮，已成为全社会的追求。时代使然，小学语文教材主题中也就多了许多的发奋与自强。

第三，课文完全使用了白话文。当代通俗语言已经全面占领了小学语文教材与教学领域。在正式的社会流通文本、正式的学校教材中出现贴近百姓的通俗明白、浅近易懂的语言，是中国书面语的"大雅之堂"历史中从未有过的语言革命。语言的通俗化，负荷着全民族觉醒的精神追求；语言形式的革命，成为全民族知识体系重塑的助力。全新的教育读物，给社会文化传播、知识传授、社会民智与儿童心智的开启都带来了勃勃生机。

第四，政治意味浓郁。"党义"主题在教材编纂与教学要求中被放在非常突出的地位。"党义"的核心是孙中山领导的国民革命，是三民主义。孙中山英年早逝，他留下的"革命尚未成功，同志仍须努力"的政治遗嘱，"天下为公"的政治理想，在中国从封建社会向社会主义社会的现代化历史进程中，发挥了资产阶级民主革命的积极作用。而教材中大力提倡的"公民素质"与"国家意识"的培养与铸造，则是"民族""民权""民生"的具体体现，是社会改造的重要内容。

同时，也要看到民国小学语文教材在主题设置上还有着种种局限，例如文本的选取还较多地停留在人性本善的层面，对社会阶层、社会矛盾、社会变革的多样性、复杂性还认识不足。这是阶级与主义的局限性导致的。还有中国传统文化经典、优秀古典诗歌和文学作品很少收录，即使是一些本身已很浅近、适合儿童阅读的作品在教材中也难得见到。这应是当时对传统文化、文言文、繁体汉字彻底否定的矫枉过正。

第五章　教材词汇使用状况研究

我们在民国小学国语教材中选取了10套教材作为定量分析样本。教材本身及遴选的详细情况参见第二章第二节。这10套教材以出版社为基本单位，形成了时间上跨年代、难度上跨学段、教材类型上通用与专题兼备的对比特点。本章将对它们的词汇使用的整体状况进行分析。

第一节　词汇使用概貌

一、词频与词种

10套教材一共有56册，共使用词种30 674个，词频达362 860次。各教材用词情况统计如下表。

表5-1　10套教材的词频与词种

教材编号	教材简称	学段	册次	词种/个	词频/次	平均每册词种/个	平均词频/次
1	世界新学制初小	初小	8	5898	29 009	737.25	4.92
2	世界新学制高小	高小	4	6606	33 896	1652.00	5.13
3	世界初小	初小	8	5860	30 622	732.50	5.23
4	世界高小	高小	4	9762	48 472	2440.50	4.97
5	中华初小	初小	8	7250	31 367	906.25	4.33
6	中华高小	高小	4	8324	35 267	2081.00	4.24
7	商务国语高小	高小	4	8782	40 409	2195.50	4.60
8	商务说话高小	高小	4	3091	11 668	772.75	3.77
9	开明初小	初小	8	5313	45 429	664.13	8.55
10	开明高小	高小	4	7725	56 721	1931.25	7.34
总计			56	30 674	362 860	1411.31	5.31

下面来观察表 5-1 中的具体用词情况。

"册次"栏显示，10 套教材一共有 56 册。初小为小学一至四年级，每学期 1 册，每套初小教材皆为 8 册。高小为小学五至六年级，每学期 1 册，每套高小教材均为 4 册。

"词种"栏显示，用词最多的一套教材是"世界高小"，达 9762 个；最少的是"商务说话高小"，为 3091 个[①]。在普通教材中用词最少的是"开明初小"，为 5313 个，最多的是"世界高小"，为 9762 个。由于初小、高小的册数不同，要通过观察每套教材的总词种数并进而考察教材用词的广度，这个数据还不够准确。

"总词种数"。在"词种"栏的最下一行中的数字是总词种数，为 30 674 个。它其实并不是对 10 套教材词种数的"合计"结果，而是把 10 套教材的词种数合并后得到的结果。之所以放在表中的这个位置，只是为了方便观察。

"平均每册词种"栏显示，这里的数据对教材的用词广度的反映就要准确得多了。4 套初小教材中，平均每册的词种数最少的是"开明初小"为 664 个，最多的是"中华初小"为 906 个，另两套是 737 个与 733 个。高小教材除商务说话教材外，另 5 套从少到多，分别是 1652、1931、2081、2196、2441 个，最少的是"世界新学制高小"，最多的是"世界高小"。可见初小教材与高小教材的差异还是比较明显的，后者是前者的 2 至 2.5 倍。词种数的多少是教材词汇难度与广度的一项重要标准。

"词频"栏直接反映的信息就是教材的厚度与篇幅。"商务说话高小"只有 11 668 次。除此以外，初小教材最少的是"世界新学制初小"，为 29 009 次，最多的是"开明初小"的 45 429 次；高小教材中最少的是"世界新学制高小"，为 33 896 次，最多的是"开明高小"，为 56 721 次。

"平均词频"的高低反映的是一个词的复现情况。复现率高，有利于学习的不断巩固；复现率低，在有限的篇幅中收入了更多的词种，有利于扩大词汇学习面。

综合以上几个统计信息，可以对 10 套教材做一个比较。一是看教材的篇幅。在初小教材中，篇幅最小的是"世界新学制初小"，总词频只有 29 009 次。另两种与它差不多，"世界初小"是 30 622 次，"中华初小"是 31 367 次，3 万字左右成为民国国语初小教材的常态。相比之下"开明初小"达到 45 429 次，是前面 3 种教材的约 1.5 倍，属于比较厚的一种。而高小教材与初小教材的情况相近，最少的也是与之配套的"世界新学制高小"，达 33 896 次，最多的是与之配套的

[①] "商务说话高小"属说话教材，情况有些特殊，课文较短，词种数较少。

"开明高小",达 56 721 次。这里的比较结果简而言之,就是"世界新学制"教材最薄,"开明"教材最厚。

二是看词种的多少。词种的多少与教材的词汇广度有直接关系,与词汇的难度有间接关系。初小教材中,平均每册词种数最多的是"中华初小",为 906 个,最少的是"开明初小",为 664 个。据此可以对"开明初小"做出这样的判断:它的篇幅最大,可使用的词种最小,它的平均词频必然高,学习起来难度也就相应降低。它的平均词频达到 8.55 次,远远高于初小教材中平均词频排第二的 5.23 次("世界初小")。高小教材中,"开明高小"的平均每册词种是倒数第二,只有 1931 个,相应地,它的平均词频最高,高达 7.34 次,也是远远高于高小教材中平均词频排第二的 5.13 次("世界新学制高小")。据此,可以判断"开明高小"虽然最厚,但词种数少,词语复现率高,教材的难度相对也较低。而另两套教材,单从词种数来看,"世界高小"与"中华初小"的词种数最多,教材的难度相对而言也比较大。

民国时期的国语教材与当前我国义务教育相同学习阶段的教材相比,是比较精简短小的。我国当前使用的新课标教材,在小学一至四年级的教材中人教版的总词频是 65 674 次,苏教版的总词频是 35 149 次,北师大版的总词频是 53 181 次,语文社的总词频 71 337 次。两个时代的教材相比,词频最少的从 29 009 提高到了 35 149 次,词频最多的从 45 429 提高至 71 337 次[①],教材篇幅有了明显增加。

二、共用词与独用词

下面来观察教材之间的词语共用与独用情况。这项调查能较好地反映教材用词的通用程度。共用词显示出教材之间通用程度高的词语,独用词显示教材的差异部分,部分共用词则介于其中。下面是对 10 套教材的共用程度的调查,共用词受限于词种数最小的那套教材。

1. 10 套教材的共用词、部分共用词与独用词调查

表 5−2 10 套教材的共用词、部分共用词与独用词

总词种数/个	共用词 词种/个	共用词 百分比/%	部分共用词 词种/个	部分共用词 百分比/%	独用词 词种/个	独用词 百分比/%	合计 词种/个	合计 百分比/%
30674	594	1.94	11 794	38.45	18 286	59.61	30 674	100

---

① 苏新春:《基础教育语文新课标教材的语言状况调查》,见《中国语言生活状况报告(2007)》,商务印书馆 2008 年版。

表 5-2 显示 10 套教材之间的共用词只有 594 个，占比相当低，只有 1.94%。而只出现于一套教材的独用词则高达 59.61%。出现于二至九套的部分共用词有 11 794 个，占总词种数的 38.45%。

594 个共用词中有 324 个单字词，频次最高的前 30 个单字词是："的、了、我、他、是、在、有、一、不、你、说、着、就、这、人、来、到、去、也、把、要、和、很、都、得、那、又、好、便、个。"频次最高的前 30 个双字词是："我们、一个、没有、他们、时候、先生、起来、自己、看见、这样、知道、可以、现在、东西、你们、许多、那里、大家、地方、出来、所以、孩子、说道、因为、但是、这里、父亲、已经、好像、不能。"三字词有 2 个："一会儿、差不多。"没有四字词。

部分共用词中频次最高的前 20 个词是："做、甚么、什么、它、母亲、她、最、可是、不是、将、家、能够、一只、非常、妹妹、画、牠、回、您、而。"这些词也大都是极常用的通用词语。值得关注的有"甚么"，它与"什么"都见于 8 套教材，但"甚么"在所有词语中排在 383 位，"什么"排在 15 449 位。可见在民国时期，二者还处于并用的竞争期，前者处于明显优势，而到现代，则是"什么"完全处于上风，《现代汉语词典》只收"什么"，表明"甚么"已经退出了普通话常用词系统。

独用词中频次最高的前 20 个词是："春明、大佐、玩偶、理雅、那末、安东原、婶婶、秀儿、东郭、吴绛雪、夏禄、孟尝君、教师、晏婴、赵妈、连词、马利奥、爹爹、哪儿、勤儿。"独用词中大部分是人名。而通用性语文词都跟具体的语境有关。如"哪儿"来源于对话体的"商务说话高小"第 1 册第 1 课《国语标准》："在咱们这么伟大的国家里各地方的土话多得很呢，这一个标准，可由哪儿定啊？""婶婶""爹爹"分别来自"商务国语高小"第 2 册第 30 课《寂寞》、第 4 册第 27 课话剧《木兰从军》。"连词"来自"世界高小"第 1 册第 34 课《王先生的文法分析图》。"那末"来自"新学制高小"第 1 册第 6 课的《五月子》，它是口语性连词："如果一定靠一扇门活命的，那末只须做高那扇门就是了！"课文选材来源面广，词汇涉及的面自然也就广了。这也显示这时期的词汇学习内容主要还是由课文来决定的，词汇学习处于课文学习的依附状态。

2. 初小与高小教材的共用词、部分共用词与独用词调查

表5-3 初小与高小教材的共用词、部分共用词与独用词

教材	套	总词种数/个	共用词 词种/个	共用词 百分比/%	部分共用词 词种/个	部分共用词 百分比/%	独用词 词种/个	独用词 百分比/%	合计 词种/个	合计 百分比/%
初小	4	14 786	1373	9.29	4005	27.09	9408	63.63	14 786	100
高小	6	24 831	790	3.18	8118	32.69	15 923	64.13	24 831	100

表5-3将初小教材与高小教材分别统计，统计范围大大缩小了，共用词的比例有所上升，但仍较低，初小不足10%，高小仅为3.18%，独用词的比例均占60%以上。

3. 10套教材之间的共用词、部分共用词与独用词调查

下面对10套教材分别进行调查，可以更详细地观察到各套教材的词汇使用情况。

表5-4 10套教材之间的共用词、部分共用词与独用词

教材编号	教材简称	学段	总词种/个	共用词 词种/个	共用词 百分比	部分共用词 词种/个	部分共用词 百分比	独用词 词种	独用词 百分比	百分比
1	世界新学制初小	初小	5898		10.07%	4114	69.75%	1190	20.18%	100%
2	世界新学制高小	高小	6608		8.99%	3828	57.93%	2186	33.08%	100%
3	世界初小	初小	5860		10.14%	3947	67.35%	1319	22.51%	100%
4	世界高小	高小	9762		6.08%	5991	61.37%	3177	32.54%	100%
5	中华初小	初小	7250	594	8.19%	4893	67.49%	1763	24.32%	100%
6	中华高小	高小	8324		7.14%	5274	63.36%	2456	29.51%	100%
7	商务国语高小	高小	8782		6.76%	5413	61.64%	2775	31.60%	100%
8	商务说话高小	高小	3091		19.22%	1722	55.71%	775	25.07%	100%
9	开明初小	初小	5313		11.18%	3860	72.65%	859	16.17%	100%
10	开明高小	高小	7725		7.69%	5345	69.19%	1786	23.12%	100%

上面的表5-2、表5-3、表5-4分别显示了三种范围的统计结果，即教材整体、初小教材与高小教材、10套教材之间的比较，分别统计了共用词、部分共用词、独用词的使用情况。统计结果显示出这样几点值得注意的地方：

首先，共用词比例相当低。10套教材的整体统计中共用词的比例只有1.94%。而在单套教材中，除了"商务说话高小"的共用词比例达到19.22%外，其他的9套教材都在6.08%~11.18%之间。这里的比例要远远低于当代小学教材。人教版、苏教版、北师大版、语文版的4套新课标教材小学五至六年级段，

共用词在24.6%~34.4%之间。① 两个时代的教材词汇差异这么大，显示民国时期国语教材在对不同主题课文的选择，对课文语言面貌的选择上，还没有表现出更多的共同倾向。这与当时整个小学的国语教育还处于起步阶段，在教育理念、教学内容、语言风貌、语体风格的认识与追求上还处于探索与成型过程，不同的编纂团队教材编写理念、旨趣也很不一样的状况，是相吻合的。

其次，独用词的比例高。表5-2和表5-3中显示独用词都在60%左右。表5-4对单套教材的统计显示，独用词的比例在16.17%~33.08%之间，教材数量越多，共用词比例越少，独用词越多。

再次，初小教材与高小教材的词汇难度有较明显的差异。每套初小教材的独用词比例在16.17%~24.32%之间，每套高小教材的独用词则要明显增多，最高的达到33.08%。

最后，不同教材之间的词汇难度有较明显差异。表5-1显示"开明初小"与"开明高小"的总词频与平均词频都属最高，表5-4的独用词数据则显示两套教材独用词的比例最低。这三项数据综合起来，可以看到"开明教材"虽然看起来词频最高，篇幅最长，但词语的差异程度却较低，词语的复现率高，这是有利于小学生词汇学习的。而"世界新学制高小""世界高小"与"中华高小"的词语使用差异程度则偏大。

三、词长与成语使用

1. 词语长度调查

下面按词语长度分别统计了各词长的词种数及使用频次的情况，见表5-5。

表5-5　词语长度的词种数与频次调查

词长	词种		词频	
	词种数/个	百分比/%	词次/次	百分比/%
1	2924	9.53	200 943	55.38
2	20 720	67.55	147 132	40.55
3	4247	13.85	10 494	2.89
4	2266	7.39	3610	0.99
5	322	1.05	465	0.13
≥6	195	0.64	216	0.06
总计		100	362 860	100

---

① 苏新春：《基础教育语文新课标教材的语言状况调查》，见《中国语言生活状况报告（2007）》，商务印书馆2008年版。该文详细介绍了各套"新课标"教材的出版时间，大体在2003—2007年之间。

表 5-5 中各种不同长度的词语比例大体与现代汉语词长的分布规律吻合。单字词的数量只有所有词语的 9.53%，但词频却占了 55.38%，比总词频的一半还略多。双字词数量最多，占总数的 67.55%，但在频率总数上低于单字词。如果计算平均词频的话，更是大大低于单字词。三字及三字以上词的词种总数只有 7030 个，占所有词语词种数的 22.92%。可见，在民国小学国语教材中，双音节词的词种数量最多，词频总数略逊色于单音节词；而单音节词尽管词种数不及总数的 10%，但词频总数最多的仍是单音节词。从平均词频来看，单字词的平均词频是 68.7 次，双字词的平均词频只有 7.1 次。

2. 四字词考察

10 套民国教材的词语库中有四字词 2266 条，占总词语的 7.39%。在 2266 条四字词中，频次最高的是"中华民国"，为 46 次。频次为 3 次及 3 次以上的有 240 个，频次为 2 次的有 313 个，1 次的有 1713 个。下面是频次最高的前 40 个四字词，最低词频为 6 次：

中华民国、帝国主义、诸葛子瑜、富兰克林、青天白日、中山先生、不知不觉、汉麦先生、注音符号、一声不响、一天到晚、自言自语、哈哈大笑、三民主义、福尔摩斯、月下老人、满清政府、不慌不忙、蚂蚁姑娘、民生主义、时时刻刻、太阳公公、飞来飞去、公孙杵臼、黄老伯伯、级任先生、急急忙忙、明明白白、无论如何、摇摇摆摆、育材周刊、断断续续、火奴鲁鲁、莫名其妙、先知先觉、夜深人静、辛辛苦苦、弯弯曲曲、完璧归赵、踱来踱去

以上四字词中成语极少，只有寥寥数条，大都是专名与固定结构。

但在低频词中，还是有不少成语的。我们将它与《义务教育常用词表》进行了关联。《义务教育常用词表》① 新近研制成功，以满足小学与初中语文课程学习之需。词表一共有 14 323 个词语，其中四字词 2543 条，占了词表总数 17.8%，其中小学阶段的词表四字词有 496 个，占小学阶段词语总数的 7.3%。民国小学国语教材中见于《义务教育常用词表》的四字词有 398 条：

一举两得、多才多艺、自言自语、光明正大、数一数二、有始无终、半死不活、人山人海、五颜六色、入木三分、成群结队、五花八门、兴高采烈、灵丹妙药、全神贯注、如鱼得水、画蛇添足、东张西望、马到成功、娇生惯养、熟能生巧、横冲直撞、见死不救、欢天喜地、面红耳赤、不相上下、发扬光大、目不转睛、不可思议、千辛万苦、闷闷不乐、名副其实、勇往直前、手忙脚乱、口若悬河、

---

① 《义务教育常用词表》已完成研制，共收词 14 323 条，即将由商务印书馆刊出。

眉飞色舞、美不胜收、口口声声、没头没脑、乱七八糟、万众一心、狼吞虎咽、
万紫千红、面黄肌瘦、相依为命、刻舟求剑、自告奋勇、天昏地暗、铁石心肠、
张灯结彩、与众不同、自由自在、议论纷纷、一望无边、异口同声、无依无靠、
望风而逃、坐立不安、四通八达、同甘共苦、无边无际、五光十色、自食其力、
一鼓作气、身经百战、美中不足、事倍功半、有声有色、一望无际、进退两难、
七零八落、正大光明、七嘴八舌、胆小如鼠、摩拳擦掌、莫明其妙、一言为定、
隐姓埋名、引人入胜、损人利己、万无一失、有求必应、表里如一、心满意足、
隐隐约约、低声下气、哄堂大笑、心惊胆战、依依不舍、争先恐后、一心一意、
自私自利、无影无踪、吞吞吐吐、中华民族、地大物博、一无所有、手舞足蹈、
无话可说、横七竖八、寸草不生、打抱不平、得意洋洋、爱财如命、春暖花开、
一模一样、大吃一惊、三三两两、家家户户、画龙点睛、风平浪静、不约而同、
男女老少、不慌不忙、朝三暮四、不知不觉、翻天覆地、各式各样、湖光山色、
糊里糊涂、不声不响、一声不响、大模大样、跋山涉水、回心转意、无论如何、
改朝换代、断断续续、不由自主、一天到晚、张牙舞爪、冰天雪地、夜深人静、
海阔天空、莫名其妙、百发百中、一视同仁、信以为真、袖手旁观、气喘吁吁、
源远流长、岂有此理、愚公移山、同归于尽、一言不发、无关紧要、乌合之众、
有名无实、挺身而出、无忧无虑、先发制人、星罗棋布、狭路相逢、凶多吉少、
喜出望外、至理名言、正人君子、延年益寿、轰轰烈烈、永垂不朽、应有尽有、
先见之明、严阵以待、枪林弹雨、贪官污吏、若无其事、无济于事、无可奈何、
忘恩负义、坐以待毙、贪生怕死、落花流水、惊涛骇浪、惊慌失措、津津有味、
举目无亲、足智多谋、前仆后继、仗势欺人、不自量力、翻来覆去、实事求是、
不省人事、青黄不接、普天同庆、情不自禁、生死存亡、返老还童、奋不顾身、
大惊失色、惊天动地、提心吊胆、默不作声、勃然大怒、赤手空拳、漫天要价、
一贫如洗、不可开交、从容不迫、恍然大悟、冲锋陷阵、滔滔不绝、垂头丧气、
形形色色、不以为然、天下为公、出其不意、耀武扬威、呼风唤雨、习以为常、
再接再厉、同舟共济、听天由命、无穷无尽、措手不及、络绎不绝、前呼后拥、
焦头烂额、不可救药、不可收拾、披星戴月、迫不得已、目瞪口呆、目不识丁、
目不暇接、破涕为笑、日薄西山、人声鼎沸、自寻烦恼、抛砖引玉、不计其数、
轻描淡写、手无寸铁、截然不同、恋恋不舍、落荒而逃、历历在目、无所不为、
热气腾腾、漫山遍野、穷乡僻壤、流连忘返、巧夺天工、拍手称快、怒发冲冠、
不假思索、倾家荡产、唉声叹气、俯首帖耳、粉身碎骨、高谈阔论、耳聪目明、
大失所望、顶天立地、浩浩荡荡、大同小异、深更半夜、愁眉苦脸、寸步不离、

狐假虎威、虎口余生、不毛之地、层出不穷、不白之冤、惨无人道、饥寒交迫、
货真价实、不动声色、春光明媚、海枯石烂、安居乐业、挥汗如雨、心领神会、
心安理得、长驱直入、长治久安、千篇一律、飞沙走石、自然而然、坐享其成、
旗开得胜、千里迢迢、死心塌地、若有所思、适得其反、筋疲力尽、装腔作势、
视死如归、民不聊生、谈笑自若、惊心动魄、无价之宝、咬牙切齿、所向无敌、
自作自受、自给自足、腾云驾雾、咬文嚼字、人定胜天、扬眉吐气、左右为难、
起死回生、江河日下、将错就错、生老病死、乐不可支、众志成城、可想而知、
奇形怪状、无地自容、世外桃源、物极必反、急如星火、扶老携幼、出生入死、
青天白日、得过且过、化为乌有、手足无措、遍体鳞伤、悲天悯人、并驾齐驱、
根深蒂固、光天化日、投机取巧、心猿意马、心旷神怡、醉生梦死、鬼鬼祟祟、
亭台楼阁、和衷共济、重蹈覆辙、海市蜃楼、痛哭流涕、洞天福地、完璧归赵、
辗转反侧、光怪陆离、深谋远虑、遮天蔽日、康庄大道、深不可测、倒行逆施、
汗流浃背、乘风破浪、大名鼎鼎、寡不敌众、深明大义、劳苦功高、流离失所、
势如破竹、皮开肉绽、寥寥无几、磨刀霍霍、攀龙附凤、强人所难、毛骨悚然、
为非作歹、意气用事、魂不附体、死而后已、披坚执锐、身先士卒、塞翁失马、
生杀予夺、如释重负、肃然起敬、焕然一新、受宠若惊、长吁短叹、街头巷尾、
孔武有力、威风凛凛、翻江倒海、投笔从戎、避重就轻、家徒四壁、战战兢兢、
不足挂齿、百折不挠、沧海桑田、藏污纳垢、天花乱坠、垂涎欲滴、应接不暇、
大逆不道、手不释卷、不可名状、暴殄天物、天方夜谭、所向披靡、参差不齐、
形单影只、衣冠禽兽、束手待毙、万人空巷、一筹莫展、尽善尽美

  有所不同的是，这些成语有的是在《义务教育常用词表》的初中阶段。这是因为词表研制时参考了"字"的使用。按语文课程标准的要求，2500个常用字是小学阶段学习的，1500个次常用字是初中阶段学习的。如"遍体鳞伤"中的"鳞"、"悲天悯人"中的"悯"、"根深蒂固"中的"蒂"、"皮开肉绽"中的"绽"、"百折不挠"中的"挠"、"藏污纳垢"中的"垢"等，都属于次常用字，故将这些成语移入初中阶段的学习。

  但民国小学国语教材中仍有370余个成语不见于《义务教育常用词表》。如：
病从口入、安然无恙、馋涎欲滴、家常便饭、笑容可掬、心乱如麻、吉日良辰、
怅然若失、变化无常、爱民如子、花样翻新、欢声雷动、大敌当前、猝不及防、
胡言乱语

  由此可见，民国小学国语教材还是相当重视成语学习的。虽然那个时期正处于大兴现代白话文的时期，特别强调吾笔写吾口，对传统文言文有一种特别的抵

触,但在教材课文中仍使用到了相当数量的成语,表明教材编纂者能正常地对待传统语言中的优秀成分,也说明成语是词汇中有着独到表现力的成分,值得在汉语学习中认真体会掌握。

第二节 频率使用与文本分布

一、高频词与低频词

1. 频次分析

词语频次是指某一个词语在一定的统计范围内出现的次数。出现次数多的为高频词,出现次数少的为低频词。统计不同频次的词语状况,统计频次与词种的关系,能反映出词语在教材中的使用情况,反映词语所具有的使用特点与学习的价值。对民国小学国语教材中的词频调查情况见表5-6。

表5-6 各频次段使用的词种数

频次/个	词种数/个	比例/%
1	14 334	46.73
2	4732	15.43
3	2468	8.05
4	1614	5.26
5	1035	3.37
6~10	2729	8.90
11~20	1724	5.62
21~100	1611	5.25
>101	427	1.39
合计	30 674	100

表5-6显示,独频词的数量占所有词语的46.73%,将近一半。第一节统计的独用词,是以教材为单位,数量为18 286个,这里统计的是以频次为单位,独频词比独用词的数量会少些,因为存在于一套教材的词语可能会多次使用。独用词有18 286个,独频词有14 334个,可见在民国小学国语教材中词语分布的稀疏,词语使用的稀少,是相当突出的。

2. 累加频率分析

下面来看看累加频率的统计情况。累加频率的统计将频率与词种做了结合，能较清楚地反映出高频词与低频词在实际语料中的覆盖状况，是反映词语影响力的一个重要指标。下面我们对民国时期 10 套小学国语教材的词种覆盖率与词频做了分布比对，比如有 4 个词的出现总频率为 5137 次，在 10 套教材中覆盖教材 10% 的词语数量；如果教材覆盖率要达到 20%，只要 20 个词就可以。表 5-7 就是我们所做的统计分布表。

表 5-7 累加频率的词语分布

覆盖率/%	词种数/个	频次/个	词种数的百分比/%
10	4	5137	0.01
20	14	2343	0.05
30	30	1030	0.10
40	94	412	0.31
50	231	184	0.75
60	543	79	1.77
70	1270	34	4.14
80	3002	14	9.79
90	7870	4	25.66
95	14 436	2	47.06
100	30 674	1	100

表 5-7 清晰显示了各频次段使用的词语数。民国 10 套小学国语教材词汇一共有 30 674 个，数量不小，但高频词相当集中。覆盖所有语料达到 50%、80%、90% 时，分别使用词语 231 个、3002 个、7870 个，所使用的词语数分别占总词种数的 0.75%、9.79%、25.66%。也就是说，10 套教材一共有 362 860 个频次，其中 50% 的频次是由 231 个高频词来完成的。

下面就是覆盖率达 50% 的 231 个词语：

的、了、我、他、是、在、有、一、不、你、说、着、就、这、人、来、到、去、也、把、要、和、我们、很、都、得、那、一个、又、没有、好、便、个、做、看、他们、上、呢、只、地、还、小、大、道、叫、用、吗、给、时候、吃、里、走、想、从、先生、甚么、听、多、起来、两、自己、过、看见、这样、知道、能、请、再、可以、现在、对、向、东西、罢、许多、你们、像、却、那里、被、会、种、见、大家、拿、地方、天、出、什么、话、出来、所以、才、它、为、孩子、几、二、呀、母亲、三、问、水、说道、她、因为、飞、最、但是、甲、所、开、住、谁、下、坐、啊、这里、事、死、可、起、乙、父亲、手、年、字、买、已经、些、头、不能、好像、等、马、可是、怎么、同、朋友、不是、打、已、声音、太阳、快、钱、写、今天、笑、一定、将、使、一天、先、更、回来、如果、一只、家、能够、中、怎样、非常、跑、真、并、比、不要、妹妹、高、后来、老、身体、书、觉得、工作、事情、画、长、地、这个、每、一般、船、忽然、下来、家里、新、之、回、替、才、您、成、生、而、正、带、各、风、那么、脚、四、放、时、信、一样、有的、中国、儿子、后、白、当、弟弟、作、并且、进、怕、以后、妈妈、人家、前、吧、穿、不过、同学、出去、路、让、讲、受

把表 5-7 中的数据用图来显示，其分布趋势会更加清楚。见图 5-1。

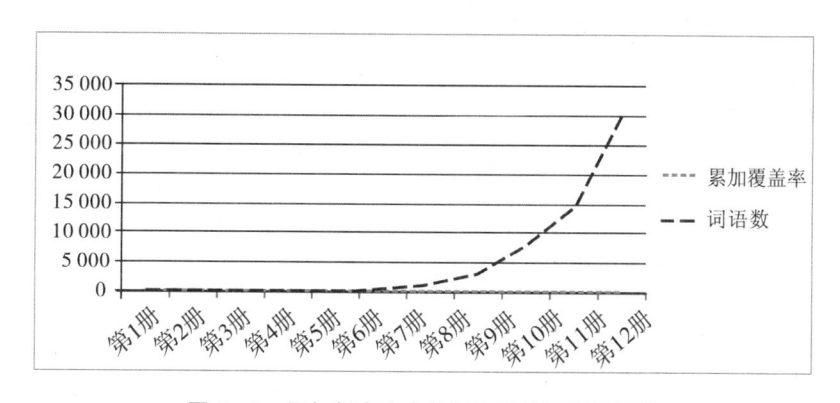

图 5-1 累加频率法中各频次段的词语使用数

图 5-1 显示，覆盖率在 60% 时，所使用的词语数都相当少，显示词语数的线段几乎呈水平地右伸，一直到 70% 时才有较明显的抬升。该线段的水平式延伸，说明这时使用的词语频次高，在整体语料中覆盖力强，频次占比大，词语数量变化不大；该线段往右上抬升，说明词语的数量在增加，抬升愈明显，上升幅度愈陡，说明增加的词语数量愈多。上升幅度明显的有两个词语段，一是累加覆盖率在 90%，二是累加覆盖率在 95%。这表明，90% 以后进入了低频词阶段。统计学上一般会显示出 20% 的词语能覆盖 80% 的语料，而表 5-7 显示，覆盖 80% 的语料只用了 9.79% 的词语，这表明民国小学国语教材中的高频词更为集中。

累加覆盖率几乎是每增加 10% 的覆盖面，所增加的词语数量就扩大一倍。有三个频率段增加的词语数达到原来的三倍。这种几何式增加的规律，使得愈到后来的低频词，增加的数量愈大。下面来考察一下覆盖 80% 的语料以后的词语，以求对词语的性质有更具体的了解。

下面是覆盖率达 80% 的前 20 个词语：

隶书、经验、聚集、恼、竖、水果、农民、据说、卷、毽子、失望、生物、

街道、批评、每逢、千万、仍然、老兄、小云、中学

下面是覆盖率达90%的前20个词语：

膝盖、心焦、膝、小蚬、小蜗牛、心情、锡波、争执、赠、衔接、稀奇、奚砚耘、心脏、增、希、辛勤、吸烟、吸血、溪流、喜马拉雅山

下面是覆盖率达95%的前20个词语：

改过自新、寡、佳景、干妈、寡人、刮起、挂到、夹住、腹中、腹下、夹衣、垓下、盖着、嘉峪关、干粮、白果、干干净净、白皓皓、白鹤、改口

由上面的词语可以看到，覆盖率在80%的词语主要仍是语文性词语。到90%时已经开始有人名等专名出现了。如"奚砚耘"就是人名，只出现在"世界初小"第8册第29课《三斤》这一篇课文中，出现了4次。

奚砚耘在出门以前，买了三斤牛肉，交给厨子锦敖说："替我煮五香酱牛肉。"锦敖把牛肉煮得又香又烂，不觉馋涎欲滴，便一块一块的偷来吃。等到奚砚耘回来，牛肉早已没有了。

由以上分析可见，随着覆盖率的升高，词语数量在快速增加，而快速增加的这些词语，不仅出现频率低，并且以语文性词语和地名、人名等专名居多。

二、高分布词与低分布词

分布是词汇统计中另一项重要内容，观察的是某个词存在的范围有多大。分布的单位可大可小，大至语料的"领域""类别"，在教材语言统计中多表现为教材的"学科""套"或"册"；小则可以为教材的"课文""句"。考虑到语料的大小适中、主题的集中鲜明、词语聚集程度的合适，分布统计一般是以课文为单位，一篇课文为一个文本。第二章表2-4显示，在我们所统计的民国小学语文教材中，教材10套，册数为56册，课文2189篇，或称文本2189个。下面就按课文的多少来调查词语的分布情况。

1. 高分布词凸现了通用词与语文词

词语的分布与频次有着互证的依存关系。有的是高频高分布、高频中分布，有的是高频中分布、高频低分布；反过来，有的是高分布高频，但不会出现高分布低频。也就是说当着眼于分布时，它的频次数是不会低于分布数的。因此，在进行分布统计时，实际上也就是把高分布低频的现象排除出去了。因此，分布统计法也就有了特别的价值，特别是当所要调查的是语文词、通用词，而不仅仅是高频词时，分布法能收到相当好的效果。

表 5-7 显示，当累加覆盖率达 80% 的时候，使用了词语 3002 个。下面就用文本法挑选出排在前面的 3002 个词语，来看看它们的词语构成。排在第 3002 位的词语最少出现在 8 个文本中。以此为界挑出 30 个词语，即从第 2703 位至 3002 位的词语是：

小儿、满足、发表、性子、笛、草地上、种子、可耻、市、山下、止住、不便、半夜、汉麦先生、晚饭、部、葬、大喜、好容易、啊呀、丁、林中、据说、辩论、北面、宫殿、幼年、一致、挖、家乡

由于这些词至少出现在 8 个文本中，其频次也不会低于这个数，故词语大都是通用词语。专名只有一个，即"汉麦先生"。为什么这个专名会拥有这么多文本数呢？原来他是《最后一课》的主人翁教师汉麦先生。

阿尔封斯·都德的短篇小说《最后一课》在 1912 年被首次翻译介绍到中国，从此，在将近一个世纪的时间里，它被长期选入我国的中学语文教材，超越了不同时期、不同意识形态的阻隔，成为在中国家喻户晓、最具群众基础的法国文学名篇之一，它甚至可以作为都德的代名词，作为"爱国主义"的符号，融入近代中国人百年的情感之中！一代又一代的中国读者，通过《最后一课》，了解到"法语是世界上最美丽、最清晰、最严谨的语言"，懂得了"当一个民族沦为奴隶时，只要它好好地保存着自己的语言，就好像掌握了打开监狱的钥匙"。[1]

这篇课文被"世界书局初小"（1925）第 8 册、"世界书局高小"（1934）第 8 册、"商务国语高小"（1933）第 4 册收入。而且是连载出现，分别拆成了三篇、三篇、两篇课文。这篇名作由胡适翻译，收入多套小学教材，这正是当时中国积贫积弱而发愤图强的写照。较多文本的分布能提供给我们更多的信息。代表着"爱自己的祖国、爱祖国的语言"这一形象的"汉麦先生"，便在小学图文课本中高频出现，成为"高频词"。而这便是文本中高频出现的"高文本词语"能够提供给我们的信息。

2. 低分布高频次显示的是专名

上面说到在累加覆盖率 80% 之内的基本上都是高频词，但光凭这个高频词并不能得出通用词的结论。如我们对累加覆盖率 80% 以内的 3002 个词语做进一步分布考察时，就能发现问题了。进入到 80% 的 3002 个词语的最低词频是 14 次，可文本数为"1"的有 33 个词，里面大部分是专名，主要又是人名：

陶、项羽、群、这种、张良、伊索、范、孟尝君、勤儿、老黄、花生、每人、

---

[1] 360 百科"最后一课"，http://baike.so.com/doc/3834002-4025948.html。2017-4-4

新娘、沾、冯骥、宝尔、秦始皇、架子、棍棒、脸色、队员、嘘、体仁、鲫鱼、刘邦、买客、关羽、佛撒、货币、公主、体爱、隶书、小云

文本数为"2"的有32个词，它们是：

哗、第、一壁、忠、即使、蝙蝠、胃、小白、乘客、青石、苏、田横、会员、挑选、细菌、樵夫甲、旋转、渔人、部分、轿夫、徐君、野兔、雅多尼、图样、虞孚、味道、孤儿、公德、白菜、舅父、塾师、马蹄

文本数为"3"的有49个词，它们是：

徐、孙、岳飞、土耳其、安东原、军舰、诸葛亮、吴绛雪、机械、夏禄、鸦片、男、外婆、周瑜、房间、孔明、望远镜、卫士、串、公输般、参参、史、连词、梧桐、轨道、份、孙唐、秀、伯父、火柴、牧神、班超、叔父、生番、警官、水点、江荣、拴、达、脑子、仆妇、伤兵、别国、恶魔、固有、莫科、金鱼、说法、日军

文本数为"4"的有60个词，它们是：

河神、大佐、璧、夫人、马夫、场、宝璧、电、教室、诸葛子瑜、相如、珠子、茶叶、沙、转动、嫦娥、兔子、冰山、波浪、神、乌龟、昭王、意大利、都市、规律、电报、龟、老先生、萤、神色、愚公、股、懂、册、墨子、天花、赛跑、长安、骑兵、猩猩、学期、注音符号、查、合作社、牛痘、伦敦、木杆、宜、扎、助手、和尚、瓷、黄狗、嫁、订、樵夫乙、蚯蚓、配、暑假、龙

以上从文本数"1"至"4"，可以看到一个明显的趋势，就是文本数愈低的，专名数量愈多，专名特色愈明显；反之，文本数愈高的，通用词语的比例也就随之提高。从这个关系还可以看出，一个词本来是专名的，随着使用范围的拓宽，它有可能会向通用词转化，如诸葛亮、孔明、周瑜、岳飞、愚公、嫦娥、墨子等。

第二节　民国小学语文教材词汇特色

10套民国小学语文教材的词汇是一份宝贵的词语库。它所包括的词语应该都是适合于小学生学习的词语，是教材编纂者经过认真挑选才放进教材的。编纂者首先考虑的是课文的主题而不是词语，虽然有难字难词，但教材会对生词进行注释，超出儿童适合度的词语不会太多，因为适合儿童学习的需要、适合儿童的认知心理与认知能力，是编纂一部合格教材所应该首先考虑的。编纂者在遵循这个出发点的同时，有多种手段来达到这一目的。如将原作进行改编，改写成通俗浅近的语言；将较长的原文截取采撷，留易去难，留浅去深；重新以儿童为对象撰写新的文章。因此，"民国小学语文教材词汇库"是一份很适合儿童学习的词语库，它浅近、明白、

通俗、晓达、基础，具备小学语文教材词汇所应具备的所有基本特点。分析它们的构成与特点，对认识那个时期正处在逐渐形成中的现代汉语词汇，以及正在逐渐摆脱文言文影响，逐渐趋于浅近、通晓、规范的白话文，是很有好处的。

教材词汇都是存在于一篇篇具体的课文之中。语境词、言语词虽然是建构具体课文语言环境必不可少的成分，但它们在通用性、普遍性、学习的必要性上，毕竟要略逊一筹。下面就从探索现代汉语词汇基本成分的角度来分析民国小学语文教材词汇的几个特点。

一、口语性明显的通用词

基于其基本功能和学习对象，小学语文教材词汇首先表现出来的就是它们的通用词特点，这时的通用词都带有明显的口语性与通俗性。认识通用词最常用的就是使用频率与领域分布的方法。在累加频率统计中，覆盖率在90%的用了词语7870个，这个部分的词语大体可以算入高频词与次高频词的范围，最低词频为4次。由于频次4跨阶段存在，把频次为4的都算进来则有9140个，累加频率达到91.4%。9140占总词语的29.8%。在文本分析法中，最低文本为3的有词语7993个，占总词语的26.1%。在教材统计法中，存在于3套及3套教材以上的词语有7777条，占总词语的25.4%。

以上三种筛选分别兼顾了频次与分布，将9140、7993、7777合并起来考察，如能兼顾三方面的因素，即三种筛选标准都能入围的话，这样的词语应是具有很强通用性的基本词了。合并后的词种情况如下，一共有词种10 379个，三种筛选方法皆入围的词语有6398个，两种入围的有1735个，一种入围的有2246个。这种统计方法近于通用度的计算，能够把畸形的高频低分布词排除出去，但通用度的计算更加精细，能落实到每个词语上。

下面就将两种方法的统计结果进行比对。交集的汇总结果有10 379个词语，在通用度计算表格中也选取了排在最前面的10 379个词语。比较结果如下：

表5-8　交集法与通用度计算法的词语比较

交集法		通用度计算法	
等级	词种	共现词	占同级词语的百分比/%
3个交集	6398	5979	93.45
2~3个交集	8133	7089	87.16
1~3个交集	10 379	9764	94.07

用交集法与通用度计算法分别筛选出来的 10 379 个词语，共有词为 9764 个，互不参见的词语 615 个。可见两种统计的结果相同部分在 90% 左右。下面从共用词中按不同词长各列 100 个排位最前的词语，以观察这部分共用词的一些特色。

双字词语中排在最前面的 100 个词语：

一个、没有、我们、他们、时候、甚么、看见、自己、这样、起来、可以、许多、现在、知道、那里、先生、东西、所以、地方、大家、出来、你们、因为、但是、说道、不能、已经、孩子、不是、一天、这里、可是、好像、一只、怎么、母亲、后来、一定、不要、今天、忽然、朋友、家里、非常、父亲、回来、能够、什么、那么、如果、声音、怎样、觉得、一般、这个、身体、事情、下来、并且、太阳、以后、不过、心里、原来、出去、还是、工作、一样、应该、虽然、以为、弟弟、从前、妹妹、这些、地上、经过、旁边、立刻、快乐、回去、一面、多少、儿子、人家、听见、欢喜、中国、于是、生活、方法、哥哥、读书、衣服、只有、常常、同学、学校、只要、妈妈

三字词语中排在最前面的 100 个词语：

一会儿、孙中山、小朋友、这时候、差不多、为什么、孩子们、世界上、小时候、学校里、怎么样、看不见、屋子里、中国人、星期日、蔺相如、鲁滨逊、小学生、院子里、笑嘻嘻、朋友们、同学们、有意思、学生们、老人家、纪念日、儿童节、不要紧、社会上、女孩子、花园里、工人们、爱迪生、一方面、外国人、展览会、为甚么、柳宗元、来不及、图书馆、对不起、小孩子、萤火虫、舍不得、树枝上、科学家、了不得、游艺会、找不到、不能不、有时候、一口气、国庆节、老头子、法兰西、一部分、土耳其、太阳光、乡下人、厨房里、普鲁士、全世界、天空里、安东原、法国人、树林里、意大利、老先生、不由得、吴绛雪、诸葛亮、不多时、第一个、第一次、好容易、大总统、一点儿、做买卖、兵士们、补充课、草地上、衙门里、望远镜、革命党、合作社、革命军、老公公、不倒翁、司马光、大多数、不得已、古时候、想不到、形容词、怎么办、工程师、说不定、招待员、诸葛恪、静悄悄

四字词语中排在最前面的 100 个词语：

中华民国、帝国主义、从此以后、一天一天、一天到晚、不知不觉、哈哈大笑、青天白日、汉麦先生、一声不响、中山先生、想了一想、三民主义、诸葛子瑜、富兰克林、自言自语、笑了一笑、不慌不忙、注音符号、明明白白、飞来飞去、满清政府、下星期日、急急忙忙、摇摇摆摆、民生主义、时时刻刻、级任先生、踱来踱去、完璧归赵、夜深人静、一个一个、从今以后、一动不动、一阵一阵、莫名其妙、太阳公公、饮食起居、一块一块、喜出望外、岂有此理、争先恐后、

不知去向、气喘吁吁、一声一声、一层一层、无论如何、一件一件、一生一世、
育材周刊、断断续续、学校园里、高高低低、中华民族、手舞足蹈、一丝一丝、
一年一年、愚公移山、黄老伯伯、一步一步、一言不发、来来去去、枪林弹雨、
昨天晚上、一片一片、风平浪静、成群结队、清清楚楚、一闪一闪、曲曲折折、
一年到头、不约而同、闪闪烁烁、详详细细、苏格拉底、弯弯曲曲、大大小小、
轰轰烈烈、一年四季、无话可说、骨碌骨碌、三三两两、走来走去、一五一十、
子子孙孙、今天早上、福尔摩斯、相亲相爱、叙利亚城、衣衫褴褛、吞吞吐吐、
同心协力、无影无踪、天下为公、一心一意、形形色色、依依不舍、早出晚归、
苍松翠柏、冰天雪地

上面不同词长的前100条高频词，大都具有通俗、浅近、易懂的特点，但同时又表现出若干不同的特点。

双字词更具有语文性与通用性，具有表意清晰、基础语义、词形稳定、口语性强、通俗明白等特点。

三字词除了有一部分稳定的通用词语，如"一会儿、小朋友、这时候、差不多、为什么"等，还有四类词也占有一定的分量。一是口头惯用语，如"怎么样、来不及、一口气、不得不、不由得、不多时、说不定"；二是派生词、叠音词，如"孩子们、朋友们、同学们、学生们、工人们、笑嘻嘻、静悄悄"；三是凝固组合词，如"屋子里、院子里、花园里、树枝上、厨房里、草地上、全世界、第一个、第一次"；四是专名，如"孙中山、蔺相如、鲁滨逊、法兰西、土耳其、普鲁士、诸葛亮、司马光"。由于后面的四字词数量比较多，第一类通用词语的数量倒显得并不太多。

四字词中有一部分属于成语，如"自言自语、完璧归赵、夜深人静、莫名其妙、喜出望外"等；二是专名，如"中华民国、帝国主义、中山先生、民生主义、满清政府"等；三是惯用语，如"从此以后、一天到晚、哈哈大笑、一声不响、一动不动"等；四是量词短语重叠，如"一天一天、一阵一阵、一块一块、一件一件"等；五是叠音词，如"高高低低、断断续续、子子孙孙、大大小小、吞吞吐吐"等。教材中使用大量的惯用词、固定结构、叠音词，是符合小学生词语运用习惯的。文章如说话，用词的口语化突出，更能使之浅近、明白、通晓、模声模态。成语是典型的属于书面语的词汇成分，但这里使用到的成语都非常浅近，通俗易懂。专名则清楚地反映出教材的时代特色，当时中国社会正处于推翻清政府、建立共和的时期，整个社会处于半封建半殖民地状态，社会变革剧烈，政治追求鲜明强烈，这类四字词清楚地映透出时代的风貌。

二、稳定性强的核心词

民国小学语文教材词汇是现代汉语形成过程中出现较早、发展较快的一个特定时期的产物。观察其词汇稳定性及使用情况，对了解那个时期的词汇状况及其在现代汉语词汇形成与发展中所起的作用是很有好处的。

为了将它与当代的词汇进行比较，我们选用了三种不同性质的词汇集。第一种是稳定性强，有较高通用性、规范性的词语，选用的是《现代汉语词典》第5版（2004）的词语集。第二种是《现代汉语常用词表》，商务印书馆2008年出版。第三种是4套新课标小学语文教材的词语集，新课标教材于2003年起陆续出版。这三种词语集都是当代词汇的反映。相比之下，《现代汉语词典》（下面简称"现汉5"）的稳定性和通用性最突出，词语强调规范性，书面语色彩较明显，语文词语与百科词语兼具。《现代汉语常用词表》（下面简称"常用词表"）也突出了稳定性和规范性，相比较而言更突出了通用性，百科词语一般不收。4套新课标教材（下面简称"新课标小学"）词汇是教材真实语料的反映，性质与民国小学语文教材词汇库的性质相近，规模也接近。4套教材包括人教版、苏教版、北师大版、语文版，从小学一年级至六年级，其内容相当于民国小学语文教材的初小与高小。为了更好地与"新课标小学"进行比较，在之前使用的"10套民国小学语文教材"中选取了世界书局的20年代与30年代的两套，中华书局的一套、开明书局的一套，它们分别是"世界新学制初小""世界新学制高小""世界初小""世界高小""中华初小""中华高小""开明初小""开明高小"。这样的选材在民国教材与当代新课标教材之间，在教材的年级分布、教材套数与册数上都较为接近，便于比较。进入四种来源库的词种数量分别为："民国小学"27 101个，"新课标小学"28 739个，"现汉5"61 992个，"常用词表"55 680个。四种来源库合计词种数为93 888个。它们的分布情况如表5-9。

表5-9 民国小学教材词汇的传承情况调查

来源	数量/个	共用词 数量/个	共用词 百分比/%	部分共用词 数量/个	部分共用词 百分比/%	独用词 数量/个	独用词 百分比/%
民国小学	27 101		32.85	8311	30.67	9887	36.48
新课标小学	28 739		30.98	12 553	43.68	7283	25.34
现汉5	61 992	8903	14.36	35 584	57.40	17 505	28.24
常用词表	55 680		15.99	37 405	67.18	9372	16.83
合计	93 888		9.48	40 938	43.60	44 047	46.92

注：《现代汉语常用词表（草案）》收词56 008条，词形相同的词种数为55 680条。

在表 5-9 的各项数据中，最值得关注的是民国小学教材词语的分布状况。它具有如下特点：

一是词语的稳定性强，核心词比例高。四种来源库之间的共用词为 8903 个，在四种来源词总集中占的比例只有 9.48%，这主要是受"现汉 5"与"常用词表"词量大的影响所致。但共用词在民国小学语文教材中占的比例却达到 32.85%。这是相当可观的一个数字。此外，部分共用词在民国小学教材中有 8311 个，占总词语比例的 30.67%；共用词与部分共用词二者相加，数量达到 17 214，比例达到 63.52%。这表明民国教材词汇在与相隔了这么长时间的当代词语比较中，仍表现出了很高的稳定性与通用性。民国小学教材词汇的这一特点还可以从一个数据看出来，即共用词在四种来源词的总数中只占 9.48%，可在民国小学教材词汇中却高达 32.85%，一低一高，也衬托出民国教材词汇中核心词多、比例高的特点。

二是民国小学教材与新课标小学教材词汇的共通性强。共用词与部分共用词在民国小学教材中的比例是 63.59%，在新课标小学教材中的比例是 74.68%。二者比例接近，可两个时代之间却相隔了 70~80 年。在这段时间，中国经历了翻天覆地的变化，经历过由半封建半殖民地到新民主主义、社会主义的变化，经历过国内革命战争、抗日战争、解放战争、社会主义改造、"文化大革命"、改革开放等一系列重大的社会革命与变革。可小学教材词汇的稳定性却这么强，传承词的比例这么高，这表明小学教材关注到了儿童语言的使用特点，也说明儿童词汇是现代汉语词汇系统中最为稳定、成熟的那部分核心词汇成分。

三、时代性突出的特征词

民国小学教材词汇中有三分之一的词语在当代三种词汇集中没有出现过。没有出现的原因有多种：一是当代不再使用了，词语过时了；二是虽然当代也在使用，但或是语境变了，或是由常用词变为偶用词，或因其他原因而没有出现在当代的三种来源词汇集中。无论哪个原因，都能在一定程度上反映那个时期的词汇使用特点。显示民国小学教材词汇的时代特征的主要有下面几类：

1. 因语言使用习惯改变而变旧的词语

因时过境迁，本来是通用、惯用的词语，也会变得陌生。下面的词语都是当时使用，而现在不再使用的词语。如：

学塾、兵士们、诧怪、僮仆、统通、田主、时辰钟、惶急、惨酷、豫备、级任先生、欢叙会、兵队、活泼泼、樵夫、实体词、缝工、店伙、自然科、领兵、补足语、述说词、关系词、买客、公义、幼稚生、擎着、项颈、零卖店、布幔、道儱、瑕点、瓦砾场、斫树、吏卒、休戚相共、田塍上、文法书、织绸机、忧急、斫倒、补充课、发见、能够

这些词语所表示的意思现在都还存在，只是换了一个说法，使用的词语形式不同了，使得当年的词语变成了"旧词语"，有的甚至成为"死词语"。下面将这些词语与当今词语做个对比。

"学塾"（拯小时候每天早上进学塾，所读的书比别的儿童熟。"世界新学制高小"）——"学校""私塾"。

"兵士们"（兵士们见他们勇不可当，都抛了枪械，不再还击。"世界高小"）——"士兵们"。

"诧怪"（客人很是诧怪，就到彭子那里去请问。"世界新学制高小"）——"诧异""惊讶"。

"欢叙会"（后天是玉林兄的生日，我想约几个同学，到他家里去，开一个欢叙会。"中华初小"）——"欢送会""联欢会""茶话会""叙旧会"。

"僮仆"（永州地方有个人，拘忌得很，以为自己的生年属子，子是肖老鼠的，因此很爱老鼠，不肯养猫，禁止僮仆打老鼠。"世界新学制高小"）——"仆人""下人""佣人"。

"统通"（晋文公在外十九年，困难危险，统通经历过。"世界新学制高小"）——"统统""全部""全都"。

"田主"（便在东三省买一块小田地，造一所小房子，居然是个小田主了。"中华初小"）——"地主"。

"时辰钟"（魏子秋的爸爸新买了一只时辰钟，摆在卧室里。"中华初小"）——"钟""挂钟""时钟"。

"惶急"（一霎时，火焰冒穿了屋顶，主人惶急万分，大声呼救。"中华高小"）——"害怕""焦急""惶恐"。

"惨酷"（真是惨酷的事情。"开明初小"）——"残酷"。

"买客"（我们开了店，该有人来买东西，哥哥，你做买客吧。"开明初小"）——"买者""顾客"。

2. 社会政治类词语

第四章在分析民国小学国语教材时，说到过它们有着明确的政治诉求。"它是优秀的语文教材，又是饱含政治色彩、充满政治追求的政治教材，是富于那个

时代特征的教育产物。"这个特点在教材的用词上表现得相当突出。如下面的词语都是那个时代的高频社会政治类词语：

满清、满清政府、清兵、清军、清光绪、马关条约、四万万、普鲁士、普国、大总统、临时大总统、革命党、革命军、党人、童子军、中国国民党、双十节、青天白日旗、金圆、翠亨村、市政厅、中山陵、育材周刊

20世纪初期，是中国社会发生急剧变化的时期，旧政权、旧制度轰然倒地，旧思想、旧道德被践踏在地，新思想新主义蜂拥而至，外侮内患日积月累，社会矛盾日益激化，社会动荡接二连三。因此，有关这些社会变革、政治运动的词语也都在教材中随处可见。

3. 政治人物名词

民国国语教材的课文不仅有较多的历史人物名词、文学名著的人物名词、童话文学中的人物名词，而且还有两类名词显得格外突出。一类是政治人物，特别是当时的革命领袖孙中山的名字特别密集。第四章分析的"世界初小""世界高小"两套教材中有关孙中山故事的课文就有29篇，这是在课程标准中做出了明确规定的："（一）依据本党的主义……尤须积极采用：（1）关于孙中山先生的故事诗歌。（甲）幼年生活；（乙）学生生活；（丙）革命大事；（丁）生辰和忌辰；（戊）其他。"[1] 在"尤须积极采用"的五大方面，对孙中山的宣传排在第一位。因此，课文中"孙先生""孙中山先生""中山先生""孙逸仙""孙总理""孙大总统"等词语出现得相当多，还包括有"广东中山县""中山服""中山装""中山大学""中山陵""中山路"。这么多词语中，在四种来源词中都出现的只有"中山装"，原因在于它已经成为一个具有典型高度象征义的通用词，进入了普通的词汇系统。人名"孙中山"则出现于两种教材词汇库，在两种通用词语集中则没有。以上所举的其他各词则只出现于民国国语教材词汇库。词频也清楚地显示了这一特色。"孙中山"出现了96次，"中山"出现了35次，"孙中山先生"出现了19次，"中山先生"出现了14次。而辛亥革命的一些革命烈士、仁人志士，在教材中也多有出现，如近代民主革命家陆皓东、思想家革命家朱执信、辛亥革命的先驱与领袖黄兴、刺杀安徽巡抚的徐锡麟、女义士侠女秋瑾、广州起义的温生才、云南首义的蔡锷等。教材通过讲成仁的事迹，讲成长过程的佚闻佚事，来缅怀先烈，弘扬革命精神。

---

[1] 教育部中小学课程及设备标准编订委员会编订：《幼稚园小学课程标准》，上海：中华书局1932年版，附件三"教材编选应注意下列各点"。

第六章　教材词汇层级关系研究

第五章对民国小学国语教材的整体词汇状况进行了分析，对那个时期用词的数量、频率、分布、特色等进行了分析。这里将观察的角度移至课文内容与年级差异，了解教材词汇的使用状况与不同主题、不同年级有着怎样的关系，或专注于对某个具体词类进行探究。为了更细致地进行研究，下面选用世界书局于20世纪30年代发行的初小与高小教材，即"世界初小"与"世界高小"，包括小学六个年级。这里所分析的教材与第三章的使用教材是相同的。

第一节　课文的词汇构成

一、课文的词汇容量

下面是对教材所有课文词汇的使用状况的调查结果。

表6-1　"世界初小"与"世界高小"课文长度统计

教材	册次	课文/篇	最小词数/个	最大词数/个	平均词数/个
初小	1	46	6	29	15
	2	50	21	59	34
	3	50	21	70	47
	4	50	30	104	61
	5	44	41	152	96
	6	44	43	172	117
	7	44	50	247	154
	8	44	65	297	151
高小	9	36	70	432	277
	10	36	72	475	308
	11	36	78	562	340
	12	46	64	869	421

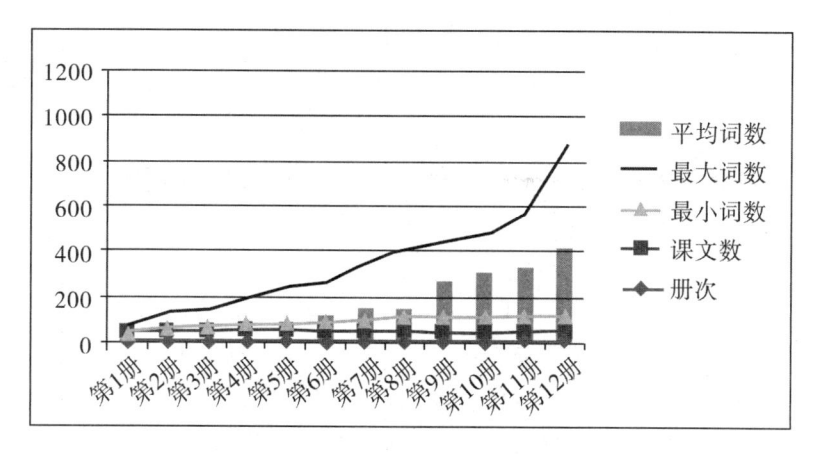

将表6-1中的数据用图来显示，见图6-1。

图6-1　"世界初小"与"世界高小"课文词汇使用数调查

表6-1、图6-1将不同年级、不同册数的用词情况清楚地呈现了出来。从初小第1册至高小第4册一共12册教材中，课文数差不多，每篇课文最小用词数略有增长，总体变化不大，但在每篇课文的最大用词数与平均用词数上，却呈现出明显的逐册增长趋势，而且无一册例外。教材的难度并不能完全从课文的长度呈现出来，难度与长度并不能画完全的等号，但课文的长度与年级的增长表现出如此紧密的同步关系，却是不能不令人对编纂者的匠心独运感叹的。

下面按上面显示的最短课文、最长课文、平均长度的课文，各选取一篇来进行统计，显示该长度课文的"标题""文体""题材"，以更细致地观察在不同年级中课文的内容、文体、题材及语言有怎样的变化。

表6-2　"世界初小"与"世界高小"课文内容与课文形式的变化

学段	册次	课文/篇	长度	词数/个	课序	课文名	文体	题材
初小 低学段	1	46	最短	6	5	小弟弟	儿歌	健康
			平均	15	13	猫捉鸟	儿歌	游戏
			最长	29	37	皮球	儿歌	游戏
	2	50	最短	21	22	老车夫	儿歌	劳动
			平均	34	12	老鸟开学校	儿歌	早起
			最长	59	46	老鼠与乌龟	故事	斗智
	3	50	最短	21	2	国旗	儿歌	爱国旗
			平均	47	20	小猪不肯学做事	故事	做事
			最长	70	41	踢毽子	故事	认识毽子

(续表)

学段		册次	课文/篇	长度	词数/个	课序	课文名	文体	题材
初小	低学段	4	50	最短	30	15	有事大家做	故事	大家做事
				平均	61	21	青蛙遇到蚯蚓	故事	认朋友
				最长	104	18	网内的鸟	故事	抓鸟的秘密
	中学段	5	44	最短	41	19	提灯会	儿歌	纪念国庆
				平均	96	9	树洞里的球	故事	用水取球
				最长	152	39	审山鼠	戏剧	审小偷
		6	44	最短	43	1	上山	儿歌	爬山
				平均	117	14	鹁鸪说甚么话	故事	勤劳的鸟
				最长	172	13	父子对话	故事	预防天花
		7	44	最短	50	30	小旅行家能力强	儿歌	旅行
				平均	154	18	千人糕	故事	劳动
				最长	247	28	好厉害的晏先生	戏剧	使臣退敌
		8	44	最短	65	15	运动会	儿歌	锻炼身体
				平均	151	31	一只花篮	故事	智取花篮
				最长	297	44	孙中山的演讲	演讲	革命救国
高小	高学段	9	36	最短	70	1	我是少年	诗歌	少年立志
				平均	277	3	报告校中情形的信	书信	汇报近况
				最长	432	33	名信片中的故事和诗	书信	描写下雪
		10	36	最短	72	1	可爱的中华	诗歌	讴歌中华
				平均	308	15	国王的新衣	小说	讽刺国王
				最长	475	36	补充课：区别词	说明	语文知识
		11	36	最短	78	1	做	诗歌	鼓励实践
				平均	340	30	一定能到火星上去	说明	科学幻想
				最长	562	34	补充课：关系词	说明	语文知识
		12	46	最短	64	1	"一·二八"纪念	诗歌	抵抗侵略
				平均	413	30	希腊演说家狄摩士	传记	历史
				最长	869	37	补充课：修辞	说明	语文知识

二、年级之间的教材变化

表6-2用等距抽样考察的方法，按课文长短各选取了一篇课文，对课文内容

与课文形式作了抽样分析。下面就对这份抽样材料进行具体的课文内容分析，来观察从初小到高小，从小学一年级到六年级教材在"文体""题材""语言"上的变化情况。

1. 文体变化

一至二年级的课文基本上是儿歌、童谣、童话故事，带有明显的低幼儿童的特点，反映的是儿童世界；三至四年级的课文则逐渐增加了诗歌、戏剧人物的对白、有一定社会意义的历史人物、故事与演讲；五至六年级的课文则逐渐增加了小说、书信、说明文、语言知识、人物传记等。明显表现出由儿歌到诗歌，由童话故事到社会故事，由韵文到散文，由短到长的变化。

下面看看三篇韵文的课文，来感受一下文体上的变化。

第1册第13课的儿歌《猫捉鸟》：

猫要捉鸟，鸟说，猫小姐，我不是老鼠，你不要捉我。

这首儿歌描绘的是人与动物合一的社会，动物完全拟人化了，在反映动物天敌关系的同时，也显示出人与人之间要友好相处的关系。这里儿歌形式只是具有最简单的，略有分段、对称意味的语句。

第6册第1课的诗歌《上山》：

用力呀！大家跑上高山。石级险，脚步慢，荆棘多，手难攀。还要用力，用力向前！快乐呀！大家已到山巅。树苍翠，草芊芊，看飞鸟，听流泉。真是快乐，快乐无限！

这里诗歌的痕迹明显得多了，韵脚"山""慢""攀""巅""芊""泉""限"，押韵的韵味已经相当浓郁了，"用力呀"与"还要用力，用力向前"，"快乐呀"与"真是快乐，快乐无限"，句式形成对称，且有递进，已经具有现代诗的特点。

第11册第1课的诗歌《做》：

做！做！做！不会做，要学做。会得做，立刻做。做不熟，常常做。做不好，改良做。想着做，就去做。应当做，就去做。穷时固然要做；当时岂可不做！不要因困难而不做，不要因无助而不做。一点不萎靡，由困难做到容易，由危险做到稳妥。越做越进步，越做越灵活。做！做！做！

这是一首诗歌，更像是诗歌中的哲理诗。第一行的诗句是三个"做"，诗歌的最后一行，也是三个"做"。句末的结尾字，本来应该用不同的字，且表现出押韵的回环，可都使用了"做"字，一共有12个，只有中间有三句为了形成"困难"与"容易"、"危险"与"稳妥"、"进步"与"灵活"的对称与推进，才没有用"做"字。用了如此不同于诗歌惯例的用字，把强调实践的理念用极具冲击力的方式表现出来了。

这三篇韵文体课文的逐渐发展，显示出小学教材的韵文文体由低年级到高年级的变化与成熟。

下面是三篇散文的课文，讲述的都是故事，其文体变化也是相当明显的。

第2册第46课《老虎和乌龟》：

老虎想吃乌龟的肉。乌龟把头和脚，都缩在壳里。老虎说，拿刀来挖你。乌龟说，不怕。老虎说，拿棒来打你。乌龟说，不怕。老虎说，把你丢在水里。乌龟说，我怕，我怕。老虎把乌龟丢下水去。乌龟哈哈大笑。

这里讲的是老虎与乌龟的故事：一个是捕食者，一个是被捕食者；可偏偏被捕食的弱者较捕食的强者更具智慧。课文通过对老虎与乌龟的拟人写法，体现出有智慧才是真正的强者。

第6册第14课《鹁鸪说些甚么话》：

"咕咕咕！"鹁鸪在树上叫。父亲问："鹁鸪说些甚么话？"弟弟说："下了几天雨，打湿了他的窠，所以他说：湿不过，湿不过。"父亲说："雨打湿了窠，只要自己修理，空喊有甚么益处呢！"妹妹说："老鹰要夺他的窠，所以他说，莫夺我的窠，莫夺我的窠。"父亲说："老鹰来夺窠，只要努力抵抗，空喊有甚么益处呢！"哥哥说："鹁鸪是很勤谨的鸟，他劝我们爱惜光阴，所以他说，不要空过，快点去做。"父亲点点头道："你说得很有道理。"

该文展现出孩子们对鹁鸪叫声的不同诠释，父亲对弟弟、妹妹、哥哥三人的回答做出了不同的回答。弟弟只是诠释了客观状况"湿不过"，妹妹也只诠释了鹁鸪的主观请愿"莫夺我的"，只有哥哥从中得到启示"不要空过，快点去做"。体现了努力改变现状，强调行动的实干思想。对儿童进行了意志力的培养，并加强了行动观的教育。

第12册第30课《希腊演说家狄摩士》：

狄摩士，希腊雅典人。生于公纪元前三八一年，他的父亲以造兵器为业，家境很富。七岁时，父亲去世，财产被亲戚吞没。狄摩士长大后，竟一贫如洗。希腊有位著名的大哲学家名叫柏拉图。柏拉图有个学生，名叫依赛薮斯，也是有名的雄辩家，狄摩士便从依赛薮斯学习修辞，依赛薮斯见他诚笃好学，又请柏拉图收他做学生，狄摩士得着两位名师的指导，学习愈勤。狄摩士的身体非常瘦弱，他和人说话，不但举止局促，并且语音含糊，他的呼吸又很短促，遇见群众，格外感觉困苦。他知道这些情形，对于他的志愿，极有妨害，常常竭力矫正。每天，他把石子含在嘴里，练习发音；又跑上高冈，使呼吸力加强。他要专心向学，就剪短了头发，表示不愿出外游戏；并且在室内凿了一个地窖，借此不和朋友们会面。一旦有了暴风，他便跑到海边，把汹涌的波涛，当作纷扰的群众，独自对着茫茫的大海，练习演说。狄摩士练习了许久，自觉以前所有的弊病都已除去。一天，雅典城中，举行公共集会，他便出席演说，不料他才说了几句，听众便哄堂大笑，狄摩士立刻羞得不能继续发言。回家以后，他懊丧万分。他的朋友对他说："你的胆气太小了。以后，如果再有人笑你，你可不要管他。"狄摩士听了，就振作精神，加倍勉励。一天，他又对公众演说，嘲笑的声音仍旧不绝地传进他的耳朵。这次，他又羞得几乎无地自容，连忙用外衣遮着面部，跑出会场。半路上，他对一个朋友哭着说道：我费尽了心力，还是不受听众的欢迎呀！

这篇散文在内容与形式的发展显示，小学教材的散文文体由低年级到高年级逐渐变化与成熟。

2. 题材变化

上面分析了从小学低年级到高年级的文体变化的发展与成熟的过程，在论述文体变化的同时，所列举的课文也展示了课文内容这样一些变化的特点，即从儿童世界往成人世界的变化；从拟人拟物的童话世界，到写人写事写世界写历史的现实生活的变化。在往成人世界、现实世界、社会生活的变化中，有两点显得特别突出。

第一点，有关社会变革、时事政治的课文大踏步、大分量地进入了教材。仅从表6－2显示的36篇抽样课文就能看到，随着年级的升高，这一主题的课文逐步增多。如：

第3册第2课《国旗》：

国旗，国旗，真正美丽！我们都爱你，我们都敬你，大家对你行个最敬礼。

第5册第19课《提灯会》：

双十节，晚上举行提灯会，小学生，擎着灯儿排成队，前有童子军，后有音乐队。脚步很整齐，歌声也清脆。你看，红灯光彩多么好，绿灯颜色多么美！灯上还写"国庆纪念"，"民国万岁"。

第8册第44课《孙中山的演讲》：

等到一张片子开完后，日廷的弟弟乃勉，又换了一张。据日廷说："这是孙中山先生演讲词的第二段。"我只听得又有一个宏亮的声音发出来道：今天中国的安危存亡，全在我们中国的国民睡还是醒。如果我们还是睡，那么就很危险。如果我们能从今天醒起来，那么中国前途的运命，还是有很大的希望。现在世界的潮流，都进到新的文明。我们如果大家能醒起来，向新的文明这条路去走，我们才可以跟得到各国，来追向前去。那么要醒起来，中国才能有望。为甚么呢？怎么样说法呢？就是我们醒起来，我们大家才有思想，有动作，大家才能立志来救这个国家。大家能知道这一件事，中国不难有救的。今天我们要来救这个中国，要从那一条路走呢？我们就是要从革命这条路去走，拿革命的主义来救中国。革命的主义，就是民族主义、民权主义和民生主义。这个就所谓三民主义。民族主义，就是拿中国要做到同现在列强处在平等地位，就是从国际上列在平等地位；民权主义，就是要拿本国的政治，弄成到大家在政治上有一个平等地位。以民为主，拿民来治国家；民生主义，就是弄到人人生计上、经济上平等。那么这个样的三民主义，如果我们能实行，中国也可以跟到列强来进步，不久也可以变成一个富强的国家。

第9册第1课《我是少年》：

我是少年！我的希望，好像朝阳升上地平线。——光芒万丈，前程辽远！我是少年！我的思想，好像瀑布奔下高山巅。——一泻千仞，银花飞溅！我是少年！我的意志，好像巨炮迸出火药弹。——不挠不屈，勇往直前！我是少年！我的志愿，好像水手摇着救生船。——救人苦难，不怕艰险！

第10册第1课《可爱的中华》：

可爱的中华！物博，地大，四百兆人合一家。遍地深藏多矿产，大宗出口有丝茶。可爱的中华！"神州"，"大夏"。五千年文明堪夸。河山秀丽世无匹，民族淳诚蔑以加。可爱的中华！民智，文化，一日千里进无涯。热血换来平等福，同心种得自由花。可爱的中华！

第12册第1课《"一·二八"纪念》：

壮哉！"一·二八"的自卫抗争。正气磅礴，热血沸腾。敌人的枪炮子弹，尽你抛掷，攻城略地无能！壮哉！"一·二八"的自卫抗争。军事倥偬，军容严整。三个月沉着应战，敌将四易，诡计阴谋难逞！壮哉！"一·二八"的自卫抗争。人民振奋，将士义勇。光荣美誉遍全球，何物强权，毕竟公理战胜！

在这样的课文中，反抗压迫、抵御外侮、呼吁民主、立志平等、追求理想、人立志、国恒强这类代表社会进步的声音表现得相当充分有力，成为民国小学国语教材时代进步意义的标志之一。辛亥革命推翻了两千多年的封建帝制，建立了现代意义上的国家制度；共和制度的建立，在中国的社会国家制度建立上具有极为重要的意义。《国旗》《提灯会》通过对国旗、国庆的讴歌，表达了对新型国家的热爱。《孙中山的演讲》直接体现了这一位中国革命伟人的思想，"拿革命的主义来救中国"，要建立"一个富强的国家"，代表了一百多年来为了中国的变革与富强而奋斗的历代仁人志士的心声，开启了实现中国梦的一个新阶段。《我是少年》虽然看上去宣传的是少年成才的故事，但诗中充满了时代的气息，充满了社会变革的历史责任感。"救人苦难"，成为全诗最高的时代立意。《可爱的中华》表达了每一位中华儿女对自己文明古国的由衷热爱。《一·二八纪念》表达了中华儿女反抗侵略的"正气磅礴，热血沸腾"的英勇气概。民国小学语文教材在内容题材和思想观念上的进步意义，与教育思想上儿童优先、儿童认知、儿童需求的主张，与语言文字上提倡现实性、当下性、通俗性，共同构成了文与道、形与神、气与质的高度统一，成为那个时代进步教材的典范。

第二点，语文知识的学习。教材从课文内容的单纯学习开始，逐步增加了对课文形式、教材语言、语文知识的讲授。这主要体现在高小教材中。在高小的四册教材中，即初小与高小连续编号的第9至12册，最后几课都是补充课文，内容是对语文知识的介绍：

第9册第34课的"文法分析图"，第35课的"单句与复句"，第36课的"从句子的作用讲到形式"。

第10册第34课的"名词、代名词"，第35课的"述说词"，第36课的"区别词"。

第11册第34课的"关系词"，第35课的"情态词"，第36课的"怎样写文章——立意"。

第12册第34课的"怎样写文章——取材"，第35课的"怎样写文章——布局"，第36课的"怎样写文章——修辞"。

上面的12篇课文，已经在系统地进行文法知识、写作知识的教学了。20世纪50年代，中学曾出现的"汉语知识"的专门化教材，可以说正是以此为滥觞的。当然，专门的文法知识讲授在小学是难了点，但对具体课文的学习积累到一定程度时，再传授一些"知其所以然"的知识，还是有必要的。从小学国语教材年级的逐层变化中，扩大写作、文体、语体等语言文字性知识的教学范围的变化趋势还是明显的。如第5册第39课《审山鼠》，出现了戏剧中的对话形式；第8册第44课《孙中山的演讲》，出现了对演讲词的学习；第9册第33课出现了书信；第10册第15课《国王的新衣》属于小说体；第11册第30课《一定能到火星去》属于科幻文章；等等。随着年级的升高，随着课文类型的丰富，文学知识、语文知识、文体知识、写作知识，也是愈学愈多。课文是语文教材最重要的内容，也是最重要的载体。在课文中，内容与形式，负载与载体，是高度统一的。

学生在认认真真完成对课文的学习的同时,也就在潜移默化中受到思想的熏陶、文体的感染、语文的操习了。

3. 语言变化

民国小学国语教材从一年级到六年级,在课文的文体、题材有着明显变化的同时,在语言使用上也有着迥然不同的表现,最主要的就是表现为从儿童语言往成人语言的过渡与发展。低年级儿童的语言意味浓厚,高年级使用的则是成人语言,中年级表现为过渡阶段。

(1) 语言风格上,低年级使用的主要是儿童语言,充满儿童的特点,口语化明显,简单浅显,就事叙事,亲切可感。比如同是记事文章,不同年级有着不同的特点。如第1册第37课《皮球》:"地上有一个东西,鸡说这是鹅蛋。鹅说这是鸭蛋。鸭说这是鸡蛋。小宝宝跑来说这是我的皮球。"这里要学习的是对事情的简单叙述,对不同事物的认识。而到了中年级,则从单纯的叙事往以事喻理方向发展了。如第6册第1课《树洞里的球》:"几个孩子,聚在树底下拍球。树根旁边,有一个很深的洞。大家拍得起劲,一个不留心,那个球滚到洞里去了。大家都瞪着眼睛想方法,有的折了树枝,伸进洞里去探;有的在带子上缚了钩子去引。但是都取不出那个球。有一个孩子,名叫文彦博。他去舀了一桶水,灌进洞里。洞里的水满了,那个球也氽出来了。"这里的叙事就复杂多了,有人物,有言语,有行为,有过程。还由事寓理,在语言学习的同时充满了智慧的启迪。

(2) 大量借助于拟人手法,以物喻人,通过自然界来认知人类世界,在玩耍中学习、长见识。这个特点在中低年级的课文中表现得相当充分。如第4册第21课《青蛙遇到蚯蚓》:"青蛙在田里做工。遇到蚯蚓,对蚯蚓说:'你是没有用的东西,我要吃掉你。'蚯蚓说:'且慢!你整天帮助农人,吃掉害虫,我很佩服。但是我也会做些小事情,把泥土掘松。'青蛙听了,笑道:'我错了!朋友,你做你的工罢!'"文章将描写对象、事情、道理、关系,都叙说得十分清楚,这里选取了青蛙与蚯蚓两种动物的形象,传神地表达了各有所长、互相尊重的主题。

(3) 句子使用上表现出由短到长,由独词句、短句、简单句往完整句、长句、复杂句的变化。

(4) 词语使用上,从低年级到高年级也呈现出明显的不同。课文的主人翁由多动物植物类名词,往多现实中的人名转化;由多夸张式用词,往多平实、真实的客观而准确性用词转化;由多概括性、具体性的简单名词、动词、形容词,往多描绘性、细腻性的词语转化;由基本词、中性词、宽义词,往引申义、感情词、专指词方面转化。

上面对整个小学教材的状况进行了面上的分析，下面第二、三节就两个具体专题来做一些分析，以更好地观察教材词汇内部的层级关系。

第二节　名词使用特点

小学12册语文教材跨了六个年级，其间跨度相当大，教学对象、教学难度都有了很大变化。课文的内容与主题也会相应地发生变化。在教材使用的所有词语中，名词承担着对人、物、事的指称作用，与教材的内容、题材、主题的关系最为密切，对名词的分析可以很好地观察到教材内容的侧重点与导向性。下面选取普通名词与专名中的国名进行分析。

一、普通名词

"世界初小"与"世界高小"共使用了词语79 094次，其中名词类词语为18 640次，占总次数的23.57%。其中普通类名词有15 292次，占总次数的19.33%；其他类名词为3348次，占总次数的4.2%。

按不同词形的词种来算，则有词种12 769个，其中名词类词语为5152个，占总词种数的40.35%。其中普通类名词有4135个，占总词种数的32.38%。列表如下：

表6-3　"世界初小"与"世界高小"中的普通名词

统计项	总数	名词占总数的比例	名词总数 数量	名词总数 百分比	普通名词 数量	普通名词 百分比	其他名词 数量	其他名词 百分比
词次	79 094	23.57%	18 640	23.57%	15 292	19.33%	3348	4.20%
词种	12 769	40.35%	5152	40.35%	4135	32.38%	1017	7.90%

这里统计出来的4135个普通名词，来自真实语料，里面既含有语言词，也有言语词。下面将4135个普通名词与收有8万余条词语的《现代汉语分类词典》（下面简称《分类词典》）参照，以见于其中与否分出两部分，见于其中的有3118个，暂称为甲类词，甲类词带有语言词性质，可凭借《分类词典》观察其义类分布的特点。不见于《分类词典》的有1017个，暂称为乙类词，乙类词不见于《分类词典》，大都带有言语词性质。

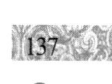

（一）甲类词的义类分布

由于《分类词典》的性质，它所收词语为"通用程度较高的语文性词语"[1]，故甲类词可视为民国小学语文教材中通用程度较高、稳定性较强的词语，它们一直沿用到了当今。我们可以借用《分类词典》来观察它们的义类分布特点。由于单音词的义项较多，归入的义类数较多且灵活，这里先把单音词排除在外，只考察复音词。复音词有2678个，在《分类词典》中能见词项（义项）为3007个。这个数字是《分类词典》总词数的3.6%。在9个一级义类的具体分布情况见表6-4。

表6-4 民国小学语文教材普通名词见于《分类词典》的情况

序号	一级类类名	词项数/个	《分类词典》该类词语总数	占《分类词典》该类词语总数的比例/%
1	生物	790	9911	7.9
2	具体物	695	13 467	4.1
3	抽象事物	1086	16 978	8.1
4	时空	174	3385	5.1
5	生物活动	67	11 420	0.6
6	社会活动	85	11 033	0.8
7	运动与变化	26	5211	0.5
8	性质与状态	70	9279	0.8
9	辅助词	14	2266	0.6
总数		3007	82 956	3.6

在9个一级类中，1~4属于名词性，5~7属动词性，8属形容词性，9属副词与虚词。它们在各个一级语义类中的分布情况见下。

1."生物"类的收词特点

一级类"生物类"与《分类词典》的共有词项为790个。收词数量之多排在9个一级类的第二位。《分类词典》在"生物类"下有5个二级类，即"人""动物""植物""微生物""生物的部分"，共有词比例最高的是"动物"与"人"两类，分别达到《分类词典》同类词语的9%与8.9%，这个比例远远高于双方总体的比例。在"动物"下属的三级类中，比例由高到低分别是"虫"类

---

[1] 苏新春：《现代汉语分类词典》，北京：商务印书馆2013年版。"凡例"第1条。

(31)、"禽"类（25）、"兽"类（13）、"畜"类（22）、"水生动物"类（12）①。比例最高的达12.3%，最低的只有4.9%。下面列出"虫"类的31个词语："昆虫、飞虫、蛀虫、益虫、害虫、幼虫、成虫、蟋蟀、螳螂、蜗牛、蚯蚓、蜈蚣、蟑螂、蝼蛄、蠹虫、牛虻、青虫、蜜蜂、胡蜂、蚕子、蝴蝶、蜻蜓、天蛾、蜘蛛、蚊子、孑孓、苍蝇、蚂蚁、跳蚤、蝗虫、蚱蜢"。这里收词的多少与疏密，反映了儿童认知的习惯，教材首先提供给学生们认知的都是生活中最多见，孩子们最感兴趣的小动物。

《分类词典》在"人"类下面有11个小类，即"泛称、性别、年龄、亲属、体态、体格、品性、才识、职业、籍属、社交"。共有词比例最高的前三位是"性别""泛称""体格"，比例最低的后两位是"才识"与"体态"。比例最高的达14.29%，最低的只有4.5%。下面列出"性别"类的18个词语："男女、儿女、男子、男儿、丈夫、先生、女人、女子、女士、女儿、妇女、妇人、夫人、主妇、姑娘、妹子、千金、小姐"。儿童对人的认知首先也是表现在性别上。而且从这些称谓来看，也多带有那个时期的称谓特点。从现在的角度来看，许多词语都有偏旧的痕迹了。

2. "具体物"类的收词特点

第2个一级类"具体物"与《分类词典》的共有词项为695个，共有词数量排第三位。《分类词典》在"具体物"下有8个二级类，即"概称""自然物""材料""器具""建筑物""生活用品""文化用品""食用品"，共有词比例最高的前两类是"自然物"与"概称"两类，分别达到《分类词典》同类词语的7.6%与5.7%。最低的是"食用品"（3.5%）和"器具"（3.9%）。"自然物"下面的小类有4个，分别是"天体""地貌""气象""自然物质"，比例都较高，在7.1%～9.2%之间。最多的是"气象"类。下面列出"气象"类的36个词语："大风、狂风、暴风、飓风、轻风、朔风、冷风、北风、春风、风雨、云霞、白云、浮云、云端、红霞、雨雪、冰雪、霜雪、风雪、小雨、细雨、大雨、雷雨、雪花、白雪、大雪、雪堆、雪人、冰块、雾气、云雾、大雾、霹雳、春雷、雷电、潮水"。"自然物"类的共有词比例高，"气象"类的共有词又更高，这都体现出了教材为迎合儿童了解生活、了解自然的需求而做出的努力。

3. "抽象物"类的收词特点

第3个一级类"抽象物"与《分类词典》的共有词项为1086个。共有词数

---

① 括号中的数字是词的具体数量，而不是比例数。

量排第一位，共有词比例也是排第一位，达到8.1%。《分类词典》在"抽象物"下有9个二级类，即"事情""属性""意识""社会""政治""军事""经济""科教""文体"。共有词分布于所有的9个二级类。最高的前两类是"事情"类（9.9%），"军事"类（8.2%）。最低的两类是"文体"类（2.9%），"经济"类（5.4%）。这里列出比例最低的"文体"类收的50个词："音乐、歌曲、歌声、军歌、渔歌、乐歌、引子、舞蹈、电影、影片、戏曲、国粹、歌剧、徽调、把戏、剧场、戏班、绘画、图画、油画、花卉、翎毛、册页、书画、泥人、石像、像片、遗像、运动、体操、早操、筋斗、长剑、疾病、病症、急病、重病、牛痘、天花、重伤、寒热、疟疾、感冒、霍乱、风寒、伤口、卫生、脉搏、医院、病院"。之所以要把这一类的词语列出来，并不是想突出它的数量有多少，而是想显示民国小学语文教材所收录的大都是相当传统、稳定的词语。而"文体"类词语恰恰是发展非常快的一类。

4. "时空"类的收词特点

第4个一级类"时空"与《分类词典》的共有词项为174个。共有词从数量上看排第四位，比例上是5.1%，也是排第四位。"时空"类下面有"时间"和"空间"两类，"时间"下面再有"天文历法""时期""时段""时候""年月日""昼夜时辰""季节""年纪"八小类，"空间"下面再有"方位""天地""地方""地点""方位"五小类。共有词比例最高的是"地方"，达8.1%，有词语43个："地方、区域、地面、地段、摇篮、校园、场所、会场、农场、墓地、城池、城乡、城邑、乡村、水寨、家乡、故乡、旧地、乡土、外埠、异地、领土、国土、土地、版图、河山、战场、沙场、战地、前敌、道路、路径、水路、山路、大路、小路、羊道、咽喉、鸟道、中途、原路、航路、轨道"。最低的是"昼夜星辰"，只有2.3%，有词语6个："白天、白日、黑夜、月夜、日夜、朝暮"。"时空"类词语是人的认知活动中必不可少的一部分，在这部分词语中，具体与概括、直观与抽象、附近与遥远、熟悉与疏离，都糅合在一起。而共现词较高的恰恰是表现在具体、直观、附近、熟悉的那部分词语中。这样的表现规律是很有意义的。

这一节分析对象是"普通名词"，它出现在《分类词典》前面4个名词性语义类"生物""具体物""抽象事物""时空"。在这四类一级语义类中共有词比例分别是7.9%、4.1%、8.1%、5.1%。可为什么它们又在其他5个非名词性语义类中出现了呢？主要原因有二。一是即使在这5个非名词性语义类中有出现，比例也是极低的，最高的只有0.8%，从数量来说都不超过两位数。二是这些词语大都属于兼类词,既可以作名词用,也可以作述词用,或是名动双有,或是名形兼具。如"封口、把握、包裹、结果、小便、饥饿、感冒、剧痛、习惯、觉悟、信仰、怀疑、希望、主张、纪念、生活、绣花、饮食、点心、工作、下手、误会、选择、存款、区分、游戏、猜谜、损失、遭遇、总管、经理、把握、告示、命令、组织、报告、出口、借款、距离、关系、运动、收场、收获、传说、比喻、自称、统称、代表、标记、来源"。下面把"辅助词"类的14个词全部列出来,可以更清楚地看到它们的兼类情况:"根本、一路、光景、自然、平生、根本、大力、自由、时刻、自然、不是、经过、根据、乒乓"。因此,在大规模的定量统计中,虽然出现了一些非名词性的语义类,但这些极个别的现象主要是《分类词典》按义项收录归类过于细致造成的。这些极个别的现象并不影响由此来观察普通名词义类分布特点的价值。

通过上面对"普通名词"义类分布状况的定量分析,可以看到民国小学语文教材的词语使用,的确是很好地显示出其在词语使用上具有典型的儿童语言的特点。所用词语具有通俗浅显、贴近生活的特点,满足了儿童的认知需求。

(二) 乙类词的构成特点

所谓乙类词就是民国小学语文教材中名词性复音词中不见于《分类词典》的词语。这部分词语的性质比较复杂。见于其中的具有语文性、通用性、稳定性的特点,但并不能由此推论出不见于其中者必然无此特点。乙类词会表现出差异很大的多种情况,它们有的跟处理词语的方法与技术有关,有的则与语料的性质与使用状况有密切关系。

1. 旧词语

所谓旧词语指的是当时使用,而现今不使用或不太使用,呈现较浓厚的过往时代特征的词语。民国小学语文教材距今已将近一个世纪,词汇变化较大是很正常的情况。要知道在这过去的近百年中,无论是社会制度、政治经济、思想观念,还是物质生活、家庭生活、人际关系,都发生了翻天覆地的变化,因此,一大批词语随着那个时代的远去而疏离、消逝了,例如:"煤屑路、磨夫、农夫、仆人、烧饭婆、篷帐、皮伞、漆商、漆瓮、漆业、强水、清兵、清军、箬笠、梢棚、摄音机、生番、时辰钟、市政厅、侍卫、守营兵、书算、讼费、头额、土盆子、袜机、瓦料、威权、倭刀、倭寇、乡农、乡妇、橡皮鞋、寻常人、巡察团、衙役、养家费、腰脚、已亡人、义勇团、艺员们、邑人、游历者、幼稚生、愚夫、原故、贼将、贼兵、贼军、贼营、针工、中学校、粥饭、拄杖、专利证、报价机、茶食店、臣民、仇货、雕笼、发明品、肝疾、观览券、禾稼、互助债、稽查员、讲演词、教养院、警士、扛夫、看护妇、扩大镜、劳工们、门仆、民军、站员、机匠、开顽笑、微生虫、樵妇、隶卒、老鼠矢、狡赖、盗薮、上卿、提督、从军犯、藩司、弓弩手、公使馆、军曹、昭王、织工、智识、虚头、咬痒、非常总统、中华民国、中央部"等。

2. 语文专业术语

民国时期正是中国现代小学教育的形成时期，应该教授哪些知识、深浅如何把握、如何教授，都处于探索、创立、实践、完善的过程。该如何培养学生的语文能力，语文知识与语文能力的关系如何认识，二者之间如何转化，也是崭新的命题。那个时期也正是关于汉语的新文法知识初次形成的时期，其亟须被学者们推广，亟须被教育家吸收到课堂中，从而提高教学效果。因此，在民国小学语文教材的高学段，就以"补充课"的形式系统讲授了汉语文法知识，内容涉及了较完整的词法与句法知识。如："实体词、述说词、抽象名词、普通名词、疑问代名词、指示代名词、联接代名词、代名词、个体名、动词、他动词、同动词、自动词、数量形容词、形容词、性状形容词、疑问形容词、指示形容词、动静词、性状名、情态词、区别词、时间副词、数量副词、性态副词、疑问副词、自动词、地位副词、否定副词、关系词、介词、连词、助词、系词、叹词；拟态句、排迭句、述说语、述语、抑扬句、主从复句、比喻句、并行复句、补足语、倒装句、对偶句、反复句、决定句、附加语、短语、分句"等，还有"初级文法书、文法课"等。这里关于词法与句法术语的使用，显然已不是点到为止，而是呈现了完整的文法知识体系。如此细密的文法知识出现在高小教材，多少有点超前。这是整个小学语文教育的探索时期，在语文知识的传授上，探索的痕迹特别明显。将这个时期的文法知识传授放在整个20世纪小学语文教育的发展过程来考察，这些探索经验还是很有启发作用的。

3. 具体指物词

本文民国小学语文教材词汇的考察对象直接来源于教材本身，它们带有鲜明的真实语料的特点，严重依赖语境，指称的多是具体的人、事、物，呈现出较明显的弱稳定性、弱普遍性。它们一般不会进入词典，特别是语文类词书。这在直接来自真实语料的描写性词表中是必然的，是其中一块比例颇大的天然成分。如："善堂、石壁、石洞、石骨、树洞口、树叶子、树枝梢、水葡萄、水蛆、天文家、五香酱牛肉、铁架、铁料、铁片、铁头、铁椎、铜盘、铜片、铜条、戏剧协社、小蜂房、小狗、小黑鸡、小红花、演说竞赛会、椰果、野蒲、印刷机、罂粟花、樱桃树、游戏场建筑、鱼鳖、鱼骨头、圆木脚、云罗锦、紫檀床、爱克登人、奥兵、八卦形、八阵图、辨士、博济医学校、丹麦兵、英兵、英国兵、英吏、非常国会、庚子之役、红十字救济会、记数器、鲸鱼骨、三字经、孙文学说、太公兵法、五权宪法、香港医学校、消毒法、反印花税案、建国方略、江滨小学、节足动物、老残游记、马关条约、满清政府、漆荒、赫叟"。

4. 凝固度较高的组合性词语

汉语的字与词总是有着密不可分的天然关系，可断、当断之界在何处，一直困扰着学者们。在机器自动分词标注的软件中，它们会将经常搭配使用，凝固度较高的字的组合当作一个词语单位来看待。这是与面向人的词典很不一样的地方。这样的词语，后者一般是不会收录的。如"小鱼、小雨点、小猴子、小黄鸡、小鸡棚、小老鼠、小麻雀、小蚂蚁、学期考试、众将、众客、竹鞭、竹篱笆、竹帽、竹丝、竹衣、驻美公使、驻英公使、白布、白鹅、白浪、白鹿、白马、本国布、本国货、本校、毕业考试、毕业同学、薄纸、布裙、布条、大孩子、大猴子、大剪刀、大老鼠、黄河水、鸡蛋黄"等。

5. 因旧字形而别的异形词

词表中还有个别因字形有别而形成的异形词。如"櫈子、価値、眞相、随卽、羣众"，这是由于那个时期使用了旧字形造成的。当然，在现代的语料整理中，这样的汉字字形可以经过整理、选择而得到规范统一。它们可写成"凳子、价值、真相、随即、群众"。虽然曾经做过这样的规范统一工作，它们只能算是漏网之鱼，但它们却是在跨时代的语料整理中必然会出现的现象，故仍保留一二以彰显其异。

如果说上面的第3、4、5三类属于特定的语料性质，是由于特别的加工处理语料的方法与手段的不同而带来的结果，那么第1、2两类则是在考察民国小学语文教材词汇时应特别予以关注的。对那个距今已有相当距离的特殊年代的教材语言的考察，正是通过"旧词语"来很好地彰显其语言特色与语言词汇背后所蕴含着的思想观念的差异，以及那个特定时期中社会政治经济文化独有的历史痕迹。即使是在"语文专业术语"部分，其历史的、发展的痕迹也相当明显，因而它们也就具有了"史"的价值，例如"他动词""自动词"消失了，现在流行的是"及物动词""不及物动词"；"它们的作用是陈述事情，叫做决定句"，现在说的是"叙述句"；"'是'是同动词"，现在说的是判断词；"拟态句，描写人物的形态"，现在说的是"描写句"。

二、国名

与普通名词相对的是专用名词。专用名词一般来说有四大类：人名、地名、机构名、时间词。要细分的话还有很多，如书名、事件名、物名、朝代名。地名中还可以分出城市名、国名，甚至建筑名、桥梁名、山名、河流名等。这里只考察"国名"，由此来观察教材内容与教材语言的关系。

（一）国名统计

"国名"往往与特定人物和事件联系在一起，显示出故事发生的背景与过程。为了更好地考察教材内容的时代性与现实性，考察的范围限于近现代，不包括古代国名。

民国小学语文教材中出现的国名一共有23个。

按洲来看，分布如下。欧洲：奥国、丹麦、德国、俄国、法国、荷兰、瑞典、瑞士、西班牙、希腊、意大利、英国。亚洲：中国、日本、韩国、土耳其、蒙古、亚美尼亚、美索不达米亚。美洲：美国、巴拿马。大洋洲：新西兰。非洲：埃及。

按出现的频次来看，出现最多的前11位是：中国（75）、英国（30）、土耳其（24）、美国（23）、日本（17）、法国（14）、意大利（12）、希腊（9）、印度（4）、瑞士（4）、蒙古（4）。

按出现的课文篇数来看，出现在2篇及2篇以上课文中的国名有11个，它们是：中国（22）、英国（15）、美国（15）、法国（6）、日本（6）、希腊（4）、印度（3）、蒙古（2）、瑞士（2）、土耳其（2）、意大利（2）。

（二）国别使用状况

下面就来看看这11个国名的使用情况。

1. 出现"中国"的课文有22篇

①《孙中山住在海边》（5-28）："中山先生想：为甚么那个人家，给强盗欺侮，中国没有法律保护他们？"

②《若愚复寿彭的信》（6-8）："中山先生说过，这些都是中国的固有道德。"

③《油炸烩的传说》（7-19）："宋朝时候，金国人来侵略中国的土地。"

④《小旅行家能力强》（7-39）："片刻踏遍全中国，小旅行家能力强。"

⑤《国旗歌》（8-7）："中国国民志气洪，教育普及东方东。"

⑥《这是甚么鸟》（8-18）："这位动物学家，初次到中国来游历。"

⑦《黄道婆》（8-23）："棉花本是印度产，中国唐代始发见。"

⑧《中山先生的演讲（一）》（8-43）："我们大家是中国的人，我们知道中国几千年来，是世界上头等的强国。"

⑨《中山先生的演讲（二）》（8-44）："今天中国的安危存亡，全在我们中国的国民睡还是醒。"

⑩《伦敦被难（一）——被拘》（9-14）："你到了这里，就如到了中国了。"

⑪《伦敦被难（二）——脱险》（9-15）："两辆马车驶到中国公使馆门前停住。"

⑫《补充课之二——伦敦被难记》（9-35）："你到了这里，就如到了中国了。"

⑬《刺恩铭（一）——行刺》（11-8）："我们中国自从满人管理国家以后，国势就一天一天地败坏了。"

⑭《入超》（11-10）："中国受外国经济的压迫每年要被夺去十二万万至十五万万元。"

⑮《台湾抗日始末》（11-20）："民国纪元前十八年，中国和日本发生战事，结果中国失败，订立马关条约，损失很巨。"

⑯《国父孙中山先生（一）》（11-26）："因见帝国主义的侵略，满清政府的腐败，就立志运动革命，改造中国。"

⑰《国父孙中山先生（二）》（11-27）："这次会议，中国本部十八省，除甘肃外，都有留学生加入，这就是空前的同盟会。"

⑱《辩论太阳的故事（一）》（12-4）："有个周游世界的中国旅客，讲了一段辩论太阳的故事。"

⑲《在寒带上写给朋友的信》（12-6）："这里的风土和中国大不相同。"

⑳《怎样恢复民族地位（一）　孙中山演讲》（12-12）："中国从前能达到很强盛的地位。"

㉑《怎样恢复民族地位（二）　孙中山演讲》（12-13）："中国有甚么固有的智识呢？"

㉒《字的创造和变迁（二）》（12-15）："但是中国本部有一千六百万方里的地面。"

以上22篇课文，讲述的都是跟"中国"有关的故事，讲述了与它有关的人和事，历史与当今。但细细辨析，还会发现在相当一部分课文中，"中国"并不仅仅是一个单纯的表地理、表空间的国名，而是一个感情宣泄的主体，是一个充满感情和激情，或更多是一个充满哀情和悲情，要以极大的热情来呼唤、警醒、期待其摆脱贫弱、发奋变革的主体。人们总会说，民国时期，是当代中华民族"国家"意识快速形成的时期，这在上面的考察中可以得到证明。

2. 出现"英国"的课文有15篇

①《伦敦被难（一）——被拘》（9-14）："说你坐了麦竭斯的号轮船到英国来了，叫我捉住你。"

②《伦敦被难（二）——脱险》（9-15）："英国外交官唐某。"

③《两个科学家的幼年时代》（9-32）："英国物理学家牛顿小时候，就有研究物理的兴味。"

④《单句和复句——补充课之二》（9-35）："说你坐了麦竭斯的号轮船到英国来了，叫我捉住你。"

⑤《南丁格兰的仁慈》（10-3）："南丁格兰是英国的富家女子。"

⑥《焚券》（11-18）："富兰克林的祖先，是英国爱克登人。"

⑦《辩论太阳的故事（一）》（12-4）："我乘了英国船。"

⑧《辩论太阳的故事（二）》（12-5）："我见它先由日本上升，然后向英国的西方隐没。"

⑨《中华民国国旗的光荣史（二）》（12-9）："到了辛亥革命，中山先生由美洲到英国。"

⑩《凯末尔将军复兴土耳其》（12-11）："英国深恐一旦失了亚美尼亚，所得的利益便要损害。"

⑪《父子对话》（6-13）："距今一百多年，英国有一个外科医生，名叫秦纳。"

⑫《不受侮辱的孩子》（6-21）："美国抗英独立的时候，有一个十三岁的孩子，名叫席克生，被英国的军官捉住。"

⑬《不怕强暴的女孩》（6-22）："当美国起兵反抗英国的时候。"

⑭《蜂房助战》（8-5）："公历一千七百八十一年的五月里，正是美国宣布独立，和英国交战剧烈的时候。"

⑮《专心的诗人》（8-8）："英国的诗人布朗宁，天天坐在书室中，专心读书，吟诗，从来不顾问家里的事。"

在外国的国名中，"英国"属高频词，出现于15篇课文。"英国"的出现有两种情况，一类是因其他人或事的发生而涉及，属于"沾亲带故"类。如《伦敦被难》介绍孙中山的游历而及英国，《焚券》《辩论太阳的故事》中的"英国"也是一个地理概念。又如《凯末尔将军复兴土耳其》《不受侮辱的孩子》《不怕强暴的女孩》，英国多是作为曾经的殖民国而出现，展现的是一个历史意义的英国。另一类是专门介绍英国的人与事，属"国家形象"介绍。如《父子对话》介绍了英国的科学家秦纳发现的种牛痘，防治天花的故事。《专心的诗人》介绍了英国诗人布朗宁专事创作，不谙家事的故事。《两个科学家的幼年时代》介绍了物理学家牛顿的故事。《南丁格兰的仁慈》介绍了南丁格兰战场救治伤兵，最终促成红十字救济会成立的故事。这些故事让学生对英国历史上科学技术与人文成就有了初步的了解。

3. 出现"美国"的课文有15篇

美国作为新兴的国家，也出现于15篇课文，与出现英国的课文篇数相同。

①《不受侮辱的孩子》（6-21）："美国抗英独立的时候，有一个十三岁的孩子，名叫席克生，被英国的军官捉住。"

②《不怕强暴的女孩》（6-22）："美国费城地方，有一个十岁的女孩子，名叫爱兰。"

③《四两茶叶》（6-25）："林肯，是一位有名的人物，曾任美国的大总统。"

④《修自来水管》（7-15）："美国某地方，有一家人家的自来水管坏了。"

⑤《蜂房助战》（8-5）："公历一千七百八十一年的五月里，正是美国宣布独立，和英国交战剧烈的时候。"

⑥《大发明家爱迪生》（8-42）："爱迪生是美国的大发明家。"

⑦《"阿美利加的幼童"》（9-2）："美国舰队里，有一艘四万吨的军舰，名字叫做'阿美利加的幼童'。"

⑧《富兰克林（一）》（11-18）："那个奇怪的人，名叫富兰克林。他不但是个科学家，而且是个文学家、政治家，在美国抗英独立时，也建了许多功绩。"

⑨《富兰克林（二）》（11-19）："他在欧洲宣传抗英独立的原因，并运动各国承认美国独立。"

⑩《读课外书——朱光潜谈读书》（11-29）："美国有一位文学家、科学家和革命家富兰克林。"

⑪《一定能够到火星上去》（11-30）："去年，我跟父亲到美国，曾参观嘉利福尼亚州的天文台。"

⑫《凯末尔将军复兴土耳其》（12-11）："请美国从中调停，但没有成功。"

⑬《爱迪生》（12-17）："'机械的进步，足以推进文化。'这是美国大发明

⑭《开凿巴拿马运河的乔达尔》（12-18）："一九〇四年，美国决定继续开凿，所委任的工程师，名叫乔达尔。"

⑮《黑奴的救星林肯》（12-25）："林肯，美国人，他少年时代的境遇，极其困苦。"

"美国"出现的课文数与"英国"相同，但明显看到"美国"在课文中大都充当了"主角"。主人翁形象突出，"正能量"满满。既有小人物，如十三岁的小男孩席克生、十岁的小女孩爱兰，有工程师乔达尔、科学家爱迪生，更有政治家林肯、富兰克林。即使是《"阿美利加的幼童"》《一定能够到火星上去》《凯末尔将军复兴土耳其》这样的课文，"美国"也是以正面形象出现，充满力量与道义。这与那个时期美国正处于上升时期，对中国的政治、经济、军事的发展，对教育思想、教育理念、教育制度等产生的巨大影响有关，充分反映出那个时期国人对美国充满着好感。

4. 出现"法国"的课文有6篇

①《两个科学家的幼年时代》（9-32）："法国天文家甘赛狄七岁的时候，就有研究天文的兴味。"

②《填成两张表格——补充课之四》（10-34）："法国，国名。"

③《富兰克林（二）》（11-19）："经他努力奔走呼号以后，法国首先表同情。"

④《最后一课（二）》（11-24）："你们自己想想，你总算是一个法国人，连法国的语言、文字都不知道。"

⑤《凯末尔将军复兴土耳其》（12-11）："后来，法国因为军费支绌，单独和土耳其议和，订了法、土条约。"

⑥《开凿巴拿马运河的乔达尔》（12-18）："公元一八八一年，法国曾派开凿苏彝士运河的工程师蓝西勃，担任这件工程，可是开工不久，工役死了过半。"

"法国"出现在6篇课文中，属于正面形象的有两个，一个是天文家甘赛狄，另一位就是世界文学史上最为著名的《最后一课》。其他几篇都是作为故事背景而出现。

5. 出现"日本"的课文有6篇

①《蔡松坡先生是怎样的一个人》（9-30）："十六岁的时候，他想往日本学习陆军。"

②《台湾抗日始末》（11-20）："民国纪元前十八年，中国和日本发生战事，

结果中国失败，订立马关条约，损失很巨。"

③《国父孙中山先生（二）》（11-27）："庚子以后，各省多派遣学生，留学日本。"

④《辩论太阳的故事（二）》（12-5）："我见它先由日本上升，然后向英国的西方隐没。"

⑤《怎样恢复民族地位（一） 孙中山演讲》（12-12）："外国人和中国人与日本人都做过了生意的，都赞美中国人，不赞美日本人。"

⑥《寿彭给若愚的信》（6-7）："中山先生到过日本。"

"日本"出现的6篇课文，有2篇显示出中日之间的战事及对日本人的贬抑态度。有3篇显示日本作为现代化先行国，对中国所产生的影响。1篇显示出日本地处东方的方位特点。

6. 出现"希腊"的课文有4篇

①《大屋子和小屋子》（10-17）："苏格拉底是古时候希腊的教育家兼哲学家。"

②《凯末尔将军复兴土耳其》（12-11）："西面抵御希腊的进攻。"

③《希腊演说家狄摩士》（12-30）："狄摩士，希腊雅典人。"

④《怎样做文章（二）——取材——补充课之十》（12-34）："奋力战胜希腊。"

"希腊"在2篇课文中充当了主角，分别介绍了古希腊的两位著名学者，一位是教育家、哲学家苏格拉底，一位是演说家狄摩士，彰显了古代希腊的学术与艺术成就。另2篇，希腊作为侵略国身份出现在文中，均被打败，也从另一个角度展示了国人要有奋起抗争、争取胜利的决心和勇气。

7. 出现"印度"的课文有3篇

①《辩论太阳的故事（一）》（12-4）："我乘了英国船，航行到印度的苏拉德。"

②《辩论太阳的故事（二）》（12-5）："一个印度的土人听了，便对渔翁说：'你的话真正可笑！'"

③《黄道婆》（8-23）："棉花本是印度产，中国唐代始发见。"

"印度"在3篇课文出现了，都是作为故事的背景，这是一个历史文化悠久的国度的优势，一个故事不管怎么开讲，要涉及它是很容易的。可却没有形成专门的聚集点。

8. 出现"蒙古"的课文有2篇

①《由恰克图寄来的信》（10-5）："我同你分别以后，就加入沙漠旅行队，

先到张家口。由此出发，前往蒙古。"

②《小旅行家能力强》(7-39)："走上东北三省，沿着蒙古到新疆。"

出现"蒙古"的两篇课文，都是从地理方位的角度来展开叙述的。

9. 出现"瑞士"的课文有2篇

①《墨索里尼的自述》(12-29)："我因教师的职业和我的性情不合，便到瑞士去协助侨胞。"

②《对屋柱说话》(8-4)："几百年前，奥国压迫瑞士的时候，有一个瑞士的孩子，偶然走过奥国的兵营。"

"瑞士"在两篇课文中都是作为事件发生的背景。尤其是在第2篇课文中，瑞士被侵略的时候，一个孩子智慧而勇敢的行为，拯救了一个城市。这个故事也在告诉孩子们"国家兴亡匹夫有责"的道理。

10. 出现"土耳其"的课文有2篇

①《凯末尔将军复兴土耳其》(12-11)："当十九世纪末叶，土耳其在名义上，虽然是个独立的国家；实际上，已成了列强的半殖民地。"

②《怎样做文章（二）——取材——补充课之十》(12-34)："这是一篇作者立于旁观地位，把凯末尔将军复兴土耳其的事实，介绍给读者的文章。"

"土耳其"实际上只在一篇课文中出现，可却是浓墨重彩，详细介绍了凯末尔将军复兴土耳其的故事。

11. 出现"意大利"的课文有2篇

①《爱国的少年》(11-4)："船中乘客很多，其中有一个十一岁的意大利少年，形容憔悴，衣衫褴褛，颇惹乘客们的注意。……'拿回去！我不要说我国家坏话的人的钱！'"

②《墨索里尼的自述》(12-29)："直到我做意大利首相时，才能够重游旧地。"

"意大利"在两篇课文中出现，完成了两个人格上的塑形，尤其是《爱国的少年》，塑造了一个贫穷而有骨气的爱国少年形象。

（三）"国名"使用的启示

在"国名"使用的背后，有着深厚的"非语言"因素在起作用。除了"沾亲带故"一类外，如《焚券》《辩论太阳的故事》顺及至"英国"，如《黄道婆》顺及至"印度"之类，在"国家形象"类中，为什么选这些国家的"人物"和"故事"，是有许多深意的。"国名"的使用显示出教材编纂者们的国际视野及其对各国文化的态度。正是因为有了教材编纂者如此卓尔不群的政治思想、胸怀格局及文化精神，才能在世界各国浩如烟海的文献、作品、故事的文化积累中，"万里挑一"地完成了"为我所用"的课文素材取舍工作。

"国家形象"类的人物故事，主要出现在美国、英国、法国、意大利、土耳其、希腊等国中。其故事的题材与意义主要表现在下面三个方面：

（1）展示人类科学技术、文化积累的历史。如英国科学家秦纳发现种牛痘，防治天花的故事；英国物理学家牛顿的故事；美国的大发明家爱迪生的故事，他那"机械的进步，足以推进文化"的名言广为人知；美国开凿巴拿马运河的工程师乔达尔的故事；古希腊的教育家、哲学家苏格拉底的故事；英国南丁格兰战场救治伤兵，最终影响世界各国，促成红十字救济会成立的故事。这些故事中有科学家，有工程技术人员，也有学问家，还有社会活动家，展示了人类文化的积累，特别是那些先进国家的科技、人文创造活动给人类带来的推动作用。

（2）推崇领导社会政治制度重大变革的革命家。如领导美国独立的富兰克林，解救黑奴的美国总统林肯，领导土耳其复兴的凯末尔将军。这些革命家所领导的革命活动推动了社会的进步，给国家带来了进步与光明。

（3）赞扬反抗暴力、追求自由、平等、独立的小人物。如美国独立活动中，即使成为英国军队俘虏，也不接受要他给军官擦鞋的侮辱性行为的十三岁男孩席克生；敢于当面向暴力统治者英国将军讨回自己财物的十岁女孩爱兰。如《爱国的少年》中那位十一岁的意大利少年，形容憔悴，衣衫褴褛，刚开始接受了富有乘客的施舍，但最后却毅然退回钱币，只因对方说了他的国家的坏话。

这些"精挑细选"挑出来的课文，鲜明地体现了"榜样"身上反映出来的崇拜者所渴望的东西。特别是那些重"人"而不是重"事"，重"精神"而不是重"史实"的课文中，充分表现出了小人物对强权、贫弱者对富有者、低贱者对傲慢者、变革者对守旧者、底层者对统治者的那种反抗与无畏。课文处处表现出了他们据理力争与占据道德制高点的"心理优势"。

而在多篇课文不断提及的几位革命领袖中，特别容易引起我们注意的还不是富兰克林、林肯这样的彪炳史册的大总统，而是领导小国、弱国、穷国闹革命的凯末尔将军。当时的土耳其是"半殖民地"国家，战败而危，面临着被列强瓜分，"强迫签订不平等条约"，国家"危殆"的局面。凯末尔"以救国主义，号召群众"，组织国民革命军，西御希腊，北攻亚美尼亚，南抵法国，东战英国，"抱着与国共存，与国共亡的决心"，最终打败了侵略者，"缔结休战条约"。在取得对外作战的胜利后，"转而向内，废去土耳其皇帝，把一切政权交付国民会议"。土耳其当时的状况，一似当时的中国。课文浓墨重彩地讲述了凯末尔将军复兴土耳其的故事，凸现了反抗侵略，追求独立民主的精神，给当时的中国社会革命提供了一个生动的样板。

从上面的叙述可以看到，无论是生活在社会底层的"小人物"，还是领导革命的"大人物"，在这些故事中都有着相通的东西，那就是它们都是不甘侮辱、不甘落后、不甘被统治的"弱者"。"侮辱"在"世界初小"与"世界高小"中出现了11次。它的频次在所有的课文用词中排在前10%，在所有动词中排在前5%，可见其使用频率之高。不甘侮辱的精神在许多课文中都得到了充分的表现。如第10册第26课的《海外侨胞》，从形式上看，这篇课文讲的是如何向编辑部投递稿件。写海山小学要出一期"华侨特刊"，主编杨子长向毕业同学王退思约稿，王退思写完稿后，请人修改，誊清稿件，投递邮寄，再到主编盖章收讫，拆封阅稿。可就是在一篇如此注重介绍写稿发稿流程的课文中，也以展示稿件内容的形式强烈表现出了不甘侮辱的精神。"侮辱"被反复地使用："然而因为我国的国势衰弱，常受世界各国帝国主义的侵凌压迫；因此在外的侨胞，同样受到压迫与侮辱。""帝国主义这样公然侮辱我侨胞，使我侨胞生活没有一刻安定，真是可恨。""现在各地侨胞，正热望祖国的国势日益强盛，国势日益巩固，以解除他们被侮辱被压迫的苦痛。""侨胞对祖国既是这样爱护，我们怎忍得让他们永远受人侮辱和压迫呢？"又如第9册第30课《蔡松坡先生是怎样的一个人》，通过父亲与三个孩子的对话，分别完成了蔡松坡是"模范学生""模范军人""模范公民"的人物描写。三种人物形象中，重点是第三点："他为护国爱民起见，竟奋不顾身，组织护国军和北兵血战。洪宪倾覆以后，他又因积劳病死。这样只知正义不怕强暴的精神，不是足当一个模范公民吗？""模范公民"的内涵非常广，这里给出的诠释是"护国爱民""只知正义不怕强暴"。

从"国名"的使用，从对外国题材课文内容的选择，联系到当时中国的社会现状，可以真切地感受到教材编纂者的理念与原则及深深扎根于时代之中的人格精神与追求。正所谓民国小学语文教材就是那富于进步意义的时代教材、政治教材、思想教材和宣传资料。它的进步价值不仅仅来源于以满足儿童学习需求为己任的现代教育思想，也不仅仅来源于以现代白话文为思想表达工具的语文革新思想，更多的是来源于那种在内容上、主题上紧跟社会进步、民族图强的时代精神。

第二节 形容词使用特点

下面来看看形容词的使用情况。形容词是对形状、性质、状况进行描写的判断描绘性词语。它能较好地表达出认知与情感方面的内容。

一、形容词年级分布特点

（一）形容词使用状况

表6-5 形容词的词种与频次

统计项	总词数	形容词占总数的比例	形容词总数 数量	形容词总数 百分比	单音形容词 数量	单音形容词 百分比	双音形容词 数量	双音形容词 百分比	多音形容词 数量	多音形容词 百分比
词次	79 094	4.51%	3568	100%	1803	50.53%	1741	48.80%	24	0.67%
词种	12 769	8.16%	1042	100%	4135	24.86%	763	73.22%	20	1.92%

注：表6-5中词次的单位为"次"，词种的单位为"个"。

形容词的词次占总词数的4.51%，词种占总词种的8.16%。

单音形容词的使用如："宝宝小，宝宝好，拍一拍，跳一跳。"里面有单音形容词"小""好"。

双音形容词的使用如："捉迷藏，真快乐，妹妹躲，哥哥捉。哥哥捉住妹妹，妹妹笑呵呵。"里面有双音形容词"快乐"；"月亮弯弯，像一只船；月亮圆圆，像一只盘"。里面有双音形容词"弯弯""圆圆"。

多音形容词的使用如："你这东西很奇妙：远看空空洞洞，近看明明了了。"里面有多音形容词"空空洞洞""明明了了"；"许多小鸟飞来看见了，也都恭恭敬敬对乌鸦行礼"。里面有多音形容词"恭恭敬敬"。

下面对双音形容词来做具体的分析。双音形容词数量多，专指性强，形容词性功能突出。双音形容词的词种有763个，占所有形容词的73.22%。其中出现10次及以上的词24个，3次至9次的词151个，出现2次的135个，出现1次的453个。

表 6-6　双音形容词的数量与频次分布

词种	词次/次	比例/%	例　词
24	≥10	3.15	（频次降序排列）快乐、完全、明白、成功、美丽、容易、活泼、正当、可爱、聪明、一样、不好、一般、平等、用力、仔细、诧异、自由、高兴、骄傲、厉害、奇怪、不同、舒服
151	3~9	19.79	（频次前20个）偶然、危险、可怜、有名、长久、黑暗、惭愧、好看、优美、重要、自然、专心、痛苦、奇妙、伟大、勇敢、可怕、清楚、不幸、着急
135	2	17.69	（音序前20个）哀哀、矮小、安静、安乐、安慰、安稳、安闲、黯淡、傲慢、懊悔、博爱、不安、不多、不堪、苍翠、畅达、称职、充分、冲突、聪颖
453	1	59.37	（音序前20个）碍事、安定、安宁、安适、暗绿、肮脏、昂贵、懊恼、懊丧、磅礴、饱满、暴虐、悲哀、悲惨、悲愤、逼真、薄弱、不便、不测、不高

表 6-6 显示，使用频次在 10 次及以上的双音形容词有 24 个，排第 1 位的是"快乐"，出现了 28 次；第 2 位的是"完全"，出现了 19 次；第 3 位的是"明白"，出现了 18 次。这 24 个词大都具有较典型的词义浅显，通俗易懂，口语性强，儿童语言味浓，描写形容的对象较直观，生活化突出等特点。而在使用频次逐层降低的词语中，则有常用度下降，书面词语味渐增，描写形容的对象渐趋由形转神，由外向内，情感描写突出的特点。

在第一方阵的 24 个词中，也有一个词显得另类，这就是"诧异"，这是一个书面语较重的词语，可它为什么会使用频率那么高而进入高频使用的第一方阵呢？经查，发现它的 13 个词次，出现在初小的有 8 次，其中第 4 册 1 次，第 7 册 4 次，第 8 册 3 次，共有 7 次出现在小学四年级。出现在高小的有 5 次。由此可见，频次是显示词语常用度的一个重要依据，但并不完全如此，要完整地考虑形容词的属性。除了频次外，还要综合考察其他方面，如语义内容、风格色彩、语境、出现的先后顺序等因素。

（二）形容词稳定性的考察

将 763 个双音形容词与当代收录语文词较全、规模较大的《分类词典》相比较，会发现见于《分类词典》的有 694 个。这 694 个形容词可视为稳定的现代汉语形容词，占 763 个双音形容词的 90.95%。不见于《分类词典》的有 69 个。

在这 69 个不见于《分类词典》的词语中，有的是经常搭配使用的组合性词语，如"不远""不信""不熟""不弱""好玩"；个别是因为使用了旧字形而出现的异形词，如"胡涂""沈闷""殷懃""準确"。而值得注意的是在那个时代使用，而现在不再使用的"旧形容词语"。如"淳诚""奋励""忿怒""宏壮""荒疏""惶急""徼幸""惊悦""可怪""苦辛""蛮野""浓纤""穷迫""暇暖""忧急""窄隘""支绌"。它们是现代汉语形容词形成过程中的产物，大多数在后来的语言使用中都不再出现了。将这些词语放到1946年以来约17亿字的《人民日报》语料中检索，会发现有的词不再出现了，如"淳诚""荒疏""惊悦""暇暖"；有的则明显呈现偶用、罕用或是逐渐少用的变化趋势，在使用频率变化的同时，它们在词义风格和色彩上也会表现出古雅、陈旧的变化。下面对那些偶用、罕用或是逐渐少用的词语做些列举，可以更真切地观察其语境及年代的变化情况。

1. "奋励"

例如：

"由于伟大苏联的无私援助，保加利亚人民正以最大的奋励在他们的国家中建设社会主义的基础。"（1949）

"法国人民对于在国民议会议长赫里欧的参与下，为了保证以一票之多数通过莫克的政权而进行的阴谋诡计，感到愤慨，并向以奋励英勇保卫工人阶级要求，及人民与法兰西的利益的杜克洛热烈致敬。"（1949）

"正如一向在普遍情绪高涨的日子一样，苏联人民把他们对祖国的爱、他们对和平的努力跟奋励的创造性的劳动连结起来。"（1950）

"他高举着布尔什维克党性的旗帜，奋励地坚持着共产主义的思想立场，深刻地注意着实际的经济建设事业。"（1952）

"被你们的历史性胜利所鼓舞的千千万万的和平保卫者，正日益奋励地把他们的努力倾注在为维持全世界和平的斗争上面。"（1953）

"不久前，一位旅美台湾老学者给大师之子李燕副教授来信写道：'……传记拜读之余，深觉齐鲁燕赵之精神、敦厚纯朴之民风，尤其令尊大人刻苦奋励之作与坚贞壮烈之精神，诚足以代表中华民族之传统美德，不屈不挠之意志……'"（1988）

"命意深长，令观者肃然起敬，上感神明，下图奋励。"（1989）

"当南开大学校园几乎被日军轰为平地、34年心血付之火海时，校长张伯苓却看到了另外一个层面：被毁者为南开之物质，而南开之精神将因此挫折而愈益奋励。"（2012）

2．"忿怒"

例如：

"好战分子固执地要逞兵黩武以自娱，这使我们忿怒！"（1946）

"在这样苦境中，他就以水淹解放区来提高其士气，壮其声威，并用黄水分割解放区以遂其军事阴谋，但他所得的，将是他的希望的反面，解放区人民必将把忿怒变为力量，加速使他走到失败。"（1947）

"钢铁般的斗志，忿怒的吼声，压倒了敌人嚣张的气焰……"（1949）

"道德对于人的心灵是一种无形的支配，它要求你在忿怒、恨和爱中投入全部力量。"（1994）

3．"宏壮"

例如：

"那儿相当肮脏、穷苦，那儿很少宏壮的美国技术。"（1947）

"现在业经苏维埃政府改造为全苏的工业化果树育种和科学植物育种的中心，内有几千公顷的果园，和宏壮的实验室与设备，并有几十个很有才能的研究员。"（1950）

"这次'五一'示威游行，规模宏壮，是中国人民爱国运动史上的空前盛举。"（1951）

"在劳动人民文化福利方面，人民政府建筑了规模宏壮的工人文化宫和工人医院，另外，还专为全市贫苦病人设立了人民医院，使急病的贫苦市民随时都可以就诊。"（1952）

"充满了生命力并对本身事业之胜利抱有深刻信念的苏维埃人民，正在列宁—斯大林党的领导下建筑着宏壮的共产主义底殿堂。"（1953）

"说书人的感情完全和角色融化在一起，虽然用力不大，却咬足了劲，字字皆如金石声，响亮，宏壮，迸发出仇恨的火花。"（1962）

4．"惶急"

例如：

"这次的困难虽使工商业者群情惶急，都市生活受到重大影响，而在农村方面，感受到的波动十分轻微，农民正以大力从事农业上的春耕，与水利上的春修。"（1950）

"可是心里千言万语，不知从何说起，惶急的心情，强烈的要求，一时又想不出用什么话来表达时，才触发似地猛一下拉开衣襟，露出斑斑血污的鞭痕。"（1961）

"惶急地按住包。"（1972）

"梁老正在秉烛观书，当他看见这位同志满身泥泞闯进门内的惶急情景，机警地问道：'后面有狗吗？'"（1983）

"然一次是海鹰盘旋而至，四散飞躲的海鸥则叫得惊恐惶急，据说是在向小鸥们示警。"（2000）

"逛世博会，时常会有这样的感慨：明明是置身于一次全世界文化的嘉年华，但在很多国内参观者的脸上，紧张、惶急、沮丧的表情仍然多过轻松的笑容；有些人并不看馆，而满足于四处敲章盖印，不知是因为网上有人炒作盖过章的护照可以贩卖换钱，还是只想证明'我来过了'、'我知道'。"（2010）

5．"徼幸"

例如：

"在人民解放军猛追猛打下青马残余匪军土崩瓦解的情形称：徼幸逃出兰州的青马匪军残部，在兰州以西的漫长公路上，象一群丧家之犬，四处逃命。"（1949）

"保守党在这次大选中靠了英国选民对工党政府的唾弃而上台，但是这种徼幸得来的胜利甚至保守党自己都不敢给它多高的评价。"（1951）

"本职之外的事，稍有涉及，就是'犯非其分'了；议论朝政得失，不可能回避政策问题，岂不是'扇摇机事之重'；提出的意见和建议，如果与朝廷不谋而合，不难扣上'迎合已行之令'；如果说新法不便当改，很容易被说成'徼幸希进'；反映民间疾苦，当然是'眩惑流俗之情'……这么多的限制，还有多少可以议论的余地？"（1986）

"天跻地，行险徼幸，如衣敝絮行荆棘中，安知有康衢坦途之乐。"（2012）

6．"可怪"

例如：

"不久事实证明，自己不但经不起考验，而且，胸襟狭小得可怪。"（1948）

"帝国主义国家原就无所谓道德的，马歇尔计划以欧洲各国失业的增长与饥荒的代价，来换取他们的高额的利润，自是无足可怪。"（1949）

"很可怪的，有些同志竟以此为根据，作出什么民族语言是虚构，真实存在的只有阶级语言的结论。"（1950）

7．"苦辛"

例如：

"抗战以来，地方特务团曾转战汾南，历尽苦辛，先后与日伪作战四百余次、

毙敌五百余人，克复较大据点如河津、马家庄等数处，建立了孤山的西河津、荣河等县政权。"（1946）

"陕北之行实一生二十余年来首次尝尽人生之苦辛。"（1947）

"我们应当想到一尺布，一根线，都代表了人民的多少的劳力，多少的苦辛。"（1951）

"而真正花了苦辛的同志们，连名字也不屑一提了！（1956）

"当然，苦辛、汗水、锲而不舍虽可敬佩，关键还得看他怎样写，写出了什么。"（1993）

8. "蛮野"

例如：

"强烈谴责越南在苏联支持下蛮野侵略柬埔寨。"（1979）

"一个'沙'字令人联想到蛮野、荒丘、闭塞、偏远……也许默默无闻才保住清幽，保持未见世面的山间少女般的韵味。"（1991）

"乐在心神性情之上，则使人健康、快慰；乐在蛮野宣泄之上，则人与动物相似。"（2005）

"黄皮肤的古老民族，站在迸溅喧嚣的激流上，站在粗粝蛮野的船歌里，站在烈烈烽火锻造的旋律中。"（2011）

9. "浓纤"

例如：

"于是他又在对前人各有取舍的基础上自立面目，形成一种点画沉着而间之浓纤、体势倜伟宽博而不傲举怒张，行笔流逸自然而不粗率，通篇富变化而不做作，这样一种自然潇洒与严谨质拙糅合在一起的独特书风，使人在谛观之后感到韵味隽永，视久愈无穷尽。"（1994）

"这里所列的数印，是钱老70至80年代的代表作，尽管只是先生篆刻艺术的沧海一粟，但刚柔浓纤，各尽其妙，读者由此可一窥其多彩多姿的艺术风貌。"（1996）

"由于她具备了较深的艺术素养，更在于不屑以操刀刻石点缀其多才多艺，而能努力把握其艺术特质，于篆刻的分朱布白、刚柔浓纤之中进一步拓展其美术素养，由金石情韵转之于柔豪彩墨，则自有一番新的境界。"（1998）

10. "穷迫"

例如：

"穷迫的译电员读这封信时心如刀割的痛苦之情是不难想象的，于是他只得

向妹妹宋涛和弟弟九峰告贷求救。"(1947)

"以饥寒之身而怀济世之心，处穷迫之境而无厌世之想，这是杜甫有别于其他许多中国古代诗人的地方，同时也是他显得特别伟大的地方。"(1962)

"可是只要一旦和乌克兰人的车夫，农民，穷迫无依的老文书见了面，他就完全换一个人了，他不再伤人，不再螫刺人了，对他们充满着同情。"(1962)

11．"忧急"

例如：

"他说：'伍子胥的父兄被害，只身逃亡，仇恨忧急的心情可想而知。'"(1961)

"她父亲因此忧急成病，不久就死去。"(1966)

"正在爸爸为筹措资金，奔走忧急之时，张学良将军慨然相助，入股现大洋十二万。"(1986)

"党中央、国务院对安徽这百年罕见的洪涝灾害极为忧急。"(1991)

12．"窄隘"

例如：

"斗室一间，住宿饮食会客皆在此，子女众多者则更感窄隘。"(1947)

"语言是容易变化的，容易受地域的限制，文字和语言配合得越密切，它的流行地域越窄隘；反之，越是能统一歧异语言的文字，从每一种方言来说，就距离更远。"(1949)

"如果认为区别是在于党只专门进行鼓动、宣传和狭义的共产主义教育，这样了解，我觉得太窄隘了。"(1955)

13．"支绌"

例如：

"提出质问：'若说国库支绌不能负担，那政府几个月来在内战上政府支出的经费，是那里来的？'"(1946)

"业务部门与各省市公司签订定期偿付合同，但财务部门不能按期收回欠款，使往来欠款很大，采购用款呈现支绌现象。"(1951)

"我们今日目击某些通都大市，遇到居民的迅速增加，交通的严重负荷，住房的日形缺乏，卫生的环境艰难，城市建设的经费支绌，不能适应市区的扩展，规划机构的心余力薄，难以对付呼吁的各方，矛盾的现象增多，统一的要求迫切。"(1957)

以上13个词，都是在1946年以后的《人民日报》语料中逐渐减少，处于慢慢消失中的例子。有的消失得早些，如20世纪50至60年代就基本不再使用的"宏壮""穷迫""窄隘"。有的消失得晚些，如80至90年代不再使用的"苦辛""浓纤"。有的到21世纪还偶有使用，如"奋励""惶急""徼幸""蛮野"。尽管有早有晚，但其逐渐减少、逐渐生疏的趋势却是非常明显的。有的不再使用；有的被别的词语所代替，如"宏壮"为"恢宏壮阔"所取代，"苦辛"为"艰苦辛劳"所取代，"窄隘"为"狭窄"所取代；有的仅限于特殊的语境之中，如"浓纤"仅限于书画作品的风格。把民国小学语文教材词汇放在现代汉语的演变过程中来考察，其"新陈代谢、生老病死"的动态变化过程还是表现得相当明显的。

（三）形容词使用的年级差异

下面从不同年级使用的状况来对763个双音形容词进行考察。

表6-7完整显示了每册使用双音形容词的情况。统计结果显示每册的双音形容词数量都有增加。扣除掉前面已经出现过的词语，新增的词语即为本册的首现词语。如第2册中的"快乐"在第1册已经出现过，那么首现词语为11个。第3册曾在之前课文出现过的词语有"快乐""不好""小小"，那么首现词语为24个。第4册中曾在之前课文出现过的词语有"不对""快乐""着眼""贪吃"，依此类推。双音形容词中出现频次最高的是"快乐"，从使用年级来看，它也是分布最广的，从第1册至12册，每册都有出现。

表6-7 各册双音形容语的使用情况

册次	数量	例词
1	6	快乐、迷迷、胖胖、弯弯、小小、圆圆
2	11	不高、不好、不远、黑暗、可爱、快乐、厉害、密密、细细、用力、着急
3	27	不对、不好、聪明、得意、公道、公正、和气、洁净、静静、快乐、懒惰、美丽、难熬、奇妙、起劲、强健、穷苦、认真、容易、舒服、贪吃、痛苦、小小、小心、用力、好走、有钱
4	34	哀哀、碍事、宝贵、暴躁、不对、诧异、成功、肥嫩、高大、和暖、胡涂、急忙、狡猾、可怜、苦苦、快乐、礼貌、美丽、暖暖、疲乏、齐心、奇妙、浅显、亲爱、适意、贪吃、细弱、鲜明、相称、辛苦、厌恶、怨恨、着急、自由
5	60	安稳、安闲、懊悔、不好、不行、惭愧、长久、诚实、充足、慈善、聪明、胆大、胆小、得意、动摇、肥壮、高大、高兴、黑暗、慌张、活泼、骄傲、焦急、谨慎、可怜、可怕、快乐、灵活、美丽、明白、年青、疲乏、奇怪、奇妙、起劲、强健、亲爱、清脆、容易、生气、失望、随意、痛苦、危险、温暖、细小、详细、凶猛、凶险、一样、勇敢、忧急、有劲、有趣、整齐、正直、周到、专心、着急、仔细

(续表)

册次	数量	例　词
6	79	肮脏、卑鄙、不安、不够、不好、不幸、彩色、惭愧、苍翠、成功、成熟、诚恳、诚实、丑陋、大好、断续、烦闷、附近、感动、高超、古怪、固有、光明、好看、好听、好学、黑暗、慌张、活泼、简慢、焦急、惊惶、可敬、客气、快乐、宽平、困难、冷落、灵活、流弊、美丽、偶然、疲倦、贫困、平等、奇怪、芊芊、强烈、勤谨、青青、轻便、清楚、清洁、容易、舒服、丝毫、特别、突然、危急、危险、微弱、无限、狭窄、下流、纤细、鲜红、鲜艳、孝顺、心细、兴盛、虚伪、阴险、用力、用心、有名、诱人、正当、准确、自由
7	103	矮小、黯淡、悲哀、悲惨、便利、不便、不错、不平、不同、不小、不信、不义、惭愧、诧异、长久、成功、纯熟、慈善、葱茏、大声、胆大、肥沃、纷纭、丰富、干净、高大、高强、古远、光明、广阔、好吃、好听、和气、和善、荒僻、活泼、激烈、急促、简括、骄傲、焦急、皎洁、惊慌、可敬、可靠、可怜、可怕、客气、恐慌、酷烈、快活、快乐、厉害、流利、美丽、明白、恼怒、能干、年青、努力、偶然、疲乏、平均、普通、奇怪、谦和、强大、强烈、憔悴、勤奋、勤劳、青黄、清楚、清幽、容易、弱小、善于、失望、舒服、随便、坦然、弯曲、伟大、龌龊、无礼、细细、狭窄、相像、辛苦、性急、凶暴、凶恶、虚伪、炎热、要好、要紧、一般、应该、愉快、月明、狰狞、准时、准确
8	121	安乐、安慰、懊恼、饱满、悲伤、悲壮、便利、不安、不对、不好、不快、不难、不平、不小、不行、草率、诧异、长大、长久、潮湿、成功、诚实、丑陋、聪明、大怒、堕落、乏力、烦闷、芳菲、肥嫩、愤恨、富强、干燥、高兴、公开、光明、过分、好看、好听、好笑、合格、宏亮、胡涂、欢喜、荒疏、荒唐、昏暗、活泼、艰难、简单、娇弱、骄傲、精致、窘极、剧烈、康健、可怜、可惜、恐怖、快乐、懒惰、乐意、厉害、吝啬、灵巧、玲珑、满意、忙碌、美丽、美妙、明白、偶然、贫困、平等、平均、气馁、强盛、憔悴、巧妙、清楚、曲折、热闹、容易、弱小、失望、适当、熟练、衰老、统一、痛苦、突然、完全、危险、温暖、文明、无辜、无稽、无理、无限、纤小、小心、辛苦、新鲜、兴奋、寻常、一般、一样、阴湿、殷勤、勇敢、用心、忧郁、幽静、有钱、有趣、有益、珍奇、值钱、重要、专心、着急
9	152	(前10个) 安全、安慰、傲慢、暴虐、逼真、惭愧、诧异、畅快、成功、成熟
10	198	(前10个) 矮小、安定、安静、安全、安适、宝贵、暴躁、卑鄙、悲伤、灿烂
11	203	(前10个) 暗绿、懊悔、懊丧、悲愤、悲伤、便利、薄弱、残暴、惭愧、诧异
12	253	(前10个) 爱国、安静、安宁、安稳、安闲、昂贵、磅礴、卑鄙、悲壮、博爱
合计	1247	

与表6-6的频次统计相比，表6-7的逐册统计能清楚地显示出不同年级的形容词使用特点。如小学一年级的6个形容词，除了"快乐"外，其他的5个都是叠音形容词，叠音形容词有着更强的描绘性，更浓郁的儿童语言意味。这里的位序更好地显示出了小学低年级的形容词使用特点。

而有关社会价值、人性人格、价值观方面的形容词在高年级才开始出现。如"傲慢"首现于第9册；"残暴"首现于11册；"卑鄙"第1例首现于第6册，另2例出现于第10册、第12册；"悲壮"首现于第12册；"博爱"首现于第12册。而更具书面语意味的词语也多出现在高年级。如"昂贵"首现于第12册，"宝贵"首现于第4册。

二、形容词义类分布特点

民国小学语文教材中传承至今且见于《分类词典》的双音形容词有763个，借助该词典可以对其义类构成进行观察。观察分两步进行，一是对比义类的有与无，二是对比义类收词的多与少。

（一）义类的有与无

《分类词典》的第8个一级类是"性质与状况"，下有6个二级类，分别是"形貌""知觉""性状""性质""才品""情状"；下面各自领属的三级类有10至23个不等，一共有89个。民国小学语文教材的双音形容词在其三级类中的分布情况见表6-8。

表6-8 教材双音形容词在《分类词典》三级类中的分布

二级类序号	二级类名	三级类数量/个	教材含的三级类/个	缺三级类/个
一	形貌	10	6	4
二	知觉	14	14	0
三	性状	16	12	4
四	性质	23	20	3
五	才品	16	16	0
六	情状	10	10	0
合计		89	78	11

表6-8显示，教材双音形容词分布于《分类词典》的所有二级类。在三级类中的分布数量达78个，占《分类词典》总共89个三级义的87.6%，其中分布于"知觉""才品""情状"3个二级类下属的所有三级类。没有出现三级类有

11个,属于二级"形貌"类的4个,"性状"类的4个,"性质"类的3个。具体情况见表6-9。

表6-9 《分类词典》中不见于教材双音形容词的11个三级类

二级类序号	二级类名	三级类序号	三级类名	该类所辖词数	例词
一	形貌	A	长短	9	细长、狭长、超长、纤长、纤纤、袅娜、短小（长、短）
		D	深浅厚薄	24	万丈、无底、幽深、深邃、幽邃、幽远、厚实、丰厚、宽厚、肥厚、粗厚、厚墩墩、扁平、超薄（深、幽、浅、厚、薄、扁）
		G	正歪	29	端正、周正、方正、平正、规则、匀称、匀整、对称、歪斜、斜楞、偏斜、倾斜、参差（正、歪、偏、斜）
		J	方圆	35	正方、四方、方块、见方、长方、矩形、浑圆、滚圆、溜圆、团团、圆实、圆型、长圆、椭圆、扁圆、弧形、拱形、偃月（方、圆、团、拱）
三	性状	D	紧松	20	严实、伏贴、紧身、糠、散、松散、松弛、散、疏松、稀松、酥松、酥、干松、蓬松（紧、严、松、泡）
		E	稠稀	16	稠糊、黏滑、黏糊、泥泞、黏稠、稀薄、淡薄（稠、糨、黏、稀、淡、薄、糯、腻）
		G	雄雌	20	雌雄、雄雌、两性、牝牡、异性、单性（雄、公、牡、儿、叫、骚、男、阳、雌、母、牝、草、女、阴）
		M	早晚	20	早日、早早、绝早、如初、夜深、更深（晚、迟、深、晏、暮、残、早、初、新）
四	性质	D	优劣	72	上等、上品、上色、上第、上乘、优等、优质、头等、头号、头路、甲、甲级、甲等、一品、一流、特等、特级、超等、超级、最佳、最优、上上、极品、高等、高档、高级、高质、高层、上层、尖端、高端、中等、乙等、中档、中路、中间、平常、平庸、中庸、凡俗、平平、平凡、中常、中级、中流、中游、下等、下劣、劣等、低等、低档、下品、等外、低级、初级、初等、低端（上、凡、中）

(续表)

二级类序号	二级类名	三级类序号	三级类类名	该类所辖词数	例词
四	性质	U	内 外	36	国产、土产、外来、外路、舶来、应分、分内、本分、本职、全职、额外、另行、另外、格外、之外、而外、其他、分外、别的、公共、集体、个人（土、洋、番、夷、海、胡、西、另、私）
		W	亲 姻	30	同胞、血亲、亲生、嫡亲、旁支、旁出、堂房、嫡堂、叔伯、同房、表亲、姑表、姨表、姑舅、两姨、拜把、结义（胞、嫡、堂、舅、姻、内、外、寄、养、义、干、继、后）

表6-9中左起第3、4两栏，显示的是教材不见于其中的三级类的序号与类名。

"该类所辖词数"栏指的是《分类词典》中该三级类所收词语的数量。

"例词"栏指的是《分类词典》该三级类所收词语。没有列出三字及三字以上的多音词，是因为这里比较的是双音形容词，故只列出双音形容词。括号中列出的是单音形容词。

"例词"栏能起到两个作用。一是看教材没有的双音形容词有哪些，从而便于进一步做出评测。因为这里比较的只是"词形"，如果"词形"略有差异，在这里是显示不出来的。二是括号里面的单音词，在双音形容词的比较中，它们都不在其列，但这里面的单音形容词其实在教材中大都出现了。也就是说，如果把单音形容词也算上的话，这里的11个语义类应是不会出现缺阙，都在覆盖之列。这个信息具有很重要的应用价值。《分类词典》的"性质与状态"类收词9289个，其中双音形容词5026个，而民国小学语文教材中形容词只有1042个，双音形容词只有763个，后者的数量分别是前者的约九分之一与七分之一，可拥有的语义覆盖力却如此之强。只是双音形容词就覆盖了所有三级语义类的87.6%，如果加上单音形容词，则可完成对三级语义类的全覆盖。这说明民国小学语文教材在形容词语的使用上是相当有代表性的，词义类型多，语义覆盖面广，显示出教材用词具有很好的代表性、典型性，词义具有基础性、普遍性、稳定性等特点，对学生们学习掌握汉语形容词很有好处，较好地体现了小学语言学习的要求与功能。

（二）义类收词的多与少

下面再来看民国小学语文教材中见于《分类词典》的双音形容词的义类特点。将教材中的双音形容词与《分类词典》同一语义类所收词语求比，可以获得教材词语在每个语义类的比例情况。这是颇有意义的观察角度。可以从收词数量多少、语义轻重、风格庄谐、色彩雅俗等方面来观察民国小学语文教材中双音形容词的特点。一是教材词语在每个义类中的绝对数，见于表6-10与表6-11中"民国教材的收词"的"词数"栏；二是教材词语在《分类词典》中的比例，为表6-10与表6-11中的"占比"栏。

1. 民国教材的义类收词比例高者

下面列出了比例数最高的前20个三级语义类。具体情况见下表6-10。

表6-10 民国教材的义类收词比例最高的前20个类

《分类词典》二级类/三级类		民国教材的收词			
序号	类名	词数/个	词数/个	占比/%	词例
02-K	知觉/利钝	13	3	23.08	锋利、尖锐、不快
06-F	情状/洁污	35	6	17.14	清洁、整洁、干净、洁净、肮脏、污秽
02-F	知觉/悦耳刺耳	36	5	13.89	好听、清脆、柔和、悠扬、悦耳
02-N	知觉/滑糙	27	3	11.11	光滑、细腻、粗糙
06-I	情状/贫富	136	15	11.03	困难、窘迫、贫困、困苦、艰苦、艰难、贫贱、贫苦、穷苦、穷困、贫穷、贫寒、富贵、丰足、有钱
03-F	性状/生熟	28	3	10.71	鲜嫩、肥嫩、嫩弱
06-A	情状/安危	126	13	10.32	安宁、安乐、和平、安定、不安、混乱、动荡、安全、平安、危险、凶险、险恶、危急
01-C	形貌/宽窄	79	8	10.13	广阔、空旷、空阔、无边、宽大、局促、狭窄、狭小
04-N	性质/强弱	144	14	9.72	强大、强盛、富强、轩昂、豪壮、磅礴、悲壮、雄壮、坚固、结实、弱小、薄弱、衰弱、微弱
02-C	知觉/明暗	134	13	9.70	皎洁、灿烂、清明、明亮、光亮、黑暗、昏暗、黯淡、朦胧、清楚、明晰、朦胧、恍惚

(续表)

《分类词典》二级类/三级类			民国教材的收词		
序号	类名	词数/个	词数/个	占比/%	词例
03-I	性状/健 弱	83	8	9.64	健康、康健、强壮、强健、结实、娇弱、瘦弱、憔悴
04-P	性质/明 昏	43	4	9.30	光明、清明、黑暗、腐败
05-A	才品/善 恶	205	19	9.27	慈爱、慈善、善良、仁慈、暴虐、险恶、阴险、酷虐、强暴、残暴、狠毒、狰狞、凶暴、凶恶、恶毒、忠厚、刻薄、苛刻、不义
05-O	才品/勤 怠	165	15	9.09	用心、好学、用功、努力、辛勤、勤谨、勤恳、勤劳、勤奋、勤学、懒惰、懈怠、熟练、纯熟、自如
06-H	情状/喜 悲	113	10	8.85	幸福、悲惨、可怜、适意、舒服、安适、辛劳、劳苦、艰苦、辛苦
05-C	才品/刚 柔	155	13	8.39	暴躁、温柔、和蔼、和善、温和、和气、温顺、和顺、驯良、直率、豪爽、痛快、爽直
04-K	性质/难 易	169	14	8.28	险恶、疑难、费力、不易、困难、艰险、烦难、容易、精微、隐晦、费解、浅显、通顺、流利
06-D	情状/忙 闲	73	6	8.22	急忙、侘傺、忙碌、安闲、清闲、恬淡
04-C	性质/常 异	283	22	7.77	合格、不错、可以、一般、普通、寻常、异样、特别、特异、异样、奇异、奇特、独立、空前、健康、突然、意外、古怪、奇妙、奇怪、不对、奇绝
04-V	性质/正规 业余	13	1	7.69	正式
平均		103	9.75	10.67	

表6-10显示,绝对数最多的有22个,为"性质/常 异"类,最少的是1个,为"性质/正规 业余"。相对数也即比例数,最高的达23.08%,最低的为7.69%。上面的数据显示,比例数最高的并不是绝对数最高的,但从排在前面的20个类的整体情况来看,绝对数与相对数的平均数分别是9.75个与10.67%。这

个数字是相当可观的。

这20个三级语义类,从所归属的二级类来看,属"一、形貌"的有1个,为"宽　窄"类。属"二、知觉"的有4个,为"明　暗"类、"悦耳　刺耳"类、"利　钝"类、"滑　糙"类。属"三、性状"的有2个,为"生　熟"类、"健　弱"类。属"四、性质"的有5个,为"常　异"类、"难　易"类、"强　弱"类、"明　昏"类、"正规　业余"类。属"五、才品"的有3个,为"勤　怠"类、"善　恶"类、"刚　柔"类。属"六、情状"的有5个,为"安　危"类、"忙　闲"类、"洁　污"类、"喜　悲"类、"贫　富"类。这些类别都属于基础、常用的语义类。

2. 民国教材的义类收词比例低者

下面列出了比例数最低的20个三级语义类。具体情况见下表6-11。

表6-11　民国教材的义类收词比例最低的20个类

序号	《分类词典》二级类/三级类 类名	词数/个	民国教材的收词 词数/个	占比/%	词例
02-I	知觉/软　硬	70	1	1.43	柔软
05-J	才品/俭　奢	68	1	1.47	节俭
02-A	知觉/颜色	259	4	1.54	鲜红、苍翠、暗绿、苍白
06-J	情状/定　通	52	1	1.92	灵活
01-B	形貌/高　矮	40	1	2.50	矮小
04-R	性质/亲　疏	168	5	2.98	亲爱、和气、融洽、要好、不对
01-I	形貌/凹　凸	65	2	3.08	尖锐、不平
05-P	才品/能　庸	250	8	3.20	精明、能干、善于、高明、无能、成熟、幼稚、烂漫
02-H	知觉/滋味	82	3	3.66	香甜、浓厚、好吃
05-K	才品/进　守	134	5	3.73	要好、革命、进步、落后、民主
03-A	性状/多　少	306	12	3.92	星星、丝毫、纷纭、难得、简短、少有、简括、丰富、富足、充足、充分、旺盛
03-O	性状/久　暂	178	7	3.93	永久、成年、许久、长久、短促、急促、局促
05-F	才品/乐　悲	48	2	4.17	踊跃、萎靡
06-E	情状/缓　急	47	2	4.26	紧急、急迫
01-H	形貌/直　曲	46	2	4.35	弯曲、曲折

(续表)

序号	《分类词典》二级类/三级类 类名	词数/个	民国教材的收词 词数/个	占比/%	词例
03-N	性状/快慢	114	5	4.39	迅速、急促、湍急、轻捷、迟缓
05-I	才品/公私	204	9	4.41	公正、公道、公允、不平、严厉、宽大、侠义、龌龊、吝啬
02-G	知觉/香臭	44	2	4.55	芬芳、芳菲
06-B	情状/盛衰	87	4	4.60	发达、兴盛、繁盛、昌明

为什么这些语义类比例会这么低呢？有的语义类是在基础性、难易度上会显得有些特殊，如"俭 奢""能 庸""进 守""盛 衰"，这些类对儿童来说在认知上是进入了社会生活范畴，进入了人生与社会价值观的判断范围，或是在高年级才会接触到的，故显得有点难度，词语的难度会有所增加。另一个原因则还与词语的形式有关，有些语义类特别基础，特别常用，而且属于口语范畴，而汉语词汇中单音词也往往具有这样的特点，常用度高、口语化突出，生活气息浓。如《分类词典》中的"香 臭"类，收有44个词语，如"香"类，有"清香、香芬、清芬、芬芳、芳香、芳菲、芬菲、馨香、芳馨、异香、甜香、芳泽、香泽、喷香、清馨、香喷喷、香气扑鼻、芳香扑鼻、如兰之馨、浓郁、郁郁、郁香、郁烈、馥郁、芬芳馥郁、浓香"，"臭"类有"腐臭、臭、腥臭、难闻、刺鼻、呛鼻、臭烘烘、臭乎乎、臭气冲天、臭气熏天、臭不可当、令人掩鼻、如入鲍鱼之肆、腥、膻、腥膻、臊、腥臊"，里面最常用的就是"香"与"臭"两个单音词，复音词都带有一定的书面语词的风格。故把"香""臭"两个单音词排除在外，双音形容词在小学教材中出现不多，也就好理解了。

又如"高 矮"，收有40个词语，如"高"类，有"高、万丈、通天、高耸、摩天、参天、凌云、凌虚、突兀、屹然、高耸入云、魁梧、魁伟、魁岸、伟岸、巍然、岿然、巍峨、嵯峨、巍巍、崔嵬、峥嵘、高高大大、修长、颀长、亭亭、瘦长、高挑、苗条、亭亭玉立、细高挑儿"，"矮"类有"矮、低、低平、低矮、矮小、短小、矮胖、矮墩墩、五短身材"，里面最多见的就是"高"与"矮"两个单音词，其双音形容词的数量少，比例低，道理与上面的"香 臭"类是相同的。

由以上分析可见，在对词语的义类覆盖与词种选择上，民国小学语文教材的编纂者们颇为用心。

第七章　教材的汉字使用状况研究

自古以来识字教学就是启蒙教育语文教学的最基本、最重要的内容。从古代的《史籀篇》《急就章》到后代的《三字经》《百家姓》《千字文》，及进入现代教育的小学语文教育，汉字教学都是其他知识学习的基础和手段。那么小学阶段到底该学多少汉字，学哪些汉字，学习的先后顺序如何，这都是我们首先需要关注的。特别是处在现代教育开创期的民国时期，在当时的国语教材中，如何处理这个问题，更是我们应该关注的课题。

20世纪20年代心理学家、教育家陈鹤琴曾以报纸杂志、古今小说、儿童用书等为基本材料，统计整理了55 478字，从中筛选出常用单字4261个，对它们做了字频统计分析。研究结果编成《语体文应用字汇》，于1928年6月由商务印书馆出版，这是关于汉字字频、字量研究最早的现代作品。

对于小学分级教学用字的研究，则以1930年王文新所著的《小学分级字汇研究》为始。该书从小学作文和小学国语教科书的511 187字中，选出小学应识字3799个，一至四年级应识字2546个，五、六年级应识字1253字。20世纪30年代张耀翔做过识字测验。艾伟在1932年也做过识字测量实验，并参考张耀翔的"识字测验"，测试考题采用"四答选一"法；注音上采用了假借、注音字母、反切法三种方法；测试成绩分为三种：知音知义、知音不知义、知义不知音。并分析学生汉字成绩好坏的原因。[①] 40年代辛安亭对识字量进行了研究，编写出了有1800多个常用字的《群众急需字分类表》供边区三年制小学应用。[②] 以上研究成果都曾对当时的小学教学，甚至是课程标准的制定起到较大的影响。1923年《新学制课程标准纲要小学国语课程纲要》第一次规定了识字量，要求初小识字2000个左右，高小识字累计达3500个左右。《新学制小学教科书初级国语读本》在"编纂提要"中规定：生字排列，力求匀称。低学年每课平均五六个字，高学年

---

① 艾伟：《汉字问题》，上海：中华书局1949年版。
② 耿红卫：《我国识字教学的历史回顾与思考》，《语文教学通讯》，2007年第5期。

每课平均七八个字。绝无过多或过少的弊病。[①]

本书选作样本教材的"世界初小"（世界书局出版的初小《国语教科书》）[②]对汉字学习也做出了明确规定："本书文字，都选日常应用的；较生僻的一律不用。前四册生字约 1200 个；每课至多 9 个生字。后四册生字 1300 个；每课至多 13 个生字；每个生字，都注标准国音。"[③] 下面就对"世界初小"与"世界高小"的汉字使用与汉字教学情况进行定量分析。

第一节 教材用字研究

一、用字的字种与字频

"世界初小"8 册教材，适用于一至四年级；"世界高小"4 册教材，适用于五至六年级，二者合起来共 12 册教材，适用于小学 6 个年级。整套教材共使用汉字字种 3199 个。《义务教育用字表》中规定小学的学习用字是 2500 个，而教材用字一般会大于这个数量，因前者是规定要学会要掌握的汉字，后者是因课文的语境而使用到的汉字。

"世界初小""世界高小"的字次一共有 121 001 次，平均每字使用频次 37.8 次。下面统计了不同字频段所使用的汉字字数情况。具体如表 7-1。

表 7-1 各字频段的用字情况

字频段	数量/个	字种比例/%	平均字频/次
≥101	237	7.41	324
51~100	212	6.63	70
11~50	973	30.42	23
6~10	473	14.79	7.8
1~5	1304	40.76	2.5
合计	3199	100	37.8

表 7-1 较直观地显示了各字段的分布。字频在 101 次以上的有 237 个字；字

[①] 魏冰心、苏兆骧：《新学制小学教科书初级国语读本》，上海：世界书局 1933 年版。
[②] 高小教材未做说明，并且未列出各课生字，故在此忽略不做研究。
[③] 魏冰心、苏兆骧：《新学制小学教科书初级国语读本》，上海：世界书局 1933 年版。

频在 51～100 次的有 212 个。也就是说字频在 51 次以上的一共有 449 个字，占总汉字数 14.03%。加上字频在 11～50 次的 973 字，字频在 11 次以上的一共有 1422 个，占总汉字字种数的 44.45%。另一半字的字频在 10 次以下，其中字频在 5 次以下的低频字占了 40.76%。

按累加频率统计能更方便地观察到字种与字频的综合信息，详细信息见表 7-2。

表 7-2　累加频率段的字种使用情况

累加频率段	汉字数/字	最低字频	所用汉字占总字数比例/%
50%	120	183	3.75
60%	201	120	6.28
70%	335	69	10.47
80%	572	38	17.88
90%	1039	18	32.47
95%	1501	9	46.91
98%	2052	4	64.13
99%	2393	3	74.78
100%	3199	1	100

表 7-2 中的数字，有这样三点特别值得关注：

（1）累加频率在 50% 所使用的汉字数。累加频率在 50% 时使用了 120 个汉字，它们占所有汉字的 3.75%。以上事实换句话说，即在所有的教材篇幅中，有一半是由这 120 个汉字构成的。下面将覆盖语料 50% 的前 120 个高频字悉数列出："的、一、了、我、不、他、是、人、说、有、在、你、子、来、到、个、上、们、里、这、国、着、去、天、要、生、小、就、那、大、得、道、时、地、把、好、中、和、很、家、见、只、二、以、也、做、学、便、看、都、出、三、么、先、王、过、多、明、会、可、下、十、后、走、叫、老、没、为、面、还、年、能、用、日、然、回、起、听、自、事、给、山、对、四、又、水、同、请、样、几、想、开、从、亲、成、常、甚、两、法、知、白、头、儿、话、方、问、孩、前、动、进、民、如、已、声、词、些、心、意、候、工"。第 120 个"工"字的字频为 183 次。这表明教材中的高频字特别集中。

（2）累加频率达到 80% 时使用了 572 个字，最低字频为 38 次。38 次的字频正好与所有教材用字的平均字频相同。说明位于平均字频之上的字可视为常用度较高的汉字，它们占总用字数的 17.88%。

（3）整套教材总汉字字种数达到 3199 字。这个数字具有怎样的意义呢？在现当代，基础教育一直都十分重视汉字的学习，对义务教育的小学、初中阶段的语文教学都提出了明确的汉字数量的学习要求。1986年国家公布《现代汉语常用字》，内分一级字（常用字）与二级字（次常用字）两种。一级字2500字，要求小学阶段掌握；二级字1000字，要求初中阶段掌握。2013年国家公布了《通用规范汉字表》，一级常用字3500字，这里3500字的性质与分量相当于《现代汉语常用字》中的"一级字"与"二级字"。《新课程标准语文大纲》中的《义务教育用字表》就是据此而制订。《义务教育用字表》内含一级字为2500字，二级字为1000字，分别为小学与初中要求掌握的。台湾地区的语文大纲《民国中小学九年一贯课程标准》的要求是小学阶段要学习2200字到2700字[①]。由此可见，民国时期小学语文教材的用字数是比较多的，达到3199个，以2500为基准的话，超出约五分之一。

二、通用字

下面将民国"世界国语"小学教材的用字与当代新课程标准中的《义务教育用字表》相比较，可以看到前者中的大部分用字在现在的《义务教育用字表》中都能见到，可见其通用性相当高。具体详见表7-3。

表7-3　民国小学语文教材用字与《义务教育用字表》的比较

类别	总字数/个	共用字 合计/个	一级字/个	二级字/个	独用字/个
"世界国语"	3199	2855	2313	542	344
《义务教育用字表》	3500				

观察表7-3中的数据，显示出这样几个特点。

（1）"合计"栏显示，"世界国语"与《义务教育用字表》的共用字达2855个。共用字占"世界国语"的89.2%。时间过去了大半个世纪，十分之九的字仍然相同，这表明民国小学教材用字的通用、浅易、稳定的特点，表现相当突出。

（2）"一级字"栏显示，在一级字的常用字范围内二者的重合度更高。共用字有2313个，占《义务教育用字表》一级常用汉字2500字的92.5%。这既说明

---

① 苏新春：《海峡两岸基础教育语文课程大纲之比较》，见《二十一世纪初叶两岸四地汉语变异》，台北：新学林出版股份有限公司2011年版。

民国小学用字的通用性与稳定性，也说明《义务教育用字表》一级常用字选用精当，这么高比例的汉字早在民国时期就普遍使用于小学语文教材了。可见尽管跨越近百年，但在白话语文教材的编纂中，不同时期的编纂者们在对哪些字是小学阶段应该掌握的汉字这一问题上，还是有着高度共识的。

（3）"二级字"栏显示，二级字的相同度要明显少于一级字。《义务教育用字表》二级字1000字见于前者的只有542个，比例为54.2%。

（4）"独用字"栏显示了"世界国语"的用字不见于《义务教育用字表》的有344个字。《义务教育用字表》来自《通用规范汉字表》的一级字有3500个，那么把"世界国语"的用字与《通用规范汉字表》两相比较，即可以发现，"世界国语"教材的用字见于后者的一级字3500字（即第1至第3500字）中的有2855字；见于后者的二级字3000字（即第3501至第6500字）中的有339个；见于后者的三级字1605个（即第6501至8105字）中的有4个字；还有一个字不见于后者整个字表。从"二级字"和"独用字"两个角度，可以看出不同时期的语文教材在选用汉字的问题上也存在着一定的时代性和个性。

下面就来看看这些字的具体状况。超出《通用规范汉字表》一级字范围的共有344字。下面来具体分析它们超出字段的情况：

位于《通用规范汉字表》二级字范围的有339个字："暧、坳、敖、翱、麈、苞、畚、迸、婢、敝、弼、禅、卞、帛、鹁、箔、礴、璨、涔、诧、谶、潺、蟾、忏、嫦、掣、丞、骋、嗤、叱、篪、踟、雏、刍、蜍、躇、杵、褚、绌、踹、蠢、伧、踔、璀、忖、旮、殆、惮、磴、狄、觚、癫、凋、犊、笃、蠹、炖、莪、呃、垩、锷、颚、藩、彷、缶、孚、苻、馥、篙、哽、龚、觚、猴、觳、鸪、蛄、鹄、牯、蛊、呱、瓯、骸、蒿、阖、惚、囫、斛、隹、徨、桧、烩、馄、姬、廑、汲、戟、暨、浃、荚、铗、笺、缄、犍、绛、佼、徼、孑、颉、瑾、噤、迥、炯、鸠、赳、啾、鞠、咀、飓、瞿、孓、抉、獗、恺、瞰、犒、柯、窠、恪、溘、倥、匡、聩、锟、岚、褴、螂、醴、唳、笠、殓、蓼、鳞、麟、蔺、泠、绫、翎、茏、珑、偻、蝼、噜、橹、戮、鹭、麓、褛、囹、幔、蟒、浼、虻、蜢、冕、泯、瞑、缪、牟、眸、喃、妮、倪、黏、袅、臬、噢、忸、弩、喏、杷、咆、伾、繁、枇、鳖、鄱、匚、琦、琪、绮、芊、搴、捐、蔷、樯、樵、馨、邱、蛆、蜷、遒、韧、孺、箬、鳋、瘙、舢、膳、殇、艄、邵、麝、蜃、渑、虱、轼、塾、匚、朔、鸢、蛳、厮、俟、飔、叟、擞、薮、稣、彘、愫、籁、绥、襞、榻、坍、铛、螳、阗、眺、垧、湍、饨、陀、蜿、圩、桅、逶、雯、纹、莴、瓮、倭、喔、龌、唔、晤、兮、奚、嬉、羲、呷、瑕、涎、痫、襄、庠、饷、楔、歆、煊、暄、煊、眩、"

荀、胭、腌、筵、奄、俨、彦、晏、恙、瑶、鹧、耶、揖、圮、咦、彝、刘、羿、翌、肄、胤、嚶、罂、壅、蛹、呦、臾、俞、瑜、虞、伛、峪、谕、毓、氅、纻、殒、熨、臧、喳、缯、蚱、翟、蘸、獐、璋、蟑、瘴、诏、赭、砧、祇、枳、炙、冢、籀、诛、渚、篆、惴、斫、訾、恣、怮"。

位于《通用规范汉字表》三级字范围的有4个字:"崧、窬、淼、醵"。这4个字在教材中的具体使用如下:

"崧"出现7次,均用于人名。"荀崧有个女儿,名叫荀灌,那时,年才十三岁。""中国将台湾割给日本,是《马关条约》里的一项。此项消息传了出来,全台的人,怒气勃发。有一个叫丘仙根的,更是愤激,倡义勇团以抗日。经他振臂一呼……他们去请巡抚唐景崧做义勇团大总统。"

"窬"出现1次。"回到宋国,便做穿窬的勾当了。""窬"指从墙上爬过去,"穿窬"即穿墙、爬墙之贼。

"淼"出现1次。"曲栏外,烟波浩淼,一碧万顷,真是名副其实。""淼"为"渺"的异体字,用于诗文描写。

"醵"出现1次。"第二天,嘉定城里的人,知道了这件事,都感佩那孩子不惜牺牲自己的生命,保卫乡土,便由公众醵资,替他雕刻了一个石像,作永久的纪念。"醵资,义即凑钱、集资。

三级字已是相当生僻了,位于6500字以外。从这4个字来看,"崧"属人名,"淼"属现代汉字整理后的异体字,"窬"与"醵"则带有深重的文言文意味,在现代已经很少使用。在"国家语言资源监测与研究动态语料库"中,"窬"位于第6685位,"醵"位于7544位。

不见于《通用规范汉字表》的有一个字,即"拚"字,它属"拼"的异体字。

通过上面的分析,可以看到"世界国语"教材中的用字虽然大部分是通用、浅易、稳定的,但仍有约十分之一的字有相当的难度,主要有这样几类:

A. 口语或名物字,如"畲、轼、呷、鹆、蔷、孚、獐、瑶、朔、瞥、蟒、啾、卞、氅、彝、飓、桧、缶、榻、蛳、绮、枇、杷、弩、喃、噜、螂、丕、瑾、孑、鸠、铗、斛、牯、佘、裨"。

B. 姓氏人名用字,如"晏、瑜、蔺、轼、狄、虞、臧、倪、敖、姬、柯、臧、雯、崧、姬、邵"。

C. 文言文用字,如"瓯、颉、浐、啻、觳、丞"。

总的来看,民国小学语文教材用字具有这样三个特点:①用字量比较大;

②主要用字仍是常用字、通用字；③有约十分之一的字带有古旧色彩、方言词色彩，且使用频率较低。

最后一个特点正是来源于那个时代。民国时期正是文言文逐渐退出，对吾笔写吾口的现代白话文大力提倡的时代。即使是在倡导实行现代白话文最盛的小学语文教材中还保留，准确地说还残留着小部分文言文色彩很浓的用字，是并不奇怪的事情。

三、年级用字

下面来分析小学一至六年级教材的用字情况。每个年级分上下学期，共12个学期。这里调查的是12册教材的用字情况，共分七个调查项。分别是"每册教材的总用字数""字种数""课文数""平均每课用字数""平均每课字种数""首次在该册出现的字种数""在全套教材中的独频字"。

表7-4 每学期教材用字调查

学期	总用字/个	字种/个	课文/篇	课均用字/个	课均字种/个	册首现字/个	独频字/个
1	951	233	50（46）①	21	5	224	1
2	2592	474	50	52	9	283	1
3	3519	646	50	70	13	270	10
4	4537	795	50	91	16	279	8
5	6193	997	44	141	23	385	11
6	7939	1204	44	180	27	316	18
7	10 094	1384	44	229	31	366	40
8	10 265	1508	44	233	34	320	34
9	15 197	1708	36	422	47	241	55
10	17 798	1873	36	494	52	228	96
11	18 647	1879	36	518	52	170	89
12	23 961	2010	36	666	56	181	124
合计	121 693	3199	520				

表7-4的数据从七个方面对每册教材的用字情况进行了全面描绘，数据表现

---

① 第1册共有课文50篇，前4篇无生字，平均数按46篇计算。

了非常具有规律性的变化，除了第1栏（学期）与第4栏（课文）属客观信息外，几乎每一栏的数据都呈现出由低年级到高年级的变化。即随着年级的上升，每一册教材无论是在全书的厚度、每篇课文的长度，及平均用字数、平均字种数，都表现出由低年级到高年级的有规律增长。且这里每一册的增长都保持着一定幅度，增长幅度都控制在一定的范围。在难度的增加、内容的拓展上保持着逐级递增的趋势，既没有停滞式的平伸，也没有陡攀式的增加，稳步增长的规律表现得那么明显、清晰。这是非常符合教材编写要求的。下面用图7-1将这种稳增的趋势形象地表示出来。

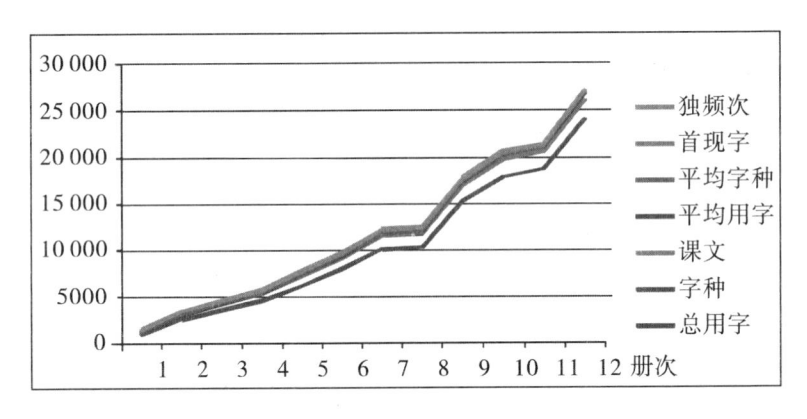

图7-1 每册教材用字调查

词汇的使用，特别是汉字的使用，属于纯语言的范围，是课文内容呈现的形式载体。前面几章已经分析了国语小学教材在教材编纂中教育思想、政治要求都有着非常丰富而明确的要求，这些要求都会直接影响到课文的选取，会影响到课文的主题与题材。而不同主题与题材的课文所使用的词汇与文字都会有所不同，有的甚至差异非常大。可"世界国语初小""世界国语高小"的教材却在课文内容为表为显、语言文字为里为隐的文本使用中，将语言文字的学习规律表现得如此有规律，这真是让人难以置信，让人钦佩，让人真切地感受到教材编纂者们在编写过程中对教材做出的全面设计、精巧安排及展现出来的精湛的语言文字功底。

在教材用字的整体情况如此地符合小学语文教育要求、符合小学生语文学习的认知规律的情况下，具体汉字的使用一定有值得学习的地方。前6册教材的"首现字"中在其后各册均有出现的字，我们称之为"普用字"。普用字有很强的通用性与稳定性。下面是前6册教材中"普用字"的具体字种。

第1册224个"首现字"中的普用字有111个：的、一、了、我、他、是、人、说、有、在、你、子、来、到、个、上、里、这、去、天、要、小、大、得、地、好、中、家、见、只、二、也、做、学、看、三、么、多、会、后、走、叫、老、没、还、起、给、山、对、四、请、想、开、甚、两、头、儿、方、前、进、工、住、东、身、吃、门、五、月、西、友、手、快、马、朋、鸟、像、树、飞、风、气、游、打、正、体、拿、笑、早、坐、六、鸡、旁、九、高、师、谁、七、校、觉、阳、晚、空、跑、捉、肯、乐、红、跳、唱、逃、皮、摇。

第2册283个"首现字"中的普用字有69个：们、着、生、那、把、和、很、都、出、先、过、下、为、面、用、然、回、听、又、水、同、成、常、问、孩、如、声、些、心、罢、作、许、父、被、长、光、母、读、放、张、却、等、怕、夫、爱、衣、该、讲、急、女、忽、替、石、服、照、穿、新、愿、瞧、让、雨、场、谢、玩、坏、找、喊、底、翅。

第3册270个"首现字"中的普用字有49个：国、道、时、以、便、明、能、事、从、法、知、已、候、意、呢、怎、但、并、望、钱、最、现、死、再、美、位、写、难、条、次、件、代、受、指、完、活、才、故、奇、杀、热、田、音、息、味、隔、称、认、枝。

第4册279个"首现字"中的普用字有43个：民、所、因、发、分、名、使、定、此、将、且、别、实、平、士、相、万、每、由、失、取、往、色、神、随、岁、若、习、敢、齐、遇、怪、止、独、试、争、险、帮、胜、阴、烧、影、误。

第5册385个"首现字"中的普用字有66个：军、句、兵、表、城、命、无、官、各、思、演、百、报、江、何、机、收、利、处、备、李、观、直、啊、感、识、护、散、离、必、费、量、保、题、节、幕、曾、居、求、念、号、村、段、盛、参、索、毛、察、探、冲、怒、危、旅、猎、专、品、街、互、趁、紧、泼、羞、祝、妻、肠、享。

第6册316个"首现字"中的普用字有49个：景、究、富、传、级、乡、妇、领、解、部、某、笔、任、消、论、古、抗、卫、式、般、目、奋、计、克、化、产、惊、图、据、市、烈、派、承、职、续、附、守、辱、激、偶、简、另、努、湿、否、夺、征、促、径。

以上前6册中的普用字有387个，全部属于《义务教育用字表》中的一级字（2500字），清楚呈现出所选用汉字的通用性与稳定性。

如果上面的考察范围略嫌窄小的话，那么还可以从汉字在各个学期教材中的分布率来考察。以存在于6册教材为限，存在于6册及6册以上的汉字共有1112

个，这些字占教材总字种的约一半，它们在《义务教育用字表》一级字范围的有1098字，在二级字范围的有14字。由此也可观察到，民国小学语文教材的用字具有很好的通用性和普遍性。

下面再从"普用字""高分布率"的另一面来探究民国小学语文教材用字的另一种属性，即"独频字"显示出教材用字的难度、偶用度、僻用度。表7-4显示出12册教材的"独频字"共有487个，下面列出前6册的49个"独频字"：

第1册1个：

锣："你打鼓，冬冬冬，我敲锣，镗镗镗。"（1-32）

第2册1个：

橹："老船夫，撑一篙，摇一橹。"（2-23）

第3册10个：

谷："母鸡说：'我的肚子很饿，只希望得着几粒谷子，珠子有甚么用呢？'"（3-9）

葡："当中一粒水葡萄。"（3-13）

萄："当中一粒水葡萄。"（3-13）

兜："一个白肚兜，一件水绿袄。"（3-17）

袄："一个白肚兜，一件水绿袄。"（3-17）

锥："八把小锥子，两把大剪刀。"（3-17）

晒："老蚌爬到沙滩上，张开了壳晒太阳。"（3-18）

咸："一块饼，一包糕，咸的饼儿甜的糕。"（3-25）

蹲："三儿子听了爸爸的话，一声不响，就蹲下身去，把地毯慢慢地卷起来。"（3-33）

拷："他看见有钱的人家，把奴婢鞭拷。"（3-44）

第4册8个：

杠："场上有秋千、浪船、木马、铁杠。"（4-1）

椭："谁能够把这椭圆的东西，竖立在桌子上吗？"（4-13）

驮："后来他们想着一个方法，瞎子驮着跛子，跛子指点瞎子走路。这样，他们都逃到了外面。"（4-17）

乖："乖的小鸟说：'山涧里，也有清的水。稻田里，也有白的米。'"（4-32）

疮："前天，我嘴上生了一个小疮，现在已经好了。"（4-35）

忏："和尚说：'鬼作怪，该拜忏。'"（4-49）

摹："我能摹仿你的姿势，我能学习你的礼貌。"（4-44）

霍："脏小孩的爸爸，害霍乱病死了。"（4-49）

第5册11个：

弦："像一面没有弦的弓，像一条没有柱的桥。"（5-1）

瘙："我回想昨天同你坐在窗前，欣赏那脏孩子的瘙痒。"（5-2）

疟："脏孩子一定会发疟疾。"（5-3）

彦："有一个孩子，名叫文彦博。"（5-9）

汆："洞里的水满了，那个球也汆出来了。"（5-10）

藕："送一段嫩藕。"（5-13）

悤："老兄，你这样的悤忙，为着甚么事？"（5-23）（"悤"，"匆"的异体字）

溉："学校园中的花草，也是我们平日灌溉、制造。"（5-35）

谅："请大家批评周到，莫原谅我们年纪小。"（5-35）

绊："不料一个最小的孩子，被石头一绊，跌在火里。"（5-37）

绒："要等雪花飞来，戴顶白的绒帽。"（5-43）

第6册18个：

棘："石级险，脚步慢。荆棘多，手难攀。"（6-1）

荆："石级险，脚步慢。荆棘多，手难攀。"（6-1）

砧："见一个老妇人，拿了一根很粗的铁杵，在石砧上不停的磨。"（6-4）

恒："凡事只要有恒心，我若一天一天不断的磨，怎见得将来不成针呢？"（6-4）

噤："那孩子打了一个寒噤，把外衣裹得很紧。"（6-11）

搔："臂上发痒，不可搔动。"（6-12）

份："把下面一张通告，发给学生，叫学生带回家去。春阳也拿着一份。"（6-12）

痲："父亲：是传染病。患了往往要死；就是不死，面部也要生出痲点。"（6-13）

秤："立刻拿起秤来，称了四两茶叶，送到那顾客的家里；并且向他道歉。"（6-25）

荚："豆荚饱，秧针出，连宵好雨水已足。"（6-32）

叮："布谷鸟，声断续，在叮嘱：错过光阴没法补，布谷！"（6-32）

匡："匡衡小时，夜里没有钱买油点灯。一天，偶然看见邻家的灯光很亮，他就在墙壁上凿了一个小洞，使灯光射过来，照着读书。"（6-35）

胤:"车胤在夏天夜里,捉了许多萤火虫,放在沙袋里。"(6-35)

泌:"江泌小时,夜里也没有钱买油点灯。他坐在月亮底下读书。"(6-35)

蟑:"一只蟑螂,从厨房里飞出来。"(6-38)

蚤:"燕子正在说着,忽然一个跳蚤,跳过来说:……"(6-39)

呱:"走到大门口,踏着一件软绵绵的东西。只听得呱的一声,那东西便不动了。"(6-40)

肮:"樵夫先生,如果不嫌我们的被褥肮脏,请休息罢!"(6-43)

在以上49个"独频字"中,只有11个字在《义务教育用字表》的一级字范围(咸、葡、晒、弦、绒、霍、蹲、泌、叮、份、萄);有21个字在二级字范围(绊、兜、锥、拷、袄、疮、墓、椭、乖、锣、驮、秤、藕、疟、谅、棘、蚤、肮、搔、荆、杠);有16字在字表范围以外(橹、毂、忏、溉、彦、瘟、恩、佘、匡、瘌、砧、荚、胤、噱、呱、蟑)。二级字属初中生的学习范围,字表范围以外的难度就更大了。由此可见,通过"独频字"考察民国小学语文教材用字的难度,还是有较好的甄别能力的。

其实,除了"独频字"外,还有一类"独分布字"在难字、僻字范围的可能性也很大。如第1册第32课的"你打鼓,冬冬冬,我敲锣,镗镗镗,冬冬镗,冬冬镗",其中的"镗"就是一个典型例子。"镗"在整个小学教材中只出现在这里,频次为5次。"镗"不在《义务教育用字表》的3500个字范围,在更大规模的字表《通用规范汉字表》中排在第6113位。整个小学12册教材中只出现于一套教材的"独分布字"有772个,对它们细致分析,特别是对低年级、中年级教材做分析,相信会对"独分布字"的特点有更全面的认识。

第二节　课文生字研究

一、生字的字种

上面对整个教材的用字进行了分析,所谓教材用字实际上指的就是课文用字。它是课文的实际用字,与课文内容紧密关联在一起。它具有真实性、语境性、表意性的特点,是课文内容的表达形式。正因如此,形式表达内容,形式服务于内容,在教材的整个构成上,教材用字是处于第二位、处于非完全的自觉状态。而生字教学则不同,作为生字教学对象的汉字,是专门的识读对象,有着明确的选择性与针对性，会明显地体现出对学习难易与先后顺序的选择。"世界国语初小"的每一课都会列出生字表，这就为我们提供了很好的分析途径。每一课列出生字最多的有 14 个，最少的 5 个。

下面是初小 8 册教材的生字情况，详细情况见表 7-5。

表 7-5 每学期生字调查

册次	总生字/个	字种/种	册首现字/个	重出字数/个
1	232	232	232	0
2	299	299	297	2
3	294	294	292	2
4	302	302	297	5
5	334	334	329	5
6	334	334	317	17
7	351	351	334	17
8	339	339	314	25
合计	2485	2412	2412	73

"总生字"栏显示的是每册教材列出了多少个生字。最少的是第 1 册 232 个，最多的是第 7 册 351 个。

"字种"栏显示的是每册生字中不同的生字，即字种数。数据显示同册书中每课列出的生字没有相同的。将"字种"栏与"总生字"栏对比，会发现在不同册数中还是有重复出现的生字，因为"字种"栏少了 73 个，这少了的 73 个就是重复出现的汉字。

"重出字数"显示的是每册课文与之前的课文相比，重复出现的字数。除第 1 册外，每册课文都有重复的字，最少的只有 2 个，最多的达到 25 个，一共是 73 个。

以上信息都表明了教材对生字教学的设计是很用心的。这种用心表现在这样几个方面：每册的生字数相差不大，平均到每篇课文，生字数的差别也就是 5 至 10 个；一册书之中的生字绝无重复；前后册的生字略有重复，但数量不大，第 2 至 5 册重复的生字数为个位数，第 6、7、8 三册数量略多，最多的是 25 个。

二、生字与教材用字的比较

下面来比较一下生字与教材用字的同异情况。教材用字指的是所有课文的用字，这里的用字是与课文语境连在一起的。而生字是专门用于教学的，是要求掌握的汉字，是为教学而特意安排的用字。比较二者的同异，有助于观察到生字安排的理据。表7-4反映的是从小学一年级至六年级的教材用字，字种数一共有3199个。表7-5反映的是小学一年级至四年级的生字字种，一共是2412个。前者的字种数大，超出了后者800多个字。其原因有二，一是教材用字因课文题材广泛，因文意灵活而带来用字灵活。二是因为生字表统计的只有第1至8册，比教材用字统计的教材少4册。因第二个原因，使得这种比较受到一定的局限。下面来观察两种值得关注的情况。

第一种情况是教材用字比生字多出的800多个字中，有58个位于前8册的范围。这表明前8册的教材用字中绝大部分都进入了生字表，占到教材总用字的98%。但仍有58个字没有进入生字表。这58个字中除了一些属繁体简体、正体异体的差别外，还有的是常用汉字，如"星""什""提""涨""棺""伦""塞""疟""胆""纲""导""汽""肋""吧""坚""托"。教材用字中很高比例的字都进入了生字表，这么常用的字却没有进入生字表，应该说是一个小小的遗漏或疏忽。第二种现象就是生字表中有若干字不在教材用字表中。不在教材用字表中的有14个，包括"抄""瞋""咚""唧""梨""犁""梁""啰""麒""芸""粘""胀""粢""棕"。

以上比较结果，显示民国小学的生字教学在总体上安排清晰、有力、科学，但在个别、局部的用字安排上，还没有做到一丝不漏的严密与周全。这在缺乏严格精细的统计手段与工具的情况下是难免的。在交叉性、有序性要求很高的教材语言中，不吻合率只有用字的1%至2%或更低，只能说是极个别的微瑕，不会影响到"世界小学"语文教材在汉字使用与教学上的科学性与认真程度。

三、生字的字序

生字的字序就是在教材不同册数中安排生字的顺序。从一年级的第1册到四年级的第8册一共8册教材，按先后顺序来算的话则是8个等级。现在就来观察2412个生字在8册教材中的先后分布表现出的难易差异。这里的等级指的是《义务教育语文用字表》中的常用字与次常用字之别。常用字有2500个，要求在小学阶段中学习，次常用字有1000个，要求在初中阶段学习。

生字表有2412个字，单从数量来看与《义务教育语文用字表》的字量大体相当。《义务教育语文用字表》分有"常用字"与"次常用字"二级。将二者比较，可以看到生字表的用字范围与汉字难度。比较结果显示，生字表中在"常用字"范围的有 2010 个，在"次常用字"范围的有 265 个，在 3500 个字之外的有 137 个。具体如下：

表 7-6　生字表与《义务教育语文用字表》的字级比较

册次	生字数	常用字 2500 个以内	次常用字 1000 个以内	3500 个以外
1	232	224	4	4
2	299	281	11	7
3	294	262	25	7
4	302	267	29	6
5	334	279	43	12
6	334	272	38	24
7	351	247	64	40
8	339	249	53	37
合计	2412	2010	265	137

下面再将这些具体的字列出来：

表 7-7　8 册生字的字级分布

册次	次常用字 1000 个以内	3500 个以外
1	4 个：糕、锣、咪、吱	4 个：喔、镗、褰、咚
2	11 个：搀、碟、桨、篱、咙、袍、蜻、袜、檐、萤、澡	7 个：笆、呷、篙、橹、樵、鹞、刈
3	25 个：袄、蚌、锄、兜、缎、蹲、惰、跺、竿、躬、褂、跪、谎、唧、蕉、鞠、拷、馒、菩、钳、毯、梧、侮、锥、啄	7 个：咦、堍、蛳、噜、毽、嗤、婢
4	29 个：笨、跛、辰、疮、耽、舵、芙、杠、乖、猾、煎、涧、狡、揩、狸、菱、骡、蓦、螃、圃、蓉、沈、驮、椭、莺、鹦、斩、蛀、姊	6 个：诧、忏、鹭、喃、鸶、獐
5	43 个：懊、绊、埠、睬、惭、铲、盼、斧、咐、缚、拣、谨、捐、楷、旷、栗、谅、榴、虐、藕、乒、乓、擎、褥、搔、霎、蜂、烁、痰、檀、棠、倘、薇、勿、蟋、谣、臼、樱、佣、榆、瞻、盏、灼	12 个：卞、佘、缄、鸠、蟒、杷、枇、蔷、闩、榻、彦、粲

(续表)

册次	次常用字1000个	3500个以外
6	38个：肮、鄙、弊、簿、秤、炊、蠢、巅、痘、墩、垛、蛾、俘、搁、瑰、惶、豁、棘、荆、恳、叩、陋、庐、莽、潘、彭、篷、仆、歉、汝、嗜、屉、羡、宵、秧、凿、蚤、粥	24个：敝、鹁、杵、鸪、呱、荚、喋、赳、匡、螂、麓、咔、瞥、芊、邵、塾、朔、崧、坍、襄、荀、胤、蟑、砧
7	64个：黯、拌、璧、匾、鳖、簸、馋、蠹、悴、歹、捣、钝、娥、妃、俯、禾、佝、槐、祭、奸、贱、绢、扛、亢、雳、仑、啰、吕、睦、暮、狞、鸥、徘、砰、劈、霹、僻、泣、憔、卿、戎、筛、删、沈、恕、膛、烫、滔、帖、巍、肖、恤、絮、衙、邑、粤、诈、斋、帖、昭、蔗、狰、拄、铸	40个：蟾、嫦、骋、蜍、鹾、炖、锷、桧、囫、烩、馄、汲、皎、啾、咀、瞰、笠、蓼、麟、蔺、苈、囹、袤、麒、捐、簪、鳃、麝、蓑、眺、陀、醒、瑕、晏、羿、峪、纭、缯、枳、斫
8	53个：跋、怖、蝉、铲、宠、赐、董、堕、蚣、辜、蝈、卦、卉、稽、酱、靖、窘、垦、窟、梁、吝、闽、铭、馁、俏、琼、痊、揉、笙、矢、誓、粟、踢、苔、嗡、呜、蜈、匣、侠、暇、砚、殷、瘾、莹、耘、赃、闸、侄、帜、秩、昼、椎、佐	37个：敖、坳、箔、诧、瞋、褚、蹲、涠、呃、馥、龚、戟、瑾、啾、恪、岚、珑、偻、缪、倪、邱、瞿、啬、膳、轼、攥、螳、奚、嬉、涎、瑶、翌、嘤、罂、瑜、伛、芸

表7-6显示出了民国小学语文教材用字的大体情况。在总的教材用字量、生字教学量的控制上是做得比较出色的，特别是在由低到高的年级用字、生字字量上，每册的数量都控制得不错，甚至还表现得很优异。除了每册的字量数，还在册次之间的递增幅度、册次之间的重复数量、册次之间的难度增加幅度上，表现得相当突出。

如果说稍有不足的话，那就是在字种的等级范围，也即汉字的难度上，会显得用字的面有所扩大，每册都有不少较难的字。有的是在"次常用字"的范围，有的甚至还进入了更难的范围。在3500个字以外的达到137个。这种调查对了解民国小学语文识字教学的实际开展状况是很有好处的。对这种状况不仅要了解，还要理解，原因就是那个时候并没有汉字教学定量的做法，所谓汉字的"四定"都是之后经过许许多多语文教学、汉字教学的探索者、实践者们长期摸索才得出的。最早进行汉字定量工作的陈鹤琴的《语体文应用字汇》也是在那个时期才完成的。因此，在这样的学术发展进程中，在现代基础教育、现代汉字教育才刚刚起步的时期，汉字教学中存在这些不那么理性、科学、纯化、自觉的东西，恰恰证明那个时期的汉字教育的历史价值。正是因为那个时期"逐渐""缓慢""渐进"的过程，才有了后来的汉字教学中愈来愈清晰、明确的"四定"要求。

第二节 若干类用字的分析

这里从义类的角度来观察汉字的使用情况，可以帮助我们观察汉字的表意功能，看看在同一语义类中，汉字出现的先后顺序除了频率上的变化外，在表义的深浅、难易、俗雅、古今上有何区别。语气词的使用，反映出儿童情绪表达与情感认知能力的发展；称谓语的使用，可以反映出儿童对复杂的亲属关系的归辨能力；程度副词的使用，可以反映儿童对事物的描述、评价、比较能力的发展。因此我们主要选取这三个角度的表意汉字进行汉字义类的调查与分析。

一、表语气义的汉字使用

下面是表示各种语气的 9 个单音节语气词在初小 8 册中的使用情况[①]：

表 7-8　9 个单音语气词的使用情况

语气词	第1册	第2册	第3册	第4册	第5册	第6册	第7册	第8册	合计
吗		11	2	8	6	19	22	9	77
罢		9	4	15	9	23	15	17	95
呀		4		15	5	10	5	5	44
呢			7	9	12	14	35	19	96
哩				1	4	1	1	4	11
啦				1			3		4
哦		1			1	1	1	2	6
咦			1	1					2
啊					1	2	6	4	13

下面是 9 个语气词的例句：

"吗"字：

老师欢喜你吗？（2-8，表疑问）

你们去拿些白菜来好吗？（2-10，表祈使）

---

① "了"和"的"的情况比较复杂，包括助词与语气词的使用，这里暂不做探讨。

你要读书吗？（2-11，表询问）

这四只鸟，听了枪声，还不逃走吗？（3-34，表反问）

今天是一个悲壮的纪念日，你知道吗？（8-2，表询问）

"罢"：

春天到了，起来罢！（2-14，表祈使）

鹅笑着说，请你就上船罢。（2-24，表请求）

妈妈对强儿说，你的袜子，穿了一只白的，一只黑的，快去换罢！（2-33，表命令）

哥哥，请你只种一株罢。（5-17，表祈使）

屋柱呀，奥兵快要打来了，我们赶紧预备罢！（8-4，表命令）

"呀"：

春风呀，你来了，我好长叶子了。（4-19，表呼告）

我有两个翅膀，我和你是同类呀！（4-22，表感叹）

鸽大哥呀，我唱我的歌儿，你做你的游戏。（4-34，表呼告）

好美丽的姑娘呀！（5-22，表赞叹）

可敬呀！这样勤劳的农家。（7-6，表赞叹）

"呢"：

可是谁去把铃挂在猫的颈上呢？（3-38，表询问）

你不吃药，病怎么会好呢？（4-38，表反问）

我若一天一天不断的磨，怎见得将来不成针呢？（6-4，表反问）

要是他能够呼风唤雨，早已下过雨了，何必等着我们去求呢！（7-9，表反诘）

"哩"：

如果枣子有瓜那么大，这才相称哩。（4-41，表评价）

我们还可以趁这个机会，谈谈学校里的情形哩。（5-33，表陈述）

到了山顶，景致更好哩。（6-2，表感叹）

你瞧，我腾云驾雾，顷刻千里，比你要快多少倍哩。（7-35，表感叹）

此刻，是奉了主母的命，特来请主人回去用午饭哩。（8-8，表陈述）

"啦"：

这是家里寄来的信，叫我回去啦。（3-11，表陈述）

太阳出来啦！（8-24，表感叹）

好啦！（8-32，表应答）

"哦"：

哦！原来是冒充孔雀的乌鸦，我们上他的当了。（5-22，表醒悟）

哦！齐国既然有这样多的人民，为甚么派你这个矮子来呢？（7-29，表承接）

哦，哦，我此刻才知道，自私自利实在不好。（8-22，表醒悟）

"咦"：

咦！没有脚的雪人，怎么也会跑了呢？（3-49，表疑惑）

咦！小猫难道不能走大洞吗？（4-14，表疑惑）

"啊"：

好啊！明年夏天，一定有许多枇杷吃了。（5-17，表感叹）

我就是那个樵夫啊！（6-44，表感叹）

我和小朋友们在门前看雪景，是多么有趣味啊！（7-5，表感叹）

我热得不可耐啊，所以要用力挣扎。（7-36，表感叹）

这是太阳啊！（8-24，表感叹）

以上语气词使用的实际用例还是颇值得深思的。如一年级的教材中没有语气词的出现，因此时儿童处在刚启蒙习字的阶段，还是以学表实义的汉字为主，还没有到学习语气词的程度。而从语言学习来看，还是处在学概念的阶段，也没有到学句子的程度。学习语气词应是伴随着句子的学习才出现的。

由单音语气词的出现顺序以及用例可以看出来，句尾语气词的学习早于单用的语气词，且句尾语气词的使用频率较高。由于汉语的表达习惯，往往在句尾更容易也更自然地表达出情感与态度。语气词对情感的表达具有强调、突出的作用，儿童对句意的学习，可以通过语气词的使用，更自然，也更突出地体会句子的语义重心，这对逐渐学习、准确把握语言表达的丰富性与准确性，是很有好处的。由以上用例及其意义的出现顺序可见，教材编者对语气词学习的编排顺序，是遵循着使用数量由少到多，由浅到难，由简单到复杂，由伴随性强到逐渐独立的使用规律的。

二、表亲属义的汉字分析

这里再来看看表亲属义的词汇的使用情况。由于表亲属义的词在单音节词与双音节词的使用中，语气、语体上变化甚大，故将它们分别统计。为了便于观察，没有把其他称呼的变体放进来，如"陈哥""小弟弟""小妹妹""吾兄"

"老兄""老弟";也没有包括连用并称的,如"父母""姐弟""兄弟""弟兄""爷娘"。为了更好地对比,也列入了并没有在教材中使用到的有关亲属词。

表7-9 亲属称谓词使用情况统计

亲属	音节	第1册	第2册	第3册	第4册	第5册	第6册	第7册	第8册	合计
父辈	爸爸	2		6	2	3	1	1	2	17
	妈妈	2	12	6	5			1	1	27
	父亲		2	1		16	12	7	10	48
	母亲		2			1	6	12	18	39
	娘						1		1	2
	伯父				2					2
	伯伯					1	2			3
	合计	4	16	13	9	21	22	21	32	138
平辈	哥哥	6	1	8	3	5	2			25
	姐姐	3	2	12		1	1			19
	弟				1	1	1	1		4
	弟弟	8	6	7	6	7	2		1	37
	妹妹	10	9	8	1	1	3		2	34
	姊姊				2	4				6
	兄弟(弟兄)		2					2		4
	合计	27	20	35	12	19	9	3	4	129
祖辈	奶奶			3						3
	公公							1		1
	外婆	1								1
	合计	1		3				1		5

表7-9中有17个亲属称谓词,分成"父辈""平辈""祖辈"三类。具体使用情况如下:

"爸爸":

清早起,太阳红,妈妈煮饭,爸爸做工。(1-29)

永儿的爸爸,对永儿说:"如果有客人来,先要问他尊姓。"(3-29)

"妈妈":

一天晚上,妈妈摇弟弟,弟弟睡觉。妹妹摇泥人,泥人不肯睡觉。(1-26)

小鸭没有妈妈,就大哭。(2-28)

"父亲"：

父亲问他说，老师喜欢你吗？（2-9）

我随着父亲欣然出门前往海滨。（9-19）

"母亲"：

祖父刈麦，父亲挑麦，母亲打麦。（2-26）

有一个孩子，名叫蔡顺，服事母亲，十分孝顺。（6-6）

"娘"：

四月里采茶正当春，娘在房中绣手巾。（6-24）

怎么你不知为娘的心中痛苦，近来竟这样的懒惰？（8-22）

"伯父/伯伯"：

伯父说："这是山里的回声，那有甚么鬼怪。"（4-47）

邻家伯伯笑嘻嘻，吩咐厨子杀雄鸡。（5-20）

"哥哥"：

姐姐唱歌，哥哥拍球，小弟弟拍拍手。（1-3）

晚上，温完了课，哥哥讲笑话。（3-5）

"姐姐"：

姐姐敲门，妹妹开门，妹妹说，客人来了请坐请坐。（1-23）

姐姐买了一条小鱼。（3-24）

"弟弟/弟"：

弟弟做老鼠，哥哥做小猫，哥哥叫，弟弟逃。（1-9）

弟弟放学回来。（2-8）

弟嘉贤上。十一月二十日。（7-33）

"妹妹"：

捉迷藏，真快乐。妹妹躲，哥哥捉。哥哥捉住妹妹，妹妹笑呵呵。（1-32）

妹妹做一个花圈，套在小狗的颈里。（2-7）

"姊姊"：

弟弟要做一身中山装，跟着姊姊到布店里去买布。（4-48）

三月里采茶茶发芽，姊姊提篮到山崖。（6-24）

"兄弟/弟兄"：

你们是兄弟。大家要和好，不应该斗气。（4-16）

从此弟兄三人，天天种田，勤奋异常。（7-42）

"奶奶"：

妹妹倒了一杯牛乳,对老猫说:"猫奶奶,这杯牛乳,送给你吃。"(3-24)

姐姐买了一条小鱼,对老猫说:"猫奶奶,这条小鱼,送给你吃。"(3-24)

"公公":

太阳公公,你的本领真大,怪不得人家常称赞你。(6-11)

"外婆":

摇摇摇,摇到外婆桥。外婆对我笑,叫我好宝宝。(1-20)

表7-9的统计结果给我们提供了许多颇有意思的信息。主要表现为以下几点:

(1)绝大多数都是双音词。在总共272例亲属称谓词中,单用的只有6例,2例用于"娘"字。其实仔细分辨后,"怎么你不知为娘的心中痛苦,近来竟这样的懒惰?"是自称用法,也不能算是独立使用。另4例用于"弟",基本上都是书信的落款,"弟嘉贤上。十一月二十日",这也是典型的自称谦称,算不得是亲属称谓。因此可以说,在民国小学教材中,亲属称谓都已经完全口语化、双音节化了。亲属称谓双音节化,也是儿童语言的一大特点。

(2)亲属称谓词的面相当窄,主要集中于"父母"与"兄弟姐妹"两大类,这都是亲属中至亲至近的。"祖辈"只有"奶奶"与"外婆"偶尔使用。而"父辈亲长"的"叔""姑""舅""姨"等则无一例,无论单音与双音。

(3)通用性亲属称谓使用较多。在"父母"类中,用得最多的是"父亲"与"母亲",其次是"爸爸"与"妈妈","爹""娘"基本不用。"爹""娘"都带有较浓的方言色彩,主要用于北方。在同辈手足中,用得最多的是"哥哥""姐姐""弟弟""妹妹","姊"与"兄"则很少使用。"父母"和"姊""兄"类,相较口语性的称谓词,其书面语味道要浓些,学习的时间也要晚一些,分别于第2册和第4册才出现在教材中。

(4)年级分布的数据还显示出儿童对亲属称谓的习得规律,先由"哥哥""姐姐""弟弟""妹妹"开始,在小学低年级使用的频率最高,说明课本在编纂时,更注重儿童互相之间的同伴关系,创设和培养儿童与同龄人之间交往与接触的空间。再到父母,再到祖父母。在"爸爸""妈妈"中,用得最多的又是"妈妈"。

三、表程度义的汉字使用

下面选取了6个单音程度副词进行观察。调查结果详见表7-10。

表 7-10　6 个单音程度副词的使用情况

副词	第 1 册	第 2 册	第 3 册	第 4 册	第 5 册	第 6 册	第 7 册	第 8 册	总数
很		10	12	21	32	38	51	42	216
最			3	9	7	9	10	5	43
太				1		1	3	1	6
极							3	2	5
尤									0
挺									0

"很"：

弟弟说，老师很欢喜我。(2-8)

老虎说，我的力气很大，谁都不怕。(2-45)

"最"：

最奇妙，一条长鼻子，能伸、能缩、还能绕。(3-37)

虫儿们得到食物的方法，谁算最正当？(6-38)

"太"：

我的角真美丽，可惜我的脚太小了。(4-27)

真是一个矮子，墙上的洞，还嫌太大呢！(7-28)

"极"：

我国人常用"一万年"三字，表示极长的时间。(7-14)

这种幽静的景色，在我们看来，一定满意极了。(8-16)

在调查的 6 个单音程度副词中，使用频率的高低清楚显示出口语化的特点。用得最多的是"很"字，其次是"最"字。书面语较强的"太""极"则很少使用。书面语更强的"尤"则无一例。"挺"字无一例，则与使用范围窄有较大关系。通过以上分析我们可以看出：

(1) 这三类不同语义类型的汉字的学习，都体现出循序渐进和发展的顺序，体现出教材编纂的过程中注重儿童心理发展的自然顺序，"儿童本位"的思想贯穿始终。

(2) 语言的丰富性是一个逐渐积累的过程，因此也按照从简单到复杂，由口语向书面语发展的顺序安排同一义类的汉字的学习进程，体现出在语言学习上的由口语向书面语发展的顺序。

第八章 口头交际能力的培养

第一节 课程目标要求

在国民政府于1932年颁布的《小学课程标准国语》中,第一部分"目标"的第一项是:"指导儿童练习运用国语,养成其正确的听力和发表力"①,把"运用国语"的能力放在第一位。"运用"首先表现为听与说的能力。人类语言,其主要作用与功能在于传达思想,抒发情感,"听"与"说"也是书面语写作的基础。生活于现代社会的人,无论何时何地,要使思想传达得当,感情抒发合适,必须拥有话语能力。尤其是小学生,正处于学习、掌握语言的关键阶段,要重视"运用"语言能力的培养。所以课程标准将"听力"与"发表力"放在了第一位,是非常有见地的。所谓"发表力"指的就是"说话"。

这里说的说话训练对象是国语说话形式,即1919年五四新文化运动之后,成为全国通行语言的白话,其目的在于以现代口语为基础实现全国语言的统一。要达到这一目的,最有效的方法就是在中小学校教授标准语。在《小学课程标准国语》中,对教学对象做出了这样的描绘:"这项作业,应用标准语教学,以期全国语言相通,倘师资缺乏,不能用标准语时,亦应充分用近于标准语的口语教学。"② 这里的"标准语"和"近于标准语的口语",就是当时的白话口语。虽然准确的"标准语"定义是在20世纪50年代才明确的,但从19世纪末以来的"官话运动""白话文运动",人们对心目中的理想语言状态,其实早已十分清楚了。

语文课程标准对话语能力的训练做出了明确细致的规定:

(一)第一、二学年:(1)看图讲述,(2)日常用语的练习,(3)有组织的

---

① 教育部中小学课程及设备标准编订委员会编订:《幼稚园小学课程标准》,上海:中华书局1932年版,第84页。

② 教育部中小学课程及设备标准编订委员会编订:《幼稚园小学课程标准》,上海:中华书局1932年版,第84~85页。

语言材料的演习，（4）简易有趣的日常会话，（5）故事等的讲述练习。

（二）第三、四学年：（1）有组织的语言材料的练习，（2）有趣味的日常会话，（3）故事等的讲述练习，（4）简短的演说练习，（5）国音注音符号的练习。

（三）第五、六学年：（1）日常会话，（2）故事等的讲述练习，（3）普通演说的练习，（4）辩论的练习，（5）国音注音符号的熟习运用。[①]

说话训练从看图说话开始。图画提供的是一种形象认知，图画信息提供了故事背景或会话场景，是一种很生动的会话素材；日常生活用语、日常生活的话语交流，提供了丰富的话语信息与语言场所，说话练习由此展开，便于儿童顺利进入教学过程，进行生动有效的学习。

日常说话，日常生活、事务的表述，是重要的学习内容，贯穿整个小学学习阶段。课程标准中对三个学段既提出了独到的要求，又体现了很好的连贯性。如第一学段要求"看图讲述"，第三学段要求"辩论"。而其他的学习内容都有跨学段的延续，如：

"有组织的语言材料"延续于第一、二学段，前者是"演习"，后者是"练习"。

"日常会话"延续于第一、二、三学段，从"简易有趣"到"有趣味"。

"故事等的讲述练习"延续于第一、二、三学段。

"演说练习"延续于第二、三学段，前者是"简短"的，后者是"普通演说"。

"国音注音符号"延续于第二、第三学段，前者是"练习"，后者是"熟习运用"。

每一项"说话"能力都不是一蹴而就，在一个学段就能完成的。课程标准对此也给予了特别的注意。总的来说就是从"会话用语"到"会话材料的组织"，再到"会话"的轮回，从"会话"的有趣，再到"演说""辩论"，明显呈现出对儿童语言的组织能力、技巧性进行分解而又延续，有针对性又有系统性的逐步训练。

第二节　口头交际能力训练的方式

根据上面的标准，世界书局版小学国语教科书采用了以下几种方式对儿童的

[①] 教育部中小学课程及设备标准编订委员会编订：《幼稚园小学课程标准》，上海：中华书局1932年版，第86页。

口头交际能力进行训练和培养①。

一、看图表述

看图表述是在特定的语言条件下的口头表达，与儿童日常的自由言语是不同的。首先，说话的动力来自外部，不是自发的；其次，话语的内容来自图片，受图片所限；再次，说话的目的是向他人传递信息，不是自言自语。因此，看图表述是对儿童口头表达进行训练的重要方式，尤其是对儿童规范性语言表达和理解能力的训练，可以达到更强的效果。因此，在教学中，尤其是低年段教学中，看图表述尤其重要。

下面是"初级小学国语"教科书的开篇第一课。

这一组图的主题是：小猫学捉老鼠——小猫长大了，要自己学会寻找食物、捉老鼠了，于是老猫教小猫怎样捉老鼠（见右图）。

四幅图的图意分别是：

图一，老猫拿了一个小皮球给小猫玩，教小猫看到了就要跑上去，一口咬住。并告诉小猫，这是捉老鼠的方法。

图二，小猫学捉老鼠。它先是衔了一只小孩子玩的橡皮娃娃（因为它会发出吱吱的声响），小猫把它当作是一只老鼠。

图三，小猫又拖了一个系着布条的小铃铛（因为它有声响还有长尾巴），把它当作是一只老鼠。

图四，老猫亲自捉了一只老鼠给小猫看，小猫终于学会捉老鼠了。

在这组图画中，除了用儿童日常生活中习见的猫来做主角，还通过为什么要学捉老鼠、老鼠有什么特点、怎样学习捉老鼠，老猫对小猫的示范作用，对新入学儿童进行了学习目的、学习内容以及学习方法的潜移默化的教育和引导。提示儿童，怎样学习、跟谁学习，老猫的示范暗示学校学习的重要性，儿童入学后就

---

① 说话教学，虽然没有专门的说话练习的课文，但实际上是穿插在整个教学过程的各个环节之中的。具体的练习形式，我们在"练习分析"一章中展开，此处不做具体说明。

是要认真听老师讲课，进行模仿性学习。

老师引导儿童分析每一幅图的内容、各图之间的关系，并通过讲故事的方式，引导儿童理解、复述、表述图画的内容。

儿童一面用眼睛看故事图，一面用耳朵听教师拓展、讲述故事，耳朵与眼睛同时得到训练，养成认真听讲的"听"的能力，逐渐构建语言学习的基础；继而训练儿童复述图画内容，口眼并用，养成儿童看图、读图、说图的理解分析能力。

这种开篇无文字，只用组图带领儿童进入学习的方式，在世界书局的初小国语教科书中运用非常普遍，是一种很有特点的编辑模式。这些图画将学习方法、学习目的、师生教学方式进行了绘形绘色的展示，完成了潜移默化的引导。再如下面的组图：

图一中小狗看到地上有个罐子，里面有好吃的蜜糖，它伸出了舌头，舔罐内的蜜糖；图二，小狗的舌头似乎够不到糖，他就把嘴巴往罐子里伸，可是罐子口卡住了小狗的嘴巴；图三，小狗把罐子放在地上，用脚爪抓挠，使劲儿去抓套在嘴巴上的罐子，可是怎么努力都取不下来；图四，小狗终于想出来一个好办法，他走到旁边的一棵大树前，用嘴套着罐子，使劲儿往大树树干上一摔，罐子立马粉碎，玻璃渣子四溅，小狗的嘴也终于解放了。

这组图中所绘制的小狗与蜜罐的故事，与司马光砸缸的故事相似，说明了智慧的作用。

再如右边的组图，画的是各司其职，各做其事。哥哥和弟弟在院子里游玩，看见许多蜜蜂在花间飞来飞去，哥哥告诉弟弟："他们在花心里采花蜜，预备冬日的粮食。"哥哥和弟弟又听见草里有唧唧的鸣声，原来是纺织娘在那里催人织布，预备冬天的衣服。哥哥和弟弟又看见树旁边有只鸟，衔了枯枝稻草飞向窠中，弟弟问："鸟衔了东西做什么？"哥哥说："他们要修补他们住的窠。因为冬天马上就要到了。"哥哥和弟弟后来又看见蜘蛛抽丝结网，弟弟问："蜘蛛为什么抽丝结网？"哥哥说："这是他在造路，造好了路，才好出去找东西吃。"

这里有制造食物的小蜜蜂，催人准备冬装的纺织娘，还有衔草做窠的小鸟，吐丝筑路的蜘蛛，表现了生活中的衣食住行。若要衣食无忧，住行便捷，必得提前做好准备，这就是生活与工作的内容。这一组图画传达的信息是：工作是我们生活越来越好的重要保障，工作就是生活的意义所在。

　　对儿童来说，学习是掌握、获得某种生活技能的主要手段。因此，教会学生学会学习，是一件非常有意义的事情。对类似主题，每部初小教材都十分重视。下面是另一种"初级小学国语"教科书的开篇第一课。

　　这一组图的主题是：老鼠开学了——小老鼠长大，要到学校学习了。

　　各图的意思是：

　　图一，四只小老鼠，穿着整齐的衣服，背着书包，高高兴兴地上学去。

　　图二，小老鼠们在教室里听大老鼠老师给他们讲课。黑板上画着一只猫，旁边写着一个"猫"字，小老鼠的脸上都露出了惊惶的神色。

　　图三，大老鼠老师捻着胡须，教小老鼠们认识"糕"字和蛋糕，小老鼠们都非常快乐。

　　图四，运动场上，大老鼠老师拿着旗子教小老鼠们练习跳高。

　　这组图画的主角是儿童生活中比较熟悉的动物——老鼠，但是赋予了老鼠以人的灵性与可爱。通过小老鼠上学不仅学知识、掌握技能，还学会运动的故事，来对新入学的儿童进行学习目的、学习内容以及学习方法的教育和引导。

　　再如第三种"初级小学国语"教科书的开篇第一课。

这组图画通过小红早起的所见所闻，劝导儿童入学，并明了入学的意义。

各图所示的早起见闻分别是：

图一，太阳升起，公鸡敲钟，叫人早起。

图二，猫捉老鼠，执行公务。

图三，黄狗衣着整齐，看守门户。

图四，黄牛打水，辛勤种田。

图五，小鸟立枝头，唱歌给大家听。

图六，小红背上书包，向学校走去。

通过这样一组无字图画，传达了很重要的学习意义：儿童初进学校，对学校生活尚未习惯，或久坐不习惯，或受束缚不习惯，此时看图明事：雄鸡尚能司晨，猫尚能捕鼠，狗尚能防守，牛尚能打水，鸟尚能唱歌，儿童可以做什么呢？儿童还不能如那些小动物那般尽其所能，服务社会，能尽的责任和义务就是学习。所以，儿童一定要上学，在学校里学习知识、技能，以便将来能自立，能为社会做事，服务于大众。

借助图画故事的形式，对儿童进行比较抽象、深奥的道理的讲解，比单纯用文字形式效果好得多。这类借助图画传递丰富内涵的教学形式，在民国国语教科书中被广泛运用。①

二、日常用语

早在1912年，潘树声就曾指出："吾人欲教儿童，当知儿童之本能，就本能而扩充之，此教育之原理也，人生而有口舌，自其牙牙学语，以致就传其语言已无塞涩不通者矣，导其语言于文字必有迎刃而解之乐，舍语言而教文字，徒苦儿童耳。"② 认为儿童教科书中的语言材料适合选择来源于儿童日常生活的日常用语。尽管儿童在校学习学的是书面文字，但是"小学生之语言文字，自有小学生之口吻，教授者当渐次导之上进，以及大成。万不能以成人之程度，一蹴而冀之致，欲速不达，妨碍天机"③。因此，在国语教科书中，"初等国文教科书前数册，多采用语言……文字须浅显明白……儿童能领悟而易于仿造。故在初等小学之教科书，其

---

① 具体内容，此处暂不做展开，在第三节我们将专门解读民国小学国语教科书中的插图。
② 潘树声：《论教授国文当以语言为标准》，《教育杂志》，1912年第8期，第162页。
③ 庾冰：《言文教授论》，《教育杂志》，1912年第3期。

文字须于语言相近,力戒为整齐及对偶之句法"①。这种生活论的观点,注重口语学习的观点,在世界书局版教科书中得到了很好的采纳、贯彻与执行。如:

好朋友
好朋友
手拉手
慢慢走

(1-16)

一四　小雨点

花种子在泥里睡觉.
小雨点对他说.
春天到了.起来罢.
花种子钻出泥来一看.
春天真的到了.
他说.
小雨点.谢谢你!

(2-15)

课文中"好朋友,手拉手""小雨点对他说,春天到了,起来罢"这样的话语已经成为儿童语言的典范。教材中还有许多习用的生活用语,如在家庭常说的"时候不早了,快起来罢""爸爸到厂里去了""妈妈煮饭,爸爸做工""肚子饿了,吃饭罢""我的妈妈,上街买菜去了""姐姐同妹妹,去拿白菜的叶,给小白兔吃""弟弟!我做的把戏,你觉得怎样"等。

如在学校里常说的"我们一同读书""大家来唱歌""这个字,我会写的""这个题目,他算得不错"等。

如在运动场上常说的"拍一拍,跳一跳""拍皮球""踢毽子";在行走时常说的"向左边走""当心油漆"等。

还有相见时的常用问候语,如:"我上学校,老师说我早,我说老师早""客人来了,请坐请坐";分别时的告别语,如:"傍晚,小鸟飞到檐前,他对我头点点,好像说,再见,再见。"相处时的礼貌用语,如:"月姐姐,我爱你。请你下来,下来和我游戏。""我怎么谢谢你呢?给你两个铜子罢,还是给你一包瓜子儿?""弟弟妹妹到校早,看见老师一鞠躬,看见同学问声好。"

还会以提问的形式对生活常识进行发问,如:

猫怎么会走呢?

因为有四只脚。

有四只脚的都会走吗?

是的。

那么,桌子也有四只脚,怎么不会走呢?

---

① 顾树森:《实用主义生活教育实施法》,《中华教育界》,1914年第4期。

桌子是木做的，所以不会走。

木做的马，怎么又会走呢？

木马是装着活动的机关，所以会走。

这也靠不住，我的皮娃娃，不是也装着机关吗？为什么只会叫，不会走呢？

皮娃娃是装着叫的机关，不是走的机关。

火车又会走，又会叫，是装的什么机关呢？

火车吗，走的是轮子，叫的是水蒸气。

那么我家的缫丝车，也有轮子，也有水蒸气，怎么不会走，也不会叫呢？

我和你讲不明白了，你自己去想吧！

这类会话，尤其是询问、提问、追问的训练，有利于引导儿童进行深入思考、联想思考，激发儿童的学习兴趣。

到了中高年级，开始对儿童进行各种语气词的比较训练，如：

表示决定的语气：

哩：时候还早哩。

到了山顶，景致更好哩。

啦：叫我回去啦。

写二十份做什么，只要三份就够啦。

了：接着父子就对话起来了。

你们就要恭维他了。

的：是我自己穿的。

凡事只要有恒心，没有不成功的。

表示商量的语气：

罢：让我出城去讨救兵罢！

恐怕不容易罢！

表示疑问的语气：

呢：种牛痘，是谁发明的呢？

空喊有什么益处呢？

吗：人种了牛痘的浆，怕不要变成牛吗？

你肯吗？

你研究过后，也会仿造几句吗？

表示惊叹的语气：

呀：活泼的仙姑呀！

快乐呀!

啊:好啊!明年夏天有枇杷吃了。

我是预备把他磨成针啊!

人类的语言,通过听觉获取外界声音信息。所以说话教学口语,首要在于听的训练。听觉器官训练到熟练、敏锐的程度了,儿童再模仿着说,并逐渐熟悉使用的环境和场合,学会辨析、辨别具体话语的细节差异,这样才能逐渐学会丰富的生活用语。在教材中我们可以发现,课文在对句意的把握,对文意的传递上都达到了十分精细的程度,在语气词的选用与具体使用上都十分考究,很多时候都能根据小学生的心理与学习习惯,使用不同的夸张式的表达方式。

三、语言的有序表达练习

我们的日常生活都是变化着的,都是有起因,有过程,有结果的。汉语最常见的表达习惯,就是按照事件发生的自然顺序,按照事件逐层演变的过程来展开的。因此在教学中处处能看到对学生语言有序表达的训练。

如这样描述生活中的"开门":"我向门跑去,我站在门边,我伸出手来,我扭住了门把儿,我旋转门把儿,我拉开门来";这样描述猫捉老鼠:"看见老鼠猛一跳,用脚抓,用嘴咬,老鼠要跑跑不了。"

这里用了一连串动词来描写一个连贯动作,动作发生有先后,动词的使用也是按照事件发生的先后顺序来表达。这种有序的语言排列,是在训练儿童仔细观察事件中动作的先后顺序,并按顺序表达陈述。这种语言表达的有序性,其实也是思维逻辑有序性的体现。如:

丁耀明拿手巾遮没了眼睛,在体育场上捉迷藏。许多学生都躲开了。恰巧沈老师走来,一个学生躲在沈老师的背后。丁耀明拉住了沈老师说:"捉住了!捉住了!"说罢,连忙拉去手巾一看,却是沈老师。许多学生大笑。沈老师说:"现在应该我来捉了。"(第4册第2课《捉住老师》)

课文中的"拿""遮""躲""拉""看""笑"等动作的发生具有明晰的时间先后顺序,按照先后顺序将动作描述清楚,是对儿童语言条理性训练的重要内容。这些课文都特别注意按照一系列动作的先后顺序,有目的地潜移默化地训练儿童语言表达的时间序列习惯。

再如教师在课堂上或教室中常使用的命令语。如:"大家把书放好!""拿出笔来!""身体坐端正!""耳朵听清楚!""我说一个字,你们就写一个字!"

这些话语的训练，既是训练儿童说话的条理性，也是训练儿童思维的有序性与逻辑性。在对语言有序性、思维有序性的训练中，完成教师对学生的潜移默化的熏陶与教育。如：

老师问学生说：怎样才算好学生？

黄中说：做事起劲，读书认真，才算好学生。

张正说：身体强健，衣服洁净，才算好学生。

许静生说：待人和气，说话公正，才算好学生。

谢赞公说：孝顺父母，敬爱先生，才算好学生。

老师说：你们都说得很对。我希望你们都能够做到。[第3册第3课《怎样才算好学生（一）》、第4课《怎样才算好学生（二）》]

这种规则化与秩序化的生活，都是通过语言来表现的。如果用平淡的说教形式，很难引导儿童良好习惯的养成。这种动作性极强的规则化语言，也非常易于实践，容易"表演"，很好地体现了儿童生活内容。

在低年级，这种有组织的语言素材，很容易让儿童来模仿和表演。儿童的天性是好活动的，教给他们学习的东西，如果可以表演的话，那一定能引起他们的兴趣。儿童有了兴趣，就会拥有很强的学习动机，而不需教师的强力督促。有了学习动机，就具备了初步的学习条件与氛围，学习效果是可想而知的。一面听、一面看，表演的同时还伴有对句子的理解，以此来掌握句子所包含的思想与意义，学习也就水到渠成了。

四、演说与戏剧

演说和戏剧是具有极强表演性的表达形式，这两种训练形式主要是在中高年级使用。

（一）演说

演说语言，一般都具有口语化突出的特点。但相对于日常生活语言，它又具有一定的文学性，能更好地体现出个性、思想性和丰富性。这是口语向书面语过渡期间极具表现力的语言表述形式。教材中一般都将演说安排在高年级。

教材文本中所选择的演讲材料，多取材于历史、纪念日等，注重利用各种纪念日的集会，使演讲更具有针对性，主题更鲜明。如《国庆日的来历》（9-13）：

今天我来讲一讲国庆日的来历罢。当清朝的末年，外有帝国主义的压迫，内有满清权贵的专制，弄得国势衰弱。那时候有一位名叫孙文的——就是中山先生——认为要挽回国运，必须推翻清朝、刷新政治，就创立团体，从事革命。他和同志，虽然屡经失败，但是精神不懈。到了民国前一年的秋天，清政府厉行"铁路国有"政策，用武力压迫四川省的人民，激起公愤。革命党人遂利用机会，于十月十日，起义于武昌，组织军政府。各省闻风响应，不到两月，就在南京组织中华民国临时政府，选举孙中山为临时大总统。中山于民国元年元旦就职，清帝不久也宣布退位。四千多年的君主专制，从此推翻。适合时代的民主政治，从此发轫。后来因为要纪念首义的一天，所以就定十月十日为国庆节，也叫双十节。现在，要请各位注意，如果没有先烈的奋斗，我们怎会有今天的快乐！

再如《中山先生的演讲》（8－44），以国父孙中山先生的演讲内容激发儿童奋斗、救国、觉醒的意识、决心和行动。

……

今天中国的安危存亡，全在我们中国的国民睡还是醒。如果我们还是睡，那么就很危险。如果我们能从今天醒起来，那么中国前途的运命，还是有很大的希望。现在世界的潮流，都进到新的文明。我们如果大家能醒起来，向新的文明这条路去走，我们才可以跟得到各国，来追向前去。那么要醒起来，中国才能有望。为什么呢？怎么样说法呢？就是我们醒起来，我们大家才有思想，有动作，大家才能立志来救这个国家。大家能知道这一件事，中国不难有救的。今天我们要来救这个中国，要从那一条路走呢？我们就是要从革命这条路去走，拿革命的主义来救中国。革命的主义，就是民族主义，民权主义和民生主义。这个就所谓三民主义。民族主义，就是拿中国要做到同现在列强处在平等地位，就是从国际上列在平等地位；民权主义，就是要拿本国的政治，弄成到大家在政治上有一个平等地位。以民为主，拿民来治国家；民生主义，就是弄到人人生计上、经济上平等。那么这个样的三民主义，如果我们能实行，中国也可以跟到列强来进步，不久也可以变成一个富强的国家。

这里既有很深刻、很深奥的道理，谈国家也谈民族，谈现实也谈理想，谈国家也谈国际，也有着口语的亲近与简易，如把国民的觉悟与否比作"睡还是醒"，把探索国家的前途比作"选路"与"走路"。

（二）戏剧

戏剧剧本语言源于生活又高于生活，是对生活原型语言的再加工，增强了语言的表演特质，突出了语言的艺术加工。教材中的戏剧材料，多是取材于小故事和时事等。

如《你认识我吗》（6-42），故事内容的戏剧性很强，它深刻的内涵在于告诉儿童人不可貌相。

樵夫　先生，我的肚子很饿，请你给碗饭我吃罢！

富翁　没有！

樵夫　先生，我是远地方的人，走了许多路，路费用完了，所以向你讨碗饭吃，请先生牺牲一些罢！

富翁　谁叫你用完路费？我即使有饭，也不给你吃。

樵夫　先生，我并非是叫化子，如果你能救我一时的急难，将来总想法报答你。

富翁　滚开！谁要你报答？（喊仆人。）张三！把这个叫化子赶开。

仆人　（奔出来。）谁在这里胡闹？

樵夫　哼！……（幕下）

又如第9册第14课的《伦敦被难（一）——被拘》，讲述孙中山先生在伦敦的遭遇。

开幕时　孙中山坐在椅上张眼四望。马凯尼开了房门进来，中山起立。

马　（神气傲慢）你到了这里就如到了中国了，（在中山旁边坐下）你，你姓什么？名叫什么？

孙　（豪爽地）孙文。

马　你就是孙文？——我得到驻美公使来电，说你坐了麦竭斯的号轮船到英国来了，叫我捉住你。

孙　为什么捉住我？

马　朝廷要你。

孙　那么，我到这里来一个人也不知道，我可以通知我的朋友吗？

马　不可以！（走出，把门锁了。）

孙　唉！果然不出康德黎夫人所料！如今怎么好（和衣上床）？（天亮了，唐某进来。）

唐　（嬉皮笑脸）昨天我领你来，是公事公办。今天我到这里来，要尽我的私情，通知你几句话。你在这里，已经到了生死的关头，你知道吗？

孙　什么话！这里是英国地方。英国政府未必肯听你们这样做！

唐　（得意的样子）不要紧。现在一切办妥，轮船也定好了。下星期二，就送你回国。那时，我们塞住你的嘴，缚住你的手脚，抬到船上藏好。船进了香港，把你交给中国炮船，送广州衙门。

孙　你们为什么这样恶毒？

唐　（狞笑）这是皇上的命令，我们不过照命令干罢了。

孙　唔！

（唐某关门出去。柯尔带着煤篓进来，放在地上，向煤篓一指，随即走出。中山在煤篓中拿出一张纸，看罢，便侧卧在床上。拿名片写几个字，起来把它埋在煤篓里。不多时，柯尔又进来。）

孙　（向柯尔点头低声）费心！

（柯尔拿煤篓出）　　（闭幕）

戏剧再现了孙中山先生在伦敦落难及脱难的过程，展现出国父的机智、勇敢及国际友人的鼎力相助。人物台词通俗自然、口语化强，舞台说明简练、扼要、明确，极好地训练学生对课文、人物内涵的理解及对语言的把控能力。

戏剧语言和演讲语言一样，儿童在学习的过程中，需要付出比学习普通日常生活用语更多的努力，安排在中高年级是符合儿童语言学习规律的。

第二节　口头交际能力的训练

口语交际能力的训练，不仅要通过侧重口语训练的课文内容在具体的教学过程中进行强化和训练，更需要在每篇课文的学习中，运用多种教学方式，进行有意识的、循序渐进的引导式和创造性训练，引领学生进行知识和说话方式、说话内容的迁移。

一、在看图说话中观察

语言交流是通过句子来传递完整信息的，句子是最基本的表情达意的结构单位。我们评判一个人的语言流利程度，也是以句子为考察对象。词语的使用正确与否，就是看它在句子中是否运用恰当；能否准确表达判断与叙述，句法组织结构是否正确与规范；是否能顺利完成交流，还要看是否掌握了合适的语速、语气、停顿、轻重音等。因此，训练儿童的口头语言表达能力，首先就在于训练儿童对语言基本材料的组织能力。"图画"给说话者和听话者提供了人物、地点、时间、场景、行为等各种信息，言语表达者需要根据"图画"来组织合适的词语与句子表达方式。"看图说话"成为培养和提升儿童口头语言表达能力最初阶段的最有力的工具。在"看图说话""看图表述"中，可以实现多种学习功能，主要表现在以下方面。

（一）激发兴趣

小学生由于年龄较小，身体和心智的发育尚未成熟，好动，贪玩，注意力不集中，对抽象的文字敏感度较弱。但他们有很强的好奇心和求知欲，对具象易感的东西容易产生兴趣，对感兴趣的东西往往会表现出极强的专注性。图画，正是截取生活场景，由动态变为静态，因此图画可以展示丰富的客观世界。身边的生活，未曾接触过的事与人，都可以通过图画展示出来。可以说，图画将一个更加广阔的生活天地展现在儿童面前。

如第1册第2课《来拍球》。看到右边这幅图，就可以提出一系列的问题："小朋友手里拿的是什么？""你们会拍球吗？""怎样拍球？""一个人玩拍球的游戏有趣吗？""几个人可以玩拍球的游戏？"通过这些问题，就可以引导儿童观察图画中的人与物，与自己的生活联系在一起，围绕自己的生活选取合适的词语，组织话语，话匣子就容易打开了。这些场景在生活中完全可以再现，因此学生很容易回答，并顺势展开对话。这样的图画贴近生活，有情节，学生很容易接受，容易产生学习的兴趣，自然进入到文字的学习中。本课组合的文字是："小妹妹，大哥哥，来来来，来拍球。"

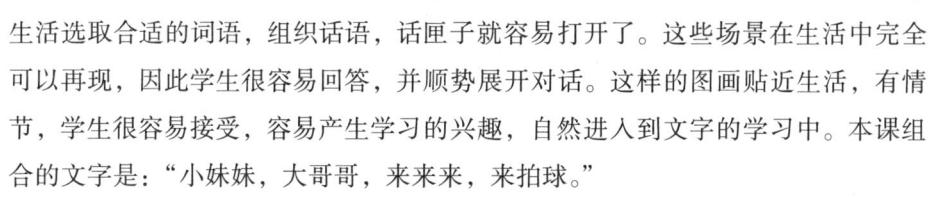

（二）培养观察力

儿童虽然对图画有兴趣，喜欢看图，但是怎样看图，如何把握图画中的重要信息、主要信息等，这些是需要训练的。通过课堂有意识的引导，逐渐引领儿童从随意的、无目的的观察，发展为有意识的、有顺序、有层次的观察，提升他们的观察能力。比如第1册第15课：

要引起儿童看图兴趣的提问，可以这样发问：你们见过老鹰吗？见过老鹰捉小鸡吗？老鹰怎样捉小鸡？

而要培养儿童的观察能力，则可以这样来提问：

——这篇课文的插图画的是什么？

——老鹰在做什么？

——地上的小房子里有什么？

——什么躲在里面？

再如第1册第16课：

有助于儿童观察力的提问是：

咪咪咪 小貓叫 笑我抱 喔喔喔 公雞啼 要吃米

——插图里画的是什么？
——小猫对谁叫呢？男孩还是女孩？
——小女孩在做什么呢？
——小男孩在做什么呢？
——公鸡在干什么呢？

当儿童通过仔细观察，了解了图画中的各种信息，对图画内容有了整体把握后，便可以跟着老师逐渐深入，顺着老师的引导，逐步观察到图片中的关键信息，并依次有序表达。

（三）培养想象力

儿童在老师的提问下，对图画内容有了较全面的了解后，接下来要做的就是展开想象，丰富画面信息和内涵。前面的两类引导，所起的作用、所回答的信息都是图画上的静态信息，儿童回答的主要是事物名称、事物关系或行为动作的关系、数量关系等。这些信息仅仅是比较简单的学习内容。对能力较强的学生而言这些是很容易做到的。如果仅局限于此，那么很容易降低学生的学习兴趣，因此拓展学生观察的视野，展开丰富的想象力和思考力的训练，在看图表述中是最为重要的。如第2册第26课：

围绕插图，我们可以引导儿童观察插图中有几个人，都在做什么，还可以推测人物之间的关系。从这些人在小河边、在稻田里打麦、割麦，可推测这是什么季节。祖父年龄大了，为什么也在忙呢？两个小孩子为什么要拾麦子呢？为什么要打麦子？打麦子打下的是什么呢？图上那些小点点都是什么？这些都可以在画图中，结合生活的实际，引导儿童得出答案。

接下来还可以进一步引领儿童展开想象：
——祖父是怎样割麦子的？
——父亲是怎样挑麦子的？
——母亲是怎样打麦子的？
——两个小孩子是怎样拾麦子的？
——两个小孩子围在祖父的身边捡拾麦子，他们在说什么？
——父亲和母亲看到两个小孩子在拾麦穗，会有什么想法？

——两个孩子看到祖父、父亲、母亲在辛勤劳作，会想些什么？

类似的提问，既可以帮助儿童深入理解课文的文字内容，又可以加深儿童对课文主旨的理解。在这样的训练过程中，一幅平面静态的插图就具有了动态的故事情节。既有可见可睹的具体动作与神态、说话与声音，还能延展到人物丰富的内心世界。

插图训练使儿童对画面信息进行观察、思考、联想与创造，成为语言训练一个重要的环节，在低幼学生的语文学习上发挥了重要作用。

（四）提高儿童说话能力

当儿童对图画信息有了了解，并观察总结出图画中的核心内容、背景、人物关系后，还可以将人物置于丰富的场景中，带领儿童进入话语表达的最终环节，用语言来组织画面信息，编成一个个小故事。

低学段儿童年龄小，观察力和思考力都比较弱，因此最初只要求做到对简单插图进行简单的分析，将图上信息用完整的句子表述出来即可。如第1册第7课：

围绕插图，儿童可以捕捉到以下信息：小狗、小男孩。进一步观察，则还可以观察到：小男孩是什么姿势？他在跟小狗打招呼吗？他为什么跟小狗打招呼？小狗什么表情呢？小狗高兴吗？小狗高兴了会怎么做？……

在教师一系列问题的引导下，儿童逐渐展开想象，充实画面信息和情节，形成对画面信息的句子表达。儿童在低年段的时候，句子表达比较受限，尤其是在面对看图说话这种"受限的话语表达"，往往要比自由说话、自发交谈局促一些。因此在对儿童进行话语训练的时候，可以采取三步走的步骤：先进行简单的回答，再主动叙述部分信息，最后充实信息。因此我们可以看到，教材的配图也是从简单的没有背景信息的构图，到有场景的构图，逐渐到繁复构图，表现出插图信息复杂程度的逐步加强。插图与课文语言在对儿童的语言训练上都遵循着循序渐进的原则。

配合本课的插图，在儿童回答出简单的图片信息后，可以将课文文字内容与图画联系到一起，进行句子组织。如"小狗看到小朋友高兴得直摇尾巴"，"小狗看到小朋友回家了，摇着尾巴跑了出来"。在这个基础上继续对故事情节的构拟和展开。

下面以第1册开篇的无字插图为例，来观察教材如何训练儿童的语言表达能力。

这一组插图由四幅图组成，其内容分别是：

图一，哥哥和弟弟在园子里玩耍，看见许多蜜蜂在花间飞来飞去，弟弟说："蜜蜂为什么聚集在花心里？"哥哥说："他们在花心里采花蜜，预备冬日的粮食。"

图二，哥哥和弟弟又听见草里有唧唧的鸣声，弟弟问："这是什么声音？"哥哥说："这是纺织娘在那里催人织布，预备冬天的衣服。"

图三，哥哥弟弟又看见树旁边有只鸟，衔了枯枝稻草，飞向窠中去，弟弟问："鸟衔了东西做什么？"哥哥说："他们要修补他们住的窠。"

图四，哥哥弟弟后来又看见蜘蛛抽丝结网，弟弟问："蜘蛛为什么抽丝结网？"哥哥说："这是他在造路，造好了路，才好出去找东西吃。"

这几幅图的设计，其用意在于显示：劳动才能创造生活，小动物们各司其职，各做各的工作，他们的生活是有意义的生活。

里面"生活""劳动""意义""工作"等词语，对刚上学的小学生来说，不仅陌生，也过于抽象，不易明白。但是图画中的内容孩子们是可以看明白的。因此，从训练儿童看图讲述画图中的信息开始，逐渐引领儿童认识这些抽象意义，认识上学的作用，认识为什么要上学学习知识。看图说话可以分为如下几步：

第一步：观察插图。

图一：这幅图里有几个人？是大人还是孩子？他俩什么关系？他们在干什么？哪里有花？花儿上都是什么？蜜蜂什么样子？

图二：两个孩子蹲在那里干什么？草丛里有什么？纺织娘什么样子？

图三：两个孩子在看什么呢？有几只小鸟？小鸟们都在做什么呢？

图四：两个孩子在干什么呢？蜘蛛在干什么呢？蜘蛛网在哪里呢？

四幅图中的两个小朋友，他们的动作都一样吗？

第二步：追究事情的原委。

图一：哥哥弟弟为什么到花园里来？蜜蜂为什么聚集在花心？蜜蜂为什么要采花蜜？

图二：哥哥弟弟在听什么？纺织娘叫什么？纺织娘为什么催人织布？

图三：小鸟为什么衔树枝？小鸟为什么要筑窠？

图四：蜘蛛为什么抽丝结网？蜘蛛网有什么作用？

哥哥和弟弟看到蜜蜂、纺织娘、小鸟、蜘蛛都在忙着工作，他们做什么了？他们为什么要上学呢？

第三步：丰富故事情节。

图一：花园里景色如何？哥哥和弟弟怎样来到花园里？蜜蜂怎样聚集的？

图二：纺织娘怎样叫的？哥哥和弟弟怎样听纺织娘的叫声？心情如何？

图三：小鸟怎样衔着树枝飞的？鸟窠是什么样子的？哥哥和弟弟看到鸟窠心里在想些什么呢？

图四：蜘蛛怎样抽丝结网的呢？蜘蛛网是什么样子的呢？

哥哥和弟弟是怎样上学去的呢？

……

还可以为每个故事增加时间、地点，为人物增添话语信息、神态信息等等，增强故事表述的完整性、情节性。在这个环节，还可以鼓励儿童给人物赋名，给地点环境赋名等等，使得表述更加生动、精彩。

在低年段，对儿童的看图表述能力的训练是重要的训练内容，从完成老师的提问，到循着思路表达清楚插图信息，再到展开丰富的想象，构成完整的有情节的故事。其中可以穿插老师讲述故事的情节，儿童模仿、复述或者将插图内容表演出来等多种训练方式。

图画为儿童的语言表达提供了材料；有序的图画还给儿童提供了情节发展的逻辑顺序，有助于儿童有序地组织自己的话语，并形成语言表达的连贯性。因此，图画对儿童语言表达的训练是极有帮助的。当儿童对图画信息有了比较好的了解和掌握之后，在语言的组织性、连贯性、有序性、完整性方面都将得到很好的训练。儿童对情节有了更多的充实和丰富之后，他们的想象力和思考力就能得到更好地提升和锻炼。当然在训练中，要注意充分发挥教师的引导作用。在低学段，教师的提问是引领儿童思考的重要线索；逐步地，教师要将发问权交给儿童。

总之，插图在教材中，尤其在语文教材中，有着举足轻重的作用，绝不仅仅是补白、美观的功能，而是对教学内容的充实，对教学手段的丰富。世界书局小学教材中那些精心设计的插图，精巧地利用图画来进行有效教学的做法，是值得学习和传承的。

二、在表演中领悟

从文学创作，尤其是戏剧创作的角度来说，人物语言是文本的主体，最能体现"话语"艺术的艺术形式。话语最基本、最重要的形式就是人物之间的对话，戏剧剧情的展开是在舞台上，从人物的对话中逐渐推进的。这些是需要在小学阶段的戏剧教学中逐渐学习掌握的。而完整的人物对话，涉及诸多因素，如会话意图、会话技巧、会话策略、会话原则，以及话题的选择、话题的转换、话题的结束等等，这些在小学课本中，已经通过分课等策略进行了处理，因此要注意训练学生将课本的故事进行转换，由书面的文字信息，转变为声情、动作展示的表演，以更好地领悟到故事的深意，更好地来训练口头表达技巧，提升能力。

如小学教材中的第一出话剧剧本是第 5 册的《审山鼠》。故事通过小朋友假扮庭审场景，激发对小动物的热爱和保护的观念和意识。

审山鼠（一）

人物：奇安、丹西、惠思干

地点：读书室

开幕时：奇安和丹西看着笼子里的山鼠，惠思干坐在椅上看书。

奇安　这只山鼠，常到我家的园里来吃菜，今天才被我捉住了。丹西，我们把这小东西杀掉了罢！

丹西　哥哥，你瞧，小山鼠抖个不住，很是可怜。让我把他放在树林里罢！他离开了这里，不会再来吃菜了。

奇安　不行！我立刻要杀死他。

丹西　我们去请父亲审判，好不好？

奇安　好！

惠思干　（放下手里的书。）很好！这里暂作法庭，我做法官。奇安做原告的律师，丹西做被告的律师，各人先说明理由。最后，我来判决。
　　　　（幕下）

审山鼠（二）

开幕时：惠思干坐在中央，奇安和丹西坐在两旁。

惠思干　现在开庭了，先请原告律师陈述。

奇安　山鼠常到原告的园里，偷吃蔬菜。原告费了许多工夫，才把他捉住。所以应该立刻把他杀死，剥了他的皮，赔偿原告的损失。倘使放了他，不但原告的损失，没有赔偿，并且还要去害别人家哩！

惠思干　丹西，你是代表被告的，请你辩护。

丹西　山鼠，是天生的动物，和我们一样。我们所有的东西，他也应该享受一些。倘使他不吃东西，怎能生活呢？所以我们不能为了私利，把他杀害。

惠思干　奇安，我想丹西的话很对，山鼠很可怜，还是把他放走了罢！（幕下）

这是小朋友第一次接触话剧，接触戏剧，因此在讲课的时候除了要介绍一些戏剧的常识外，可以先通过分角色朗读，使儿童熟悉剧本内容，感受戏剧与故事、传说等的异同。接下来引领儿童分析、领会不同角色的语言表达特点和风格，让学生领会"审山鼠"的过程，用讲故事的形式讲给爸爸妈妈听，讲给小朋友听。在进行表现形式转换的过程中，慢慢领悟故事的讲述与戏剧表演的差异。

再如上面提到的《你认识我吗》，这出话剧被分为三个片段、三篇课文来完成。在介绍完基本的戏剧知识后，重点是要引导学生在欣赏和表演这出短剧时，分析剧中人物的形象特点和话语、语气特点，包括用词对人物形象的塑造作用。我们以第一幕的学习为例，教师可以引导提问：

（1）樵夫为什么请富翁给他碗饭吃？

（2）富翁为什么说没有？

（3）樵夫为什么向富翁解释自己是个来自远处的人，路费用完了呢？

（4）富翁为什么有饭也不给樵夫吃呢？

（5）"叫化子"是什么意思？

（6）富翁相信樵夫说的将来一定报答他的话吗？为什么？

（7）仆人为什么要出来撵走樵夫呢？

……

这些问题，不仅有助于儿童理解课文的内容，理清故事情节发展的脉络，更有助于掌握人物的话语表达语气，联想说话时的神态、动作等等，从而达到表演的形似与神似。

再如孙中山先生在伦敦落难的故事，通过阅读、欣赏以及表演，可以使学生深刻领会话剧剧本和表演中语气简洁利落，文句简短，句子绝少长句及修饰性等特点；尤其是语气能充分表达人物鲜明的性格特点，或傲慢、或豪爽、或嬉皮笑脸、或得意、或感激。

另外，本剧本中还有多种疑问句式的表达和感叹号的使用，也是很值得学习的。下面通过对疑问句与感叹句或祈使句的语气分析，来看看如何通过剧本教学训练来提升儿童的话语表达能力和技巧。

开幕时　孙中山坐在椅上张眼四望。马凯尼开了房门进来，中山起立。

马　（神气傲慢）你，你姓什么？名叫什么？

两个疑问句连问，有明知故问之意，显示人物的傲慢，展示胜利者的姿态。

孙　为什么捉住我？

马　朝廷要你。

孙　那么，我到这里来一个人也不知道，我可以通知我的朋友吗？

孙中山的两个问题，合情合理，不明而问，语气谦和有礼。

马　不可以！（走出，把门锁了。）

命令、禁止的语气，显示人物的粗暴无礼和傲慢。

孙　唉！果然不出康德黎夫人所料！如今怎么好（和衣上床）？

两个感叹句，既说明不出康德黎夫人所料，又多少有些因未采纳而又叹息伤感之情，多少有些无奈；紧接着一个疑问，只是提出疑问而无须回答，自我提问，又在自我思考。

唐　你在这里，已经到了生死的关头，你知道吗？

这是一个得志小人嬉皮笑脸的表达，一副狡诈的胜利者的嘴脸。

孙　什么话！这里是英国地方。英国政府未必肯听你们这样做！

中山先生连续两个质问，充分表现他的无所畏惧，毫不怯懦，同时也展现出他对英国政府的信任和依赖。

孙　你们为什么这样恶毒？

在听了"胜利者"的诡计之后，他十分气愤，质问中带着斥责。

孙　唔！

小人的阴谋诡计以及大清帝国皇帝对自己的穷追不舍，令他叹息不已，壮志难酬，暂时又无计脱身。

孙　（向柯尔点头低声）费心！

对小人，他的感叹句都带有斥责之情，对柯尔，他既寄予希望，又充满期待，因此这一句"费心"充满了感激之情。

在引导学生分析、理解这些句子的语气之后，可以通过表演来体会不同及其表达的鲜明的情感与态度。还可以通过这出话剧，引导学生比较话剧中人物对话的语气和日常用语有何不同及与记叙文写作等有何不同。

戏剧剧本具有极强的表演目的，这种可表演性、可模仿性是训练儿童口语的极佳素材。教师可以在课堂上给儿童充分的引导和空间，鼓励儿童参与表演，并参与再创作，将自己的体悟加入戏剧表演中，从而使自己的口头表达交际能力得到更好地提升。

三、在演说中训练

演说是在语文课堂上训练学生口头表达和交际能力的有效手段之一。在进行演说之前，首先要选题、立意，然后要组织内容。这些都可以在课堂上通过课文进行训练。如《国庆日的来历》是教材第一次出现演说形式，教师在引导学生了解演说时，要侧重从演说材料和主题的选择、语言的组织、情感的把控等角度，对学生进行语言训练。因为演说的主题往往都比较正式，因此可以采用教师引导并总结的形式进行。如为什么在双十节的聚餐上要讲这段历史呢？——大凡有意义的聚会，都会有演说，演说可以在大众面前很好地展示自己。在双十节国庆日的聚会中，演说关于国庆日的来历，就是一个非常合适的题目。那么在清明节、端午节上的演说，选择什么主题比较合适呢？在新生欢迎会上的演说呢？在毕业仪式上的演说呢？在家长汇报日上应该说些什么呢？通过这样的训练，使学生逐渐形成根据不同的时间、地点、听众以及环境确定话语主题选择的意识。

在欣赏和分析演讲词的同时，除了选题与话语表达语气的训练外，还有话语的角度、句式的选用等。如上文《中山先生的演讲》，除了提出"课文里的我们，能不能换成你们""课文里的两个设问句如果换成一般陈述句，效果如何呢"等问题外，更重要的是进行对话题逐层展开、逐层深入的训练。教师可以做出这样的引导：

（1）"今天中国的安危存亡，全在我们中国的国民睡还是醒。"这句话怎么理解呢？

（2）什么叫"三民主义"？"主义"是什么意思？

（3）"三民主义"是谁提出来的？

（4）如果我们能够实行三民主义，我们就可以在不久的将来变成一个富强的国家吗？

在演讲的选题、基本语气的训练后，更重要的是对组织话语结构和话语内容的逻辑性训练。这一点，教材在不同学段的选文中，也表现出了层层递推、逐层深入的设计特点。

如高小国语课本中的《怎样恢复民族地位》一文：

中国从前能达到很强盛的地位，不是一个原因做成的。大凡一个国家所以能够强盛的原故，起初的时候，是由于武力发展，继之以种种文化的发扬，便能成功。但是要维持民族和国家的长久地位，还有道德问题。有了很好的道德，国家才能长治久安。我们现在要恢复民族的地位，除了大家联合起来，做成一个国族团体以外，就要把固有的旧道德先恢复起来。有了固有的道德，然后固有的民族地位，才可以图恢复。

讲到中国固有的道德，中国人至今不能忘记的，首是"忠孝"，次是"仁爱",其次是"信义",其次是"和平"。

古时所讲的忠于皇帝。现在没有皇帝，便不讲忠字，以为甚么事都可以做出来，那便是大错。现在人人都说：到了民国，甚么道德都破坏了，混乱原因就是在此。我们在民国之内，照道理上说，还是要尽忠，不忠于君，要忠于国，要为四万万人去效忠。故"忠"字的好道德，还是要保存。

讲到"孝"字，我们中国尤为特长，尤其比各国进步得多。孝经所谓"孝"字，几乎无所不包，无所不至。

"仁爱"也是中国的好道德。古时讲"爱"字的，莫过于墨子。墨子所讲的"兼爱"与耶稣所讲的"博爱"，是一样的。古时在政治一方面所讲爱的道理，有所谓"爱民如子"，有所谓"仁民爱物"，无论对于甚么事，都是用"爱"字去包括。把"仁爱"恢复起来，再去发扬光大，便是中国固有的精神。

讲到"信义"，中国古时对于邻国和对于朋友，都是讲信的。依我看来，就"信"字一方面的道德，中国人实在比外国人好得多。在商业的交易上，便可以看得出。外国人和中国人与日本人都做过了生意的，都赞美中国人，不赞美日本人。至于讲到"义"字，中国在很强盛的时代，也没有完全去灭人国家。比方从前的高丽，名义上是中国的藩属，实在是一个独立国家。中国强了几千年，而高丽尤在，日本强了不过二十年，便把高丽灭了。由此便可见日本的"信义"不如中国，中国所讲的信义，比外国要进步得多。

中国更有一种极好的道德，是爱"和平"。现在世界上的国家和民族，只有中国是讲"和平"。外国都是讲战争，主张帝国主义去灭人的国家。中国人几千年酷爱"和平"，都是出于天性。论到个人，便重"谦让"，论到政治，便说："不嗜杀人者能一之"，和外国人便有大大的不同。这种特别的好道德，便是我们民族的精神。我们以后对于这种精神，不但是要保存，并且要发扬光大，然后我们民族的地位才可以恢复。

教师首先引导学生分析演讲的思路：

（1）一个国家能够强盛起来，其原因是什么？
（2）武力的发展和文化的发展怎样使国家富强呢？
（3）要使国家永久富强，靠的是什么？
（4）如何恢复我们的民族地位呢？
（5）固有的道德是什么？
……

在梳理清楚基本线索之后，引导学生分析揣摩作者的语言特色，如"大凡"

"还""首""次""其次"等词的运用等等，以及关联词语的使用。

通过上面的分析，可以看到民国国语教材在儿童的语言学习、训练上，有着很强的科学性与逻辑性，充分体现了对儿童心理、儿童认知、儿童语言、儿童教育的深入钻研与实践。

第九章　教材的作文教学体系

随着清末八股取士和科举制度的废止，教育步入了崭新的发展阶段。五四新文化运动蓬勃开展，白话文已正式取代文言文成为书面语。在这一历史转制过程中，对语文教育而言，冲击和挑战最大的当属写作教学。传统的写作教育是用文言创作功名文章，新式教育则强调语言的实用性、生活性，用实际生活中的口语，按照新的语法体系，选择生活化的素材进行文字的创作，即进行语体白话的实用性写作训练。

传统的写作训练是熟读古圣先贤的经典之作，揣摩其写作仪轨范式。新式教育的早期教材中，对白话文写作很少专门讲授，多是在课文的学习中，采用文学阅读分析的形式，渗透写作的范式和观念，并不是直接教授作文之法。中学阶段逐渐有专门的作文课，专项训练写作，而小学阶段的写作训练则明显不足。那么，小学生白话文作文训练，该如何进行呢？1932 年的小学语文课程标准对作文提到了"利用环境随机设计，使儿童口述或笔述，练习叙事、说理、达意"，"使儿童对于普通文实用文的格式、结构、文法、修辞、标点等，能理解和运用"，对小学的作文训练提出了明确的要求。下面分初小阶段与高小阶段来分析民国时期的小学作文训练。

第一节　初小阶段的作文训练

小学语文课程标准对初小阶段的要求主要是一至二年级以口述、口头作文为主，三至四年级逐渐进入笔述，即笔头作文的训练。作文内容上，一、二年级主要是故事和日常生活故事的说明，三、四年级以故事、生活偶发事件、读书报告、普通文实用文等的写作为主。口头作文的说话训练在第八章已经分析过了，这里主要分析书面作文的训练。

书面写作的训练基本遵循着由简单到繁杂，由句子到段落篇章，再到修辞的顺序进行。初小阶段主要是在单元练习中进行。这种训练从一年级就可以开始，根据学习的内容和学生学习能力的发展，由简单的句子训练开始。从初小第6册开始逐渐涉及关联词、语气词的知识。7、8两册集中讲授词性和句式的知识，为高小的作文训练奠定基础。低学段与中学段的基本形式如下：

一、一至二年级的训练

（一）联句练习

联句练习，就是模仿课文，将几个相关词语连接在一起，组成一个意义完整的句子。这种练习在第1册的学习中就可以开始。

如：

小猫拍拍球　小狗唱唱歌　小妹妹拍拍手（第1册练习一）

根据图片提供的信息，可以设计联句练习。一方说，"小猫"；另一方接着回答，"拍拍球"，或者替换回答出"跳一跳""看见一只老鼠"等。一方说，"好哥哥，来来来"；另一方接答，"来游戏""来唱歌"等等。

联句练习，既是对已学过知识的温习，也是一种拓展。而且，这里所用的话语模式，都是生活中非常常用的，便于儿童通过话语迁移，扩大语言能力。

（二）仿写练习

低学段的仿写练习，主要是模仿某句话或某段话的表达格式，替换相应的词语，在模仿的过程中，逐渐熟悉和掌握句子的表达形式，理解句式的格式和表意功能。

如第1册练习四：

儿童在看图之后，可以引导模仿"两只盘加上三只盘　共有几只盘　九只船减去六只船　还有多少船"一段，进行模仿练习，练习询问、记数。

如："两只小猫加上三只小猫，共有几只猫？""树上有五只小鸟，飞走了两只，还剩几只？""鸭妈

妈领着五只小鸭子到河边游泳，有一只小鸭子去追蝴蝶了，水里有几只小鸭子呢？""小猫捉住了两只小老鼠，大猫捉住了五只大老鼠，两只猫一共抓住了几只老鼠？"类似的模仿练习，既能训练儿童的语言模仿和组织能力，还能将语文与数学联系在一起，训练儿童设计提问与计算能力。

随着年级的增长，仿写练习的难度也在增加，比如第2册练习四，就发展到要求儿童自主组织语言、提高观察能力的高度。

一双手，一只在左，一只在右。

缝衣要用手，打麦要用手，推车要用手，摇船要用手。

还有还有，开窗要用手，关门要用手，穿衣服要用手，换袜子要用手。

有用呀，我们的一双手。

模仿这一段对"手的功能"的说明自己写一段话，如：

一双脚，一只在左，一只在右。走路要用脚，踢球要用脚，跑步要用脚，跳远要用脚。还有还有，放纸鹞要用脚，抬花轿也要用脚。有用呀，我们的一双脚。

一双眼睛，一只在左，一只在右。看书要用眼睛，画画要用眼睛，游戏要用眼睛，做操要用眼睛。还有还有，我追小鸟要用眼睛，我过小桥也要用眼睛。有用呀，我们的一双眼睛。

一双耳朵，一只在左，一只在右。听课要用耳朵，做操要用耳朵，考试要用耳朵，唱歌要用耳朵。还有还有，听广播要用耳朵，听鸟叫也要用耳朵。有用呀，我们的一双耳朵。

……

在仿写中，儿童既掌握了语句表达的形式，并且通过不断增加句子的内容，拓展句子表意的丰富性和内涵，熟悉并能够自如地运用书面句式，表达更加复杂的意义。

（三）语法练习

从第3册练习一开始，逐渐进入到语法学习中，语法的观念逐渐从日常的语言交流中浮现出来。为了增强逻辑性，表述严密的句子关系，教材会涉及各类词语及相关的语法知识。在第3、4册中，这些语法点多以填空的形式出现。如第3册练习一：

燕子姐姐要回家，小鸟们在洁园开个欢送会。洁园很清静，很美丽。四周围着泥墙，空中国旗飘飘，好像在舞蹈。

你背了书包，为什么不上学呢？你温完了课，为什么不睡觉（　　）？

开会了，小鸟们站在墙上，站在树梢，向国旗行个最敬礼：一鞠躬，二鞠躬，三鞠躬。

老鸦很起劲，他说："梧桐叶落秋天到，燕子姐姐你要回家啦。我送你一把伞，希望你回家一路好，明年来得早！"

喜鹊也起劲，他说："虫声唧唧秋天到，燕子姐姐要回家啦。我送你一盘谷，希望你回家一路好，明年来得早！"

最后燕子说："谢谢！谢谢！明年会！明年会！"

上面要填的是语气词。练习时可以将已经学习过的包含有"了、吗、吧、呀、啦"等语气词的句子，放到一起来进行考察。这里不必出现语法知识，但通过不断的练习，儿童仍可以形成对句子语气、语气词初步的印象和认识。

如从课文中可以找出这样的句子：

这粒珠子，送给你罢。（3-9）——（罢）

珠子有什么用呢？（3-9）——（呢）

一个蚂蚁，跌在水里，快要淹死了。（3-10）——（了）

这是家里寄来的信，叫我回去啦。（3-11）——（啦）

弟弟呀，妹妹呀……（2-16）——（呀）

学生通过自己找句子，了解这些词在句中的位置一般都比较固定，常出现在句尾。还可以用这些词来造句。如：

你要吹泡泡吗？

这是你的小娃娃吧。

我的小泥人送给小妹妹啦。

小羊过河了。

那只小猪真能干呀。

……

儿童通过这样的练习，逐渐掌握语气词的用法，慢慢形成语感，积累基础材料，为中学段语法知识的系统学习打下良好的基础。

再如第4册练习三，学习的是关联词。

一棵大树，不靠什么，独自站在地上。他听听芙蓉鸟的歌声，他瞧瞧自己的影子，虽然没有弟兄，但是很适意。

大树有一种特性，喜欢照顾路过的走兽。骆驼走来，大树招呼："乖朋友，当心碰痛了你的背。"鹿走来，大树招呼："乖朋友，当心撞痛了你的角。"猩猩走来，大树招呼："乖朋友，你要躺在我的身上吗？"獐走来，大树招呼："乖朋友，你要露宿在我脚边吗？"白熊走来，大树不招呼。为了白熊要害人，所以大树厌恶了。

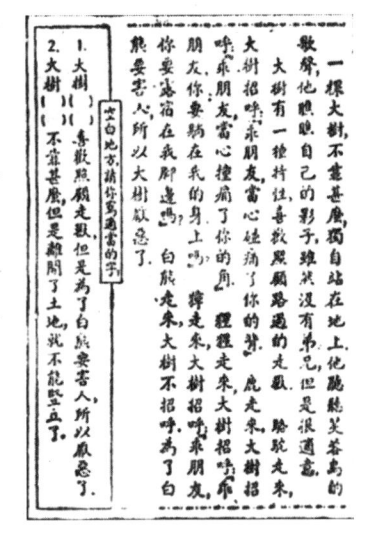

空白地方，请你写适当的字！

（1）大树（　）（　）喜欢照顾走兽，但是为了白熊要害人，所以厌恶了。

（2）大树（　）（　）不靠什么，但是离开了土地，就不能竖立了。

这里的填空题内容与之前的不同。这里的两个空要求填的是关联词语，表明考查的重点已经由对字词的考查，深入到对句子、复句的学习。前一个格，要填的是"虽然"。这是一个表示转折关系的关联，其中第一句在短文中有完整的表达。第二句是需要儿童独立思考判断前后两句话之间的语义关系。从难度来看，这里的几个单元填空题难度提高了不少。

从联句、到仿写、到改写，在一年级儿童就基本进入到能够用正确的句子表达连贯的完整的意义的程度；到了二年级，通过简单的语法知识的学习和熟悉，在句子的表意上，复杂程度逐渐增加，表意的丰富性也在增强，因此从中学段开始，逐渐进入到段落写作的训练。

二、三至四年级的训练

除以上低学段所涉及的几种练习外，中学段以篇章习作训练为主，通过对课文进行有意识的范式分析训练，来培养儿童作文的基本意识。主要有"结构分析""约缩练习""敷畅练习""改写练习""译作练习"等几种。

（一）结构分析

结构分析即对课文内容进行梳理，用简单的图表形式整理出来，这样有利于理清思路，抓住重点，把握文章整体的写作结构，如第7册第23课《稻草人》，课文内容是：

稻草人，田中立。披蓑衣，戴箬笠。

左手挥着大蒲扇，右手舞着小纸旗。

莫问霜露浓，那怕雨雪急。为了保护农作物，草人朝暮不休息。

害稻虫，偷谷鸟，见识浅，胆量小。

草人身体摇几摇，虫儿、鸟儿四散逃。

家家庄稼多，处处穗头饱。待到秋来收成好，草人功劳真不小。

在分析课文之后，要求儿童把课文大意列成图表，如：

稻草人
- 形状
  - 披蓑衣戴箬笠
  - 执蒲扇舞纸旗
- 职务
  - 保护农作物
  - 驱逐害虫害鸟
- 效果——农家好收成

这种练习在于提纲挈领地理清文章的写作思路，了解文章的结构模式。在课文学习的过程中，做类似的练习，有助于形成儿童写作的基本模式，形成对作文的初级概念：写什么，怎么写，先写什么，再写什么等。

（二）约缩练习

约缩就是把课文改得短些，保留主要信息，删减冗余或修饰限制性信息。如《完璧归赵》一课，故事情节丰富，但是篇幅较长，学过之后，可以训练学生对课文进行浓缩，如原文为：

赵国的惠文王，得到一块和氏宝璧。秦国的昭王晓得了，叫人送一封信给惠文王，说愿意画出十五个城邑，调换和氏宝璧。秦国素来有仗势欺人的恶名。惠文王接到了昭王的信，非常恐慌。便和蔺相如商量道："昭王要拏十五个城邑，调换和氏宝璧，这件事，你看可以允许吗？"蔺相如道："秦国强，赵国弱，这件事，我看不可以允许。"惠文王道："只怕他拿了宝璧，不肯把城邑给我。"蔺相如道："秦国拿城邑来换宝璧，如果赵国不允许，是赵国的不义；赵国愿意交换，如果秦国不肯画出城邑，是秦国的不信。我们当用诚意待人，把宝璧送去。"惠文王道："谁能把宝璧送往秦国去呢？"蔺相如道："我愿意去，我一定要使秦国画出的城邑，先入了赵国的版图，才把宝璧留在秦国。否则，仍把宝璧送回来。"惠文王便叫蔺相如拿了和氏宝璧，出使到秦国去。

约缩为：

赵王接到秦王一封信，说是愿意画出十五个城邑，调换赵国的和氏璧。赵王知道秦国有意欺诈，便和蔺相如商量。蔺相如说："若是不从他，怕要仗势兴兵。"赵王说："只怕他拿了宝璧，不肯把城邑给我。"蔺相如说："我愿意送璧到秦国去。我一定使秦国划出城邑，才把宝璧留在秦国。"赵王便派蔺相如出使到秦国去。

再如第 7 册练习四《勇敢的母女》：

有一条铁路，通过一个山洞。洞口，有一座铁桥，桥下是一个很深的山谷。一天晚上，下了几阵大雨，涧水直冲下来，竟把那座铁桥冲断了。

铁桥附近，有一间小屋，是母女两人住的。他俩晓得铁桥冲断了，火车快要到了，几千个乘客的生命，快要牺牲了，很是忧虑。就冒雨候在桥前，堆了许多草。点着了火，一面拿了烧着的一束树枝，在空中舞动；一面大喊："快停车！快停车！"

火车上司机的人，突然瞧见了火光，听得了人声，料想前面一定有什么危险。但是不及停车，直到行近母女两人站立的地方，才得停住。车上的客人晓得了这件事，十分感激这两位勇敢的母女。

下面的故事，是上面的故事的约缩，你看意思相同吗？

有一条铁路，通过一个山洞，和一座架在山谷上的铁桥。一个大雨的晚上，涧水把铁桥冲断了。母女两人，冒雨候在桥前，烧着一堆草。他俩一面舞动烧着的树枝，一面大喊停车。火车上司机的人知道有了危险，连忙停车。车上的人，都感激母女两位。

——你能够另外约缩一段吗？

先给出一段约缩作文作为示范，再让学生模仿，另选一段来进行约缩练习。约缩练习要求故事基本情节完整，要求保留能突出人物性格，推动情节发展的话语信息。约缩练习有助于训练儿童表达的简洁、扼要，是进行详略提炼的很好方式。

（三）敷畅练习

敷畅练习就是把课文内容丰富化，使其局部信息更充实更丰满。如《怎么并在一起算》："有一年，天气亢旱，田禾只有二分收成。农民已经不够自给，可是县官仍旧派了人，到乡下去催租。农民们没法可想，便举一个年青能干的人，叫他做农民的代表，去见县官，请求豁免本年的钱粮。"这是课文的第一段。

在这段话前面添作一段描写县官横暴的文字，如："从前，有一个县官，很是横暴，常常欺侮农民，要他们多完钱粮。"这样情节就更加完整。敷畅练习的目的是训练儿童作文表达的逻辑性，内容的充实性。

如果把这篇文章约缩，那就成了"有一年，天气亢旱，收成很少，农民就举出代表，向县官请求豁免本年的钱粮"。

由对上面一段故事的"敷畅"与"约缩"的比较，可以看出来，二者是满足作文不同需要的两种写作处理手段，能起到各不相同的作用。

（四）改作练习

改作练习就是把某种体裁的文章改写成另一种体裁，如把话剧改成散文，把散文改成记叙文等等。如将《晏子使楚》的话剧剧本改写成记叙文：

布景：楚国的宫殿。

人物：晏婴，楚王，侍从，卫兵，犯人。

开幕时：楚王坐在殿上，侍从站在两旁，晏婴上殿参见。

楚王　你就是齐国的使臣吗？

晏婴　是！是！我是齐国的使臣——晏婴。

楚王　哈哈！齐国难道没有人了？

晏婴　说那里话！齐国的人民，只要大家把袖子张起来，就可障蔽青天；假使每个人挥一滴汗，就和下雨一般，怎说没有人呢？

楚王　哦！齐国既然有这样多的人民，为什么派你这个矮子来呢？

晏婴　齐国派使臣，有一个标准：能干的人，派到强大的国家去；没有用的人，派到弱小的国家去。像我这样的人，只能到楚国来。

（卫兵牵着一个犯人，走过殿下，楚王问侍从。）

楚王　这个犯人是那里人，犯了什么罪？

侍从　齐国人，是一个盗犯。

楚王　晏先生，你们齐国人，怎么这样不知自爱？

晏婴　这有一个原因：橘树生在淮水以南，都会产生很好的橘子；要是种到淮水以北，便变成很坏的枳子。这是因为水土不同。我们齐国人，在本国没有一个为非作歹的；到了贵国，就做强盗，也是这个缘故。

楚王　好厉害的晏先生！（幕下）

改写为：

晏婴见了楚王。楚王说："你就是齐国的使臣吗？"晏婴说："是！我是齐国的使臣——晏婴。"楚王笑道："哈哈！难道齐国没有人了？"晏婴说："齐国的人民，只要大家把袖子张起来，就可以遮蔽青天；假使大家滴一点汗，就和下雨一般。怎说没有人呢？"楚王道："哦！既然如此，为什么派你这个矮子来呢？"晏婴道："齐国派使臣，有个标准：能干的，出使到强大的国家去；没有用的人，出使到弱小的国家去。像我这样的人，只好到楚国来。"这时，有两个卫兵，牵着一个犯人，走过殿下。楚王问道："这个犯人是哪里人？犯了什么罪？"卫兵道："齐国人，犯了盗案。"楚王又对晏婴说："齐国人怎么这样不知自爱？"晏婴道："橘树种在淮南，都生很好的橘子；种在淮北，便变成很坏的枳子了。这是因为水土不同。如今齐国的人民，在本国很是善良，到了楚国，便做强盗，也是这个缘故。"楚王没话可说，只得向晏婴赔罪。

改写除了叙事体式上的变化，语言组织形式上也都有变化。通过改写练习可以了解到，同样的写作材料可以有多种作文方式，还可以比较不同文体的写作风格和写作范式。

（五）译作练习

这里的译作练习不是英语译成汉语或汉语译成英语，而是将短诗译作散文。如：

稻草人，田中立，

披蓑衣，戴箬笠，

左手挥着大蒲扇，

右手舞着小纸旗。

莫问霜露浓，那怕雨雪紧，

为了保护农作物，

草人朝暮不休息。

译作散文如下："稻草人，身上披着蓑衣，头上戴着箬笠，左手挥着蒲扇，右手舞着纸旗。他为了保护农作物，不怕霜露雨雪，朝暮站在田里，不肯休息。"

如改成三言句则成了："稻草人，田中立。披蓑衣，戴箬笠。挥蒲扇，舞纸旗。霜露浓，不着急。雨雪紧，不休息。守职勤，谁能及。"

译作和改作不是同一回事。译作，主要倾向于对诗歌中凝练的词语进行口语化表述，改作主要在于文体体裁的变化。

以上几种练习都是对篇章写作方面的训练而言的，从开始的造句、联句练习，到后来的约缩、敷畅、改作、译作练习等，各种各样的练习，以各种形式穿插着编排在各册各单元教材中，安排在课堂课文的学习与单元练习中，不断地反复训练，以收到培养学生写作能力的效果。

三、素材的积累

此外，在中学段还增加了对写作素材有意识的分类积累的训练。本学段主要集中在对不同特点的句式的积累上。

如：第6册练习三"这些都是偶句"

东边叫，西边呼。

穿竹衣，戴竹帽。

两边绣出茶花朵，中央绣出采茶人。

一条是宽平的大道，一条是狭窄的小路。

奇怪的岩石，流动的涧水。

苍翠的森林，鲜艳的野草。

活泼的仙姑，美丽的女神。

希望你：在读过的课文里，再找出几句来。你自己也试做几句。

练习中，鼓励学生抄集偶句。如："山路小，山顶高；一只死，一只伤；黑的桑子甜，红的桑子酸；活泼的蜜蜂先生，美丽的玫瑰姑娘；大树当作帐篷，细草当作地毯；有的讲故事，有的猜谜语；有的唱歌，有的跳舞；开满成功的花，长满失败的草；黄莺停在树枝头，月亮照在树梢头；有的在平地上赛跑，有的在土墩上拍球；有的到山顶上去望远景，有的到山坡上去采标本……"

自己再模仿着造句。如："左边是一垛墙，右边是一条河；灿如在看飞鸟，方朔在听流泉；树上开满红花，树下长满绿草；哥哥在前逃，弟弟在后追……"

四、语法练习

句子是语言交流的基本单位，在掌握一定的字词后，就要加强对儿童语言表达的训练，增加对句子使用的认识。低学段儿童已经开始接触到简单的关联词、语气词的使用训练，到了中学段就需要学会使用关联词语与语气词了。

如第5册练习一，要求儿童熟悉某种具体的句式，而且是书面语色彩非常浓郁的句式：

倘使……何必……呢

（1）司马光说自己会剥胡桃皮的谎话，是故意的。倘使他是无心的，他的父亲，何必责备他呢？

"倘使……何必"已经是比较复杂的复句练习了，通过关联词语可以组织起逻辑关系较复杂的几个小句。下面是同句子模式的造句：

早上他说他九点到的，倘使他不能来，何必一早上给我打电话呢？

昨天他买了一瓶除草剂，倘使不是小草长得太多了，他何必买除草剂呢？

还可以从课文中，再找一些使用了这类关联词的句子，罗列出来。如：

我走到黑暗的地方，他便吓得躲避了。倘使他不是胆小，何必躲避呢？

影子是胆大的还是胆小的？

从本套练习开始，复句造句练习逐渐增加。如：

第 5 册练习二：

既然……那么……不是……吗

（1）猫头鹰既然因为不会改变声音，要被人家讨厌；那么乌鸦也不会改变声音，不是也要被人家讨厌吗？

（2）人的生日，既然大家应该祝贺；那么国的生日，不是大家更应该祝贺吗？

第 5 册练习三：

如果……难保……

李寄去斩蟒蛇，如果不带宝剑，不带猎狗，难保生命安全。

丽丹如果不点灯塔上的灯，来往的船，难保不发生危险。

鸽子（　）（　）记忆力不好，叫他去寄信，（　）（　）一定寄到。

……你道……呢？原来……

羊救了狼，狼反要吃羊。后来狼被猴子关住，他很懊悔，他很惭愧。你道狼为什么懊悔呢？原来他感到自己又失掉自由了。

你道狼为什么惭愧呢？（　）（　）他觉得自己的心太毒了。

……怎么……仍旧……呢

陈壮达要想到海岛上去，但是他没有勇气，只是在海边望着。在旁的村人说："你怎么不划了船去，仍旧站在这里呢？"

第 6 册练习一：

凡是……

凡是景致好的地方，游人总是很多。

凡是笔，都可以绘图写字。

简直……

他知道有一个坑，还要落下去，简直是鲁莽。

第 6 册练习二：

……不但……并且……

（1）有一个麻面的孩子，不但丑陋，并且愚蠢。

（2）买鞋子，用自己的脚量尺寸，不但便利，并且准确。

……仿佛……

（1）鹧鸪叫，仿佛在说："不要空过，快点去做。"

（2）蔡顺的孝母亲，仿佛黄香的孝父亲。

……既然……只要……何必……呢

秦武买自己的鞋子，既然忘带鞋样，只要穿在脚上试一下，何必回去拿鞋样呢？

……已经……，还……吗

王惠立让部下的兵，抢爱兰家的牛，已经是错了，还想恐吓爱兰吗？

第二节 高小阶段的作文训练

高小阶段的作文目标是以笔述为主。具体要求是能完成"日常事项和偶发事项的笔述和讨论""读书笔记""儿童刊物和校报或学校新闻的拟稿""演说辩论的拟稿""诗歌、故事、剧本等的试作""普通文实用文（注重书信和报告等）的练习"，以及"标点符号的运用练习"。

除了"标点符号"的运用有专项练习和系统总结外，其余的目标分散在各课的课后练习中，成为一种常规训练贯穿在五、六年级的国语教材中。此外造句练习、片段的仿写、改作、敷畅、约缩等，基本是初小训练的延续，只是训练的频率有所提高。

一、基础练习

基础性的写作练习主要有三种形式，一是积累练习，如集词、集句；二是句段练习，如造句、改病句、写一段话等；三是篇章练习，如仿写、改写、缩写、扩写等。

（一）积累练习

1. 集词练习

民国时期语文的集词练习，主要是从课文中寻找、辨析、搜集具有不同语法特点的词。如第9册第8课《装哑子的马夫》一课，多次出现了"地"字，如"殷勤地、急忙忙地、气喘吁吁地、气昂昂地、很失望地"，这时要告诉学生"……地"是副词，要求学生把本课和前面课文中"……地"用例找出来。再如第10册第17课《大屋子和小屋子》，有12个"他"，三个"他们"，两个"它"，这些是第三人称的代名词,集词练习,以达到认识同类和学习目的。

类似的还有:收集本课中的特有名词,并说明它的种类(10-32);搜集本课中的名词,归入下面三类:特有名词、普通名词、抽象名词(11-21);搜集本课中的叹词、助词,说明它们的用法和类别(11-24)……这样的练习是对初小学习过的语法知识的系统复习,更加注重于实践运用。

2. 集句练习

集句练习是对课文中有同类特点的句子的搜集整理,尤其是对运用有相同修辞手段的句子的收集,以强化学生对语言运用规律和特点的掌握。如第10册第29课《害虫和益虫》中有"他曾经捉到金龟子,捉到蝼蛄,捉到蚊子和苍蝇",突出了排比。因此课后就有"搜集本课中的排迭句"的练习。再如第11册第31课《登长城》中有比喻句:"有时凿石架轨,好像深入栈道,有时洞穿山腹,又像潜行地隧""自八达岭下视居庸关,若建瓴若窥井""那长城蜿蜒如长蛇,起伏盘旋,不知道首尾所在",所以课后有"搜集本课中的比喻句"的练习。

搜集归纳是积累语言素材的基本功,因此对于课文中的好词好句,随时会在练习中提出明确要求,进行整理和积累。

3. 词语解释

高小教材中,带书面语色彩的词语越来越多。随着年级的上升,不少课本直接选自传统文学经典作品及外国翻译作品,这些作品文学色彩浓郁,书面语色彩较重。这就需要学生具有文白互译能力,因此,"解释""翻译"等练习形式也就出现了。如"解释"类练习:

(1)用浅显的文字,解释下面三句的意义:肆口胡骂、七颠八倒、怒形于色。(9-16)

(2)解释下面几个词的意义:穿窬、勾当、栽培、金银财帛。(9-25)

(3)用浅显的文字,解释下面的语句:夜深人静、若断若续、怒目戟指。(11-5)

(4)用白话解释下面的语句:奄奄待毙、所向披靡。(12-11)

"翻译"类练习:

(5)把"撒盐空中差可拟"和"未若柳絮因风起"两句,译成白话。(9-33)

(6)把冯骥三次唱的歌辞,译成白话。

长铗归来乎!——食无鱼!

长铗归来乎!——出无车!

长铗归来乎!——无以为家!(10-20)

（7）将下面的语句，译成白话：穷迫无归，天之所生，地之所长。(11-22)

（8）将下列语句译成白话：再接再厉、凤仪整爽、超越常人、哗变。(11-27)

（9）把"不嗜杀人者能一之"句译为国语。(12-12)

4．用词练习

正确地选择和使用词语，是语言学习的重要内容。如：

（1）选词：在划有横线的两个"词"中，选择一个填在下面的句子里。

<u>喂　哼</u>　　（　）！你怎么可以不听朋友的话。

<u>畏惧　惶急</u>　火起了，我十分（　）（　）。

<u>本来　原来</u>　他（　）（　）想要回家，因为你来了，他就留着。(9-23)

（2）填充：下面三句的缺处，用适当的字来填充，使它成为通顺的句子。

这一幅（　）（　）（　）（　）的图画，真好看啊!

展览会里的画件很多：（　）（　）是山水，（　）（　）是人物，（　）（　）是花卉，（　）（　）是虫鱼，五光十色，真是（　）（　）。

蚁王领了许多蚂蚁，出去打仗。依我看它们在地上接连着走，（　）（　）（　）（　）。(10-6)

以上积累练习，主要分布在五年级。

（二）句段练习

句段练习的形式比较多，有"缀句""正误""仿造"等，或是关联词语的连缀训练，或是句子内部的细节修改训练。如：

1．造句

造句，是组词成句的基本功，高小阶段的造句训练，既有单句的组织，也有结构比较复杂、逻辑性比较强的复句的组织。如：

（1）用"非常""很""最"等字，造成三个独立的短句。(9-6)

（2）照下面两个形式，缀成复句。

既然……为什么……呢……难道……吗

虽然……却……所以……　(11-2)

（3）照下面的形式，仿造两句。……最……其次……再次……(11-28)

还有一种形式的"组句"练习，只提供几个字，要求将它们正确排序，从而形成一个正确的句子。如：

（4）把下面每行的字，组成有意义的句子。(10-3)

兵　枕　死　士　伤　战　上　藉　场

格　是　十　会　丁　救　字　南　兰　立　济　红　的　创

做 务 格 护 南 看 义 妇 丁 兰

(5) 研究"了"字的词性,在每种下搜集一句,(参看以前各课)并且仿造一句。(9-10)

例句	词性	集句	仿造
白医生从屋里取了一根鞭子出来	助动（现在）		
他已跑了不少路	助动（过去）		
那知到了明天	助动（未来）		
白医生说罢把窗子关了	助（现在）		
我……已经疲乏了	助（过去）		
等一等,我就来了	助（未来）		
田里的禾苗要成熟了	助（预期）		
……我们只要扮作愚人就行了	助（悬拟）		
不能迟延了	助（阻止）		
没有一根毛是干的了	助（判断）		

(6) 比较"的""地"两字的用法,看下表后仿作几句。(10-13)

字	作用	举例	仿作
的	介词	去年的一个春夜	
的	助词	那时一切都很安静的	
的	形容词语尾	浅灰色的嫩毛	
地	名词	蜷伏在地上	
地	副词语尾	我惊悦地唤起来	

(7) 用"假使"两字,做成一段短文。(9-2)

(8) 用"极"字造成两个独立的短句。(9-7)

这些练习形式,有的是初小已有的练习,如仿造句,这时要达到的目的是巩固、复习。有的则是注重知识的系统化,在综合练习的基础上,逐渐扩展为段落的描写和议论。主要集中在语法、逻辑上,为写作做好铺垫和积累。

2. 改错

句子写出来后要进一步修改完善,最好的方式就是改病句练习。如:

(1) 找出下面句子里的错字来。

俞钧读了伯母的遗嘱,笑道:"伯父的遗产,我既然不能续承;那么我欠人的借,拿什么去归还呢?唉!我不该勤谨,枕误了自己。"(9-4)

(2) 删去下面各句里的夹杂无用的字。

渡沙漠必须骑骆驼所以骆驼简直好像是沙漠里的渡船。

沙漠会压死人我真有些点恐怖。

老鸦会抢旅客的东西吃不但可笑更是并且奇怪。

向导就便是引导的人做旅行的向导的必须熟悉那地方的情形。(10-5)

（三）篇章练习

篇章练习是对文章的修饰润色，内容的增删调整等。练习形式有"创作""仿造""拟作""改写""约缩""增补""敷畅"等。

1. 创作、仿造、拟作

这类练习，主要是模仿课文内容，根据要求进行写作练习。如第9册第3课，是以一个寄宿学校孩子的口吻给父母写的一封家信，汇报在学校学习生活的情况。课后设计了两道练习题：

仿照本课的形式，写一封信给父亲和母亲，报告本人在校中的情形。

替代定业的父亲写一封给定业的回信。

又如第9册第33课《明信片上的故事和诗》，课后要求学生围绕本课主题形式，根据自己的需要，写一张明信片给朋友。第10册第18课《焚券》，说的是苏轼烧毁购买房屋契券，将自己已经购买的房子还给老妇人的故事。课后习题要求，参考应用文作法一类的书，拟作一张卖屋的契券。

这些练习的设计都是依托课文的主要内容而设定，起到了学以致用的作用。

2. 改写

文章写好之后，可能会根据不同的需要来改变文章的形式或内容，如改变文体、文章结构，或写作技法等。如第12册第6课《在寒带上写给朋友的信》："将本课书信体改作游记体；并用列举式分下列六段：衣、食、住、行、成人、孩子。"第9册第11课："把末段白医生和江荣的说话都加''符号，换去中间的代名词。据白医生说，假使那天夜里，○○回来得迟些，○○○○的病就不能挽回了。江荣也对主人说，○向来没有看见过像○○这样会跑的马，并且○似乎知道主人有了急事的。"这段改写是进行句式转换，将语言描写进行转述与直接陈述两种形式之间的转换。

类似的练习还有：

（1）把下文改变形式，做成意思相同的语句。

"为什么呢？"学生们都怀疑地说。(9-2)

（2）把"把三天前发出的命令取消"（叙述式）改作说话式。(9-5)

（3）"他便恳切地对主人说……才可以避免火灾"四句，将口语的形式改作叙述的形式。(9-22)

（4）如果"村民告诉我"一句后面，用""符号，那么课文的形式，应当改叙述为自述，你把它改作一下。（10-9）

3．约缩、删节

"约缩""删节"[①] 是对文章内容的变化，保留文章主干进行缩写，如第9册第20课《何先生》，课后练习要求将这篇400余字的课文，"约缩成一百多字的短文"。缩写和提炼主干在初小阶段就时有练习，实为对课文主旨的把握与提炼，与之前的提要练习、主要内容陈述是一致的，目的在于训练快速把握中心、话语言简意赅的能力。

4．增补

"增补"是在文章开头或结尾，根据故事情节，增补一段前因交代或者是后续发展，如第9册第23课《服从父亲命令的牧童》，这是一篇写一个牧童阻止了惠灵吞将军从他家庄园田地中踏马而过的故事。阻止的原因只在儿童的解释中一语带过，因此课后设计一道练习题：在课文的最前，增补一段，写明牧童的父亲怎样叫牧童关住栅门。

再如第10册第25课《瑞典的一个乡妇》，这一篇课文写的是看似普通的农妇，用计谋救了佛撒的故事。课后设计一题：想象丹麦兵走了以后，佛撒对于主妇的感激情形，在课文的末了，增补一段。

5．敷畅

这是在首段前和尾段后增写。有的是将某段内容扩展、丰富化，叫作"敷畅"。如第12册第24课《黑人难道不是人吗》，这篇课文对汤姆的那段话写得非常简单，而汤姆的回答是课文矛盾冲突的高潮，故课后的练习是：把本课第8段"汤姆坚定地答道"敷畅一下。第11册第26课《国父孙中山先生（一）》，是介绍国父孙中山事迹，但是开头介绍文字较为简略，故课后练习是：参考他书，搜集事实，将本课的首段敷畅一下。

二、系统性练习

在高小教材中，写作练习是练习的重点，写作训练除了课后的练习外，还专门设立了"补充课"来进行更系统地讲授。

[①] "约缩"是初小教材练习的名称，"删节"练习的要求与"约缩"相同，因此，两种练习形式实为一种。

在世界书局版这套小学教材中，在写作训练中专门设计有"补充课"，这是当时小学国语教材中作文教学最有特点的设计。四册教材中一共有12次补充课，每课设计一个真实的生活情境，通过王先生与春明之间的对话，讲授写作知识和技巧。从词的学习、句子的训练到如何篇章作文，借王先生之口娓娓道来，生动、鲜活，毫无违和感和说教感。

如高小教材的第1册（小学教材第9册）第34课《王先生的文法分析图——补充课文之一》：

楔子：春明是一个五年级的学生，他在初级小学里读了八本国语读本。对于文法很有些门径。名词啦，动词啦，形容词啦，他都有些明白。他常说"我现在做二三百字的文章，能够通顺，是研究文法的功劳。"春明的邻舍，住着一位教国语的王先生。春明很敬重王先生，王先生也很爱春明，常常不惮烦劳地教导春明。下面就是他们俩的许多故事。

教材设计两人每次见面一个主题，各个主题之间有机地自然衔接，形成一个完整的知识系列。在两人的交谈中，以脱口而出的简单语料作为引子，引入系统的知识，以贴近生活的譬喻引入抽象的说理，充满生动性和趣味性。使学生在欣赏趣味故事的同时，了解了作文的文法要义，提高了阅读、表达与写作的能力。下面对以"补充课"为主的小学国语作文训练进行分析。

（一）"补充课"的设计

12次的补充课对从文法到文章作法的知识做了系统讲授。包括以下内容：

1. 王先生的文法分析图——主要讲述九大词类及其主要作用。
2. 单句和复句——讲述单复句的区分及分类。
3. 从句子的作用讲到形式——讲述句子的作用及其表现形式。
4. 填成两张表格——讲述名词和代名词及其分类。
5. 从春明扮演法官讲到述说词——讲述动词及其分类、功能。
6. 一段写萤火虫的话与区别词的解释——讲述副词的分类及其作用。
7. 一句话引出一张关系词的表格来——讲述连词、介词的分类及其作用。
8. 春明访问王先生与情态词知识的获得——讲述助词、叹词的分类及其作用。
9. 怎样做文章（一）立意——讲述作文如何立意。
10. 怎样做文章（二）取材——讲述作文如何取材。
11. 怎样做文章（三）布局——讲述作文如何布局。
12. 怎样做文章（四）修辞——讲述作文如何修饰。

从这份作文法的编目可以看出来，作文练习的讲授是按照由词到句子，再到篇章组织的顺序来逐层讲解的。将文法知识、语法知识、修辞知识、逻辑知识整合在一起。改变了之前注重经验、领悟的文选教学中的写作教学模式，走上了理性教学的道路。

下面将 12 个专题分成"句子结构与功能"（1 至 3 课）、"词类及作用"（4 至 9 课）、"文章之法"（10 至 12 课）的层次，分析"补充课"的作文知识与讲授系统。

（二）句子结构与功能

句子是文章构成的基本单位，在初小教材中通过造句练习、词性知识的学习，已经学习过有关句子的知识。在高小开始系统作文教学的时候，将这些知识整合到一个句子中，使儿童建立起关于句子的整体观念，是非常有必要的。

开篇以春明已经学过八册国语读本，每册中都有讲文法的材料，对文法有些门径为引子，来说明高小教材承接了初小教材，是初小文法学习的深入与拓展。

1. 句子结构

以春明的一句话——"啊！你看哪！那树上的花和鸟，正在欢迎我们写生"，直接切入学习的主题——"咦！奇怪！词类只有九种，你这三句话里，倒给你用全了。"以这句话为例，开始了句子结构的讲解。

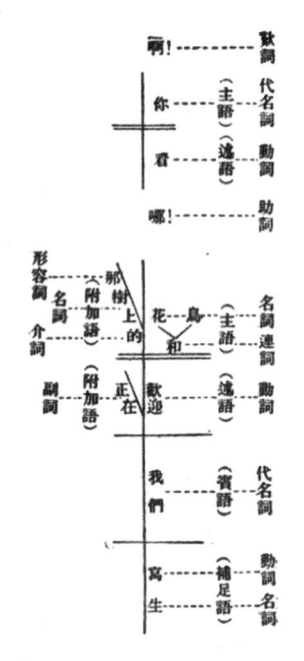

教材将初小学过的词类知识与句子成分合为一张图，显示词性及其充当的句法成分。图中的内容呈竖排，最左边的是词，中间的是句子成分，最右边是词性，逐一说明三者之间的对应关系。将上图的内容稍做整理就成为下面的内容：

表 9－1　词与词类、句子成分的对应关系

词	词性大类	词性小类	句子成分
你、花、鸟、我们、那、树	实体词	名词、代词	主语、宾语或补足语
欢迎、写	述说词	动词	述语或补足语
正在	区别词	形容词、副词	附加语或补足语
的	关系词	介词	介绍实体词给动词或形容词
和	关系词	连词	联结词、成员、句子
啊	情态词	叹词	独立成句
哪	情态词	助词	显示语气

上面分析的是日常生活中最常用的句子，贴近生活。分析时将新知识与旧知识整合在一起，新旧交织，条分缕析，学生并不对新知识感到陌生艰深，因为教材只是对旧知识冠以新名，并引出了一整套句法功能的词语，体现出了语法知识的完整性与规则性。当然，以上的词语与语法知识只是反映当时的认知，像"写生"是拆开作为两个词语来看，充当两个句子成分，而在现在"写生"则已经固化为一个词了，作动词用。

教师在教学时，可以结合本课学的新知识来增加练习。如用"主语+述语"的结构造句，造一个句子，要求有"补足语"等等。造句时任意换用词语，造出符合要求的一定结构的句子来。如此下来，儿童组织语言的能力将会得到很好的训练。

2. 句子类型——单句、复句

句子类型，从结构来分，有单句和复句两类；从语气来分，有陈述句、疑问句、祈使句、感叹句。因此，"补充课"把这部分知识分成了两课，分别进行教学。

在讲述单句和复句概念之前，也是先从儿童熟习的语料出发，如春明从《伦敦被难》一课中找出这样几句话：

（1）中山起立。

（2）我领你来。

（3）你到了这里，就如到了中国了。

（4）英国外务部早已知道孙逸仙被拘在这里了，并且英格兰警署已在查究了。

（5）我得到驻美公使来电，说你坐了麦竭斯的号轮船到英国来了，叫我捉住你。

（6）今天我到这里来，要尽我的私情，通知你几句话。

这几句话都来自课文，有长有短，根据句子的成分构成，将句子分为单句和复句，并根据复句内部的单句之间的逻辑关系，将其区分为主从复句和并行复句。

针对上面这些熟悉的例句，学生可以根据上一课所学到的分析句子成分的知识来对单句进行句子成分的划分，找出句子的各种成分与关联词，使学生在温故的过程中获得新知识。接下来老师再要求学生造出新句，巩固本课所学到的语法知识，如"分析单句的句子成分""用关联词语造句子，并分别实属哪种类型的复句"等等。

作文教学的活学活用，温故知新的学习方法，在补充课中运用得非常普遍。

3. 句子类型——陈述句、疑问句、祈使句、感叹句

之前的学习中，语料都是通过春明来发现或整理的，在本节课上，语料的搜集者变成了王老师。王老师整理了几个句子，交给春明，让他分析。

(1) 月光如昼。
(2) 姓国的人哈哈大笑。
(3) 这样的方法虽是不甚合于学理，但也的确能够表示他欢喜研究物理的态度。
(4) 兄弟既早死，父母又不存。
(5) 一壁去乞食，一壁自沉吟。
(6) 你为甚么又迟到？
(7) 谁叫你去偷人家的金银财帛呢？
(8) 市民喊道"买报！买报！"
(9) 醒来！黑美！
(10) 唉！我记起了。
(11) 门外有贵官走过，我们一同出去看呀！

这一组句子，无论是标点符号的运用，还是语气的表达，都非常清晰而规范。王老师在春明学习了句子的基本成分与单复句分类后，将句子的语气分类有目的地讲给春明，说明这是一个关于汉语语法系统的另一层知识。下面是课文的原文，抽象、生硬的语法知识在两人的一问一答中，在王先生的循循善诱中，显得特别简明易懂。

春明看了，莫明其妙，便请求王先生讲个明白。王先生很高兴，说"这里的句子可分四组。(1) 到 (5) 是一组，它们的作用，是陈述事情，叫做决定句。(6) (7) 是一组，它们的作用，是发问或怀疑，叫做疑问句。(8) (9) 是一组，它们的作用，是祈望或使唤，叫做祈使句。(10) (11) 是一组，它们的作用，是发表情感，叫做感发句。大概拿句子的作用来分类，就不外乎这四种了"。

春明听王先生一口气说到这里，才恍然大悟，原来王先生又在教他文法了。接着问："王先生，我们校里的老师，常常教我们说'这是对偶句，那是反复句'，怎么和王先生讲的不同呢？"王先生说："你说的是讲形式，不是讲作用。若论形式，那么 (1) 是比喻句，借昼来比喻月光，(2) 是拟态句，描写人物的形态。(3) 是抑扬句，上句是抑，下句是扬。(4) 是对偶句，两句的文字，完全相对。(5) 是排迭句，两句中有重迭的文字，'买报买报'说了两遍。(9) 是倒装句，平常是应当说'黑美！醒来！'花样很多，一时也说不尽了。"这些知识，

在春明看来，是意外的收获，所以他又立即笔记起来。

　　王先生结合上面的11个句子，适时而准确地讲授了根据句子的表达作用与语气可做出的新的归类，即：陈述事情的，叫作决定句；发问或怀疑的，叫作疑问句；祈望或使唤的，叫作祈使句；发表情感的，叫作感发句。语法知识的系统性相当突出，春明未必知道这些新知识，因此王老师提前做了准备，列出了多个不同的句子。这个小小的细节，说明教材的编纂者在教材设计、编辑时思虑得十分周到，是值得现代教材编纂者借鉴的。

　　教材在讲述这个新知识时，又设计了一个比较辨析的环节。结合以前学过的课文和练习，要求学生找出对偶句、反复句、排迭句等，说明以前所学的叫作句子的形式分类，即根据句子的表现形式（主要是修辞手段的使用），对句子进行分类；这里是根据句子的作用（即语气）来进行分类。二者是完全不同的。将王先生的说明稍做分解，就形成了以下的句型归类的知识：

（1）是比喻句，借"昼"来比喻"月光"。

（2）是拟态句，描写人物的形态。

（3）是抑扬句，上句是抑，下句是扬。

（4）是对偶句，两句的文字，完全相对。

（5）是排迭句，两句中有重迭的文字。

（6）（7）是反问句。

（8）是反复句，"买报！买报"，说了两遍。

（9）是倒装句，平常是应当说："黑美！醒来！"

　　以上是高小教材第1册中的三节补充课，对句子成分、句子类型的讲授，都是将新旧知识整合在一起，在讲授新知识时导入旧知识来做比较。这种导入有利于减轻或消除学生对高小作文学习的陌生感、恐惧感，是一种很好的过渡方式。

（三）词类及作用

　　初小的第7、8两册书对名词、代词、形容词进行了系统的讲解，包括其功能和使用。儿童学过之后，将对这些基本词类有一个大致了解。但初小阶段的讲解只是一个基础，到了作文写作的时候，还要对它们进行细致的划分与辨析，区分不同性质的词类在句子中承担的不同功能。因此，从高小教材的第2册开始，对这些词类又进行了分类讲解。对九大词类分五节课讲授，每节课讲解2至3个词类。具体如下：

1. 实体词

表 9-2 名词分类表

名 词			区分几类
抽象名词	普通名词	特有名词	
是没有形状可指，没有数目可数的名称	是同类事物可以通用的名称	是某人或某物特有的名称，他人他物不能通用的	甚么性质
①我要使天文家增加思想……动作名 ②那马的性情很暴躁……无形名 ③她因劳苦太过……性状名	①田 孩子 鞋子……个体名 ②豆饼 米糠 棉花……质料名 ③沙漠 政府 国家……集体名	①王森 蔺相如…………人名 ②双杨村 恰克图…………地名 ③战国…………时代名 ④中华 法国…………国名 ⑤中华造币厂 县立农场……团体名 ⑥观巴黎油画记 名誉特奖……书篇名	举几个例

表 9-3 代名词分类表

代名词				区分几类
联接代名词	疑问代名词	指示代名词	人称代名词	
代替附有形容语句的人或事物	代替不知道的人或事物	代替说者所指的人或事物	代替人类的名称	甚么性质
①前面来的是 谁 ……代人 ②在生产合作事业中获利最厚的是养鸡……代事物	①你们知道他是谁……代人 ②你往那里去……代事物 ③你要的是甚么……代事物	①这 这些 这样 这里……近指 ②那 那些 那样 那里……远指 ③ 它 它们 承指 ④有的 有些 泛指	①我 我的 我们 我们的……自称 ②你 你的 你们 你们的……对称 ③他 他的 他们 他们的……他称 ④她 她的 她们 她们的……他称 ⑤大家…………统称 ⑥自己 亲自…………复称	举几个例

这里将代名词和名词放在一节课中来讲授，因为名词是指称事物的名称，代名词是名词的替代，二者合而为"实体词"。故讲授词类时以"实体词"开始。实体词是句子的主要成分，儿童在学习词汇时，对名词即事物的名称也是最容易接受的；在造句的时候，也往往是由名词开始。因此儿童对名词最容易感受和理解。

初小时也介绍了名词和代词，但主要是从课文中找出相应的例子，只做了简单的分类,对它们的性质并没有详细区分。而高小则从词类上进行了细致的比较和辨别。对以下几类词类的分类和举例也大体如此。

2. 述说词

在名词与代名词后,继续讲解的是动词。动词是组成句子的必要成分,没有动词,句子的表意是不完整的。于是对动词能否带宾语以及动词在句子中的功能又做了细致区分。这里的区分,与初小的不同之处在于主要是按动词在句子中的功能来分类的。

表9-4 述说词(动词)分类表

	分类	甚么性质	例字	例句
述说词（动词）	他动词	是动作涉及他物的字	剥削 请	①夏禄,你剥削平民的金钱不止一日了 ②不然我便要请你到法庭上去
	自动词	是动作不涉及他物的字	过去 听	③日子一天一天地过去 ④安东原听了只是哭泣
	同动词	是只有动性没有动态的字	便是 是	⑤最惹人注意的便是夏禄 ⑥安东原的朋友是做航海事业的
	助动词	是帮助动词,占有一部分动作的字	着 可以	⑦手里拿着一把尖刀 ⑧你可以割安东原的肉的

3. 区别词

在民国时期的语法体系中,形容词与副词合为一类,叫作区别词,因为它们都是用来区别事物意义的,与名词(代名词)组合的是形容词,与动词(副词、形容词)组合的是副词。分析的语料也来源于教材。"这是甚么虫?远远地飞过来。尾巴上正在发光,一闪一闪地亮着。我想这细小的动物,怎么这样的活泼呀?一阵风来,它却飞去了,不回来了。但是,别的虫又飞来了。"当时王先生与春明正在欣赏美丽的萤火虫,借景造句子,于是引发了关于形容词与副词的分析。

表9-5 形容词分类表

例句	这是甚么虫	一阵风来	我想这细小的动物	别的虫……
词	甚么	一阵	细小	别的
作用	询问实体事物的情状	区别实体事物的数量	区别实体事物的情状	指示实体事物的所在或范围
名称	疑问形容词	数量形容词	性状形容词	指示形容词
用法	用在名词、代名词的上面或下面			
常用词举例	谁、那、几、何、多少、甚么	第一、几个、无数、两本、六斤	老、红、高、好、美丽	这、这些、那、那些、一切

表 9-6 副词分类表

例句	远远地飞过来	尾巴上正在发光	一闪一闪地亮着。……又飞来了	怎么这样的活泼呀	它却飞去了	不回来了
词	远远地	正在	一闪一闪地、又	怎么	却	不
作用	表明动作的方位	表明动作的时间	表明动作的数量或情况的程度	询问动作或情况的原因	描写动作或情况的状态	否定动作或情况
名称	地位副词	时间副词	数量副词	疑问副词	性态副词	否定副词
用法	附加在动词、形容词、介词、连词，或别的副词上面					
常用词举例	左、右、中间、这里	从前、现在、将来、常常、偶然	一回、也、屡次、差不多、不过	何故、何以、怎样、难道、多么	的确、自然、果然、简直、幸亏	不会、没有、休、莫

4. 关系词

"我和先生是同病哪！"春明与王先生几日不见，竟都染了风寒。接着春明的一句话，王先生接下来讲解在句子中的关系词。关系词就是在句中起引导和连接作用的词，借着这类词，句子中各类词语的逻辑关系将变得明晰而清楚。关系词主要有两类，一类是起介绍作用的介词，一类是起连接作用的连词。

表 9-7 介词分类表

例句	1. 孔子从卫国回到鲁国 2. 当明代嘉靖年间倭寇作乱	替他买了船票	……就把他卖给马戏班	一只法兰西的轮船
说明	"从"字把"卫国"介绍到"回到"，"当"字把"明代嘉靖年间"介绍到"作"	"替"字把"他"介绍到"买"	"把"字把"他"介绍到"卖"	"的"字是介绍"法兰西"到"轮船"
归类	时地介词	原因介词	方法介词	领摄介词
总说明	1. 介词是介绍名词或代名词到动词或形容词上面去，用来表示它们的时间、地位、方法、原因等种种关系的。 2. 介词的位置，常在所介绍的词的前面。"的"字除外。			

表 9-8　连词分类表

例句	孔子和学生们正在观赏的时候	不知小孩的哭除了饥饿以外,或因束缚,或因痛痒,或因冷热,原因很多	想着做就去做	我虽不会被他打中,可是气愤极了	她正想写封复信,把看护小孩的常识指示我姊姊,恰巧慈幼里发来一张传单,就暂时停止	它的爪因为不常用也一天钝一天	我们如果不把满清政府推倒,便永远得不着自由	不知小孩的哭除了饥饿以外……原因很多	这里虽然有凶恶的老虎,却没有苛刻的法令,所以我不愿意迁到别处	苛刻的法令比老虎还要厉害呢
说明	"和"是平列的连接	"或"是选择的连接	"就"是承接的连接	"可是"是转折的连接	"恰巧"是时间的连词	"因为"是因果的连接	"如果"是假设的连接	"除了……以外"是范围的连接	"虽然"是让步的连接	"比"是比较的连接
归类	平列连词	选择连词	承接连词	转折连词	时间连词	因果连词	假设连词	范围连词	让步连词	比较连词
用法	适用于并行复句					适用于主从复句				
总说明	1. 连词是连接词和词、短语和短语、句和句等,用来表示它们互相联络的关系的。 2. 连词的位置,常在前后两个词、短语、分句的中间。									

5. 情态词

在汉语的表述中,常常会有明确的情感态度在词语中表现出来,如叹词、语气词(本套教材中称为语气词)中,本身就表达一定的情感态度。这类词也是汉语中非常有特点的词类,因为它们都有情感色彩,所以统称为情态词。对于情态词,教材中也用列表的形式,清晰直观地展示其分类与表达的意义。

表9-9　叹词分类表

	叹词									
例句	啊！这算甚么？	呀！他们叫我带来的两张名片，在这里哩！	唉！完了！	哎呦你好！	哈哈！请呀，请呀！	哈哈！这算什么！	哼！很好！	呸！你真是胡说！	喂！是谁？	唔！……
作用	表示惊讶	表示赞叹	表示伤感	表示痛惜	表示欢笑	表示讥嘲	表示愤怒	表示鄙斥	表示呼问	表示应答
定义	叹词是用来表示说话时一种表情的声音。									
用法	当单独使用，不依附旁的语句上。									

表9-10　助词分类表

	助词						
例句	生番又要打死人了	我没有什么奇异的法术，不过很忠诚地顺着水性罢了	是值得我们钦佩的	你要渡江，到曲岸的芦苇丛里等我罢	十天之内，可办完吗	你怎么还不来渡江呢	渔翁呀
作用	表语气的完结	表语气的制限	表语态的警确	表语态的商度	表然否的疑问	表抉择的疑问	表惊叹的情态
定义	助词是用来帮助语句表示说话的神情态度的。						
用法	常用在语句的末尾。						

　　高小教材把九类词归纳为五大类，进行了性质、特点及功能的分析。高小阶段的语法分析与初小阶段相比最大的特点在于总结、归纳并形成系统的认识。五大类的词性归类也是循序渐进，逐层深入来进行的。首先从平时接触最多、最容易掌握的实体词入手，紧接着进入到句子的层面，介绍了句子中最重要的述说词。接下来介绍了对主干词进行修饰限定的区别词。继而是增强句子表意逻辑性的关系词及增强感情色彩的情态词。每次讲解后都在文章中寻找典型句子，并加以反复练习。这样的教学过程使造句练习变得富有层次感，有很强的逻辑性，感情色彩鲜明。

　　当语句的表达做到言达意畅时，接下来就要将句子组织在一起，形成文章了。接下来用了四节课来讲解"怎样做文章"。

（四）文章之法"四要"

对怎样做文章，"补充课"用了四节课分别从立意、取材、布局和修辞的角度进行了讲解。这时的作文主要是普通文与实用文的写作，仍以生活化和实用性为主。教材采用了浅显易懂的方式来进行讲解。

1. 立意

作文首先要立意。对什么是立意、为什么要立意、如何立意，教材以盖房子来打比方，生动形象地说明什么是写文章，写文章要有怎样的步骤和过程。

怎样做文章（一）立意——补充课之九

自从春明听得王先生说"缓一天再来谈谈做文章的方法"以后，早已引起春明的研究兴趣。学期考试快要举行的时候，春明为谋在作文考试时得些助力，就请王先生教他一个秘诀。王先生记起了从前的话，一口允许，说是应当实践我的前言。"春明，你看见过建筑房屋吗？"王先生开始发议论，"建筑房屋，要有四个步骤：1. 要造怎样的房屋？——中式还是西式？工厂还是住宅？楼房还是平屋？ 2. 拿甚么材料来造？——水泥、钢骨用不用？砖、瓦、石灰用不用？松木、杉木用不用？ 3. 材料怎样配置？——木料用在何处？铁料用在何处？瓦料、玻璃料用在何处？ 4. 怎样修饰成一所整洁优美的房屋？——墙壁怎样粉饰？门窗怎样油漆？你说对不对？""是的！"春明莫名其妙的回答。"做文章同造房屋一样，"王先生引到本题说，"也有四个步骤：1. 要做到怎样？——立意。2. 拿甚么材料来做？——取材。3. 材料怎样配置？——布局。4. 材料怎样修饰？——修辞。""这个比喻好极了！"春明领悟地说。"在四个步骤中，自然是立意最重要，所以我们今天先来讲它一下。"王先生作进一步的解释，"譬如：'读课外书'这个题目，我们来想一想要做到怎样呢？我说，应该把作者读课外书的心得指示给读者；就是作者立于发动的地位，使读者得到知识。又如'传单的育婴常识'这个题目，我们来想一想要做到怎样呢？我说，应当由作者把传单里的育婴常识介绍给读者；就是作者立于受动的地位，使读者得到教训。又如'黄河水冻'这个题目，我们来想一想要做到怎样呢？我说，应当把作者描写黄河水冻的情景，引起读者的兴趣；就是作者立于旁观的地位，使读者感到兴趣。""我明白了！"春明从袋里摸出铅笔和纸来，"王先生，我把你的话记录一下。"随即写成一表：作文方法（一）……。王先生看了那张表，欢喜地说："春明，你真聪明！——不过，你不要误会，作者处于发动的地位的，不一定是使读者获得知识，也可以获得教训和兴趣的。其他受动、旁观两地位，也照此类推。春明，你若有暇，不难在读过的课文里找出例子来!"

王先生借建筑房屋的四个步骤为喻,分别对应了做文章的四个步骤:立意、取材、布局、修辞。

他还列举了三个作文题:"读课外书""传单的育婴常识""黄河水冻",一步一步地引导春明悟出写作的方法。最后以春明的领悟,概括出要点而结束。

表9-11 作文方法(一)——立意

		解释	要做到怎样
作文方法(一)——立意	方法	作者地位	发动
			受动
			旁观
		读者需要	获得知识
			获得教训
			获得兴趣

2. 取材

文章确定所写主题之后,就要考虑取材;就像盖房子要考虑用什么材料一样,要选择恰当的材料组织文章。在讲到这个问题的时候,仍是用学过的课文做例子,边分析课文边总结。作文取材有主料和副料,主料是文章写作的重心,副料是起衬托作用的。那么选择什么材料做主料,什么材料做副料呢?搜集到一定资料后,是不是所有的材料都要放到文章里去呢?教材通过春明与王先生的对话,也逐一给出了解决方案。

春明虽然知道做一篇文章,除了"立意",还有"取材""布局""修辞"也须注意,但是因为王先生还没有教他,他不敢武断地解释。他遇到王先生,就先提出"取材"一项,请他指教。

王先生是有求必应的。他将《凯末尔将军复兴土耳其》的课文看了一遍,说:"春明!我就将这篇文章作例子,同你研究'取材'的方法。——春明,你记得'取材'是甚么意义?""'取材'是'拿甚么材料来做'的意思。王先生,你不是说过做文章好比造房屋吗?造房屋要看那种房屋,选用适当的材料,那么做文章自然也要看那种题目,选用适当的材料。——王先生,这个见解对不对?"春明一口气回答。"你说得对!"王先生赞扬一句,接着就开始讨论:"这《凯末尔将军复兴土耳其》的题目,重心在'复兴',所以复兴的事实,我们应当首先选取,名为'主料'。例如:1. 组织革命军队;2. 成立新的政府;3. 抵抗四面列强；4. 订立法、土条约；5. 奋力战胜希腊；6. 改革本国政体；7. 参加洛桑会议；8. 废除不平等条约。以上都是主料。主料以外，还有'副料'。副料是一种衬托的材料，好比画一个月，要显出它的光亮，便在月的四周画些云；这个'烘云托月'的意思，是很可以作为文章里用副料的解释的。例如：1. 土耳其国势的危殆；2. 列强压迫土耳其的严重。前者可以衬托复兴的需要，后者可以衬托复兴的不易，都是副料。"王先生讲到这里，暂停片刻，喝一口水；春明一面听，一面拿着课本看，不住地点头。"决定主料和副料，是第一步；第二步是假设问题去搜集材料。"王先生继续说明："假设问题去搜集材料，有五条路：一是'甚么时候'，二是'甚么地方'，三是'甚么'（人或物），四是'怎样'，五是'为甚么'。根据这五条路，我们可以把主料、副料设问搜集的法子，举两个例：1. 甚么时候组织革命军队？2. 甚么地方组织革命军队？3. 甚么人组织革命军队？4. 为甚么组织革命军队？5. 怎样组织革命军队？1. 甚么时候土耳其国势危殆？2. ……3. ……4. 为甚么土耳其国势危殆？5. 土尔其国势危殆到怎样？上面第一例，五条路都可以走。第二例，有两条路不必走。……"于是春明将王先生讲的取材之法，整理成为下表。

表 9-12　作文方法（二）——取材

	解释	拿甚么材料来做？
作文方法（二）——取材 方法	第一步	决定主料和副料
	第二步	根据五条路假设问题去搜集材料： （1）甚么时候？（2）甚么地方？（3）甚么？ （4）怎样？（5）为甚么？
	第三步	删除或补充

在这里，没有规规整整的甲乙丙丁，没有教科书式的大前提、小前提、结论，也没有严格的定义加举例。而是通过一问一答、发疑释疑、由浅入深、由此及彼、由近及远地把取材之法，讲得清清楚楚。

3. 布局

文章的主题、材料都确定之后，就要进行布局，就好像房间内部结构的设计。这里仍用比喻的方式，将空灵的大问题化解为可以感知的生活现象。

所有的例子都来源于学过的课文，以头脑中已有的知识结构，进行系统的整理和归纳，这是在进行作文教学的时候，始终使用的讲课方式。在儿童已有知识的基础上，增加新的知识，并形成新的知识体系，这种教学方式具有一种"随风潜入夜，润物细无声"的教学效果，儿童在不知不觉之中就获得了新知识，并且对已有知识又有了一个巩固的过程。经王先生的讲解，春明概括而成的"布局"方法之要点，整理为下表。

表9-13 作文方法（三）——布局

	解释	材料怎样配置？
作文方法（三）——布局 方法	决定线索	集中 散列 擒拿
	排列次序	时间的先后 空间的远近 事实的因果
	模拟结构	顺叙式　并列式 头括式　尾括式 两括式　比较式 对话式

4．修辞

文章完成之后要进行修改，增强词句的表现力，加强文章的气势。高小教材第4册（总12册）第36课《怎样做文章（四）——修辞——补充课之十二》：

春明在小学毕业了，预备升学到本省的初级中学去。照章升学是要经过考试的，他就把主要的功课，随时温习，以便应试。他常常自己出了题目，自己作文。有一回，他描写隔夕独游荷塘的情景，做了如下的一篇短文：

荷塘夜游

沿着荷塘，是一条小煤屑路。这是一条幽静的路，白天也少人走，入晚更加寂寞。荷塘四面，长着许多树，直挺挺的。路的一旁，是些杨柳和一些不知道名字的树。没有月光的晚上，这路上，冷清清的，有些怕人。今晚却很好，路上只有我一个人，背了手踱着。这一片天地真好玩；我好像到了另外一个世界里。

春明觉得他自己的描写工夫，较前进步，所以很得意地把这篇短文给王先生看，请他批评。王先生读了一遍，点点头道："做得好！不过在修辞上还有缺点，我今天就借此来和你谈谈罢！"春明顿时兴奋。王先生也精神抖擞，说："第一，文章的词句要使它：优美。优美的条件，是细腻与真切，我觉得你的文里，'直挺挺的'句不真切，'一条小煤屑路'句不细腻，假如上句改作'蓊蓊郁郁的'，下句改作'一条曲曲折折的小煤屑路'，不是要真切、细腻得多吗？"春明说：

"是的。——请问做文章怎样才可以使词句优美呢?"王先生说:"简单的法子,是注意词性。词性辨别清楚,自然不会用错;尤其是副词和形容词,是造成优美词句的要素,应随时注意研究。""王先生,那么请问我的文里,还有别的缺点吗?"春明怀疑地问。"还有,我索性一口气讲给你听罢!"王先生爽直地回答,"第二,文章的措辞要:明晰。明晰的条件是不费解,不隐晦。我觉得你的文里,'幽静'二字,有些隐晦,应改'幽僻'。因为既然是'白天也少人走',这条路当然不是'幽静'而是'幽僻'了。还有'冷清清的',有些费解,应改'阴森森的'。因为'冷清清'不会怕人,'阴森森'才可以说怕人呢。至于做文章怎样才可以达到措辞明晰,最好的法子是研究字义。字的意义,确切明白,用起来便不至于错误。——第三,文章的运笔要:生动。生动便是吸引读者的力量。我觉得你的文里'这一片天地真好玩;我好像到了另一个世界里',并无吸引读者的力量。如果改作'这一片天地好像是我的;我也好像超出了平常的自己,到了另外一个世界里',不是要比你做的生动得多吗?因为你做的不免呆板,我做的却活泼了。至于怎样才可以使运笔生动,最好的法子就是:锻炼语句。锻炼语句,就是把语句相机变化,死的变做活的,简单的化作复杂的,或者用旁的事物来比喻,使读者心领神会。——第四,文章的气势要:一贯。一贯就是全文意思不冲突,不散漫,不脱略。你这篇文很短,并无冲突、散漫的弊病,但我觉你在末段里,没有写到'月',未免是脱略。因为题目是'夜游',夜游总是趁着有月光的时候去的,不应该不提到月;并且在上段里,你说到'没有月光的晚上……'怎样,那么你游的时候,当然是有月光的晚上了,更不应该不提及;所以我想替你在'今晚却很好'下面,加上一句'月光淡淡的照着我的头上'。那么,前后一贯了。至于做文章怎样才可以使气势一贯,最好的法子就是:吟诵文章。能够常常吟诵文章,心口联合,声义相通,作文起来,自少冲突、散漫、脱略的弊病了。"……(春明)照王先生的意思,改作一下,接着还把修辞要点摘记成表。

《荷塘夜游》修改稿

沿着荷塘,是一条曲曲折折的小煤屑路。这是一条幽僻的路,白天也少人走,入晚更加寂寞。荷塘四面,长着许多树,蓊蓊郁郁的。路的一旁,是些杨柳和一些不知道名字的树。没有月光的晚上,阴森森的,有些怕人。今晚却很好,月光淡淡的照着我的头上。路上只有我一个人,背了手踱着。这一片天地好像是我的;我也好像超出了平常的自己,到了另外一个世界里。

有了王先生如此精当的教诲,春明又是大有长进,除了文章的修改大有长进外,还把修辞要点记成表格,一目了然。

表9-14 作文方法（四）——修辞

作文方法（四）——修辞	解释	材料怎样修饰？
	方法	注意词性，使词句优美 研究字义，使措辞明晰 锻炼语句，使运笔生动 吟诵文章，使气势一贯

第三节 标点符号练习

标点符号的使用是新式白话写作与传统文言写作的一个很突出的差异，尤其是新式标点符号的使用。在世界书局的这套教材中，从初小第2册开始，每课课文都加注了标点符号，到第6册单元（一）为止，共使用了12种标点、15个符号，分别是"。"（句号）、"，"（逗号）"、"（点号）、"；"（分号）、"："（冒号）、"？"（问号）、"！"（叹号）、""""''"（引号）、"——"（转折号）、"……"（删节号）、"＿＿"（私名号）、"——""（ ）"（夹注号）、"﹏﹏"（书名号）。

在这些常用标点符号都出现之后，在第8册还具体地系统地总结了它们的具体功能和使用说明：

。句号	意思完全的句子，用这记号。
，、点号	不完全的句子用"，"，分开同类字用"、"。
；分号	一个长句里的停顿地方，或是排句，用这记号。
：冒号	总结上文，或是引起下文，用这记号。
？问号	表示疑问的句子，用这记号。
！叹号	表示感情或希望等的句子，用这记号。
""''引号	引语的起结用""，特别的词句用''。
——转折号	表示忽然转变一个意思，用这记号。
……删节号	表示删去或未完，用这记号。
＿＿私名号	人名、地名等一切私名，用这记号。
——（ ）夹注号	夹在句中的注解，用这两种记号。
﹏﹏书名号	书名和篇名，用这记号。

以上对民国小学国语教材整个作文知识的教学内容从初小、高小、标点符号三个方面进行了分析，可以看出，教材很好地突出了知识化、技能化、科学化的特点。由语法知识入手，将作文的写作过程形成技术操作的流程，按章进行。彻底改变了之前以对文章的感悟、经验为写作依据的作文教学方式，使得作文教学变得有章可循，有法可依，大大有利于儿童更好地掌握作文技巧，提升写作能力。

　　在整个训练过程中，无论是引入讲授对象的方式，还是作文训练所使用的材料，以及呈现材料的方式，都体现了利用生活素材、为生活而作的学习特点。在作文内容的编排上，尊重儿童个体的特性；在知识传授中，注意温故知新，从新旧知识的融合中来获得新知识；在材料的组织中，以儿童为写作主体，充分体现了以儿童为本位的写作观。既使儿童能自由表达自己的思想和情感，同时又注意与社会密切联系，注重表达的现实性、生活性，提高表达的美感和艺术性，充分表达儿童自己的生命体验。这些都是值得后来的中小学语文教学学习的，特别是那种紧扣儿童学习心理、循循善诱的教育思想。写作之要的"立意""取材""布局""修辞"如此那般的繁难之物，经"王先生"之手，轻轻掂起；经"王先生"之口，娓娓道去，不一会儿就大而化之，如土委地，化而无形了。民国小学语文教材的教育艺术达到了很高的的水平，此言不虚。

第十章　练习分析

练习是教材整个知识体系与教学体系中的一个重要部分。它是教学目标的具体呈现，是教学重点的高度浓缩，是教学难点的浅易分解。可练习又是烦琐、枯燥甚至痛苦的事。如何做到让儿童不厌倦，并乐于做练习，在练习中确有收获，能做到举一反三、温故而知新？这就要靠教材编纂者的用心用力，甚至要有大智慧、大匠心。只有教材做到了这点，才能让教师立于一个较好的起点，有了较好的发挥平台，才能使教材与教师、教师与学生融为一体，互相促进。

初小《国语读本》共8册，供初级小学四年之用。前4册是低年段一、二年级使用，每册有课文50课，练习4次；后4册是中年段三、四年级使用，每册有课文44课，练习4次。每册教材的4道练习都是根据之前所学课文的内容而设计的，充分考虑到学生能力的逐渐发展，程度逐渐加深，难度逐渐升高。

高小《国语教材》共4册，供小学五、六年级使用，每册教材33课。每篇课文后面都有练习题。这些练习题主要分两类：第一类是对课文内容的梳理与理解；第二类包括的范围很广，有造句、改写，还有思考与考察，是对该课课文的挖掘或拓展。它们涉及字词、句子、写作、语法修辞等，目的主要在于训练与提高学生的语言理解能力和运用水平。

练习题的数量、题型，以及练习内容的分布，都清楚展现出教材编纂者的课程思想和教学理念。由于三个学段的练习题型与内容相差较大，下面对低学段、中学段与高学段分节分别论述。由于低学段与中学段都属初小教材，有着较多的共性，故下面先对初小的练习形式作一总的概括。

第一节　初小教材练习概况

一、练习数量

初级小学每册书有4个集中的练习，虽然没有用编号的方式排出练习题的数量，但每个练习都用方框或线条等方式与其他练习加以区别，练习的数量还是很清楚的。

1. 以方框来显示练习

如第 1 册练习（三），由 4 个框图组成，每个框图中是一个练习的主题，这里就是 4 道练习题。

2. 以线条来显示练习

如第 3 册练习（三），上与下之间是方框，而下面以波浪线区分出左右两道题，显示是 3 道练习题。

下面是第 5 册练习（一），左中右之间用线条隔开，分别是造句、选择和阅读的内容，为 3 道练习题。

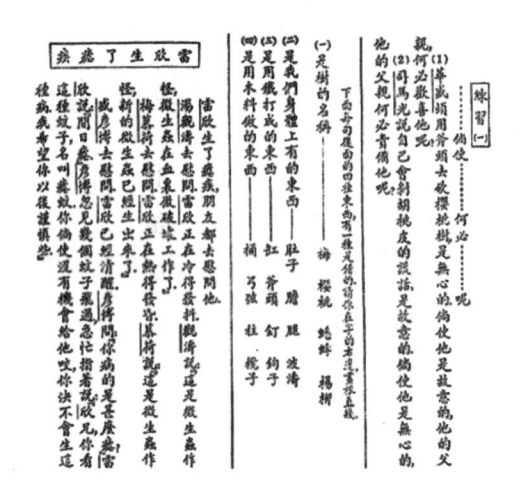

> 练习(一)
>
> (1)何必呢
>
>   畢威頓頭答應挑水無心的偽使他是故意的偽使他的父親何必說自己會割胡批杖的設話是故意的偽使他是無心的父
>
> 下面句句底面的四箇字該怎麼樣讀法請你連讀一遍。
>
> (一)是樹的名稱
>
>   梅 櫻桃 蛤蚧 楊樹
>
> (二)是我們身體上有的東西
>
>   頭 瞪腿 肚子 脊頭 釘鈎 挂桃
>
> (三)是用氣打以的東西
>
>   桶 弓弩
>
> (四)是用水料做的東西
>
>   ……
>
> 富欣生了疾病閉去問他他微微打以為微打為微生為作新的微生為為閉去清閒欣戲見幾個蚊子報怎忽指語說欽就你決不會生這種疾病布望他以後機會給他吃這被紋句布望他以復謹憤學

根据以上计算标准，初级小学 8 册书的练习题数量统计如表 11-1

表 11-1　初小教材练习数量统计

练习	第1册	第2册	第3册	第4册	第5册	第6册	第7册	第8册
练习一	4	3	2	1	3	3	1	1
练习二	3	4	2	3	3	2	1	1
练习三	4	3	3	1	2	2	1	1
练习四	3	4	1	4	3	1	1	1
总数	14	14	8	9	11	8	4	4

低学段大体是在学习了 12~13 篇课文后，安排一次练习；中学段是在学习了 11~12 节课之后安排一次练习。每次练习所包含的习题数量，第 1、2 册较多，一般有 3~4 题。第 7、8 册最少，一次练习只有一题。从习题数量来看，民国小学语文教材比当代小学语文教材的习题数量要少得多，儿童学习的负担并不重。在练习设计上，第 1、2 册都没有明确的练习要求，给教师和儿童以自由练习的空间，到中学段才逐渐开始有了规范训练。

二、练习题型

由于这时的教学重视日常会话和口语的训练，故第 1、2 册的练习题题型主要是朗读训练。第 3 册主要是填空题，第 4 册的练习形式除了填空外，还有正误判断。第 5 册、第 6 册增加了造句练习。第 6 册的练习（四）增加了"约缩"的写作练习。第 7、8 册主要是系统讲解词性和句式构成特点，讲解知识，列举例证，从课文中找出相符的句子。练习题的题型变化体现出由易到难、循序渐进的特点。

第二节　低学段练习分析

低学段的练习主要是对文字的识读、书写、运用，教学重点难点就是识字教学。这一点在练习中得到了充分的展示，尤其是第1、2册的练习题只是要求列出与之前所学课文内容密切相关的词语和句子，到第3、4册，练习题的内容才逐渐丰富。

一、第一学年的练习

儿童刚入学，心理与生理的发育都不太适应烦琐、高强度的训练，要逐渐适应学校生活，慢慢形成良好的学习习惯。因此，一年级教材的练习题中，没有给出太多的练习方式，只是要求反复练习来巩固课文所学内容（主要是汉字），并配上图画，给儿童以适当的提示。

下面来具体看看一年级两册教材的8组练习。这些设计主要是围绕一年级的识字教学来安排。

（一）第1册的练习

1. 练习（一）

第1课的练习（一）是儿童在学习课文后接触到的第一个练习。这个练习与课文内容相似，给出了4组图文，每幅图的内容都对应着前面的课文，既可以随课文练习，也可以作为复习的内容。

识字教学是本阶段教学的重点和难点，识字和写字是主要的练习方式。看着图，说出图上的动物名称，再根据已学过的课文，模仿着写出正确的汉字。如：

（课文：小猫拍拍球　小狗唱唱歌　小妹妹拍拍手）

教学中，老师可以将汉字与图画有机联系在一起，帮助儿童建立起字义与字形、实物之间的关系。如在这几个练习图中，有的内容可以设计成对比练习。如：大—小，哥哥—弟弟，来—去，你—我……

一方说出一个，对方说出意义相对的另一个词。这样的练习有助于儿童建立起词语关系网。像上面的练习就能建立起相对、相反的词语关系，形成对事物的分类概念。

2. 练习（二）

练习也能做到图文并茂。练习（二）中除了之前的练习方式，还有了新的扩展。如：

我敲门，外婆开门叫我坐。外婆拉我手，对我说："好宝宝，你要吃什么果果？"我说："外婆外婆，我要吃白果。"

汪汪汪，一只狗；咪咪咪，一只猫；喔喔喔，一只公鸡；吱吱吱，一只老鼠。

一天，公鸡请小鸟吃果果。小鸟飞来，公鸡说："好朋友，请请请，请到我家里坐。"公鸡在前，小鸟在后，大家开步走，走进公鸡窠，吃果果。

从以上的练习材料中搜集同音字，如"叫""敲""小"的韵母都是 iao，"果""坐""说"的韵母都是 uo，"狗""手""走""友"的韵母都是 ou 等。再如"公""果""狗"的声母都是 g，"朋""婆"的声母都是 p，"拉""来""老"的声母都是 l，"开""窠"的声母都是 k，"门""么""猫""咪"的声母都是 m 等。儿童虽然暂时对声母和韵母还没有认识，但是在听觉上训练对同音的敏感度，归纳出同音字，对下一步学习和掌握注音符号有很好的效果。

3. 练习（三）

这时的练习，内容上注意与课文内容相关联，并用形体相近的字来进行作文。如：

好好好　早起真正好　红的太阳对我笑　飞的小鸟对我叫

牛旁边一只马　马旁边一只猪　猪旁边一只猫　猫有胡须　牛马猪没有胡须

公鸡叫小猪捉迷藏　小猪不肯　公鸡叫小猪敲锣鼓　小猪不肯　公鸡叫小猪做工　小猪躲开　公鸡叫小猪吃糕　小猪跑来　公鸡说　小猪小猪　你不做工没得吃糕

吃东西　吃什么东西　白饭　麦饼　方糕

随着儿童掌握的汉字数量增加，再逐渐引入形近的概念。如"牛""羊"，形体相仿；"边""迷"，有相同的"辶"字旁；"泥""清""没"等都有"氵"字旁；"吱""哼""呵""哈"都有"口"字旁。这些字形体上的相似，容易造成书写和认读中的混淆，但也有助于举一反三、触类旁通，掌握更多的汉字。因此，在儿童的学习过程中，阶段性地整理形近字、同音字，对于巩固、积累、辨析汉字很有帮助。

4. 练习（四）

在对语音和汉字知识有了基本的了解之后，再通过练习引导儿童进入语言的表达。如在练习（四）中，儿童在看图之后，可以引导其模仿"雪花片片飞，黄狗欢喜，跳来跳去做游戏；雪花片片飞，小鸟不欢喜，飞来飞去，吃不到东西"练习说句子，如"树叶片片落，松鼠欢喜，蹦来蹦去，收集松果要过冬；树叶片片落，大雁不欢喜，飞来飞去，飞向南方"等，将自然常识和生活常识融入课堂学习中。

……

在这种模仿表达中，儿童既学会了运用所学过的词语进行连贯表达，又逐渐掌握了一定的句式，并且在语言的书面化上，有了进一步的发展。

（二）第 2 册的练习

第 2 册的练习整体上与第 1 册相同，主要围绕课文内容进行，反复出现、反复巩固。只是随着儿童识字量的增加，练习的内容逐渐丰富，文字长度逐渐增加。以下对练习逐个进行分析。

1. 练习（一）

白天，女孩子拿一个小铃，挂在黑猫的颈里。晚上，黑猫想捉老鼠。

跑到厨门口，铃铃铃。跑到桌子旁，铃铃铃。老鼠吓得很，躲在洞里。

姐姐在一块石板上，画了两只白兔。弟弟走过，见了姐姐的画，就去拿些菜叶来，放在两只白兔的嘴边。说，请你们吃个饱，不要客气。

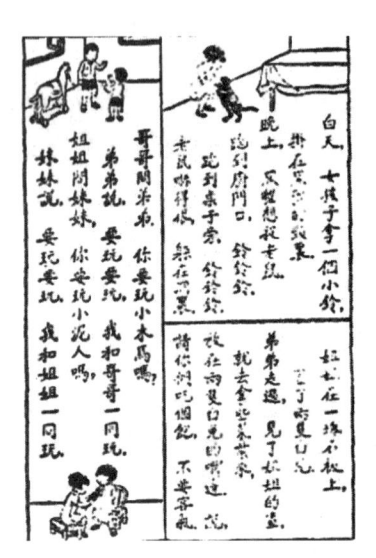

哥哥问弟弟，你要玩小木马吗？弟弟说，要玩要玩，我和哥哥一同玩。

姐姐问妹妹，你要玩小泥人吗？妹妹说，要玩要玩，我和姐姐一同玩。

针对本课及本单元的学习内容，我们可以设计如下练习方式：

注图练习：教师在黑板上画一只"白兔"，儿童写出"白兔"两个字；画一个女孩子，儿童写出"女孩子"；画一个小铃铛，儿童写出"小铃"……

比较练习：找出本单元文中出现的意义相反或相对的词，如"左—右，饥—饱，黑—白，满—浅，父—母，白天—黑夜，回来—回去"……

辨似练习：找出形体相似的字，如"着、看、左、右、洗、澡、喝、吓、杯、板"……

集字练习：积累同音字，如"边、玩、天、到、猫、要、跑、小、跳、觉、叫、早、操、饱、澡、颈、铃、白、孩、菜、子、只、弟、友、右、球、手"……

组词练习：老师在黑板上写一个字，叫儿童组词，如"菜——菜叶、白菜、买菜、饭菜""木——木马、木头、树木、木板、木门、草木""白——白兔、白猫、白色、黑白"……

听写练习：老师念一个字，儿童写一个字，如"小白猫的白"，儿童就写"白"；"我和哥哥一起拍球的拍"，儿童就写"拍"……

造句练习：教师说一个词，要求儿童以此造句。如，老师说"洗澡"，儿童回答"我爱清洁，常洗澡""小狗喜欢洗澡""他不爱洗澡"；教师说"杯子"，儿童说"杯子上画了一只小猫""他用杯子喝水""杯子摔碎了"……

总之，对本课本单元的学习内容，要求儿童通过各种形式的练习，反复巩固、强化记忆，并达到灵活运用的目的。因此，我们可以看到虽然练习的内容简单，教学要求中对一般练习课也都限于"90分钟"，可由于设计得法，在90分钟时间内，练习题能做到对所学过的知识做系统练习，循序渐进地提升儿童对语言文字的掌握与运用。

2. 练习（二）

走路脚步轻，喜欢跑上屋。要吃鱼，要吃肉。看见小弟弟，咪咪咪。看见小白狗，夫夫夫。

早上看见妈妈，该说妈妈早。放学回家看见妈妈，该说妈妈好。

要妈妈做什么，该说妈妈请你做。妈妈给我东西，该说妈妈谢谢你。

喇叭花的形状，像个喇叭。肥皂泡的形状，像个球。纸鹞的形状，像只鸟。鹅的形状，像只船。

纸鹞形状像只鸟。飞得远，飞得高。麻雀飞来同他比，比不过他的高。老鹰飞来同他比，比不过他的高。纸鹞说，谁也比不过我的高。

不料话还没有说罢，一阵风来，他的身体跌倒了。

根据以上的练习安排，教师仍可以对该课进行新的教学设计。如：

拼字练习：教师在黑板上写一些字，要求儿童将这些字一组一组组合在一起，看看能组成哪些字。如"禾、重；黑、占；言、亥；言、舌；言、吾；扌、八；扌、巴；月、巴；扌、采；氵、包；开、彡；川、页；足、艮；糸、戈；食、我；口、八；竹、巴；日、爱；扌、隹；亻、昔；扌、掌；足、各；将、木；马、户；氵、青；艹、约……"儿童分别组合成"種、點、該、話、語、扒、把、肥、採、泡、形、順、跟、线、饿、叭、笆、暖、推、借、撑、路、桨、驴、清、药……"这些字都是在课文中学过的汉字，运用拼字组合的方式，既可以复习这些字的组合部件，又有了合体字的感觉和印象，为下一步学习汉字的结构、造字法等做好铺垫。

辨似练习：教师将本单元生字中的"形体相似"和"一边相同"的字，写在小黑板上，叫儿童辨认。如形体相似的"河、可""泡、袍""顽、顺""纸、线"……一边相同的，如"谢、该、话""採、抛、推、把""喇、叭、呀、啊""篱、笆、篙""汗、河、游""朵、桨"……

集字练习：教师可叫儿童收集本单元内的"同音字"和"同部首字"。如：同音字"罢、下、喇、叭、呀、吗、麻、耍、把、话""早、泡、皂、抛、料、孝、帽、袍、脚、鹞""浅、牵、线、远、暖、採、顽"……同部首字，如"谢、该、话""橹、桨""抛、採、撒、推、把、撑""水、河、游、清、洁""竹、篱、笆、篙"……

画数练习：叫儿童比较本单元内的各课生字，哪个画数多，哪个画数少，以画数的多少为次序，写出来。如第二单元的生词有"種、雨、點、春、罷、鑽、謝、下、可、愛、該、採、竹、籬、笆、朵、喇、叭、呀、肥、皂、泡、向、抛、形、狀、牽、綫、遠、頑、暖、青、紙、鷯、順、長、跟、麻、雀、耍、料、陣、落、動、餓、力、唧、孝、敬、車、夫、推、把、汗、路、苦、撑、篙、橹、行、河、游、水、借、腳、桨、戴、帽、袍、話、驢"一共71个生字，首先计算出每个汉字的笔画数，分别是：

2画—力

3画—下

4画—夫、水

5画—可、叭

6画—竹、向、朵、汗、行

7画—呀、皂、形、狀、孝、車、把

8画—苦、雨、肥、泡、青、長、抛、河

9画—春、耍、陣

10画—餓、敬、借、桨、袍、紙、料、笆

11画—動、採、推、麻、雀

12画—喇、牽、頑、暖、順、跟、游、帽、唧、落

13画—愛、遠、路、該、腳、話

14画—種、綫

15画—罷、撑

16画—篙

17画—點、戴、謝

19画—橹

20画—鷯

25画—籬、驢

27画—鑽

然后按照由少到多的顺序，对其进行顺序的排列，即为："力、下、夫、水、可、叭、竹、向、朵、汗、行、呀、皂、形、狀、孝、車、把、苦、河、雨、肥、泡、青、長、抛、春、耍、陣、餓、敬、借、桨、袍、紙、料、笆、動、採、推、

麻、雀、喇、牵、顽、暖、顺、跟、游、帽、唧、落、爱、远、路、该、脚、话、种、綫、罢、撑、篙、點、戴、謝、櫓、鷸、籬、驢、鑽"。

这种练习形式，既训练了儿童准确书写汉字的能力，又有助于提高儿童的计数能力、数字排序能力。

通过以上练习，可以看到尽管某篇课文的内容看起来有些单薄，但是在教学中，通过有效练习，大大扩充了课文内容，也有利于儿童从多个角度来熟悉汉字。

3. 练习（三）

一双手，一只在左，一只在右。

缝衣要用手，打麦要用手，推车要用手，摇船要用手。

还有还有，开窗要用手，关门要用手，穿衣服要用手，换袜子要用手。

有用呀，我们的一双手。

母鸡嫁女儿，黄鼠狼抬花轿。

轿子抬到树底下，黄鼠狼停着轿。

新娘哭得喉咙坏，黄鼠狼听见眯眯笑。

不料猎人走过来，拿起棍棒树上敲。

救出新娘回母家，黄鼠狼吓得洞里逃。

我的爸爸的爸爸，我叫他祖父。

我的爸爸的妈妈，我叫他祖母。

我的妈妈的爸爸，我叫他外祖父。

我的妈妈的妈妈，我叫他外祖母。

之前的练习主要是围绕汉字识字教学设计的，如集同音字、集同部首字、辨析同韵字、辨析形似字、拆字练习、拼字组合练习、听写练习、看图写字、按笔画数排序练习等，而在这里逐渐增加了话语训练，开始训练儿童的造句、联句、仿写、改写等能力。目的是正确使用语言来表情达意。

"妈妈""爸爸"等是常用的对父母称谓的词语，那么有没有其他的称呼可以替换一下呢？不同地域的学生就可以发现多种称谓方式：

我的父亲的父亲，我叫他公公。

我的父亲的母亲，我叫她婆婆。

我的母亲的父亲，我叫他外公。

我的母亲的母亲，我叫她外婆。

我的父亲的父亲，我叫他爷爷。
我的父亲的母亲，我叫他奶奶。
我的母亲的父亲，我叫他姥爷。
我的母亲的母亲，我叫他姥姥。
还可以拓展到其他亲属称谓。如：
我的爸爸的哥哥，我叫他伯伯。
我的爸爸的姐姐，我叫他姑妈。
我的妈妈的哥哥，我叫他舅舅。
我的妈妈的姐姐，我叫他姨妈。
这组练习使学生对亲属称谓有了基本了解，明了彼此的亲缘关系。

4. 练习（四）

喜鹊在屋檐边，对蜘蛛说，你怕蚊子吗？蜘蛛说，不怕，我会张网捉他。

喜鹊向地下瞧，对乌龟说，你怕蚊子吗？乌龟说，不怕，我会缩在壳里。

喜鹊飞到屋上，瞧见对面的房间里，孩子睡在床上。几个蚊子很厉害，飞来飞去，想吸孩子的血。喜鹊心里着急，叫几声，鹊鹊鹊，就把孩子喊醒了。

远看好像猫，近看不是猫。性情脾气很不好，一见了人就要咬。这个谜儿请你猜，你可猜得到？

蜜蜂说，我会酿花蜜，我家好开蜜糖厂。蝴蝶说，我会采花粉，我家好开花粉店。

蚂蚁说，我会做窠，我家好开水木作。萤火虫说，我会放光，我家好开灯笼店。

练习（四）中有一则谜语"远看好像猫，近看不是猫。性情脾气很不好，一见了人就要咬。这个谜儿请你猜，你可猜得到？——老虎"。这则谜语利用猫和老虎的相似点及老虎的特性来编排。可以让儿童说一说自己比较熟悉的谜语，跟小朋友们和老师一起交流，举办猜谜比赛等等。

以上对第1、2册中的练习进行了全部呈现，并对练习形式的实施与拓展进行了设计与说明。从中可以看到，一年级教学中识字教学十分重要，是教学的重点和难点。在一年级下学期的中后段，开始引入语言使用领域，逐渐加强对语言组织能力和逻辑思维的训练。

　　数量众多的练习包括的内容比较多，有识字练习，使儿童熟悉、了解文字符号；写字练习，使儿童能够正确书写文字符号；用字练习，使儿童能够正确运用已学习的文字符号，进行词句的组织。在这几个重点上，教师可以采用不同的练习方法，根据教材的内容、儿童接受和理解能力，灵活设置和组合，创造出各种饶有趣味的方法，引导儿童去练习。

二、第二学年的练习

　　二年级的练习中不仅有之前各种练习方式的继续，而且更注重知识体系的梳理与连贯。下面从练习的具体形式进行分析。

（一）识字、辨字练习

　　汉字中有很多形体相似或相近，读音相同或相近的字，儿童有了一定的识字量后，常常容易把它们混淆。因此从第3册开始，在单元练习中就有意识地增加了归类、比较、辨别的练习。内容涉及字形、读音、单义。如动物名称的同类字：鱼、螺蛳、蚌、小蟹、水鸟；猪、牛、羊、驴、马；猴子、麻雀、猫、狗……如相同偏旁部首的字，如：漏、浪、渔、沙、滩、活、渴；螺、蛳、蚌、蟹；扮、摊、提、撒；针、锥、钳……

这种集字集词及辨析类练习在每次练习中都可以穿插着进行。如：

第3册练习（一）：

比较练习：新—旧；开—关；好—歹；秋—春

辨似练习：葡—萄；忽—急；轿—桥……

同偏旁字练习：洁—净；静—净；枝—梢……

第3册练习（二）：

比较练习：横—直；红—绿；饥—渴；懒惰—勤力……

辨似练习：褂、街；懒、惰；锥、钳……

同偏旁字练习：漏、浪、渔、沙、滩、活；螺、蛳、蚌；扮、摊、提、撒；针、锥、钳；修、条；意、志……

第3册练习（三）：

集字练习（同音字）：好、高、到、道；秒、妙；刀、绕

辨似练习：姓、妙；绳、绕；

同偏旁字练习：牢、寒；徐、从；绳、绕；接、指、拔、捲、拔

一边相同的字练习：橘、根；蹲、踏；藥、架；伸、伤；牢、寒；很、徐、从

第3册练习（四）：

辨似练习：容、答；豆、并；连、造；跪、踱……

同偏旁字练习：院、防、陪；法、流、深、浅；代、伐、价、侮、但；答、管；蔬、菩、萨、華；咕、噜、咦、嗤；铜、锡、钱、锄；插、拷；踢、跪、蹲、踩、踱；约、绕、缠、绸、缎、结；鞭、鞋；奴、婢、姓、堆、埋；堆、难……

集字练习（同音字）：量、防、王、养、堂、刚；赵、拷、造、熬、朝；易、避、踢、息、欺、婢、咦、积；约、谢、结、歇；钱、管、键、缎、鞭；缠、难、但；浅、连、院；休、流、绸、厚、留……

这里的练习过程，也就是对学习过的汉字进行整理、归纳、消化、吸收的过程。

（二）填字练习

从第3册开始出现了填空题的形式，根据课文内容填写合适的汉字。如第3册第2单元的练习：

小蚌和螺蛳，被渔翁撒在岸上，晒得要死。

小蚌喊："我口渴。"螺蛳喊："我口渴。"

小蟹在沙滩上听见喊的声音，便横着身子，走到岸上。

小蚌说："蟹伯伯，请你救救我！"

螺蛳说："蟹伯伯，请你救救我！"

小蟹想了一想，左边钳住螺蛳，右边钳住小蚌。仍旧走回沙滩，放了他们。

不久，一阵浪花来了，小蚌和螺蛳，喝到了水，非常得意。

你们想：小蟹做了什么好事情？救活（　）（　）（　）（　）。螺蛳和小蚌，后来对小蟹怎样？谢（　）他。

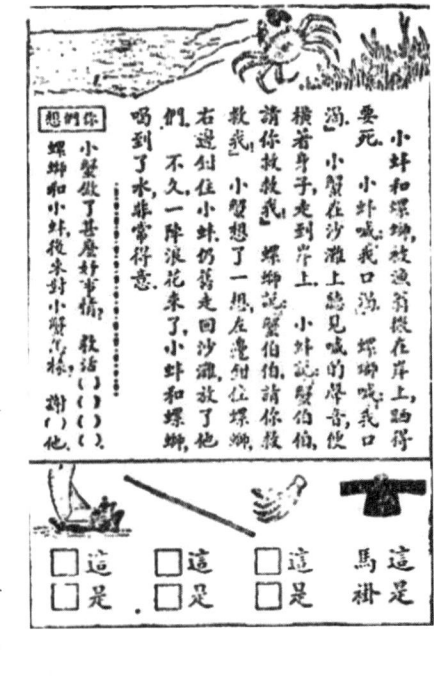

第一句话的4个空格，根据文意是"小蚌和螺蛳"，可这里只有4个空格，5

个字中必须要去掉一个字。去掉哪一个字呢？只能是连词"和"。这里学习了指物实词，也锻炼了对"连词"的识别。第2个句子中的空格，应为"谢"，既学习了双音词"谢谢"，也培养了儿童的礼仪礼貌习惯。

儿童通过填空记词加强了对课文内容的理解。从第3册第2单元开始，这类课文内容的理解题逐渐增加了。如第3册练习（四）：

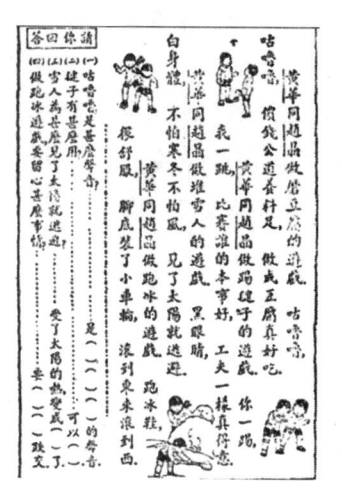

黄华同赵晶做磨豆腐的游戏。

咕噜噜，咕噜噜，价钱公道养料足，做成豆腐真好吃。

黄华同赵晶做踢毽子的游戏。你一踢，我一跳，比赛谁的本事好，工夫一样真得意。

黄华同赵晶做堆雪人的游戏。黑眼睛，白身体，不怕寒冬不怕风，见了太阳就逃避。

黄华同赵晶做跑冰的游戏。跑冰鞋，很舒服，脚底装了小车轮，滚到东来滚到西。

请你回答

（一）咕噜噜是什么声音？　　　　是（　）（　）（　）的声音。

（二）毽子有什么用？　　　　　　可以（　）。

（三）雪人为什么见了太阳就逃避？受了太阳的热，变成（　）了。

（四）做跑冰游戏，要留心什么事情？要（　）（　）跌交。

这道填充题关涉到对上面文章的理解，如（一）要填"做豆腐"，（二）要填"踢"，（三）要填"水"，（四）要填"留心"。教师可以通过填充来考查学生对课文内容的理解。儿童也可以参考这种提问理解方式，对单元内的课文设计问题，互问互答，有利于培养其提问的能力和思考力。

又如第47课《两只马》：

冬天，两只马走到河边，要喝些水。但是水已结成冰，两只马都喝不着水。他们并排站着，同时举起一只脚来，用力在冰上踩，一连踩了好几下，冰踩破了，他们都喝饱了水。

提问：（1）两只马到河边干什么？——去（　）（　）。

（2）水怎么结冰了？——因为是（　）（　）。

（3）两只马举起脚来干什么？——用力（　）冰。

根据课文的内容，须填入"喝水""天冷""跺"字。

（三）正误判断

正误判断，是对给出的文字信息，进行正确与错误的判定，这是对儿童的理解能力和判断能力的训练。第4册练习中开始出现了这种题型。

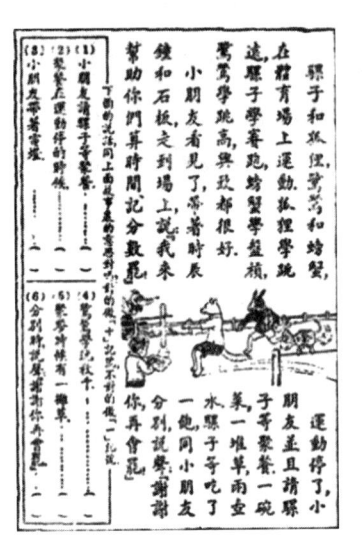

骡子和狐狸，鹭鸶和螃蟹，在体育场上运动。狐狸学跳远，骡子学赛跑，螃蟹学盘杠，鹭鸶学跳高，兴致都很好。

小朋友看见了，带着时辰钟和石板，走到场上，说："我来帮助你们算时间、记分数罢！"

运动停了，小朋友并且请骡子等聚餐。一碗菜，一堆草，两壶水。骡子等吃了一饱，同小朋友分别，说声："谢谢你，再会罢！"

下面的说话，同上面故事里的意思对吗？对的做「＋」记号，不对的做「－」记号。

（1）小朋友请骡子等聚餐　　　　　（　）

（2）聚餐在运动停的时候　　　　　（　）

（3）小朋友带着电灯　　　　　　　（　）

（4）鹭鸶学玩秋千　　　　　　　　（　）

（5）聚餐时候有一摊草　　　　　　（　）

（6）分别时，说声："谢谢你，再会罢！"（　）

正误判断的练习，可以测验儿童阅读课文的准确程度，课文与阅读，与理解之间的吻合程度。这里的考查比起填空题来说难度增加了不少。既考查了儿童对课文内容理解的精准度，又考查了对词语的理解能力。

教师还可以根据单元课文，自拟正误练习题；或由儿童来拟题。如第2课《捉住老师》：

丁耀明拿手巾遮没了眼睛，在体育场上捉迷藏。许多学生都躲开了。恰巧沈老师走来，一个学生躲在沈老师的背后。丁耀明拉住了沈老师说："捉住了！捉住了！"说罢，连忙拉去手巾一看，却是沈老师。许多学生大笑。沈老师说："现在应该我来捉了。"

判断：（1）丁耀明在体育场上捉迷藏。（　）

（2）一个学生躲在丁老师的背后。（　）

（3）丁耀明拉去手巾一看，却是陈老师。（　）

结合本单元的练习课，我们还可以开始更高一个层次的注图练习。之前的注图练习主要是注图中所画的动物或植物的名称，图画的构图比较单一；本册开始要说明图中的内容，比如上面练习中的插图，其描绘的内容是"螃蟹学盘杠""骡子学赛跑""狐狸学跳远""鹭鸶学跳高""小朋友帮助他们算时间、记分数"。训练儿童在看到相对比较复杂、丰富的插图信息时，能够比较准确、完整地将它描述出来。这一练习方式，即看图说话的训练方式，从第4册开始逐渐成为每单元练习的必练项目，因为看图说话除了有利于发展儿童的语言能力、思维能力，还有利于训练儿童的观察能力、理解能力。

第1、2册的练习重点还是识字能力，第3、4册增加了填空题和判断题，并且出现了对语法词的考查。不过，这些训练都是以日常用语、日常会话内容为主，突出了口语性、生活性。

第三节　中学段的练习

低学段的练习主要集中在识字认字上，到了中学段既有延续又有发展和深化，逐渐进入到句子和段落的写作训练中，并将语法的概念引入到语言学习中。

一、字词句练习

在初小教材中，第1、2册的练习主要是朗读与认读汉字。第3、4册出现了填空题和判断正误题，加强了对字形、字义的理解和辨析，以及对文章阅读的初步理解。第5、6册的练习题型则增加了造句和仿写，开始为写作练习打基础了。

（一）字词练习的继续

识字教学贯穿于整个初小阶段，在三年级的练习中，汉字练习还占有相当的分量。

如第6册练习（二）中，要求做的练习有以下类型：

1. 字形的同类比较

　　朱　乘　把　揩　善　捐　　　　和　汉　王　江　列　述
　　米　乖　枇　楷　喜　损　　　　私　摸　玉　汗　别　迷

2. 树木名的同类聚合

　　樱桃　柏　棉　榆　梅　梨　桑　枇杷　松

3. 疒字头字的比较

　　疾　病　症　疮　痰　痛　疲　痒

第6册练习（三），集字集词类练习形式上有了新的变化，就是将练习模式和内容以填空的形式呈现出来。如：

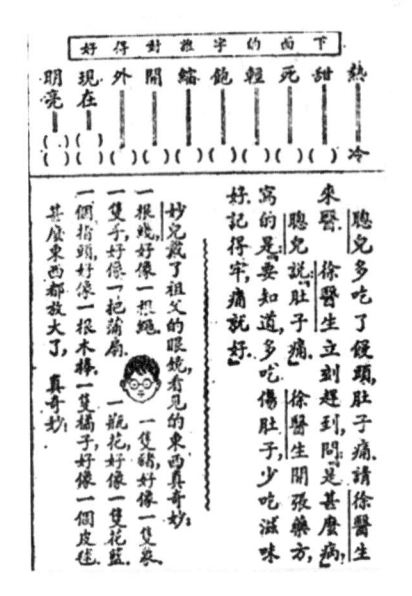

下面的字谁对得好

热—冷 甜—（ ） 死—（ ）

轻—（ ） 饱—（ ） 缩—（ ）

开—（ ） 外—（ ）

现在—（ ）（ ）

明亮—（ ）（ ）

第1组填字练习正是将之前教师领着儿童所做的比较练习形式化地呈现出来。这里练习的是意义相反与相对的词。儿童自行填空，不限定唯一答案，可以与之前的比较练习相联系，填好后可以进行优劣评定，组织竞赛。

参考答案如下：甜—咸、死—活（生）、轻—重、饱—饿（饥）、缩—伸（放）、开—合（关）、外—内（里）、现在—过去（后来、从前、未来、将来）、明亮—黑暗（昏暗）。

（二）简化字练习

在中学段的教材中，还有一类比较特殊的集字练习，就是写出简化字。如：

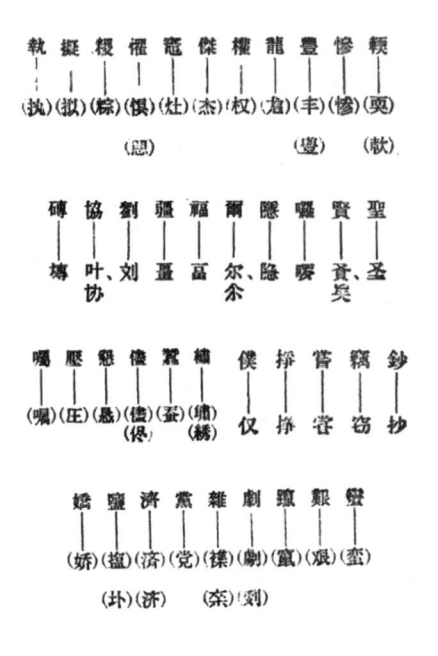

執 擬 椶 懼 竈 傑 權 龍 豐 慘 頖
（执）（拟）（棕）（惧）（灶）（杰）（权）（龙）（丰）（惨）（奥）
　　　　　　　　　（恩）　　　　　　　　（登）　　（献）

磚 協 劉 疆 福 爾 隱 賢 聖
塼 叶 刘 畺 冨 尔 隐 贡 圣
　　协　　　　　　　暖　　兵

喝 壓 懸 儓 鷔 橳 僕 挣 營 竊 鈔
（喝）（圧）（悬）（德）（鳌）（塍）（仅）（拚）（营）（窃）（抄）
　　　　　　　（俢）　　　（樑）

嬌 鹽 濟 煮 雜 劇 竈 飯 燈
（娇）（塩）（济）（党）（裸）（剧）（竈）（飯）（蛮）
（坏）（济）　　（杂）（剧）

錫 環 集 驢 管 蘇 撒 癌 蘿 釋 燃
(坛)(环)(入)(驴)(筦)(苏)(撒)(癌)(萝)(释)(然)
　　　　　　(管)

魏 儀　劃 衖 瑰 璑 黏
(兀)(仪)　(划)(弄)(瑓)(瑰)(粘)

磚 協 劉 疆 福 爾 隱 曖 贇 聖
塼 叶、刘 畺 富 尓、隐 暧 贇 圣
　 协　　　　　　　　 呉

嬌 鹽 濟 黨 雜 劇 躥 艱 蠻
(娇)(塩)(济)(党)(裸)(剧)(窜)(狠)(蛮)
　(卜)(浠)　(奈)(剑)

这道练习说明，在民国时期就已经开始有意识的汉字简化。尽管当时的汉字简化不像 20 世纪 50 年代那样成系统、大批量，并以法律的形式公布、推广，但在教材中开始出现，体现了新式教育的平民化及汉字简化的普及化程度。在这些练习中，对应的字形包括俗字、破体字等。

（三）对字练习

我国传统小学中，根据汉字的意义和韵律节奏进行对句练习是非常基础的一种传统写作训练模式，虽然新式教育中注意使用了日常口语，但书面语仍是教学的主要内容。随着学年上升，书面语教学的任务也越来越重。

如第 6 册练习（一）：

對得好

尖嘴巴；
長身體．
三斗白米；
一隻牛腿．
看見兩隻白額虎；
搶吃一條老黃牛．
石級險；
腳步慢．

圓木腳；
尖鐵頭．
身體胖；
形狀圓．
看飛鳥；
聽流泉．

对得好

尖嘴巴——长身体

石级险——脚步慢

圆木脚——尖铁头

身体胖——形状圆

看飞鸟——听流泉

三斗白米——一只牛腿

看见两只白额虎——抢吃一条老黄牛

再如第 6 册练习（四）

你能够对一下吗？

习字——（ ）（ ）　　　风平浪静——（ ）散（ ）青

雄赳赳——（ ）（ ）（ ）　　厌恶我——（ ）（ ）你

模仿这个练习，自己再拟几个对句，如：讲故事——猜谜语，白猫——乌狗，潘二——马五，两只老虎——一条黑牛，榴花——蒲菜，豆荚——秧针……

（四）文字游戏

教材中关于文字练习的形式也相当丰富。如：

门	刀	木	言	心	人
中間加	左邊加	右邊加	右邊加	右邊加	左邊加
月—間	戈—划	弟—梯	炎—談	與—憶	分—份
才—閉	牛—判	寸—村	蠻—戀	每—悔	布—佈
	僉—劍		平—評	頓—頓	鳥—偶
			羊—詳	鬼—愧	學—學
				意—憶	壬—任
					丈—仗

对字形进行拆分组合。再比如耳语成文，教师向每排上的第一个人耳语几句话，由第一个人开始，依次传完，再由各排最后的儿童记述出来，看哪一排最正确。

二、语法知识讲解与训练

从第 3 册练习（一）开始，语法练习逐渐进入到语言能力的训练中。二年级的训练主要体现在日常口语，尤其是对某些语气词和简单关联词语的运用。到了中学段，这种语法练习逐渐严密、复杂了。汉语中有许多有特点的语法词，练习中就要多加注意。

（一）"的"

"的"字使用广泛，表达功能丰富。在对小学生进行语法知识的讲授与练习时，"的"成了第一个训练点。在中学段，从"的"字的用法开始，逐渐对语法知识进行了系统的归纳和有针对性的练习。

第6册练习（一）：

"的"字的用法很有趣

举例：李白很怀疑，说："你手里的铁杵这样粗，要磨成细的针，恐怕不容易罢？"老妇人摇头，说："凡事只要有恒心，没有不成功的……"

说明：

（1）手里的铁杵——这"的"字，是表示铁杵和手的相关。不是别的铁杵，是手里的铁杵。

（2）细的针——这"的"字，是表示针的形状，针的形状不是粗的，是细的。

（3）没有不成功的——这"的"字，是表示断定的语气。用了这个"的"字，就没有游移的意思了。

试作：

（1）你能够在课本上找出像上面同类的句子吗？

（2）你自己能够做几句像上面同类的句子吗？

如：表示相关的——我的妈妈很爱我。

　　表示形状的——红的花儿真好看。

　　表示断定语气的——张三是十分顽皮的。

教材处理时，先举例，再详细说明，然后提出问题，层次清晰，既能按图索骥，又能让儿童轻松地进行拓展练习。

（二）语气词

语气词是汉语表达中一个十分有特点的现象。汉语的语气词，丰富而又能准确地传情达意。"语气词"的讲解安排在第6册的练习（二）。

各种不同的语气

决定的语气

哩：时候还早哩。　　到了山顶，景致更好哩。

| 啦 | ：叫我回去啦。　　写二十份做什么，只要三份就够啦。

| 了 | ：接着父子就对话起来了。　　你们就要恭维他了。

| 的 | ：是我自己穿的。　　凡事只要有恒心，没有不成功的。

商量的语气

| 罢 | ：让我出城去讨救兵罢！　　恐怕不容易罢！

疑问的语气

| 呢 | ：种牛痘，是谁发明的呢？　　空喊有什么益处呢？

| 吗 | ：人种了牛痘的浆，怕不要变成牛吗？　　你肯吗？

惊叹的语气

| 呀 | ：活泼的仙姑呀！　　快乐呀！

| 啊 | ：好啊！明年夏天有枇杷吃了。　　我是预备把它磨成针啊！

| 你研究过后，也会仿作几句吗？ |

如：

哥哥对弟弟说："弟弟，快来呀！我们上山去吧。"弟弟听了，说："好啊！"连忙走下楼来，和哥哥一同出门。

（三）代词

代词能使语句表达更加简洁，在口语中使用频率尤其高。练习（三）集中讲解了代词的使用。

| 用一两个字来替代名称 | 替代什么 |

我——我一些不懂。　　　　　　　孙中山称自己。
我们——我们快搬家罢。　　　　　老和小的百灵鸟称自己。
你——你敢反对读这种书吗？　　　老师称孙中山。
你们——你们就要恭维他了。　　　桑树称蜜蜂和玫瑰花。
他——他读的是三字经一类的书。　讲故事的时候，称孙中山。
他们——他们想依赖别人。　　　　老百灵鸟同小鸟讲话时候，称农夫儿子。
大家——好让大家特别注意。　　　称全级的人。
自己——我们自己动手罢。　　　　农夫称自己。
谁——看究竟是谁的本领大。　　　不指定的替代风和太阳。

用一两个字来指点事物	指点什么
这——这种铅笔。	指余守仁买的颜色铅笔。
这里——他家离这里有一千里路。	指张邵住的地方。
这些——这些都是中国的固有道德。	指忠孝仁爱信义和平。
那——他把那堆石头移到墙边去。	指街上的石头。
那里——我们在那里举行郊会。	指西山。

教材对此做了下面这样的总结。

"用一两个字来替代名称"和"用一两个字来指点事物"所用的"代名词"，可分三类：

（1）人称代名词——代替人类的名称。再分为5种：

自称：说话的称呼自己。

对称：说话的称呼听话的。

他称：说话的称呼自己和听话的以外的人。

统称：统括自称、对称两方，或并统括他称，如大家。

复称：复指上面的代名词，如自己。

（2）指示代名词——代替说者所指的事物。分为两种。

近称：指眼前的事物，于意甚近，如：这些——指事物及人；这里——专指地方。

远称：也指眼前的事物，但于意较远，如：那——指事物及人；那里——专指地方。

（3）疑问代名词——代替所不知道的事物，如：谁——专指人。

虽然在当代的小学语文教材中，语法知识已经相当淡化了，不再专门谈词性词类了，但在中国语言学的现代化过程中，汉语语法知识体系的迅速成熟成了一个标志事件。一些语法基础知识进入小学语文教学，是提高语文教学水平的一个重要尝试。从民国小学语文教材的练习中，可以看到这种尝试还是很有意义的，充满了科学性，编者努力把语法知识的教学与儿童语言学习心理结合起来。

（四）形容词

形容词的主要作用是修饰和限制，有了形容词，语言的表现力会大大增强。第6册练习（四）对形容词的语法功能进行了详细的介绍和归纳。

把一个字形容一种东西的样子

（发问）（回答）（连起来）（也可以写）

霜怎样　浓的　　浓霜　　浓的霜

叶怎样	绿的	绿叶	绿的叶
草怎样	枯的	枯草	枯的草
书怎样	新的	新书	新的书
蛇怎样	大的	大蛇	大的蛇
风怎样	狂的	狂风	狂的风
水怎样	污的	污水	污的水
灯怎样	红的	红灯	红的灯

（五）连词

连词能连接句子，在话语组织上有重要作用，能增强表达的逻辑性，使语句组合更有条理与层次。第7册练习（一）集中介绍了"连接字"的功能。

句子里的连接字真不少！你在以前读过的课文里能够找出几句来吗？

不问红与青，只要菱肉甜。

你只要把仙药给自己吃掉了。——这是限度的连接

……若使不是苦李，早已给过路的人摘完了。——这是假设的连接

……要是再不下雨，齐国要闹饥荒了。——这是假设的连接

……如果长生不死，人民要永远受苦。——这是假设的连接

……就睡在云车里……便不想再去求雨。——这是承上的连接

梨树虽然没有主人，难道我的心也没有主人了吗？——这是让步的连接

不问红与青，你和他们一同去玩罢。——这是平列的连接

几个枣子能值多少钱，况且这里一个人也没有，就是要算，还人家的钱，去给谁呢？——这是推进的连接

……但是没有店铺买不到的食物。——这是转折的连接

要是他能够呼风唤雨，早已下过雨了。——这是时间的连接

土石好比是山神的身体。——这是比较的连接

……所以常向下界眺望，希望得到可靠的和平消息。——这是因果的连接

（六）名词

第7册练习（二）对名词及其用法进行归纳、整理与说明。

请你在读过的课文里，找出许多事物的名称来！下面是几个例子。

茅季霞　晏溪峰　孙中山先生　吕杰　岳飞　秦桧　菊仙　林鹤——人名

中国　美国　金国——国名

南京　西河　和平村——地名

宋朝　汉朝　唐朝——朝代名

以上的各种名称，都是特别指明一件东西，所以叫作特有名字。

月　云　碗　麦　筛　甘蔗　锅　灶　绢　胸　麦　粽子　馄饨　箬帽　鹤　麝　狮　鸡蛋糕　蒸笼　猎人

以上的名称，凡是同类，都可以通用，所以叫普通名字。

一只碗　一万年　一个人　一斗米　一尺布　一斤油　一两茶叶　一颗子弹　四角　五十元　三个门　十分钟　一层白雪　一部云车　一张荷叶　一条蚯蚓　五百丈　一座水晶的宫殿

以上的名称，都是表明数量的，所以叫数量名字。

春　夏　秋　冬　思想　精神　道德

以上名称，都是没有实在形状可以看见，没有实在的数量可以计算的，所以叫抽象名字。

以上用字不多，可名词的主要特征及类型都一目了然了。

（七）叹词

第7册练习（三）介绍了叹词。如：

表情的声音有好几种。

表示怒的声音：

哼！小孩子怎么可以说谎话？（5-7）

表示瞧不起的声音：

呸！你们专用欺骗的手段，诱人投入你的网里，这方法可算正当吗？（6-38）

表示笑的声音：

哈哈！真是一个矮子，墙上的洞还嫌太大呢！（7-28）

哈哈！原来如此。（7-28）

表示可惜的声音：

唉！你们不先把害群的东西赶走，现在大家受苦了。（4-22）

表示惊叹的声音：

咦！没有脚的雪人，怎么也会跑了呢？（3-49）

哦！齐国既然有这样多的人民，为什么派你这个矮子来呢？（7-29）

希望你（1）在读过的课文里，照样找几句出来！（2）自己照样试做几句。

（八）动词

第7册练习（四）讲授的是动词。

兆麟先生：

你寄给我的信和入场券，收到了，请你放心，我准定约静妹前来。

我从前听你演讲，很佩服你的口才；这次表演，我希望你成功。

我前天坐了飞机，飞上天空。俯瞰着地下，看得很好。因为我有望远镜，所以能够望见行人的活动，好像蚂蚁。你是坐过飞机的，你可以想见我的快乐了。再会！

肖麟　一・一〇

上面的一封信里，表示动作的字很多，我们把他找出来！

寄给——我　请——你　约——静妹　听——你　佩服——你　希望——你　俯瞰——地下　望见——行人　想见——我　会——（你的面）

这些字的动作，都是及到他种东西的身上的，叫他动字。

收到　来　演讲　坐　飞上　看

这些字的动作，都只限在自身，叫自动字。

有　好像　是

这些字都没有动的形态，只有动的意思，叫同动字。

了：坐了飞机。　　帮助"坐"字的动作。

着：俯瞰着地下。　帮助"俯瞰"二字的动作。

得：看得很好。　　帮助"看"字的动作。

准定：准定约静妹前来。　帮助"约"的动作。

能够：能够望见行人的活动。　帮助"望见"二字的动作。

可以：可以想见我的快乐了。　帮助"想见"二字的动作。

这些字都是帮助动字的动作的，叫助动字。

希望你随便看课文的一段，找出课文里面不同的动作字来！

（九）介词

第8册练习（一）介绍了介词。

时候和地方的介字

句子里面，有一种字，他的作用，是介绍名字或代名字到动字或形容字上去的。这种字，名叫介字。

这类字，一定放在名字或代名字的前面。其中介绍时候或地方的最多。下面举出几个例子，给你们看。

关于时间的

自　自昨天起，在课后开始练习。（把"昨天"介绍到"起"）

从　翌年的今天开始。（把"翌年的今天"介绍到"开始"）

关于地方的

在　那孩子在强权压迫下面。（把强权介绍到"压迫"）

离　我离家已久。（把"家"介绍给"已久"）

向　混杂在骑兵队中，向着人马乱刺。（把"人马"介绍到"乱刺"）

对　它便对屋柱说。（把"屋柱"介绍到"说"）

到　他想了一回，急忙到市政厅去。（把"市政厅"介绍到"去"）

给　要给民军一个迎头痛击。（把"民军"介绍到"一个迎头痛击"）

"的"字也是介字特别用法

举例

（一）山上的树木。（介绍"山上"到"树木"上面，表明树木的所在）

（二）我的家乡。（介绍"我"到"家乡"上面，表明家乡的所属）

希望你们在读过的课文里，找些同类的句子出来！

（十）副词

第8册练习（二）介绍了副词。

副字用法很有趣

一个句子里的动字上面，再加些字，区别那动作的不同情形，这些字，叫做副字。

假使拿"他吃饭"的一句话来做例子，那么：

他（代名字）刚才（副字）吃（动字）饭（名字）——区别吃的时间。

他（代名字）只是（副字）吃（动字）饭（名字）——区别吃的性态。

他们（代名字）共同（副字）吃（动字）饭（名字）——区别吃的数量。

他（代名字）没有（副字）吃（动字）饭（名字）——区别吃的有无。

他（代名字）这里（副字）吃（动字）饭（名字）——区别吃的地位。

他（代名字）几时（副字）吃（动字）饭（名字）——区别吃的疑问。

一个句子里的形容字上面，再加些字，区别那状态的不同情形，这些字，也叫做副字。

假使拿"浓的霜"的一句话来做例子，那么：

很（副字）浓的（形容字）霜（名字）——区别浓的程度。

不是（副字）浓的（形容字）霜（名字）——区别浓的是否。

的确是（副字）浓的（形容字）霜（名字）——区别浓的性态。

> 希望你指定一段课文，找出它句子里面的副字来！

以上的练习，都可以在课文中找到类似的例子。

如第 8 册第 13 课《马铃薯医病》：

锡敏是个美丽的小姑娘。他的母亲很（区别宠爱的程度）宠爱他，整天不（区别叫他做事的有无）叫他做事。但是，锡敏总（区别愁的范围）是愁眉不展，显露一副不（区别快乐的是否）快乐的形容。

介绍了课文中的"很""不""总""不"等副词的用法。

（十一）句子成分

第 8 册练习（三）开始讲授句子的构成，从句子的基本结构开始讲解。在下面的句子中，从最简单的"老人笑"开始，引出了 8 个相同的主谓结构，3 个动宾结构。再通过句子的竖列，用旁边加注的方式，把"主语""述语""宾语""补足语"列出，完成了对句子基本结构的介绍。

> 句子是怎样构成的

一个句子里，主要的成分，是主语和述语，主语用名字或代名字；述语用动字。例如：

主语：	述语：
老人	笑
孙亮	说
景色	变
太阳	出
蝉	叫
仙人	怒
倪铭	哭
孩子	逃
他	想
你们	走
朋友	到
军队	开

一个句子里，连带的成分，是宾语和补足语，宾语大都用名字或代名字；补足语大都用动字或形容字。例如：

孙亮说取蜜的人	朋友到花园里	老人	} 主语
作弊事	玩耍	笑	} 述语
		孩子	} 宾语
		不懂	} 补足语

从初小教材的低学段、中学段的练习题中，可以清楚看到，练习内容的设计、练习形式的设计、初始的出现、递进回环的复现，都相当讲究。能紧扣实用性和生活性的基本要求，以日常会话和基础的听说读写练习为主要目标，循序渐进，以符合儿童认知习惯，满足儿童乐趣的轻松方式中来学习语言，提高儿童交际、思维、表达的能力。

第四节 高学段练习分析

高小教材的练习，在形式上与初小有了明显的区分，极少图画，主要用文字表达，并且增加了对课文内容的思考和延伸。

一、丰富多样的练习题型

高小教材的课后练习，每课有思考题 3～5 题，其他题目一般是 2～3 项，每项一般在 1～2 题。从量上来看，比初小教材（前面的 8 册）略有增加。从题型来看，每篇课文后有 3～4 个不同的题型。下面是对题型的统计：

表 11-2　高小教材的练习题型

题型	第9册	第10册	第11册	第12册	总计	题型	第9册	第10册	第11册	第12册	总计
思考	33	33	33	33	132	仿作		1			1
缀句	4	1	4	1	10	例证		2	3	1	6
改作	5	4	1	2	12	注音		1			1
换句	1				1	拟作		6	3	4	13
创作	6		1		7	表解		1	1		2
仿造	6	3	1	6	16	注图		1	1		2
正误	2				2	笔记		3	1		4
列表	2	1	2	6	11	搜集		1			1
提要	3	1	1		5	实验		1			1
表演	4	3	3	2	12	分段		1			1
集词	1	2	2		5	绘画		1			1
填表	3	2	3	2	10	对句			1		1
集句	3	1	3		7	辨别			3	1	4
研究	1	1	1	4	7	演述			1		1
比较	4	3	2	1	10	记数			1		1
参阅	3	1	2	1	7	批评			1		1
解释	2	2	1	2	7	接句			1	1	1
分析	2	2	1		5	敷畅			1	1	2
说明	3	7	4	5	19	心得			1		1
考查	1	1	3	2	7	对话			1	2	3
约缩	1	1	1	1	4	实习			1	2	3
增补	2	2		1	5	记谱				1	1
选词	1	1			2	图解				1	1
检韵	2	2		5	9	举例				2	2
填字	1				1	摘记				2	2
翻译	1	1	4	2	8	演说				1	1
组句		1			1	习写				1	1
删节		1	1		2	自述				2	2
删正		1			1	参观				1	1
填充		1			1	换题				1	1
调查			2	2	4	汇类				1	1
大意		1	1		2	总数	97	101	98	100	396

以上的题型多达 63 种，这似乎多得有些超出想象。其实，有些题型也完全是可以归并处理的。如"缀句""接句""组句"与"敷畅""增补"，"集词""集句"与"搜集"，"填字"与"填充"，"仿作"与"拟作"，"解释"与"说明"，"删节""约缩"与"大意""提要"，"正误"与"比较"，"改作"与"换句"。但之所以没有合并，而是尽量保持原样，依据原题的关键而排列，就是希望由此看出这时的高小教材是如何重视练习题的多样性，尽量反映各种不同题型的特点以及这些特点与差异性如何引起学生的兴趣。从这些丰富多彩的练习形式中，可以看出编纂者设计的用心。数量最多的是思考题，这是针对课文内容提问的，目的是引导学生紧扣课文。每篇课文后的练习增加了学生对同样知识点的不同观察角度，挖掘了新的兴奋点，能让学生保持较高的注意力，投入知识的训练与巩固中去。

二、练习内容

高小教材的练习内容与形式与初小相比，有了不少变化，初小是经过十课左右的学习后安排一次集中练习，高小则是一课一练，因这时的课文长度变长了，信息量更大，情节也更加复杂，思想性、文学性也越来越强。同时还增加了更多的语法点和写作技巧，篇章结构变复杂，这都需要集中、及时的训练。

（一）语言基础知识

语言基础知识贯穿整个小学阶段，是初小教材的重心，到了高小仍须加强。练习中对这部分知识并没有放松，还适时地增加了不少新的内容。

如检韵练习。注音符号是本时期儿童语音学习的主要内容。儿童在初小阶段已经学习并掌握了注音符号，并通过搜集整理和辨析同音字、注音等形式得到了巩固。在高小阶段，除了"注音"练习外，最主要的就是"检韵"练习，要求儿童正确判断汉字的"韵"与"声调"。如高小第 9 册第 28 课《兴学的乞丐》，这是一篇韵文，"贫、真、人、存、吟、吞、邻、因、轮……"都是ㄣ韵（恩韵），因此便设计有一道练习题，查检出本课中所有叶韵的字，并注明国音符号。再如第 4 册第 23 课《鸟》，第一段的韵脚有"雨、苦、羽"，属"麌"韵，第二段"杆、看、欢"，属"翰"韵、"寒"韵，课后都有写出叶韵字的练习。检韵练习不仅能巩固国语注音符号，还能增强儿童对语音的敏感度和辨识度，为初中阶段进入文言文和诗词歌赋的学习奠定音韵基础。

再如语音练习，有文化色彩的古语词等。到了初中阶段，将逐渐进入"国文"的学习，因此在高小阶段的练习中也引入"文言""白话"的概念。在练习上就有了这些新的形式。

(二) 课文阅读与理解

课文是国语课程学习的文本资料,教材的知识点都是通过课文来体现的。因此对课文内容与结构的分析和理解也就成了学习重点。

1. 分析课文情节与思想性

课后的"思考"练习都是引导学生对课文内容重点进行由浅入深的分析。一篇课文一般有3~4个问题。如:

秦武王为什么要甘茂献公鸡蛋?甘茂为什么非常忧虑?甘罗为什么说祖父要生孩子?秦武王为什么取消命令?(9-6)

又如:

狂风急雨中的小鸟,有什么痛苦?风和日暖时的小鸟有什么快乐?笼中的鸟怎么羡慕空中的飞鸟?课文中含有什么寓意?(12-23)

逐层深入,引导学生对课文内涵进行深入的思考。再如:

(1) 遗嘱有什么用处?老翁立的遗嘱怎样巧妙?法官的判决是否正直?标点符号有什么用处?(10-19)

(2) 明代倭寇的扰乱情形怎样?嘉定孩子怎样杀退倭寇?嘉定人民怎样纪念孩子?(11-5)

(3) 我们见了中华民国国旗,发生什么感想?陆皓东先生创造的青天白日旗,含有什么意义?陆皓东先生是怎样牺牲的?青天白日旗胜利的光荣史开幕,是在什么时候?事实怎样?(12-8)

课后思考题表现出由表及里,由简单到深刻,突出思维训练的特点。

对课文的分析和理解,除了提问的形式,还会有要求儿童总结、归纳文章内容的方式。如用表格将主要信息陈列出来:

(1) 将本课四首短诗的意义,列成如下的表。(10-8)

我假使是	希望	作为

(2) 列如下的表,并加填注。(11-17)

次序	谜底	谜面中的主要比喻点
1		
2		
3		
4		

有时候用概括大意或摘要的方式。如：

（6）用简明的文字，写明本课内容的大意。（10－10）

（7）摘记凯末尔将军复兴土耳其的重要事迹。（12－11）

组织革命军队——

成立新的政府——

抵抗四面列强——

订立法、土条约——

奋力战胜希腊——

改革本国政体——

参加洛桑会议——

废除不平等条约——

2. 锻炼对语言材料的组织与写作思路的调整

除了整体的结构外，学会怎样组织语言材料，也是一项重要的锻炼内容。如第9册第18课："第二段的写景，分析起来，好像下面的一个图，你能够把它说明吗？"

$$\left\{\begin{array}{l}\text{船户行船}\\(\sim\sim\sim)\\(\sim\sim\sim)\end{array}\right.\left\{\begin{array}{l}\text{投到水里}\\(\sim\sim\sim)\\(\sim\sim\sim)\end{array}\right.$$

又如第9册第24课《张良的故事》，"说明末句'果然'两字和上文的关系"。第10册第4课《半杯水》，"说明本课第一段的描写，在全文结构上的作用"，等等。

有时候还会在"研究"和"比较"等练习中，考查儿童对文章结构的理解，如第10册第22课《一磅肉（二）》，"研究本课第五段（写夏禄的凶态）和第九段（写法官的佩服律师）在全课中的作用"。第12册第17课《爱迪生》，"研究本课首段和末段在全文中的作用，并说明可否删除，及其理由"。

这类练习鼓励儿童对课文的结构和内容进行重新组织、改动，甚至大的调整或否定，有利于拓展儿童的思维，使其不拘泥于教材。

三、课堂知识的延伸

在高小的练习设计中，除了有围绕课文内容的基础和理解型训练，还有课内拓展和课外阅读的引导性训练。

（一）课文内容的拓展

对课文学习的更高层次，是能够根据课文内容与主旨，在广度和深度上进行新的拓展。

1. 例证

运用举例证明的方式，说明对课文某个细节的理解。这里考查的是对课文整体的把握或对细节的精准了解。如第 10 册第 2 课《三枚银币的愤慨》，文章写的是三枚银币从造币厂制造出来之后，辗转流转的故事，其中有句话"流转是银币的天职"。课后练习是：举例说明"流转是银币的天职"这句话。再如第 11 册第 1 课《做》，"举一个例，证明'越做越进步，越做越灵活'"。

除了对文字的理解，教材还对文中的插图进行拓展考查，如：

（1）右图是第 2 册第 24 课《病院里认错了父亲》的插图，课后练习为："看了本课的插图，用简单的语句，注明图意。"

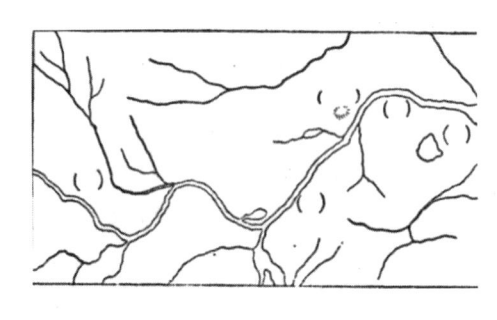

（2）左图是第 3 册第 15 课《草船借箭》的插图，文中所附插图的内容是双方对峙的地形图，课后附练习为："将'吴''楚''昭关''长江'等字，注在下面的地图中。"

从这两个练习中，可以看出教材对插图的选用，对课后练习的设计非常重视的。

2. 实习

实习是将课文中所涉及的科学实验或方法，进行实际操作，检验儿童的动手能力与实践能力等，如第 11 册第 33 课《贺年片展览会》，这课课文内容是组织开办贺年卡展览会，记叙了孩子们筹备展览会的经过、展览会开会以及会后的总结。课后练习是"仿照本课内容，实习开办一个冬景画片展览会"。练习有很强的操作性，很容易引起儿童对某个领域信息搜集、整理的兴趣。

再如第 12 册第 27 课《怎样做一个科学的孩子（一）》，课后习题为"利用废物，做成一件有用的东西"。这样的练习题对开发科学思维、拓展想象空间是非常有益的。类似的练习还有：

（1）在水缸里养几个孑孓，观察它们生长的情形。(10-30)

（2）用阿拉伯数码，记明课文内说到的数目。(11-10)

（3）将课文配谱，依谱歌唱。(12-1)

3. 表演

将有丰富情节的课文设计成适于表演的形式，这种训练模式不仅有助于对课文中的人物形象、故事情节有更好的理解，还能训练儿童的表演、再创作能力。如：

（1）分三人为一组，把课文分组表演。(9-8)

（2）推定人员，联合表演前课和本课的内容，可分下列三幕。(10-22)

第一　借债　　第二　立券　　第三　审判

（3）一人扮志成，一人扮进明，对话表演。(11-30)

（4）将课文用对话表演，先推定二人，甲担任设问，乙根据课文对答。例如："甲：我们对国旗有什么感想？乙：……（照课文第一段回答）"(12-8)

（二）课外阅读的拓展

知识的获得，不仅仅依赖于课堂所学，还要有广泛的课外阅读。至于读什么书，这需要教师引导，尤其是要针对课内所学的内容进行拓展性阅读。在高小教材中，有着各种形式的拓展阅读习题。如：

1. 参阅

根据课文内容，提供参考阅读的内容，以充实和丰富儿童的相关知识。如：

（1）参阅孙中山自著伦敦被难记。(9-14)《伦敦被难》

（2）参阅刘基漆贾。(9-27)《虞孚卖漆》

（3）参阅薛福成观巴黎油画记，和本课课文对照。(10-6)《巴黎的油画》

（4）参阅三国演义的原文。(11-16)《草船借箭》

（5）参阅刘鹗老残游记第十二回原文。(11-32)《黄河水冻》

2. 考查

有些课文中有一些重要的历史人物或文化词，或相关的文体知识等，这时编纂者会设计出练习题，要求儿童做考查，以作更多的了解。如第10册第32课《从莲花谷到白鹿洞》，课文中提到了孔子、李渤、朱晦庵等人，但并没做过多的介绍。课后练习就有"参考他书，查明孔子、李渤、朱晦庵的重要事迹；并做三段说明"这样的练习，不仅可以熟悉人和事，明白他们为什么被称为"圣贤"，还能激发儿童见贤思齐之心。

又如第9册第21课《一个报告失火的报告》,有一则电报:"庚晚火　即熄　客安损失微　慎　佳。"这则电报中有两个有特殊意义的字"庚""佳"。课后练习就围绕这两个字,让儿童进行了相关的拓展阅读:"庚""佳"等字,是拍电报时替代日子的韵目。请你查阅日历,列成一张"代替日子韵目表"。以下为"代替日子韵目表"的内容:

1日　东　先　董　送　屋
2日　冬　萧　肿　宋　沃
3日　江　肴　讲　绛　觉
4日　支　豪　纸　置　质
5日　微　歌　尾　未　物
6日　鱼　麻　语　御　月
7日　虞　阳　麌　遇　曷
8日　齐　庚　荠　霁　黠
9日　佳　青　蟹　泰　屑
10日　灰　蒸　贿　卦　药
11日　真　尤　轸　队　陌
12日　文　侵　吻　震　锡
13日　元　覃　阮　问　职
14日　寒　盐　早　愿　缉
15日　删　咸　潸　翰　合
16日　铣　谏　叶
17日　篠　霰　洽
18日　巧　啸
19日　皓　效
20日　哿　号
21日　马　个
22日　养　祸
23日　梗　漾
24日　迥　敬
25日　有　径
26日　寝　宥
27日　感　沁

28 日　俭　勘

29 日　臁　艳

30 日　陷

31 日　世

通过练习，儿童明白了"庚""佳"分别指"8 日"和"9 日"，还学会了通过韵目表来计日的方法。这样的课外知识拓展，不仅让儿童对课文有了更深的了解，还能培养孩子良好的阅读习惯。"代替日子韵目表"正是民国常用的一种记日方法。了解它，就能更好地了解历史上一些著名事件得名的来由了。如"艳电"一般特指汪精卫于 1938 年 12 月 29 日由林柏生代为发表的致蒋介石的电报式声明，表示其支持对日妥协的政策。"艳电"就是因 29 日的韵目字为"艳"而来。

又如"马日事变"。1927 年 5 月 21 日晚，驻守长沙的武汉政府辖军、国民党反动军官许克祥率叛军捣毁了中共控制的组织革命机关，导致共产党员、国民党左派及工农群众百余人被杀。因 21 日的电报代日韵目是"马"字，故该次事变被称为"马日事变"。

3. 调查

对课文中发生的一些事情，会要求儿童通过多方了解、咨询、调查，来了解更详细的具体情况。如：

（1）调查本地农家施肥状况，做一篇短文。（10 - 10）

（2）调查第一次及最近三次获得诺贝尔奖奖金的人名、国籍。（12 - 26）

（3）看中华民国关贸易册，调查我国去年入超的项目及其数量。（11 - 10）

（4）参考他书，调查中、日战争中国损失的事项。（11 - 20）

第五节　民国小学语文教材练习的特点

一、练习内容的特点

练习系统是语文教材的重要组成部分。练习的设计，清楚体现出教材的教育理念、价值取向和学科的发展观念，是学科教育发展水平的真实表现。从世界书局出版的这两套教材中我们可以清楚看到，当时的国民小学语文教育鲜明地表现出以实用性、生活性为主，紧扣儿童学习心理特征的特点。在知识的丰富性，内容的系统性和连贯性,习题的多样性、灵活性等方面,做出了令人瞩目的成绩,值得当代小学语文教材编纂者学习。

总体来看,整套小学教材在练习设计中,很好地体现出了新课程标准中说话、读书、写字、作文的顺序,从而由浅入深、逐层演进。

说话训练上,新课程标准提出一、二年级应该进行"日常用语的练习"和"简易有趣的日常会话"的要求,在低学段尤其是一年级的练习中,只呈现与课文内容相关的、识字量不超出课文所学的较短的几句话,主要目的是巩固所学课文、培养语感、训练说话。从三年级开始,按照课标要求,说话训练主要通过故事讲述、演说练习进行,并且倾向于话语逻辑及组织性的表达训练。练习形式主要是造句,句子的结构系数在加大,难度也逐渐提升。口头训练主要在一、二、三年级,四年级以后以书面语表达为主,开始进行系统的语法训练。

读书练习上,新课程标准提出一、二年级主要为"故事图的讲述与欣赏"和"教材中重要词句的熟习和运用",三到六年级主要是"普通文、实用文的阅读"和"教材中重要词句的熟习和运用"。因此,一年级的练习除了图文,并没有具体的题型,主要是朗读训练,是说话、读文、表达的训练。从二年级开始出现了阅读填空、阅读判断和短文阅读等项目,既考查儿童阅读后对文章的理解与记忆,也通过文章长度的增加,提升阅读训练的强度和难度。

写字练习上,新课程标准对小学各个学年的写字训练提出了详细要求。低学段是"简易熟字的书写练习"和"布告、标识的习写",中学段增加了"正书中行书的习写""行书的认识"和"俗体破体字等的认识",高学段则增加了"实用文的习写"和"简便行书的习写"。在这套小学教材中没有单独的集中识字练习,写字训练主要通过填空题的形式来进行,要求儿童在阅读之后将正确的汉字书写在括号内。此外还通过列举汉字的拆分、组合形式及结构规律,让儿童进行从所学过的汉字中寻找、搜集同类字形的练习,训练辨析、归纳汉字类型的能力。

作文练习上,新课程标准对作文训练的目标要求是,"利用环境随机设计,让儿童口述或笔述,练习叙事、说理、达意","使儿童对于普通文实用文的格式、结构、文法、修辞、标点等,能理解和运用"。从初小第6册开始,练习中系统讲解关联词、语气词的知识。第7、8两册集中讲授词性和句式的知识,为高小的作文训练打下了一定的基础。高小阶段除了在课后练习中继续进行字词句段篇的约缩、改作、书信等训练内容,还专门设计了"补充课"进行写作专项训练。

初小的练习题侧重说话练习和写字练习,高小的练习题侧重读书和写作的训练。从题量来看,第9、10册练习题较多,每次练习都有3~4个小段与课文内容密切相关、朗朗上口的句子。随着年级的升高，练习量相对减少，但题型有所增加，越来越灵活。内容的重心也由字词句，往篇章文、写作修辞方面转移了。

二、练习编排的特点

注重实用性。教材的练习设计，注重课堂知识与生活经验的结合。初小阶段侧重说话、口语交际。高小阶段侧重实践能力，如学习写信、发电报、写广告、做贺卡等，书本知识与生活实践相结合，很好地突出了教材设计中的实用性、生活性特点。

循序渐进。小学低年级的学生认知水平较低，形象思维能力强，抽象思维能力弱，故低年段的练习题以富有节律感的儿歌和短句为主，以培养儿童的阅读兴趣，训练儿童的语感，提高儿童的语言表达水平，课堂练习以朗读为主。到了中高学段，学生已经初步形成并具备了独立思考和逻辑判断的能力，可以接受较深层次的知识内容，所以练习题逐渐增加了判断、仿写、思考等开放性题目。练习题体现出尊重儿童心理发展的自然规律，遵循循序渐进的原则。这些都是值得当代小学语文教科书借鉴的。

第十一章　插图分析

第一节　插图的作用

插图是与文字相配、插附于书刊文字间的图画，英文通常称为"illustration"。① 插图在书中虽然只是对文字起辅助作用，不像一幅画那样完整而独立，但它在书本中却有着无可取代的作用。插图不仅可以帮助解读文字的内容，还可以对文字内容进行新的诠释，增加了书本的审美趣味，让读者在阅读中不致感到乏味。

小学生正处在认知的早期发展阶段，他们的理解能力、感知能力都还没有发展完善，对一些抽象事物的理解需要借助具体图像来完成，他们对图画十分感兴趣。小学语文教材是学生在课堂上学习语文的主要资料，插图在教材中占据重要地位。教材插图对于学生理解课文内容、提高审美能力、引起阅读兴趣都极其重要。尤其是图文并茂的课文，有利于学生学习语文，更有利于他们形象思维、逻辑思维的发展，有利于培养他们的想象力、审美能力和口语表达能力。

Halbert（1943）早期曾在研究中指出："有图故事相对于无图故事的优越性是随着图文相关的提高而提高的。"② Willows（1979）及 F. M. Dwer 曾经采用信息分析法进行实验，分析教材的图文相关程度，从而确定哪类教材的使用效果更优。实验结果证明：纯文字教材和纯插图教材的使用效果都不尽如人意，且二者之间并无显著性差异；图文结合的教材效果明显占优。③

关于教材插图的功能，Duchastel 和 Levin 等人（1979—1981）指出，教材插图具有认知与非认知两个方面的功能：（1）注意功能；（2）导向功能；（3）影响功

---

① 蒋啸镝：《插图设计》，长沙：湖南大学出版社2004年版，第2页。
② 曾天山：《国外关于教科书插图研究的述评》，《外国教育研究》，1999年第3期。
③ 曾天山：《国外关于教科书插图研究的述评》，《外国教育研究》，1999年第3期。

能；（4）认知功能。[①] Hunter 等人（1987）将插图的功能划分为五类：（1）装饰功能；（2）强化功能；（3）扩展功能；（4）概括功能；（5）比较功能。[②] Tang（1994）在总结前人研究结果的基础上进行实验研究，将教材插图的功能归纳为三类：（1）点缀、装饰功能；（2）强化、概括、促进文本理解功能；（3）正确传播知识和丰富信息功能。[③] 美国著名教育心理学家 Bloom 从知识分类层面对插图的使用情况进行了分析，他将知识分为四类：事实类、概念性、程序类及元认知性知识。不同类型的插图则表征了不同的知识类型，他着重研究插图设计与教学目标中知识习得规律的关系。[④]

以上研究证明：图文结合的教材比纯文字和纯插图的教材使用效果更好，更能增加学习者的学习兴趣；图文相关性越高，越有益于学习，这也是评判一部教材中插图好坏的一个重要标准。因此，我们对民国小学语文教材插图的分析就主要围绕以下两点来展开：教材插图的基本分布，图文的相关度。插图作为一种语言符号，是认知、表达、交际的工具，同时也是训练语言表达能力的工具，所以在下面的研究中我们还会关注如何利用插图来培养和提升儿童的语言能力。

第一节　插图的数量分布

一、插图与年级的关系

在世界书局的初小与高小国语教材中，每篇课文都使用了插图，但插图的分布不均衡。下面的表 11-1 是 12 册书的插图使用情况。

[①] 曾天山：《国外关于教科书插图研究的述评》，《外国教育研究》，1999 年第 3 期。

[②] 宋振韶：《教科书插图的认知心理学研究》，《北京师范大学学报》（社会科学版），2005 年第 6 期。

[③] 宋振韶：《教科书插图的认知心理学研究》，《北京师范大学学报》（社会科学版），2005 年第 6 期。

[④] 魏宏聚：《新课程三维目标表述方式商榷——依据布鲁姆目标分类学的概念分析》，《教育科学研究》，2010 年第 4 期。

表 11-1 课文插图分布状况统计表

数量①		第一学段					第二学段					第三学段					总数	
		第1册	第2册	第3册	第4册	合计	第5册	第6册	第7册	第8册	合计	第9册	第10册	第11册	第12册	合计	篇数	
零幅			3②	4	6	13	19	26	21	27	93	20	21	25	25	91	197(占36.5%)	
一幅		35	37	35	42	149	25	21	21	19	86	11	8	5	7	32	267(占49.5%)	343 (63.5%)
两幅		11	9	11	3	34	4	1	4	2	11		4	2	1	7	52(占9.6%)	
三幅		3	2	2	3	10			1		1						11(占2.0%)	
四幅		4	2	1		7							2			2	9(占1.7%)	
五幅		1	1	1		3			1		1						4(占0.8%)	
有图课文	篇	54	51	50	48	213	29	22	27	21	99	13	12	8	8	41		
	%	100	94	93	89	99	60	46	56	44	52	39	36	24	24	31		
总数		54	54	54	54	216	48	48	48	48	192	33	33	33	33	132	540	100

表 11-1 显示以下重要信息：

（1）近三分之二的课文配有插图。总共有 343 篇课文配有插图，占课文总数的 63.5%，近三分之二。

（2）愈是低学段，课文的插图愈多。随着学段的升高，一篇课文的插图数量迅速减少，学段之间大体以 50% 的比例下降。由第一学段的 213 幅（99%）的插图数，到第二学段的 99 幅（52%），再到第三学段的 41 幅（31%）。

（3）大部分是一篇课文一幅插图。单幅插图的课文数量 267 篇，占小学教材课文总数的 49.4%。两幅插图的课文数占教材课文总数的 9.6%；三至五幅插图的课文数共计 24 篇，占教材课文总数的 4.5%。单幅插图的课文 267 篇，占总有图课文的 77.8%。一文多图主要集中在低学段。

（4）无插图的课文 197 篇，占课文总数的 36.5%。

（5）无插图的课文数量第 1 册 0 篇课文，第 2 册 3 篇课文，第一学段的无插图课文数量大体在 5%～10% 之间。到第二学段，无插图课文数量迅速上升，达到 40%～56%。到第三学段，无插图课文数量在 60.6%～75.8% 之间。

下面就来具体看看插图的使用情况。图下方的数字是"册"与"课文"，

---

① 以一篇课文为统计单位，这里的一幅、两幅……指的是单篇课文中的插图数量。
② 数字中包括教材单元练习课的数量。

"2－2"即第2册第2篇课文。

无插图课文，如：

二　我要身體好

我要身體好，天天起身早。
我要身體好，天天學早操。
我要身體好，吃飯不過飽。
我要身體好，常常去洗澡。

(2－2)

五　買一個媽媽

媽媽志久扮做一個商人做開店遊戲，小弟弟來買東西他說"我要買一個糖"，志久就給他一包香蕉糖。姐姐來買東西他說"我要買一塊雞蛋糕"，志久就給他一塊雞蛋糕。妹妹來買東西他說"我要買一個媽媽"，志久在旁邊聽了，哈哈大笑。

(3－25)

壹　四兩茶葉

林肯是一位有名的人物，曾任美國的大總統。他少年時候，家境貧困，在商店裏做一個學徒。一天有一個顧客來買半斤茶葉林肯弄錯了只稱了四兩，林肯偶然想起心上很覺不安，立刻拿起秤來，晚上把那一兩茶葉多拿回去了，給他。後來大家知道林肯是個誠實的商人，都喜歡和他交易，那一家商店的營業因此興盛起來。

(6－25)

一课一图，如：

小妹妹
大哥哥
來來來
來拍毬

(1－6)

四　最寶貴的東西（一）
孫老師說世界上最寶貴的東西是有不見摸不到不着的你們猜這是甚麼，李廣就拿不見摸不到不着的是電。

(4－4)

小鳥在樹上唱歌
汪汪汪　你唱甚麼歌
小鳥說　吱吱吱
我唱快樂歌
小狗說

(1－24)

一课二图，如：

四七　螞蟻上天
一隻蜻蜓，睡在草地上，
許多小螞蟻看見了，
爬在蜻蜓的身上，想把他搬進洞裏去。
蜻蜓醒來，飛到天空裏，
許多小螞蟻，也帶到天空裏去了。

(2－47)

四三　子規不會做窠
子規鳥不會做窠，喜鵲情願給他住，
子規鳥不會喂小鳥，喜鵲替他喂，
子規鳥不會孵蛋，喜鵲替他孵。
等到小鳥長大了，卻不許喜鵲進窠。

(2－43)

(6-29)　　　　　(3-45)

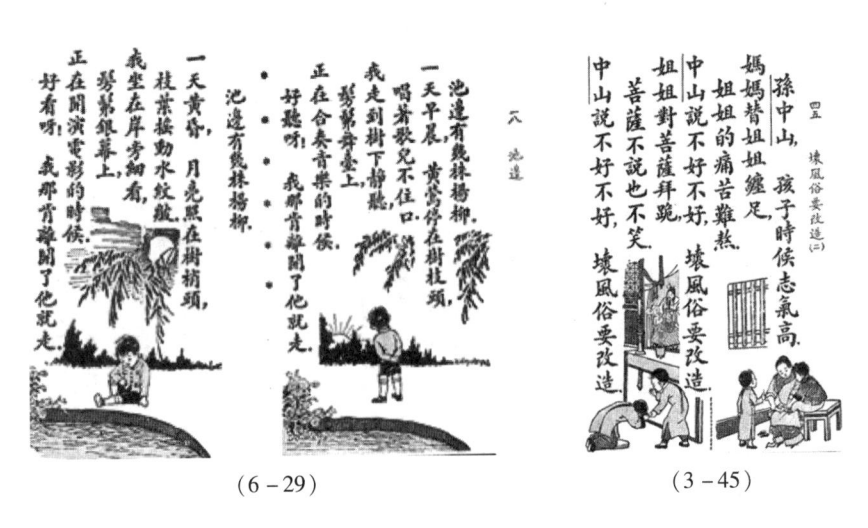

一课三图，如：

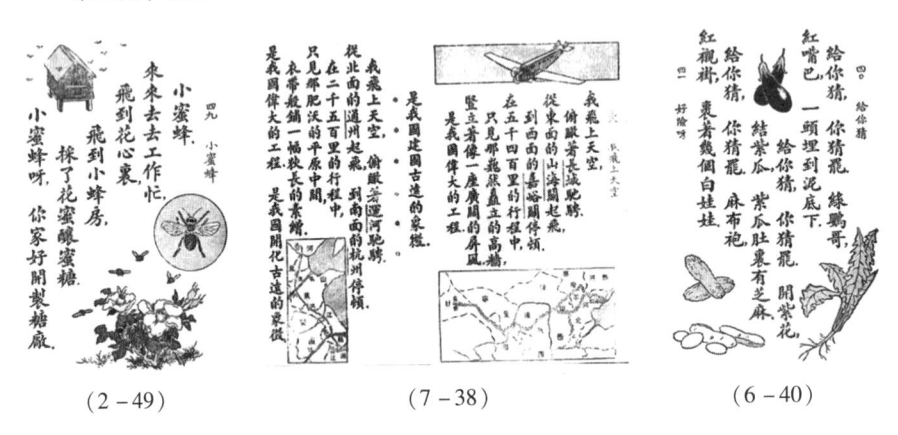

(2-49)　　　(7-38)　　　(6-40)

一课四图，如：

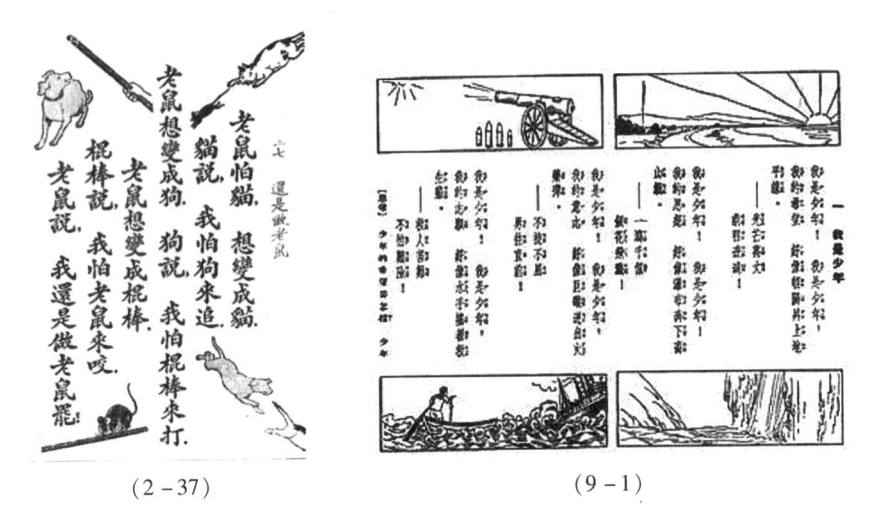

(2-37)　　　　　(9-1)

一课五图，如：

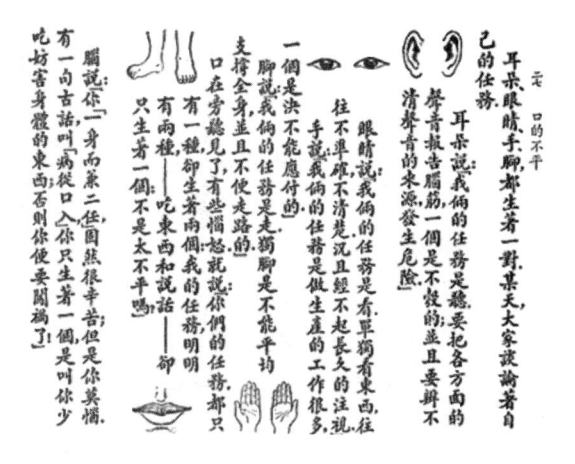

（1-3）　　　　　　　　　　（7-27）

单幅插图的文与图会集中在一页中呈现。编排格式有所区别，有的上下分布，如"1-6"；有的偏居一隅，如"4-4"；有的是文字嵌于画图之中，如"1-24"。两幅及多图的插图分布，有的是一页内呈现，如"2-47""1-3"；有的是分页呈现，如"6-29""9-1"。第一学段以单页呈现居多，第二、三学段多是分页呈现，这与课文长度有关系。

从上面的统计分析可以看到，教材中每篇课文的插图数从低年级往高年级呈现出逐级递减的编排特点，这是符合儿童心理发育规律的。瑞士儿童心理学家皮亚杰把儿童心理发展分成感知运动阶段（0~2岁）、前运算阶段（2~7岁）、具体运算阶段（7~12岁）和形式运算阶段（12岁以后），儿童在每个阶段有不同的心理发展特点。随着年龄增长、生理发展，儿童的心理、认知、思维也随之发展。这种发展的顺序与阶段性决定了学校教育活动必须循序渐进地进行。①

小学低年龄段的儿童对外界事物的认知主要还是依靠形象感知和客观展示，而学习和接触语言文字是孩子们课堂学习的主要内容和目的。所以在入门阶段，他们需要更多直观、形象的插图，引领他们进入语言文字所构造的抽象世界。实验心理学家特瑞赤拉（Treicher）通过大量的实验发现，人类获取的信息83%来自视觉，人对图形、符号的反应与记忆有着较大差异，其中，对图像所传达的信息的接收最为充分，与抽象图像或其他符号相比，记忆更牢固。② 可见，插图对

---

① 周普元：《皮亚杰的儿童宗教意识述评》，《世界宗教研究》，2012年第4期。
② 李焙林：《读图时代与教育技术创新研究》，《电化教育研究》，2004年第12期。

儿童识文断句有着很好的引导作用。

随着年龄的增长，儿童识字能力与理解能力的增强，重视插图的教育倾向逐渐发生转变。由图向文的学习过程，主要表现为插图数量的减少。语文教科书主要培养的还是儿童的文字理解、表达、鉴赏能力，而不仅仅是对图画的理解。根据插图的数量分布，我们可以将小学教材中插图与文字之间的组合关系分为三个阶段：

第一，图画阶段。即只有图画，而无文字的阶段，这就是第1册从开篇学习4组故事图的阶段。这时的教学，主要靠看图和口头语言进行教学。以图画印证语言，以语言解释图画，将图画作为语言学习、语文学习的前导。

第二，图文并重阶段。即插图在教材中主要起着引入文字、补充文字信息或解释文字的作用。插图是文字学习的辅助工具，教师通过插图的讲解、文字的阅读、语言的交流，逐渐实现图、文、语三者的有机融合。

第三，文字阶段。以文字为主，插图较少的阶段，主要是小学高年级的学习阶段。这一阶段的学习以文字为主，文字与口头语言基本一致。插图的作用主要是充实、拓展和丰富想象的空间。文字的学习成为语言学习的主要内容，插图的辅助作用逐渐消失。这时真正进入以文字为载体的书面语学习阶段。

将民国小学语文教材插图的状况与当时的语文课程标准［《小学课程标准国语》（1932）］相对比，可以发现教材中插图的情况与课程标准的指导思想是相当吻合的。更准确地说，教材在大纲的指导下完成的，教材充分体现了课程大纲要求。课程大纲对此做出了明确的规定，"第三 各学年作业要项"中对一、二年级的要求是：在说话训练中要突出"看图讲述"，在读书作业中要突出"故事图的讲述和欣赏"，在作文练习中要突出"图画故事的说明"。在"第四 教学要点"中，要求读书应该"开始用演进连续的图画故事，次用半图半文的故事，到三四年级所用的故事，文字可逐渐增多，图画可逐渐减少"。[①]

二、插图与课文的关系

插图数量的多少与课文的长短、字数的多少有一定的关系。

---

① 中华民国教育部：《小学课程标准国语》（1932）。

表 11-2 插图与课文长短的关系

学段	低学段	中学段	高学段	总数
总字数/个	12 828	39 831	75 240	127 899
课文数/篇	196	176	132	504
平均每课字数/个	65.448	226.31	570	253.76

前面的第七章曾详细分析了每册教材的用字情况,得出了这样的结论:"随着年级的增长,每一册教材无论是在全书的厚度、每篇课文的长度,及平均字数、平均字种数上,都表现出由低年级到高年级的规律增长。"这里再统计了插图的数量,可以清楚地看到世界书局这套教材对于插图是十分讲究的,插图与文字的内容以及文字的长短有着密切的正相关性,没有与文字内容无关的图。图画的内容、构图,清楚表现出由简至繁的规律;插图的数量,则是由多渐少。这非常符合儿童接受和理解图画、文字信息的心理发展规律,对儿童美育思想的培养大有裨益。初小教材"全书编辑纲要"中说道:"本书插图,分量极多,且力求美化。第一册在文字教学之前,列彩色故事图四课,以引起儿童读书的兴趣。"高小教材的"编辑纲要"说道:"插图力求美化。"教材插图不仅仅与课文内容高度契合,更是一种贴近儿童认知习惯与认知能力的美的教育与熏陶。

第三节 插图的表现形式

构图是根据题材和主题思想,通过绘画把要表现的内容形象地组织起来,构成一个协调的完整的画面。① 绘画中,构图对整幅画的成败起着至关重要的作用,一个好的构图会让图画充满和谐美。语文是一门充满美的学科,既有内在美,又有外在美。因此,在语文教育中,审美教育不可忽视。2011 年《义务教育语文课程标准》的课程基本理念中提道:"语文课程还应通过优秀文化的熏陶感染,促进学生和谐发展,使他们提高思想道德修养和审美情趣,逐步形成良好的个性和健全的人格。"② 故语文教材中的插图更应该具备美感,与课文内容的美相呼应,从另一方面让学生感受美,以培养学生的审美能力。其实,这种美学的观念,在

---

① 萨仁高娃:《浅谈高职院校美术绘画中的构图》,《民风(科学教育)》,2013 年第 5 期,第 289 页。

② 中华人民共和国教育部制定:《义务教育语文课程标准》(2011 年版),北京:北京师范大学出版社 2012 年版,第 2 页。

民国小学语文教材中表现得相当突出，在语文课程大纲中，也总是在具体知识、技能的学习中融入了"欣赏""兴趣""情意"的思想。①

一、插图的边框

根据插图的表现形式进行分类，《初级国语读本》《高级国语读本》教材中的插图可分为有框插图和无框插图两种。

无框的插图在教材中数量居多。这种无边际的构图形式，没有界限感，容易与文字很好地契合，产生一种融合之感。如：

(1-46)　　(2-1)　　(2-15)　　(2-24)

(8-37)

---

① 中华民国教育部，《小学课文标准国语》(1932)。

有框插图能加强图画的边缘感。初小教材中的有框插图主要有四种形式：
（1）将插图加框之后，套叠在一起。如：

（1-18）　　　（4-1）　　　（4-10）

这类插图大都是与课文所记述的故事情节有关的故事图。如"1-18"圆形的插图内容是白猫捉住了老鼠，在白色的纸张上，增加了黑色的背景，从而突出画面的内容。这类情景插图，随着课文字数的增加，以及插图数量的增加，利用框图叠置插图的形式也有所增加，因为这可以有效地节省插图所占的空间，并充分表现文字的内容。再如"4-1"和"4-10"分别将课文中所陈述的画面描绘了出来，通过丰富的图画，增添对故事情节的生动描绘。

（2）插图有主副之分，在主图之外，副图对主图内容作局部扩大或情节补充。

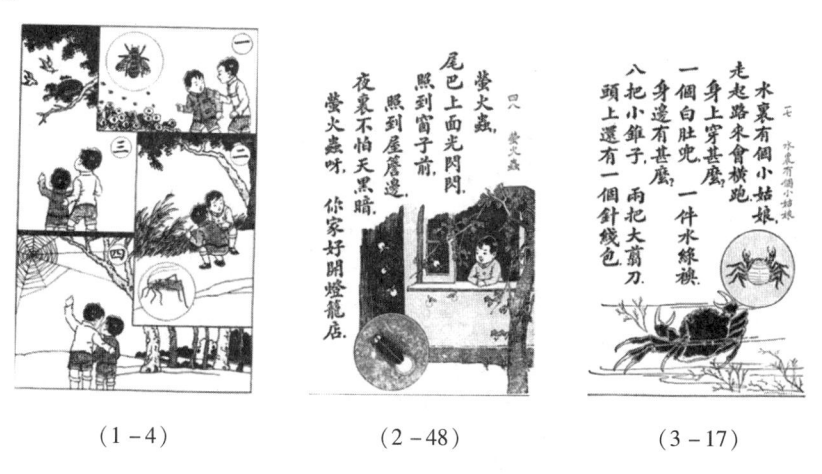

（1-4）　　　（2-48）　　　（3-17）

如这3幅插图中的圆形框图中，画的分别是一只蜜蜂、一只蟋蟀、一只萤火虫、一只螃蟹。前两幅图中，花丛中飞行的蜜蜂与夜空中飞舞的萤火虫，在主图中由于构图的比例，都非常小。但它们又是课文描述的重点对象，因此通过副图，对其做了大特写的处理，给儿童以清晰的印象。第 3 幅副图的小螃蟹与主图的螃蟹形成了螃蟹正反两面的完整形状，突出了对特征的描绘。这正是对课文谜语谜底的揭示，对课文内容起到了凸显的作用。

还有的副图是对课文内容及主图的信息补充。如：

(1-22)　　　　　(3-49)　　　　　(5-21)

"1-22"通过孩子回忆与外婆在一起的幸福时光，表达对外婆的思念之情。"3-49"女孩子看着眼前融化了的雪，在想"雪人"哪里去了呢，雪人的形象仍深深地印在她的脑海中。"5-21"则将谈话者所谈论的另一个空间中的情景展现了出来。

(7-19)

"7-19"将不在眼前的人物与眼前的情景联系在一起，人们炸油烩就是为了纪念"岳飞"，副图呈现了"岳飞"形象。

(7-36)

"7-36"也同样将"瓦特"的形象与制作蒸汽的实验示意图联系在一起,看到蒸汽就联想到瓦特。

主图和副图的结合,不仅给人以丰富的想象和联想空间,而且使课文内容更加紧凑、充实、丰富。副图对主图内容起到了很好的补充作用,因此加框以示强调,以引起注意。

(3) 有框插图表现为用边框对文本内容进行框示,像传单、信件正文、信封、通告等等,常用手写字体加框的形式表现。如:

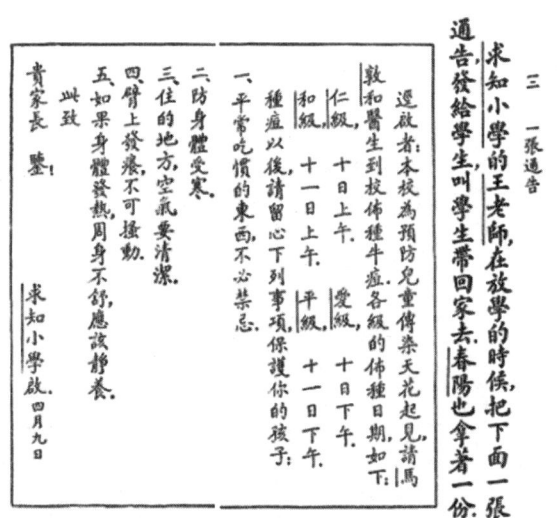

(6-12)

(8-2)

(4) 地图和图片等。如：

(7-10)　　　　　　(7-39)

(9-3)

二三 服从父亲命令的牧童

惠灵秉和两个朋友，骑了驴出去打猎。他们经过一个农家的田里，看见田边有一条路直通此野，便想由那里赤足的牧童。他望见驴蹄的声音，连忙向他们发喝。

惠灵秉在後面说：
"牧童！快开门！让我们走过去！"

牧童说："不能！"

"咦！你有这么胆量吗？你不听我的指挥吗？"惠灵秉用鞭子打你。

牧童笑了一笑说："我是惠灵秉，你还是要打开门！"

牧童仍旧不肯开门，惠灵秉和那人的脸都气的快红了。那几个跟着的人，都不敢说话。

他就跳下马来，见牧童的态度很庄重，很好奇的问："你是惠灵秉的儿子吗？"

牧童说："不是的，我的父亲和我一样，看守这块田，我是他的儿子。"

"我的父亲因为替国家打仗牺牲了，他叫我服从他的命令，我是死不肯违背我父亲的命令呢？"

惠灵秉听了，他便叫朋友们一同去绕那条路，不服他父亲的命令呢？

(9-23)

高小教材以单幅插图居多，其中多是情景和肖像图，这些场景图和人物画像有的带边框，有的不带边框。如：

三〇 蔡松坡先生是怎样的一个人

蔡松坡先生是您我们一个人？他曾献身革命为国牺牲，死的时候只三十四岁牺牲了解答的一个问题。他十六岁的时候，父亲去世，他在日本学堂里读书，成绩都很优良。

"蔡松坡先生安慰母亲，他说：'我是一个军人的儿子，人家的朋友，你不要挂心。'他出家到了二十四岁，留学日本。"

"回国以后，他在日本学堂里研究，成绩都很优良..."

(文字接续 - 略)

(9-30)

(10-16)

从以上的引例与分析可以看到，初小教材中的插图运用更为充分，插图设计也更有规律和特点。因为相比于文字，初小阶段的儿童对图画的理解能力更强，依赖性更大。图画能很好地对文字起到补充、充实和形象化的作用，具有很好的导读导教作用。

高小教科书中的插图虽然看起来在有无边框上随意性很强，但还是表现出一定的规律，即与课文的字体和行文有着相关性。高小教材是印刷体，排版油印的，每一行都保持着固定字数；而初小教材是手写体，编排上有的以自然停顿为分行的标志，有的会根据插图的内容和形式，自动调整文字的排列，如在第1册常能看到课文的一行文字表现为首字呈倾斜状或曲线状，或递升或递降，或高低错落有别，或长短相交，这都是为了达到插画与文字之间的和谐、美观，引起学生注意，给儿童以美的熏陶与启迪。如：

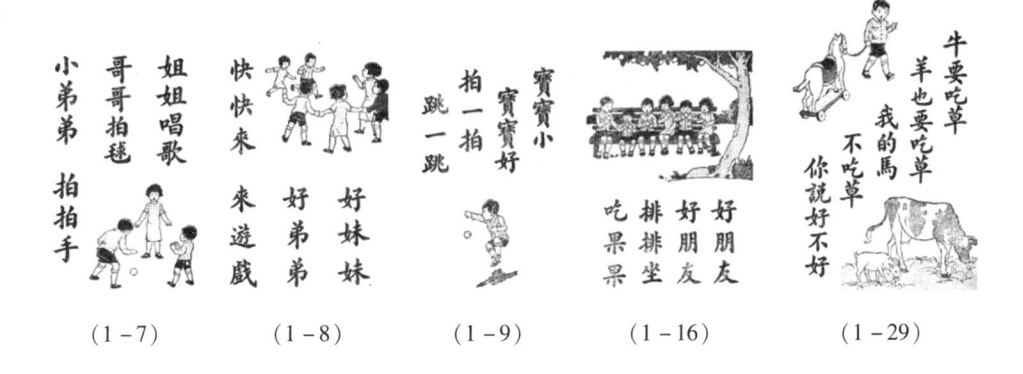

(1-7)　　(1-8)　　(1-9)　　(1-16)　　(1-29)

为了配合插图的位置，文字的排列形式变化多端，构图更加灵活、美观、和谐，反映出编者巧妙的构思。如：

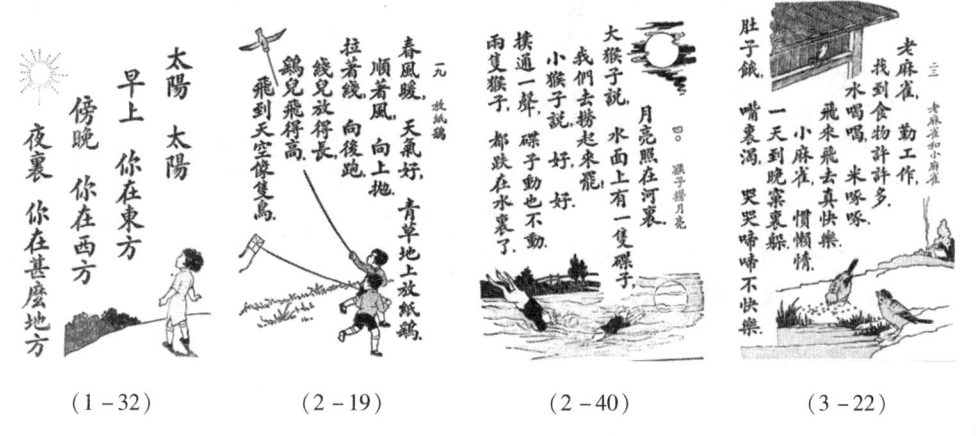

| （1－32） | （2－19） | （2－40） | （3－22） |

以上 4 幅插图，图画镶嵌在文字中，没有丝毫的距离感、违和感，反而感觉很自然。儿童能够完全置身于课文之中，在阅读课文的同时品味形象、美观的画面，会有更深刻的印象。图画并不是随意安插在文字中的，其构图布局都符合生活常识和美感。如"1－32"，儿童抬头看着天上的太阳，表示出对太阳的问候；"2－19"，两个儿童在放纸鹞，儿童在地上跑，纸鹞在天上飞，把人物放在纸页的右下角，纸鹞放在左上角，中间各用一根线连着，文字整齐中略带自由地排在纸页的中间，给人无拘无束的感觉，孩子们仿佛在插图中看到了自己的影子，想象着自己在草地中放纸鹞的景象，激发起学生的想象力。"2－40"天上的月亮倒映在水中。这种构思立意，给儿童以自然界真实的空间概念，助其形成空间感。下面还有儿童跳入水中，既增加了儿童戏水的生活情趣，又使下方形成了三角构图，整幅图面形成了下重上轻、下实上虚的稳定构图。"3－22"中楼上的小麻雀很懒惰，又瘦又小，地上啄食的老麻雀很勤快，长得壮实丰满。老麻雀与小麻雀个体的对比中，也隐含着勤劳与懒惰的道理。

民国小学语文教材插图的最大特点就是，它不是孤立于课文之外，而是与课文相辅相成，融于一体。图画穿插于文字之中，文字围绕在图画四周，课文与插图达到了完美融合。到高小阶段时，这种形式上的变化相应减少，图画框的有无则表现得比较随意了。

二、插图的图形

民国小学语文教材中的插图基本是手绘图画，有的几笔勾勒，重在示意性，有的图像丰满、层次分明，皆能做到生动形象，充满动感。如：

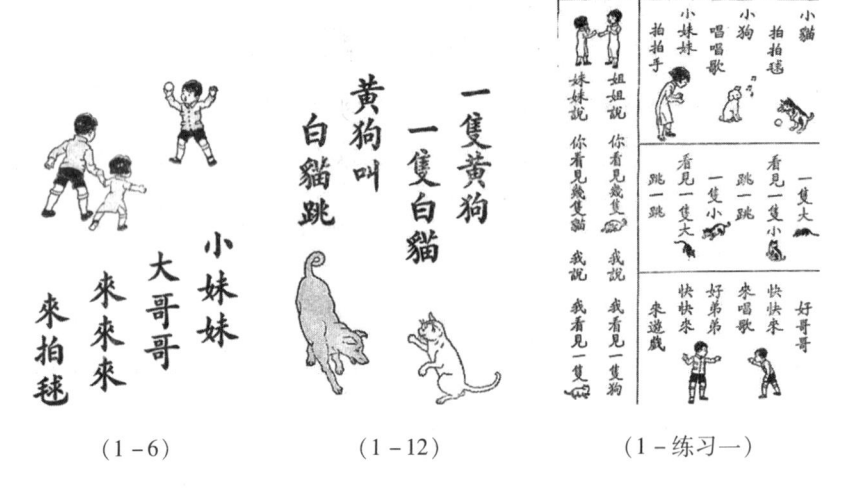

(1-6)　　　　(1-12)　　　　(1-练习一)

上面的插图都能做到内容简洁明了，动作鲜明，形象突出。

随着课程的进展，插图的内容也逐渐丰富。如第1册前13课都是上面的这种简洁构图，除了中心人物（动物）以外，没有任何布景。从第14课开始，插图中出现了较多的生活气息，有了对环境的表现。如：

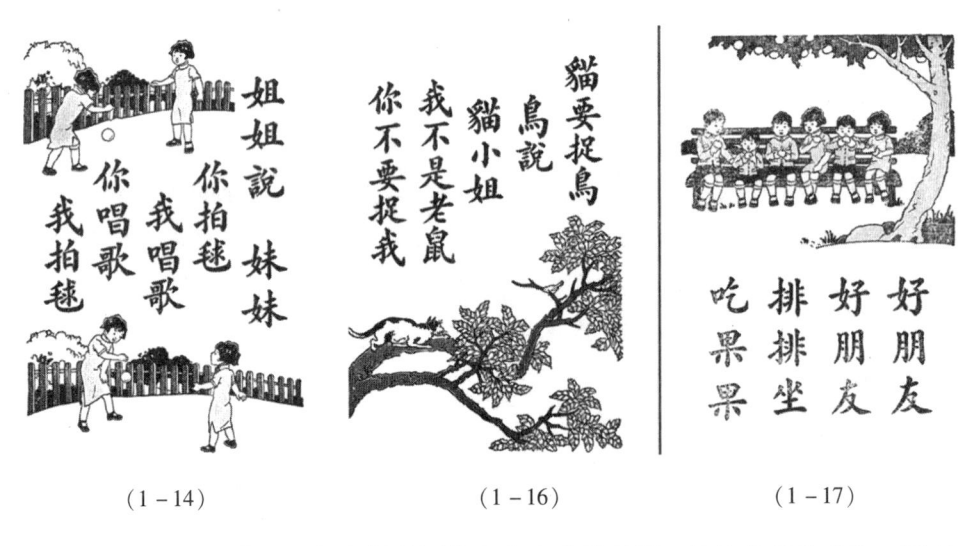

(1-14)　　　　(1-16)　　　　(1-17)

在"1-14"中，不仅有紧紧围绕文字内容的姐姐、妹妹拍球的动作，还有了远山、树、栅栏、草地等，生活气息浓郁，画面层次感清晰。在"1-17"中，空间感更加强了，孩子们坐在长椅上分享果果，面前有一棵苍翠的大树，树下有小草，身后还有远处灌木的影子，立体感十足。

在"1-16"中，小猫在树枝上觊觎着树梢头的小鸟儿，隐约可以感觉到小猫眼神中的专注，从小猫的四肢动作、尾巴的形态可以感觉到小猫蓄势待发，只待一跃而起。

再如：

（1-32） （1-33） （1-48）

在"1-32"中，天亮了，公鸡在门口打鸣，小朋友从床上起身穿衣服……

在"1-33"中，太阳升起来了，小朋友背着书包来到学校，老师站在校门口的石级下，亲切地和小朋友相互问候……

在"1-48"中，夜幕降临，雪花纷纷扬扬，大地一片银装，屋顶、松叶都覆盖在洁白的雪花下……

这些插图勾勒简单，却生动形象。对于小学低学段的儿童来说，插图并不是越精美、越复杂越好，他们更喜欢接触那些自己容易掌握的事物。这样简单生动的图画既对儿童理解课文内容有辅助功能，还能引起儿童临摹绘画的兴趣，进一步激发了儿童对语文学习的兴趣，并能配合课堂的说话练习等环节，为儿童的生活作文和会话提供丰富的创作素材。

纵观整套教材的插图可以发现，插图的复杂程度随着年级的升高而逐渐加大，具体表现在画中人物数量的增加，动作神态的传神刻画，背景信息的丰富，还有绘画笔法的浓淡虚实等。如：

(1-47)　　　　　　(4-1)

在"1-47"中，人物有8人，在一年级中已经算是较多的了。而到了"4-1"中，已经增加到了十多人，站的、坐的、劳动的、远去的，每个人都在运动着，画面十分丰富。

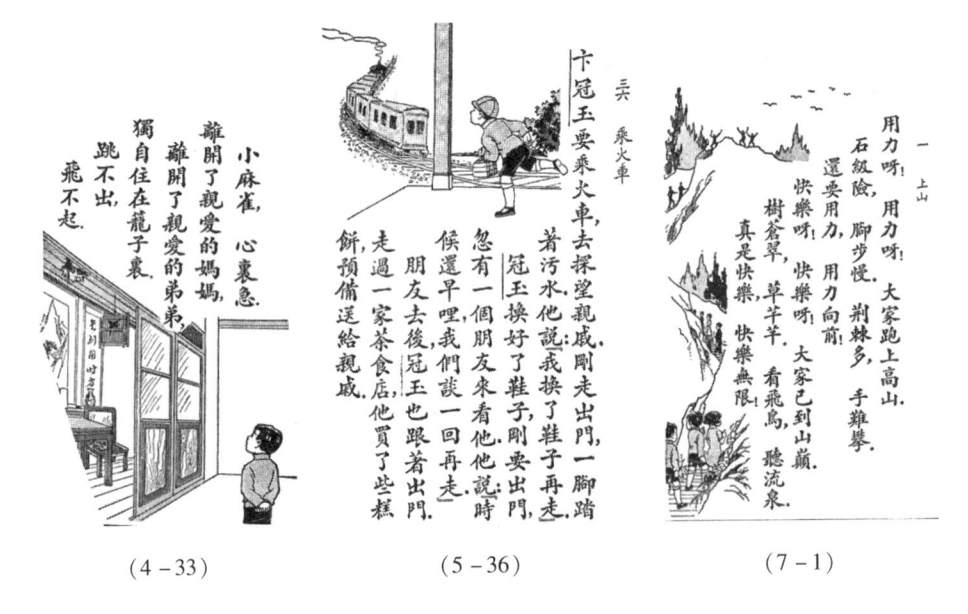

(4-33)　　　　　(5-36)　　　　　(7-1)

在"4-33"中，小麻雀养在笼子里，挂在厅堂门框上，厅堂里摆放着八仙桌、太师椅，墙上挂着一幅风景画，上联是"书到用时方恨少"……如此丰富的信息，完整呈现了书香人家的家庭气息。

在"5-36"中，火车愈开愈远，小朋友愈来愈远，远去的火车越来越小，只有火车头喷出的浓烟如丝般袅袅飘向天际。

在"7-1"中，一队小朋友在登山，山脚下的小朋友形体清晰可辨，攀登向上的人到了山麓、山腰、山顶，人也变得越来越小，只有寥寥几笔的勾勒，通过远近大小的对比，逼真的空间感跃然纸上。

整体来看，随着年级的升高，插图中人物的衣着、神情、动作等刻画得更加细致；插图的内容也愈加丰富，从没有场景，到有简单的场景，再到比较复杂的场景。随着年龄的增长，儿童对事物的认知能力、理解能力越来越强，插图的这一变化符合儿童认知发展特点。

第四节　插图内容与课文内容

民国小学语文教材插图的价值，不仅仅表现在插图数量与形式上，更表现在插图与课文内容之间的契合程度上，二者有着高度的相关性。

插图具有文字无法替代的优势，那就是直观、具体、生动、形象。许多信息可以在图画中表现出来，而图画的表现能力有时是文字无法企及的，因此有人说一张图片抵得上一万个字。但是，并不是任何一张图片都可以成为一幅好的插图。研究结果证明，插图与文字内容的相关度越高，插图对文字内容的辅助作用才会越高。在这方面，民国小学语文教材做出了榜样性的工作。下面分三个学段来做一些分析。

一、低学段的图文分析

首先，我们来看低学段的教材插图。

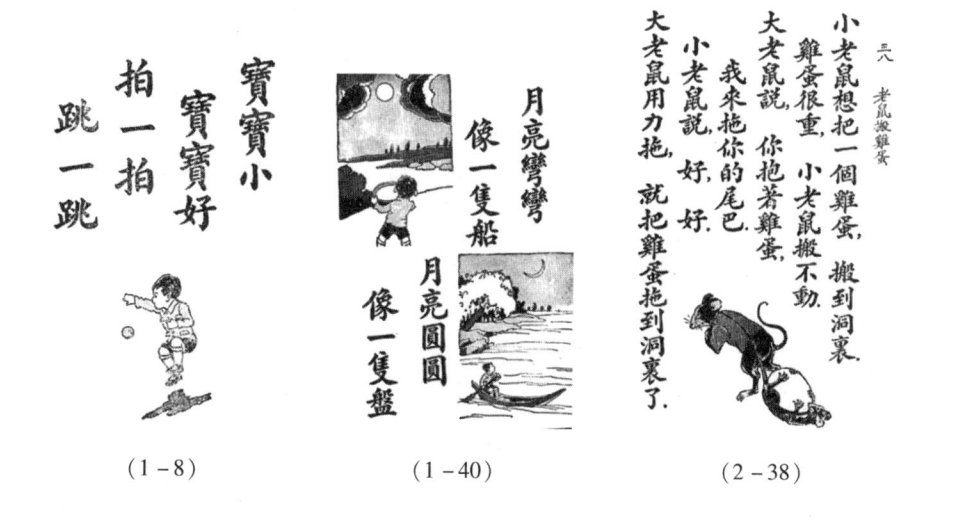

　　（1-8）　　　　　（1-40）　　　　　（2-38）

在"1-8"中，宝宝跳起来，宝宝拍球的姿势与文字完全吻合，尤其是有影子的配合，使得宝宝跳起来的动作更加真实、传神。

在"1-40"中，小朋友划着船，抬头看到天上的月亮，月亮的形状好像小船一样弯弯的；小朋友抱着一个圆盘，抬头看天上的月亮，月亮圆圆的，和手中的圆盘一样圆。

在"2-38"中，大老鼠弯着背、弓着腰，使劲儿地拖着小老鼠的尾巴，小老鼠紧紧地抱着一只大鸡蛋……画面虽然简单，但是把老鼠合力搬鸡蛋的小故事绘声绘色地描画出来了，增添了许多情趣。

这些图画的内容与文字信息高度一致，大大增加了文字所表现不出来的空间感与生活情趣。

由于低学段课文的内容都比较简单，基本在一页之内呈现，如果有的文章稍长，字数稍多，一般是分解为两课。各课所配的插图也都做到了与该课内容相契合。如：

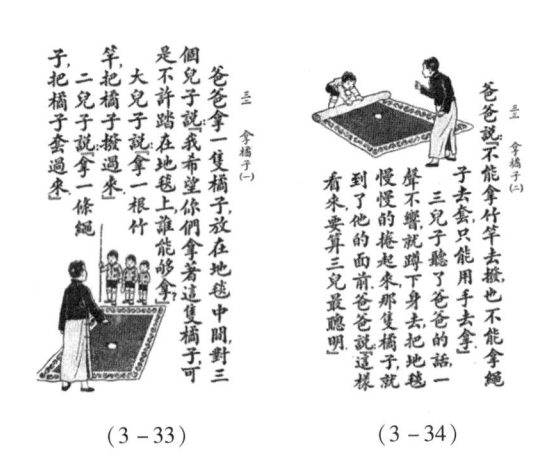

(3-33)　　　　　　(3-34)

在"3-33"中，父亲与孩子们分立地毯两侧，地毯上放着一个橘子，大儿子拿着一根竹竿，二儿子拿着一根绳子，小儿子空着手。在"3-34"中，小儿子将地毯卷起来，逐渐靠近橘子。两幅图把人物、事情、故事过程都清楚表现出来，表现出前后相衔的故事发展过程。

低学段也有课文没有配图，如下面的"4-19""4-37"，但没有插图的课文数量很少。

三七 狐狸肚子痛

狐狸走過鴿棚偷吃了五隻鴿子,肚子漲痛了。

他去請鹿醫病,鹿說:"狐先生,對不起你的病,我也不會醫。"

他又去請獐醫病,獐說:"狐先生,對不起你的病,我也不會醫。"

最後他去請象醫病,象說:"狡猾的小狐狸,叫你貪吃,束西你的病誰也不會醫。"

(4-37)

一九 和暖的春風

和暖的春風吹到園裏。

楊柳說:"春風呀,你來了,我好長葉子了。"

桃樹說:"春風呀,你來了,我好開花了。"

黃鶯說:"春風呀,你來了,我好唱歌了。"

孩子說:"春風呀,你來了,我做甚麼遊戲呢?"

春風說:"好寶寶,你好放紙鷂了。"

(4-19)

而更多的情况是在没有插图的课文前后,会配上与其内容相关的课文,及有关联的插图,以收到信息共享的效果,如下面的"3-36"与"3-37",就有着这样的共享关系。

三七 一條長鼻子

力氣大,性情好,身體丈多高,耳朵像兩把蒲扇,門牙像一對大刀。最奇妙,一條長鼻子,能伸能縮還能繞。

(3-37)

三六 大象惱了

孩子拿一個饅頭去引大象,大象伸着鼻子去接,孩子故意把手縮回來,大象仍舊伸着鼻子。孩子又拿饅頭去引他,大象放下鼻子去接,孩子又把手縮回來,大象惱了,伸出鼻子,捲去了孩子的帽子,大象只得把饅頭給他,大象也把帽子還給孩子。

(3-36)

又如第4册第19课《和暖暖的春风》没有配图,到了第20课就出现了"4-20"的插图,展现了春暖花开、莺歌燕舞的春天景象。吹拂的柳条,显露出一派春风和煦的春天景象。

第4册第37课《狐狸肚子痛》没有插图,因为前一课《黄狗吓退狐狸》有了"4-36"插图,里面出现了狐狸的形象。

三 他呼

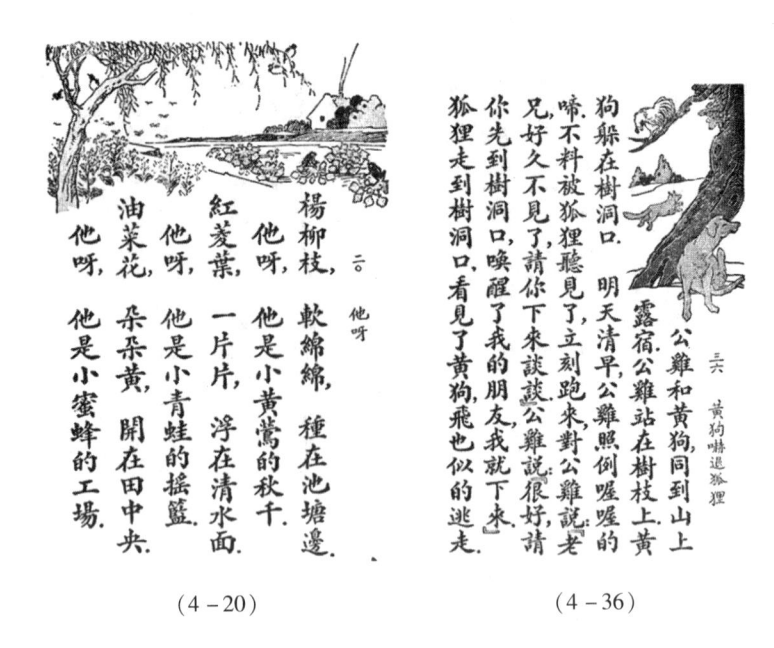

他呼，
他是小蜜蜂的工場。

油菜花，
朵朵黃，
開在田中央。

紅菱葉，
一片片，
浮在清水面。

他呀，
他是小青蛙的搖籃。

楊柳枝，
軟綿綿，
種在池塘邊。

他呀，
他是小黃鶯的秋千。

（4-20）

三六 黃狗嚇退狐狸

公雞和黃狗同到山上露宿。公雞站在樹枝上黃狗躲在樹洞口。明天清早公雞照例喔喔的啼，不料被狐狸聽見了，立刻跑來對公雞說：「老兄，好久不見了，請你下來談談。」公雞說：「很好，請你先到樹洞口，喚醒了我的朋友我就下來。」狐狸走到樹洞口，看見了黃狗飛也似的逃走。

（4-36）

第 4 册第 32 课《孩子和小鸟》有四页的篇幅，配了两幅插图，即下面的"4-32"。右边那幅，是小孩子拿着鸟笼子招呼小鸟进来，一只小鸟展翅飞向笼子，树上有两只鸟在看着飞下去的小鸟，在商量什么。左边那幅，是笼子中的小鸟张开翅膀，张大嘴巴呼叫屋檐下自由的妈妈和弟弟，小孩子只是背着手观望着。两幅图与课文文字构成了可做多种诠释、有着不同曲折与细节的故事。

三二 孩子和小鳥

樹上小鳥啼，孩子心歡喜，孩子說：「小鳥呀！請你飛進我的籠子裏。乖的小鳥說：『山澗裏，也有清水喝清水。』稻田裏，也有白米的小鳥說：『我口渴，清水我要喝，我肚饑，白米我要吃，誰願意關在你的籠子裏。』」

歡的小鳥說：「我口渴，清水我要喝，我肚饑，白米我要吃，誰願意飛進你的籠子裏。」

小麻雀，心裏急，離開了親愛的媽媽，離開了親愛的弟弟，獨自住在籠子裏，跳不出，飛不起。上面不見天，下面不着地，可憐的小麻雀，苦苦啼，不吃米，不遊戲。課上的燕子說：「小孩子呀，好像十分不過意，你也有父母，你也有兄弟，早晚在一起，你為甚麼把老麻雀的孩子，關在籠子裏。」

（4-32）

由以上的插图与文字的组合信息可见，初小低学段的教材在插图设计上十分用心，并达到了很高艺术水平。

二、中学段的图文分析

到了中学段，课文文字逐渐增加，有的课文出现了分页的情况。由于每一课都不是单独起页，而是连续编排，故各课的分页就有了很多的随机性和任意性。有的分页会显得比较合理，有的则显得考虑不周。如：

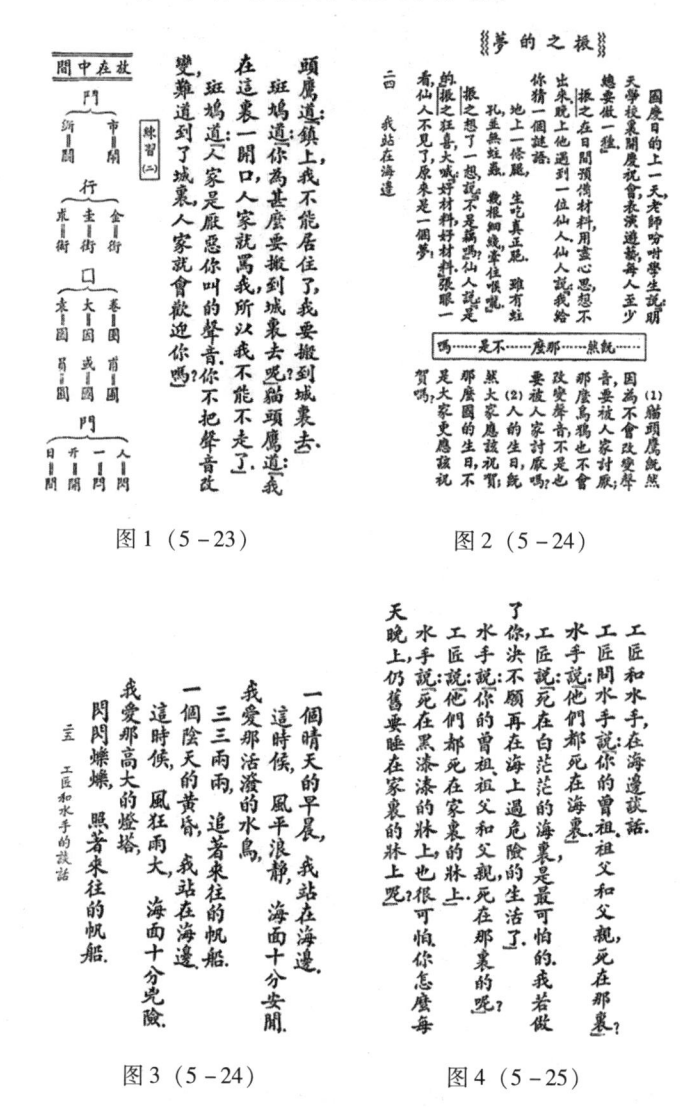

图1（5-23）　　图2（5-24）

图3（5-24）　　图4（5-25）

图1是第23课的结尾部分，占据一页的三分之二，于是将练习二接过来了，练习二的主要内容进行完毕之后，余下一行填上了第24课的标题，第24课的正文在下一页，即图3中。第24课课文内容又没有占满一页，余下一行，将第25课的标

题提上来，第 25 课的正文内容在图 4 中。这样的安排，虽然节约了纸张，但实际上对于保持文章整体的完整度是不利的，尤其是容易分散或者扰乱信息的完整性。

下面我们再来看看插图的安排，如第 5 课《骄傲的蟋蟀》承接上文，而不是从新的一页开始，使得插图的排放位置受到一些影响。

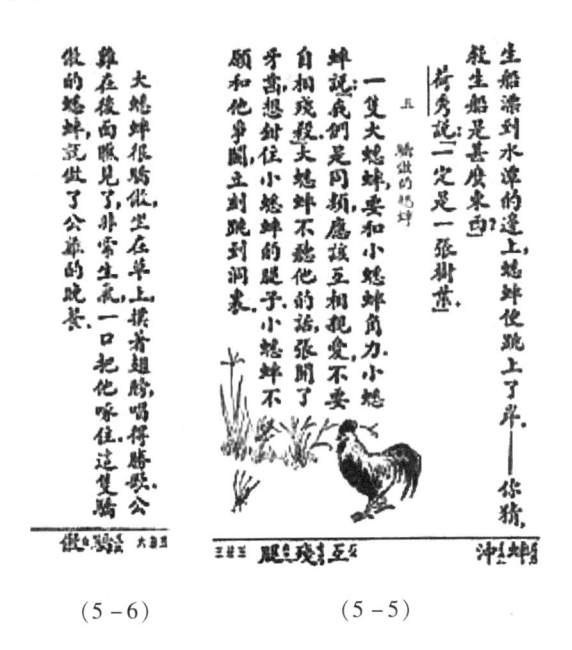

（5-6）　　　（5-5）

《骄傲的蟋蟀》有插图页的文字内容是："一只大蟋蟀，要和小蟋蟀角力。小蟋蟀说：'我们是同类，应该互相亲爱，不要自相残杀。'大蟋蟀不听他的话，张开了牙齿，想钳住小蟋蟀的腿子。小蟋蟀不愿和他争斗，立刻跳到洞里。"文中并未提到大公鸡，只提到两只蟋蟀；可是在同页插图中只有大公鸡和一只小蟋蟀。与插图内容相关的文字"大蟋蟀很骄傲，坐在草上，扑着翅膀，唱得胜歌。公鸡在后面瞧见了，非常生气，一口把他啄住。这只骄傲的蟋蟀，就做了公鸡的晚餐。"却安排在下一页。

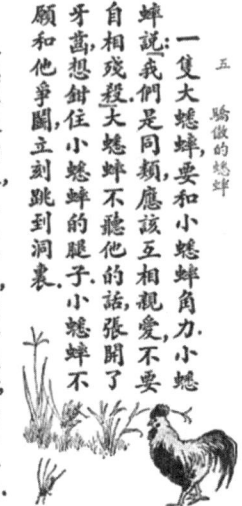

"5-5"的插图与文字不在同一页但在左右相同的同一面上。由于图文不在同一页上，图文的联系少了对应性，显出设计上的疏漏。如果调整为一页，文图内容同面呈现，互为说明，效果当会好很多。如右上图。

（5-5）

再如第八册《木兰代父从军》的插图"8-3"：

(8-3)

插图内容是木兰功成返乡，回到家中之后，以女装再现于昔日战友面前的情景，而插图同页的文字是：

军队开到了北方的边界，抵抗敌兵。过了十二年，才把敌兵打退；得胜回来。可是，领兵的将官，同伍的军人，谁也没有觉察木兰是个女子。

国王见木兰立了大功劳，就赏他许多财物，他不受；封他做官，他也不要。国王说："你要什么东西呢？"木兰说："我离家已久，很想念爷娘。如能赐一匹骆驼，送我回家，就感谢不尽了。"国王随即赐他一匹骆驼，派几个兵，送他回家。

而与本图内容相契合的文字"木兰到了家里，脱去战袍，穿上女装，恢复他的本来面目。送他回家的兵士瞧见了，很诧异，说道：'我们和他同在军队里过了十二年，竟没有觉察她是个女子'"却在下一页。如果把这幅插图与文字设计成下图，则会显得完美多了。

出现这些小小的遗憾，可能是为求得教材版面的节俭、紧凑，或是在排版时出现的疏漏。不过，绝大多数文字内容分为两页的课文，插图设计还是很合理的。如：

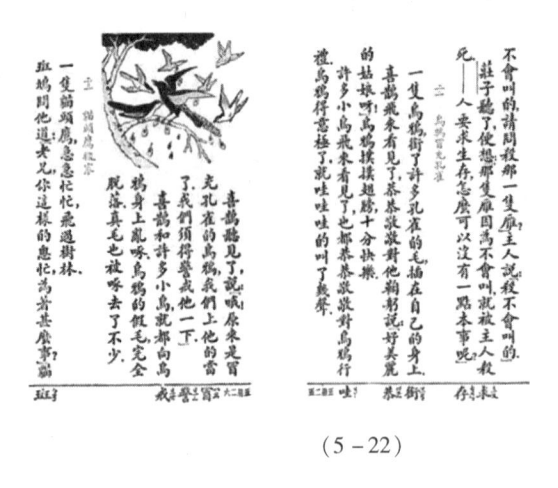

(5-22)

"5-22"的课文虽然自然承接上文，分为了两页，但插图正好还是能对应着"喜鹊和许多小鸟，就都向乌鸦身上乱啄。乌鸦的假毛，完全脱落。真毛也被啄去了不少"的内容，文图之间有着较好的相关性。当然，如果能将整篇课文的主要内容放在一页，那是最好的了。如下面：

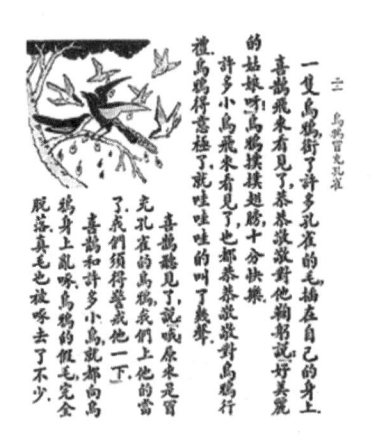

整体而言，中学段的插图虽然受课文文字分页的影响，而出现了个别篇目插图安排有所不妥的情况，但大多数的插图都是和同页文字相关度很高的。下面再看几例：

| (5-7) | (5-27) | (6-4) | (6-11) |

| (7-22) | (7-32) | (8-3) | (8-12) |

"5-7"，父亲批评司马光撒谎是不对的。"5-27"，几个提着饭篮的工人看到正在堵洞口的严达在招呼他们，急忙跑过去，堤坝后的水已经涨得很高了。"6-4"，猎人救起掉入陷阱中的曹荣。"6-11"，太阳出来了，小朋友脱掉外衣。"7-22"，猎人瞄准了站在稻草人头上洋洋自得的乌鸦。"7-32"，蔺相如手持玉璧，就要撞到大殿内的柱子上；"8-3"，市政委员正在开会，小孩子面对会场内的柱子，诉说着他所听到的消息。"8-12"，母亲半夜起来，看到女儿在微弱的灯光下帮助她缝补衣物。

第7册的《口的不平》一课的插图，图文对应，显示编纂者的匠心。

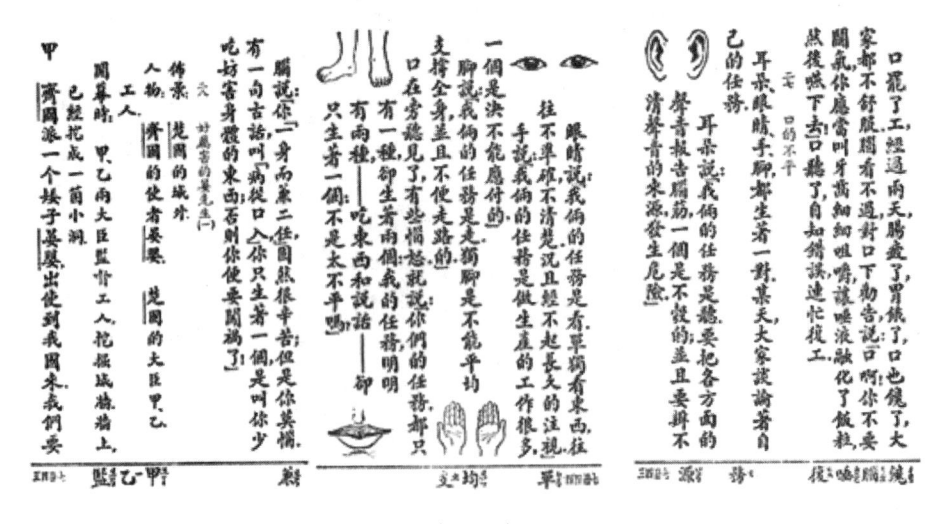

(7-27)

各个器官的图画与介绍器官的文字彼此呼应，上下交错，用心十足。

三、高学段的图文分析

到了高年段，插图数量进一步减少，文章长度不断增加，尤其是教材印刷体的改变，插图的变化形式趋少，但文图仍保持着很高的契合度。如：

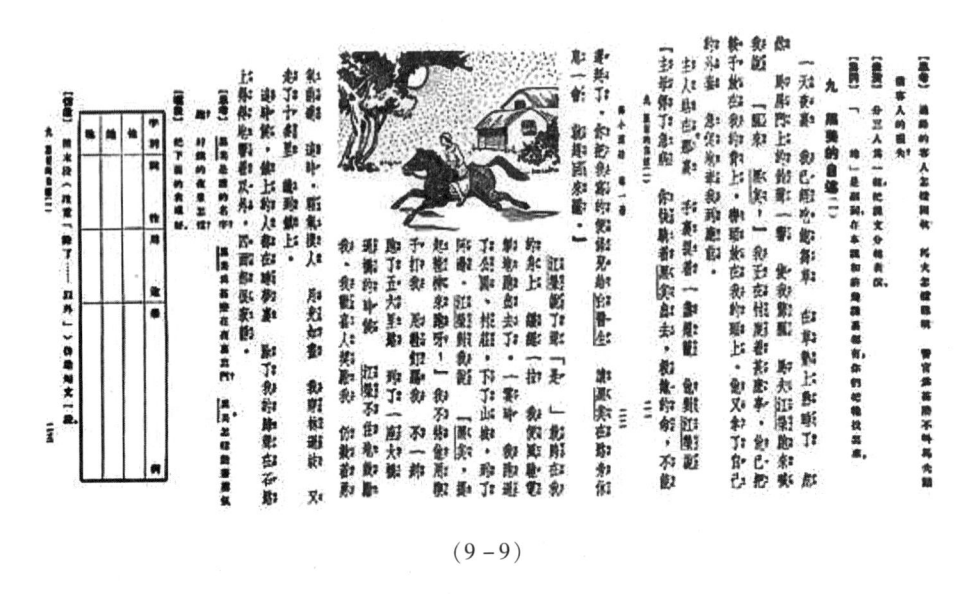

(9-9)

9-9插图内容是黑美在月光下快速奔跑的场景，正与文字上的表述"江荣说了声'是'，就跨在我的身上。缰绳一拉，我便风驰电掣地跑出去了"相契合。

通过图画中黑美大步疾驰的场景,很好地表现出黑美的健硕。

再如:

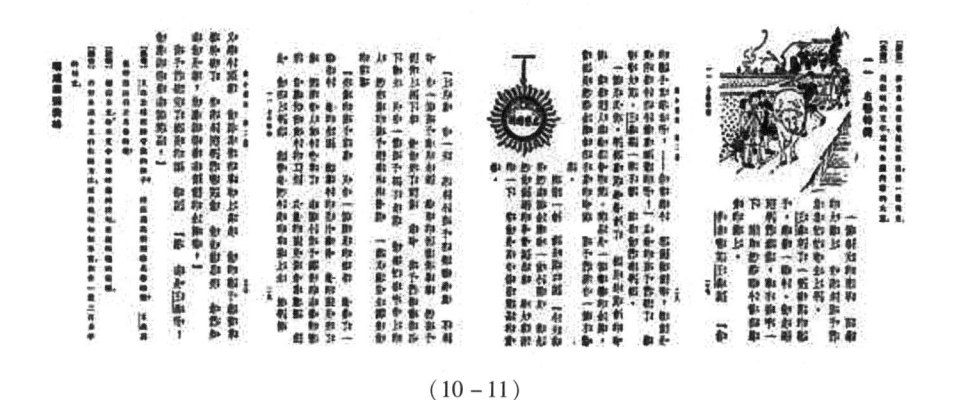

(10-11)

一个春天的清早,田边的大路上,有许多孩子们急急忙忙地去上学。

王森穿了一双破旧的鞋子,赶着一头牛。他走过同学们面前,举手招呼一下,随即把那头牛系在路旁的树上。

季达嘲笑王森说:"你的鞋子真好看呀!——你常赶牛,想做牧童吗?牧童是要伴着牛在牛棚里睡觉的呀!"其余的孩子们听了,都哈哈大笑。王森却一声不响,跟着他们进学校。

与这段文字相配的插图是:

一个月以后,学校里开游艺会了。校长趁开会的时候,当着众人颁给名誉特奖。奖品是一个灿烂的金牌,当校长把那金牌拿在手里的时候,孩子们没有一个不艳羡。

稍停一会,校长开口说:"今天,我要把这金牌给一位小朋友。我先把他做过的事实说出来,给大家评判一下,看他是否有得着奖品的资格。"

与这段文字相配的插图是:

课文接着校长的话，讲述了事情的原委：

"上月里，有一天，许多小孩子在街头游戏。不多时，有一个孩子骑马走过。那马的性情很暴躁，把孩子从背上摔下来，使他受了重伤。这时，孩子们都吓得四下散去，只有一个孩子却不走开。他连忙招呼市上的人，把手上的孩子送进外科医院；一面又亲自去调查他的家属。

"受伤的孩子家里，只有一个跛足的祖母。她养了一头母牛。她的生活，就靠牛的乳汁维持。她的孙儿受了伤，便没有人放牛吃草了。这个小孩子调查到这样的情形，自愿代任放牛的工作，以她的孙儿伤愈为期限。从此，他在上学前，就替她把牛赶到草场上去；放学后，又赶牛回家。他因为常在草地上奔走，他的鞋子就被草根刺破了。有许多同学们嘲笑他，他也能忍受。你们知道他是谁？他应该得着这贵重的金牌吗？"

孩子们听完了校长的话，都说："好，这是王森呀！他应该得着这个奖品！"

这样的图文安排，既不显得插图冗余，又突出了"名誉特奖"的荣耀，用图片展示王森受到了嘲笑，但他毫不在意；用奖章褒奖他的爱心；最后用文字陈述原委，这样的处理使得情节更集中，焦点更突出。

再如：

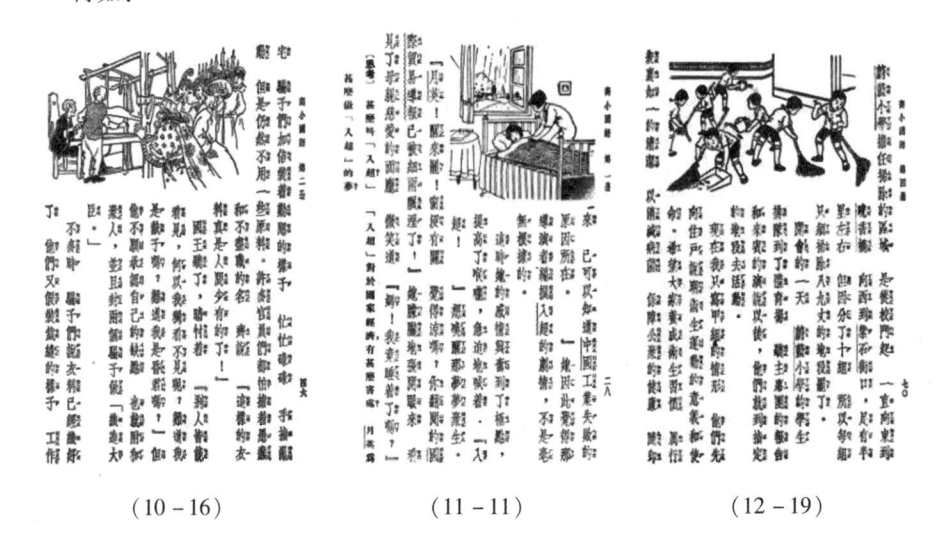

(10-16)　　　(11-11)　　　(12-19)

在"10-16"中，国王带着大臣们，看着两个骗子在一无所有的织布机上辛勤地劳作着。"11-11"，妈妈叫醒睡梦中的女儿。在"12-19"中，小学生们正在大扫除……这些插图很好地呈现了同页的文字内容。

民国小学语文教材的插图，无论是在数量使用，还是绘画的表现形式，抑或是图与课文的契合上，都表现出了很高的水平。在对儿童学习心理的洞悉，对语言习得的形音义、语言教学的远近深浅的把握，对课文文意的理解与再现上，都体现了很高的学术性与艺术性，成为现代语文教材的经典范例。

参考文献

［1］民国时期总书目（1911—1949）——中小学教材［M］．北京：书目文献出版社，1995．

［2］艾伟．汉字问题［M］．上海：中华书局，1949．

［3］陈学恂．中国近代教育史教学参考资料（中册）［M］．北京：人民教育出版社，1987．

［4］高平叔．蔡元培教育论著选［M］．北京：人民教育出版社，1991．

［5］华东师范大学教育系教科所．中国现代教育史［M］．上海：华东师范大学出版社，1985．

［6］黄展云，林万里，王永炘．国语教科书（第1册）［M］．上海：商务印书馆，1910．

［7］陈铮．黄遵宪全集（上）［M］．北京：中华书局，2005．

［8］蒋维乔，庄俞．初等小学最新国文教科书［M］．上海：商务印书馆，1910．

［9］蒋啸镝．插图设计［M］．长沙：湖南大学出版社，2004．

［10］教育部中小学课程及设备标准编订委员会编订．幼稚园小学课程标准［M］．上海：中华书局，1932．

［11］李桂林．中国教育史［M］．上海：上海教育出版社，1989．

［12］李杏保，顾黄初．中国现代语文教育史［M］．成都：四川教育出版社，2004．

［13］刘树屏．澄衷蒙学堂字课图说［M］．北京：新星出版社（翻印），2014．

［14］全国教育联合会、新学制课程标准起草委员会．新学制课程标准纲要［M］．上海：商务印书馆，1925．

［15］舒新城．中国近代教育史资料［M］．北京：人民教育出版社，1961．

［16］郑锦全，曹金金．二十一世纪初叶两岸四地汉语变异［M］．台北：

新学林出版股份有限公司，2011．

　　［17］王铁琨．中国语言生活状况报告（2007）［M］．上海：商务印书馆，2008．

　　［18］苏新春．现代汉语分类词典［M］．上海：商务印书馆，2013．

　　［19］孙培青，李国钧．中国教育思想史（3）［M］．上海：华东师范大学出版社，1995．

　　［20］孙培青．中国教育史［M］．上海：华东师范大学出版社，2000．

　　［21］孙绍振．文学性讲演录［M］．桂林：广西师范大学出版社，2006．

　　［22］王建军．中国近代教科书发展研究［M］．广州：广东教育出版社，1996．

　　［23］魏冰心，苏兆骧．新学制小学教科书初级国语读本［M］．上海：世界书局，1933．

　　［24］魏冰心等编纂．国语读本（初级小学应用，共8册）［M］．上海：世界书局，1934．

　　［25］叶圣陶．世界书局国语读本（上）［M］．上海科学技术文献出版社，2005．

　　［26］中国第二历史档案馆．中华民国史档案资料汇编·第五辑·第一编·教育［M］．南京：江苏古籍出版社，1994．

　　［27］中国第二历史档案馆．中国民国史档案资料汇编·第五辑·第二编·教育（一）［M］．南京：江苏古籍出版社，1994．

　　［28］中国第二历史档案馆．中华民国史档案资料汇编·教育［M］．南京：江苏古籍出版社．1994．

　　［29］中华人民共和国教育部制定．义务教育语文课程标准（2011年版）［M］．北京：北京师范大学出版社，2012．

　　［30］曾天山．国外关于教科书插图研究的述评［J］．外国教育研究，1999（3）．

　　［31］耿红卫．我国识字教学的历史回顾与思考［J］．语文教学通讯，2007（5）．

　　［32］顾树森．实用主义生活教育实施法［J］．中华教育界，1914（4）．

　　［33］贺金林．国民政府时期中小学教科书供应体制的沿革［J］，中山大学学报（社会科学版），2006（5）．

　　［34］黄维东．论周作人的民间童话、儿歌与儿童教育观［J］．广西大学学报（哲学社会科学版），2002（4）．

　　［35］李焙林．读图时代与教育技术创新研究［J］．电化教育研究，2004

(12).

［36］李富春. 陆高谊与民国世界书局［J］. 山东图书馆学刊，2013（10）.

［37］李娜. 推动国语传播的民国白话文教科书［J］. 课程·教材·教法，2014（8）.

［38］梁尔铭，李小菲. 论1922年新学制课程标准的制定［J］. 教育与职业，2012（14）.

［39］潘树声. 论教授国文当以语言为标准［J］. 教育杂志，1912（8）.

［40］萨仁高娃. 浅谈高职院校美术绘画中的构图［J］. 民风（科学教育），2013（5）.

［41］宋振韶. 教科书插图的认知心理学研究［J］. 北京师范大学学报（社会科学版），2005（6）.

［42］苏新春，等. 对四套中小学语文教材练习部分的四维分析研究［J］. 江西职业师范大学学报，2010（4）.

［43］王玉生.《普通教育暂行课程标准》制定的基础及蕴含的教育理念［J］. 课程·教材·教法，2010（5）.

［44］魏宏聚. 新课程三维目标表述方式商榷——依据布鲁姆目标分类学的概念分析［J］. 教育科学研究，2010（4）.

［45］颜禾. 1941年的中学国文课程标准评析［J］. 教育评论. 2007（1）.

［46］庾冰. 言文教授论［J］. 教育杂志，1912（3）.

［47］周普元. 皮亚杰的儿童宗教意识述评［J］. 世界宗教研究，2012（4）.

［48］中央教育科学研究所. 叶圣陶语文教育论集［C］. 北京：教育科学出版社，1980.

［49］中华民国教育部. 第二次中国教育年鉴（第三编·初等教育）［Z］. 上海：商务印书馆，1948.

［50］璩鑫圭，唐良炎. 中国近代教育史资料汇编·学制演变［Z］. 上海：上海教育出版社，1991.

［51］宋恩荣，章咸，中央教育科学研究所教育史研究室. 中华民国教育法规选编［Z］. 南京：江苏教育出版社，2005.

附录

1923年新学制课程标准纲要小学国语课程纲要

吴研因起草　委员会复订

（一）目的

练习运用通常的语言文字，引起读书趣味，养成发表能力，并涵养性情，启发想象力及思想力。

（二）程序

第一学年

1. 演进语练习，简单会话，童话讲演。
2. 记载要项和字句多反复的童话故事，并儿歌，谜语等的诵习。
3. 重要文字的认识。
4. 简单语言的记录发表。
5. 写字的设计练习。

第二学年

1. 同第一学年。注重会话和童话讲演。
2. 字句多反复的童话故事，和儿歌，谜语的诵习。
3. 同第一学年。加指导阅读浅易图书。
4. 同第一学年。
5. 同第一学年。

第三学年

1. 童话，史话，小说等的演讲。
2. 童话，传记，剧本，儿歌，谜语，故事，诗，杂歌等的诵习。
3. 同第二学年。可加授检查字典的方法。
4. 通信，条告，记录的设计，和实用文，说明文的作法，研究，练习。
5. 楷书的临摹。

第四学年

1. 同第二学年。加普通的演说。

2. 传记，剧本，小说，儿歌，民歌，谜语，故事，诗等的诵习。

3. 加授检查字典的方法，并指导阅儿童报和参考图书。

4. 同第三学年。注重实用文，说明文的作法，研究，练习。

5. 同第三学年。加行楷和简便行书的练习。

第五学年

1. 同第四学年。加辩论会的设计，练习。

2. 同第四学年。注重传记，小说。

3. 注重指导阅报和参考图书。

4. 实用文，记叙文，说明文，议论文的作法研究，练习，设计。

5. 同第四学年。加行书的练习，可临帖。

第六学年

1. 同第五学年。注重演说的练习。

2. 同第五学年。可酌加浅易文言的诗，文的诵习。

3. 同第五学年。注重指导阅普通的日报。

4. 同第五学年。

5. 同第五学年。注重行书的练习。加通行草书的认识。

（三）方法

1. 语言　初年多用演进法，以后多用会话，讲演，表演。

2. 读文　注重欣赏，表演，取材以儿童文学（包含文学化的实用教材）为主。

3. 文字　注重反复练习。

4. 作文　注重应用文的设计，研究和制作。

5. 前三年读文与作文写字合并教学；并与他科联络设计。后三年注重自学辅导。

6. 语言可独立教学，或与作文等联络教学。如无师资，可暂从缺。独立教学时，在方言与标准语相近的地方，其时期可以一年为限。

（四） 毕业最低限度的标准

初级

- 语言　能听国语的故事演讲，能用国语作简单的谈话。
- 文字
  - 读文　识最普通的文字二千个左右，并能使用注音字母。读语体的儿童文学等书八册。（以每年二册计，每册平均四五千字）能用字典看含生字百分之五的语体的儿童书报。试读，答问，准确数在百分之六十以上。
  - 作文　能作语体的简单记叙文，实用文，（包含书信日记等）而令人了解大意。
  - 写字　能速写楷书和行楷，方三四分的，每小时二百五十字；方寸许的，每小时七十字。

高级

- 语言　能听国语的通俗演讲，能用国语演讲。
- 文字
  - 读文　识字累计至三千五百个左右。读儿童文学等书累计至十二册以上。能用字典看与"儿童世界"或"小朋友"程度相当，生字不过百分之十的语体文，及与日报普通记事程度相当，生字不过百分之十的文体文。标点及答问大意，准确数在百分之六十以上。
  - 作文　能作语体的实用文、记叙文、说明文，而令人了解大意。
  - 写字　能写通行的行书字体。

1932年小学课程标准国语

第一　目标

（一）指导儿童练习运用国语，养成其正确的听力和发表力。

（二）指导儿童学习平易的语体文，并欣赏儿童文学，以培养其阅读的能力和兴趣。

（三）指导儿童练习作文，以养成其发表情意的能力。

（四）指导儿童练习写字，以养成其正确、敏捷的书写能力。

第二　作业类别

（一）说话

（1）日常谈话的耳听口说。

（2）演说、辩论、报告和讲述故事等的练习。

（附注）这项作业，应用标准语教学，以期全国语言相通。倘师资缺乏，不能用标准语时，亦应充分用近于标准语的口语教学。

（二）读书

（1）精读——选取适当的教材指导儿童阅读深究或熟读，使儿童欣赏理解，或由理解而记忆。——重在质的精审。

（2）略读——选取适当的教材或补充读物，限定时间，指导儿童阅读，再由教员分别考查，并和儿童互相讨论。——重在量的增加。

（三）作文

（1）利用环境随机设计，使儿童口述或笔述，练习叙事、说理、达意。

（2）使儿童对于普通文实用文的格式、结构、文法、修辞、标点等，能理解和运用。

（四）写字

（1）练习——规定时间练习正书行书，并随机设计习写应用的书信、公告等。

（2）认识——通用字的行书、草书及俗体的认识。

第三　各学年作业要项

学年要项类别	第一、二学年	每周时间	第三、四学年	每周时间	第五、六学年	每周时间
说话	一、看图讲述。 二、日常用语的练习。 三、有组织的语言材料的演习。 四、简易有趣味的日常会话。 五、故事等的讲述练习。	60分	一、有组织的语言材料的练习。 二、有趣味的日常会话。 三、故事等的讲述练习。 四、简短的演说练习。 五、国音注音符号的练习。	30分	一、日常会话。 二、故事的讲述练习。 三、普通演说的练习。 四、辩论的练习。 五、国音注音符号的熟习运用。	30分
读书	一、故事图的讲述和欣赏。 二、生活故事、童话、自然故事、笑话等的欣赏表演。 三、儿歌、杂歌、谜语的欣赏吟咏和表演。 四、上两项教材中重要词句的熟习和运用。 五、各种浅易儿童图书的阅览。 六、简易标点符号的认识。	一、二年共330分	一、自然故事、历史故事、生活故事、传说、寓言、笑话、剧本、杂记、游记、书信等的欣赏或表演。 二、儿歌、杂歌、民歌、短歌剧、短诗等的欣赏吟咏表演。 三、上两项教材中重要词句的熟习和运用。 四、简易普通文实用文的阅读。 五、各种浅易儿童图书的阅览。 六、普通标点符号的熟习。 七、检查字典词书的练习及国音注音符号的熟习和运用。	210分	一、历史故事、生活故事、自然故事、寓言、传说、笑话、剧本、游记、杂记、书信的欣赏研究或表演。 二、诗歌、歌曲的欣赏吟咏或表演。 三、上两项教材中重要词句的熟习和运用。 四、普通文实用文的阅读和法式的理解。 五、各种儿童图书及浅易日报小说等的阅览。 六、选择课外读物的练习。 七、继续标点符号的熟习。 八、检查字典词书的熟习。	210分
作文	一、图画故事的说明。 二、故事和日常事项的口述或笔述（包括日记）。 三、简易普通文实用文的练习。 四、其他作文的设计练习。		一、图画、模型、实物等的笔述说明。 二、故事和日常事项偶发事项的记述。 三、读书报告。 四、儿童刊物拟稿。 五、普通文实用文（注重寻常书信的练习）的练习。 六、普通标点符号的运用练习。	90分	一、日常事项和偶发事项的笔述和讨论。 二、读书笔记。 三、儿童刊物和级报或学校新闻的拟稿。 四、演说辩论的拟稿。 五、诗歌、故事、剧本等的试作。 六、普通文实用文（注重计划书和报告书）的练习。 七、标点符号的运用练习。	90分

（续表）

学年要项类别	第一、二学年	每周时间	第三、四学年	每周时间	第五、六学年	每周时间
写字	一、简易熟字的书写练习。 二、布告标识的习写。 三、其他写字的设计练习。		一、布告、标识、书信、柬帖等的习写。 二、正书中小字的习写。 三、行书的认识。 四、俗体破体字等的认识。	60分	一、正书中小字习写。 二、实用文（注重书信格式）的习写。 三、简便行书的习写。 四、通用字行书草书的认识。 五、俗体破体帖体字等的认识。	60分
附注	一、读书项精读的教材，以儿童文学为中心，兼及含有文学性质的普通文和实用文。 二、时间支配以在课内由教员直接指导的计算。 三、第一二学年说话、读书、作文、写字应混合教学。 四、第三四学年起，说话、读书、作文、写字仍可混合教学。如分别教学时，也应互相联络。 五、重要的史地材料，应加入普通文实用文及诗歌内。					

附件一　各种文体说明

（甲）普通文

（一）记叙文

（1）**生活故事**　以儿童等为主角记叙现实生活的故事。

（2）**自然故事**　关于自然物的生活和特征的故事（科学发明的故事也归入此类）。

（3）**历史故事**　合于史实的记人或记事的故事（传记轶事及发明家个人事迹等也归入此类）。

（4）**童话**　超自然的假设故事。

（5）**传说**　民间传说故事（原始故事也归入此类）。

（6）**寓言**　含有道德意义的简短故事。

（7）**笑话**　滑稽可笑的简短故事。

（8）**日记**

（9）**游记**

（10）**其他**

（二）说明文

（三）议论文

（乙）实用文

（一）书信　儿童和家属亲朋教师同学等往来的信札

（二）布告　学校或儿童自治团体等的通告广告

（三）其他

（丙）诗歌

（一）儿歌　合于儿童心理的趁韵歌辞（急口令等也归入此类）

（二）民歌　民间流传的歌谣（拟作的民歌也归入此类）

（三）杂歌　一切写景抒情叙述故事等的歌辞（弹词鼓词也归入此类）

（四）谜语　包含拟作

（五）诗歌　近人的所谓新诗和古人的白话诗

（丁）剧本

（一）话剧

（二）歌剧

附件二　读书教材分量支配

（甲）关于文体的

类别	年级		
	一、二学年/%	三、四学年/%	五、六学年/%
普通	70	70	70
实用	0	10	15
诗歌	30	15	10
戏剧	0	5	5

（乙）关于内容的

类别	年级		
	一、二学年/%	三、四学年/%	五、六学年/%
公民	30	30	30
自然	35	20	10
历史	0	20	25
文艺	20	10	5
党义	10	10	15
卫生	5	5	5
地理	0	5	10

附件三 教材的编选，应注意下列各点：

（一）依据本党的主义，尽量使教材富有牺牲及互助的精神。凡含有自私、自利、掠夺、斗争、消极、退缩、悲观、束缚、封建思想、贵族化、资本主义化等的教材，一律避免。关于如下列的党义教材，尤须积极采用：

（1）关于孙中山先生的故事诗歌：

（甲）幼年生活；

（乙）学生生活；

（丙）革命大事；

（丁）生辰和忌辰；

（戊）其他。

（2）关于国民革命的故事诗歌：

（甲）国旗和党旗；

（乙）各个重要的革命纪念日（如黄花岗之役，武昌首义等）；

（丙）其他。

（3）关于奋发民族精神的故事诗歌：

（甲）爱国兴国和有关民族革命的事实；

（乙）和中华民族的构成及文化有关的；

（丙）重要的国耻纪念；

（丁）关于帝国主义者侮辱我国民和侨胞的；

（戊）其他。

（4）关于启发民权思想的故事诗歌：

（甲）破除神权的迷信的；

（乙）打破君权的信仰和封建思想封建残余势力的；

（丙）倡导平等、互助、规律等的；

（丁）关于民权运动的；

（戊）其他。

（5）关于养成民生观念的故事诗歌：

（甲）劳动节和有关农工运动的；

（乙）有关造林运动、改良农业、工业运动的；

（丙）有关提倡国货的；

（丁）有关合作生产、合作消费的；

（戊）其他。

（二）依据增长儿童阅读能力的原则，想象性的教材（如寓言物语等），和现实的教材（如自然故事、生活故事、历史故事等），应调和而平均。凡带有恐怖性的，应尽量避免。

（三）依据增长儿童阅读趣味的原则，尽量使教材富有艺术兴趣。其条件如下：

（1）事实连接一贯而不芜杂；

（2）趣味深切隽永而不浅薄；

（3）叙述曲折生动而不枯窘呆板；

（4）措辞真实恳切而不浮泛游移；

（5）描写和事实应"一致的和谐"而不格不相称；

（6）支配奇特（如鸟与叫相配搭，便是平凡，鸟与唱歌或说话相配搭，便觉奇特），而使儿童不易直接推知；

（7）结构严密圆满而不疏散奇零。

（四）依据儿童心理，尽量使教材切于儿童生活。其条件如下：

（1）以儿童或儿童切近的人物为教材中的主角；

（2）将抽象的大事，编辑成具体的片段事实；

（3）读了之后有工作可做，有事理可想象或研究；

（4）低年级应多用童话、诗歌和故事；

（5）依时令季节排列，以便随时教学，易于直观；

（6）文字深浅，恰合儿童程度。

（五）依据运用标准语学习语体文的原则，文字组织等，以标准语法为准，诗歌押韵等，以标准音韵为准。

第四　教学要点

(一) 说话

（1）开始教学时，就用完整的语句，后用成段的说话。

（2）教师应预编案例，作为语言材料。语料分三种如下：

（甲）有组织的演进语料，每套要有一个题目；每句要单说动作的一步，但不可太繁琐；要从一个主位说起，并且要容易看容易做；每套的句子不可太多。

（乙）会话的语料，要集中于一件有趣味的事情上，而且有一个有趣味的题目。

（丙）故事的语料，要含有儿童文学趣味，而不违反党义。

（3）说话要自然（不可拘泥于文字的斟酌而受文字的束缚），并且要注意儿童语和成人语的不同。

（4）说话要生动而有情景；教学和动作，要结合表现；已经讲过的故事，最好要使儿童表演。

（5）凡容易错误的音或话，要格外说得清楚，听得多，练习得多，并根据发音部位指导矫正；意义不明显的话，要用实物、图型、动作、说明、翻译等表示意义。

（二）读书

（6）教材排列的程序，要注意下列各点：

（甲）开始用演进连续的图画故事，次用半图半文的故事，到三四年级所用的故事，文字可逐渐增多，图画可逐渐减少。

（乙）文字教学用整段故事入手，不用单字单句入手（学过整段故事以后，从故事里认识句子，再从句子里认识词和单字），后来用完整成段或成篇的文章。

（丙）各文体错综排列，低年级诗歌宜多，高年级逐渐减少。

（7）读书教学，要先全体的概览而后局部的分析，先内容的吸取而后形式的探求，先理解而后记忆。

（8）文艺材料的教学，要多方的补充想象，并随机设计表演，把内容情景显露无遗，使儿童得充分的欣赏。

（9）每周除精读外，应有定时指导儿童略读。精读教材，低年级朗读默读并重；二年级以上，默读的时机，要较朗读的为多。教学朗读宜注意发音和语调；教学默读，宜注意正确、迅速、扼要（就是提纲挈领，如划分段落、寻求要点等）。

（10）自二年级起，得视相当机会约略指点文字构成的意义（例如吃从口，烧从火，且为日从地平线上出现之类），以帮助儿童的记忆。并约略指导简易的文法，以增进儿童阅读和发表的能力。

（11）略读的图书，须欣赏的、实用的、参考的三项并重，但依年级而异其分量。除课内指导外，应督励儿童课外阅读，并作读书报告。

（12）自四年级起，应指导儿童练习读书笔记。

（三）作文

（13）无论口述或笔述，都要注重内容的价值，而不仅着眼于方式。

（14）口述应和笔述常相联络。例如同一题材，先演讲（口述），继以记述（笔述），再继以讨论（研究）；或先演讲，继以记述；或先记述，继以讨论。

（15）低年级作文的指导可多用"助作法"，中年级可多用"共作法"。

（16）要养成起腹稿的习惯。

（17）命题方法应注意：（一）利用机会命题，（二）常由儿童自己命题，（三）多出题目，以备选择。

（18）命题性质应注意：（一）合于儿童生活的，（二）便于儿童发挥的，（三）富于兴趣的。

（19）批改成绩应认真，应多保留儿童本意，并予儿童以共同批改研究的机会。并得于高年级中酌用"订正符号"，使儿童自己修改。

（20）订正错误应多个别指导。如有巨大的错误，可将其容易错误的文法句法，用听写法仿作法等充分练习。

（21）文法语法的指导，要用归纳的过程，把国语文中已习过的材料做基础。并搜集类似的材料，比较研究。

（22）作文的范例，须以模范（思想无误、层次清楚、格式恰合……）的实用文、普通文为主。

（23）开始练习作文时，就应指导儿童练习日记。

（四）写字

（24）写字的材料，初学时应采习用的字、易误的字，组成有意义的句子，以减少机械的作用。

（25）写字的姿势，工具的应用，以及字的笔顺、结构、位置等，开始的时候，就应注意指导。

（26）初学写字应用铅笔，以便操纵。至二年级，除铅笔字仍须练习外，开始注意毛笔字的训练。至五六年级得兼课钢笔字的训练。

（27）摹写（或称印写）、临写（用范书字帖）、自由写（不用样本），应交互参用。

（28）须时常定期举行比赛练习。

后　记

　　终于完成了《民国时期基础教育语文教材语言研究》的写作。

　　民国时期是中国教育从传统步入现代的重要阶段。这一时期的语文教科书在清末新式教科书的基础上日益摆脱传统"四书""五经"和蒙学读物的影响，为新中国20世纪50年代语文教科书奠定了基础，成为现代语文教科书的基本范式。进入21世纪，民国时期的多种语文教材重印刊行，受到了社会广泛关注和热捧，有的甚至主张现在的中小学校要用回民国时期的语文教材。

　　我们进入这个领域最初是在2010年。那时刚刚完成了当时正在使用的中小学新课标语文教材，前一时期的义务教育语文教材，大陆、香港及台湾的语文教材比较等一系列专题研究，把目光瞄准了民国时期的小学语文教材。这是一个研究我国基础教材语文教材不可或缺的时期。我带领研究生王玉刚，从两套较有代表性的教材入手，一套是上海开明书店出版的《开明国语课本》（叶绍钧编纂，1932年），一套是上海世界书局出版的《国语读本》（魏冰心、苏兆镶编辑，朱翊新改编，1932年），对课文篇幅、选目、字词使用等方面做了分析，发现民国教材确有不少优点。如教材简短浅近，民国小学语文教材每册课文虽篇数多，但篇幅短小，经统计"开明版"与"世界版"每套教材每册有课文42篇与47篇，每篇课文分别为216.77字与140.79字，而"人教版"平均每册课文31篇，每篇318.22字。从不同的字种数看，"开明版"与"世界版"是1991字与2400字，而"人教版"是2913字。字种多，识字的难度会相应增大。又如课文贴近儿童生活。民国时期与现今的教材都努力贴近儿童生活实际，尽量符合儿童心理与思维习惯，注重运用童话寓言的故事体裁，喜用拟人拟物手法写人记事。民国教材更注重生活具体细节的描写，多客观叙述，有些寓意也表现得很细微、内敛；而当代教材多明写生活细节在前，引申发挥在后，意浓旨显。再如语言上民国教材大部分是自编课文，口语性强；现代教材选编的课文多，注重作品的文学性。这与民国时期的语文教育刚从传统的文言文教学中走出来，努力摆脱文人作品，提倡贴近生活，用白话文写作有关系。

民国教材毕竟是20世纪初期产物，距今已逾70至80年，在时代、社会、文化及语言上都有了相当大的差异。如民国教材内容带有那个时代的社会历史特征。"孙中山""中华民国""公使馆"都是那个时期的高频词、常见词。又如民国教材语言是现代汉语形成过程中的产物，带有文言、古白话的痕迹。20世纪上半叶正是现代汉语快速变化、尚未完全形成规范语体的时期，吾笔写吾口的新文风日益得到流行，但文言文强大的旧习惯仍存在。说"樵夫""农人"，不说"砍柴者""农民"或"农家"。有的是未规范定型的新造词、口语词，如"安舒""匀齐""宽平"。而"人教版"中反映现代生活的常见词"太空""电脑""汽车"等在民国教材中都是没有的。再如民国教材对外来语言成分也处于拿来主义，外来语的新成分新用法蜂拥而至。这些在两套民国教材用词中都有较多的反映，如"开明版"中的"裴德芬"即裴多菲，"汽船"即"轮船"，"生番"即"未开化人""野人"。

这些研究使我们了解到，一方面民国语文教材在中国现代基础教育发展过程中取得了突出成就。另一方面它毕竟距今已近百年，不能照搬使用也是显然的。民国时期正是现代汉语快速形成与发展的时期，教材不可避免会带上语言文字不规范、不稳定甚至老旧的说法。在这百年中，时代与社会、生活与观念、语言状况与使用习惯都有了很大变化，要让现在的小学生直接使用民国时期的教材，是不合适的。这是我们关注民国小学语文教材语言的另一个原因。

研究期间，王玉刚同学完成了硕士学位论文，我们还共同完成了《中国语言生活状况报告》的专题报告。但那时的研究毕竟主要还只是从字词角度入手，选材有限。随着2014年"基础教育语文教材语言研究"课题的确立，民国教材研究自然在这个课题中占有重要位置，本书的写作任务摆到了我们面前。课题要求在一个更广阔的背景下来研究教材语言。这个广阔背景既包括历史、社会、时代的因素，也是包括教育思想、课程大纲、教材编纂理念，这使我们有了更开阔的视野、更有力的理论依据、更充分的时间来思考这一问题。2014年6月在澳门大学举行的"第十五届汉语词汇语义学国际研讨会"上，认识了李娜老师，她多年来从事现代汉语词汇早期演变史的研究，对民国中小学教科书做了很好的观察和积累。我俩对合作开展民国小学语文教材语言研究一拍即合，她对教材语言的定量研究特别心动和赞成。会议结束后我们很快拟定了详细的研究计划，初步筛选出二十几套在某个时期有一定代表性的教材，再参照其他几条标准，如按不同的历史阶段来确定教材的代表性：要有较多的印数与影响；教材类型上以通用、基础为主而非专题类教材；能覆盖小学的初小与高小两个学段而不只是某个学段；

教材语言为现代白话文而非文言文；具有现代教材书的要素，除课文外还有练习、教学时段时数、大纲设计要求等。李娜老师带领她的学生团队，从最基本的电脑录入做起，再学习分词标注，再到数据库的导入、加工、查询，表现出了高度的学习主动性与精益求精态度。我两次从厦门飞赴大连，与同学们一起讨论，讲解数据库制作方法，解读统计数据的来由与价值，探索教材语言的特点与规律。同学们对语料的处理一丝不苟，小到一个标点，一个汉字，都孜孜求真求切。还努力将语料加工与学业结合，写出了不少有意义的专题文章。本书完成之际，要特别感谢李娜老师的这个学生团队。

还要感谢王玉刚同学，他的研究为民国教材语言研究做了许多有益尝试，虽然毕业后进入了另一个行业，还一直心系这一研究。还要感谢"基础教育语文教材语言研究"课题组的其他成员，我们一起开会，讨论教材语言研究中存在的问题，探索在统一的研究框架与方法下，怎样尽量关照到不同时期教材语言的特点。最后还要感谢广东教育出版社的陶己总编辑，在她的领导下，本丛书获得了"'十二五'国家重点图书出版规划项目"的支持；黄倩主任亲力亲为，保证了本书顺利推进；责编唐娓娓的高度认真与细致，给本书增色不少。

苏新春

2017 年 10 月 31 日

于厦门湾南岸·海悦品斋